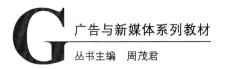

广告与新媒体系列教材

丛书主编 周茂君

广告调研与数据分析

◎曾秀芹 张楠 编著

WUHAN UNIVERSITY PRESS

武汉大学出版社

图书在版编目(CIP)数据

广告调研与数据分析/曾秀芹,张楠编著.—武汉:武汉大学出版社,2024.7(2025.7 重印)
广告与新媒体系列教材
ISBN 978-7-307-23871-8

Ⅰ.广…　Ⅱ.①曾…　②张…　Ⅲ.①广告—市场调查—教材　②广告—定量分析 —教材　Ⅳ.F713.8

中国国家版本馆 CIP 数据核字(2023)第 141463 号

责任编辑:徐胡乡　　　责任校对:汪欣怡　　　版式设计:马　佳

出版发行: **武汉大学出版社** 　(430072　武昌　珞珈山)
　　　　　(电子邮箱:cbs22@ whu.edu.cn　网址:www.wdp.com.cn)
印刷:武汉邮科印务有限公司
开本:720×1000　1/16　印张:25　字数:504 千字　　插页:1
版次:2024 年 7 月第 1 版　　2025 年 7 月第 2 次印刷
ISBN 978-7-307-23871-8　　　定价:62.00 元

目　　录

第一部分　广告调研基础

第二部分　数据收集：类型与方法

第一部分

广告调研基础

第一章 广告调研的原理与流程

随着互联网尤其是移动互联网的高速发展，消费者的生活方式、企业的市场营销策略，以及媒介生态环境都发生了翻天覆地的变化。广告作为连接消费者、广告主和媒体的桥梁，其运作方式也受到了巨大的冲击。面对快速增长的各种广告选择和需求日益多样的消费者，广告主想要制定成功的广告投放决策，迫切需要对消费者、媒体和竞争环境进行深入洞察，而这些洞察只能来自科学设计的调研。

第一节 什么是广告调研

一、广告调研与市场调研的区别与联系

调研是指通过各种调查方式系统，客观地收集信息并加以研究分析，对各产业未来的发展趋势予以预测，为各领域未来发展方向的决策提供参考依据。调研可以分为社会调研、民意调研、市场调研等，而广告调研是由市场调研发展出的概念，是其重要的组成部分。

美国市场营销协会将市场研究定义为一种通过信息将消费者、顾客、公众以及营销者联系起来的研究过程。这些信息用于识别和确定市场机会和问题，产生、改进和评估营销活动，监督营销绩效，改进人们对营销过程的理解。其内容包括界定与问题相关的信息，设计方法并收集数据，管理监控数据收集过程，分析结果，交流结果与解决问题。[①]

广告调研则为有计划地系统收集、整理、分析广告资料的过程，其目的是为广告决策提供科学的依据。[②] 依据日本电通公司《广告用语事典》，广告调研包括：为发现或决定广告的诉求点而做的调研；为购买者显在化而做的调研；媒介的量的调研；媒介特性的调研；媒介的接触率（视听率、注目率等）的调研；商品或企业形象的调研；广告影响力（冲击力）的测定调研；购买动机的调研；投入市场

---

① 邬家瑛，黄宇驰. 市场研究技术 ［M］. 杭州：浙江大学出版社，2018.

② 黄合水，陈素白. 广告调研技巧（第五版）［M］. 厦门：厦门大学出版社，2016.

的广告量的调研等。①

从广告调研和市场调研的概念中，我们可以看出广告调研是连接消费者、广告主和媒介的纽带，而市场调研则是勾连消费者、顾客、公众以及营销者的信息桥梁；广告调研贯穿广告策划、广告创意、广告设计制作、广告发布、广告效果监测与评估等各个广告环节，服务于广告决策的需要，而市场营销则贯穿整个营销战略规划、营销策划、营销方案执行、营销方案监管等步骤，服务于营销决策。两者都涉及消费者和营销者（广告主），因而都需要对目标市场和竞争者进行分析与研究。相比较而言，广告调研特别强调与媒体的关系，聚焦于广告活动各个环节，而市场调研并不拘泥于广告诉求点、广告创意和广告效果等细节，关注更为宏观的营销策划活动。从这个意义上讲，广告调研是市场调研的一部分。但从市场营销的意义上讲，两者同样重要，互不取代，并且具体的调查方法也不尽相同。

二、广告调研的功能

在制订广告策略之前，广告人需要回答拉斯维尔提出的"5W"问题：谁（who）、说什么（says what）、通过什么渠道（in which channel）、对谁（to whom）、结果如何（what effects），即广告的主体是谁、广告内容是什么、在哪些媒体上投放广告、广告的目标受众是谁、广告效果如何。广告调研对于回答上述问题起着不可或缺的作用，具体而言包括描述、评价和预测作用。

（一）描述功能

广告调研就是描述目标品牌形象、市场现状、目标消费者、既有的广告创意与投放情况、广告效果、竞争品牌的广告创意与投放情况等现状和历史，并深入分析其内在规律的一系列行为，这些是制定科学、正确的广告决策的最重要依据。例如，某个男装品牌为了让品牌更加年轻化，吸引新生代消费者，需要对原有品牌传播策略进行改革。在改革之前需要进行广告调研，调研内容包括对新生代消费者的兴趣爱好与媒介使用习惯、市场上现有年轻男装品牌及其品牌形象等方面的描述与分析，以便制定应对策略，发展出本品牌的创意策略和媒介计划。

（二）评价功能

广告的评价功能是指对现有的广告活动各个环节是否达到预期的效果进行监测与评价。每次或每个周期的广告活动都会耗费企业大量的成本，因此广告主或广告代理公司非常注重广告活动各个环节是否沿着既定的方向进行，是否达到广告目标。对于广告活动效果的评价，可以分为客观效果和主观效果。客观效果主要是指

---

①　黄京华.广告调查［M］.北京：高等教育出版社，2015.

产品的销售量，在传统媒体中投放广告比较难以统计销售量与广告投放之间的关系，因为销售量会受到竞争环境、价格、流通渠道等多种因素影响，而投放在新媒体则比较容易统计两者之间的关系，新媒体能为广告主提供销售量等数据，并成为广告价格的制定依据。而主观效果是指对消费者心理、行为各个层次的影响效果，如品牌知名度、品牌形象、品牌购买欲等，这些效果指标不容易从客观数据中测量，所以更需要通过各种广告调研方法来获得。

（三）预测功能

广告调研有助于我们在广告策划过程中更好地了解市场的推动力，以及这些推动力如何影响广告主自身和他们的竞争对手。在当今互联网信息技术高速发展的形势下，哪些新技术正在或即将被应用，对于媒介市场和消费市场将产生什么样的影响？在社会发生巨大变革的情形下，消费者的兴趣、爱好、动机、价值观和行为方式发生了哪些变化，将会朝哪个方向发展？广告调研可以帮助我们探寻这些发展趋势和发展规律。例如，对于年轻人婚恋市场的研究，让我们了解到中国大城市年轻人单身比例越来越大，我们可以预测到将来家庭消费的主体不但有 2 口人及以上的家庭，而且还有一部分 1 口之家，这些信息对于未来的产品设计和广告策划都具有预测和指导作用。

第二节　广告调研的主要应用领域

一、对目标消费者的调研

奥格威曾说过："你不是对一队立正站着的军人，而是对一队行动中的士兵做广告……广告像雷达扫描，总是在搜寻新踏进市场的潜在对象。采用一个好雷达，让它不停地为你扫描。"① 这个雷达便是消费者调研，调研的内容主要从以下三个层面开展。

（一）消费行为发展趋势

要对品牌的目标消费者进行了解，需要先从宏观角度对整个地区、国家甚至整个世界的消费行为或消费者的行为趋势有一个总体认识，以便对品牌传播和广告策划具有更长远的规划。要去了解消费者在过去的 5~10 年，生活态度、消费价值观和生活方式发生了哪些变化，今后的发展趋势如何。例如，习近平主席近些年反复强调"绿水青山就是金山银山"，倡导整个中国社会更加重视环境保护；而随着我

---

① ［美］大卫·奥格威. 一个广告人的自由 ［M］. 林桦，译. 北京：中信出版社，2010.

国移动互联网技术尤其是 5G 技术的高速发展，我国网民数量越来越庞大，人们更习惯通过社交媒体获得信息和娱乐。

（二）消费者的细分市场

为了明确各品牌的目标消费者，需要细分消费者市场，并对这些细分市场进行描绘和刻画。广告调研可以从两方面开展。一是各个细分市场的人口统计学特征（年龄、性别、收入水平、职业、文化程度、家庭状况、种族、民族、国籍、宗教信仰等）和社会心理（动机、需求、价值观等），以综合分析出谁在购买，谁在使用，谁不在使用，消费者为什么购买，购买什么，由谁购买等信息。例如，某罐头食品企业发现小包装的罐头在大城市较畅销，通过对超市工作人员访谈发现，这是因为大城市中单身居住的人和丁克家庭越来越多，小包装食品刚好适合他们一餐吃完，于是该食品企业专门设计了一系列小包装产品，并将目标市场准确定位于人数少的家庭，在激烈的市场竞争中取得了一定的份额。

二是各个细分市场的产品使用情况（潜在消费者、轻度消费者和重度消费者）、购买决策过程和媒体使用习惯，综合分析消费者为什么购买，在什么时候、什么地方购买，在哪些媒体上可以接触到消费者，以便进一步分析出目标消费者对产品和广告的态度。

（三）目标消费者与广告商品及服务之间的联系

确定好细分市场，就可以进一步调研目标消费者如何看待广告主的品牌和竞争对手的品牌。包括目标消费者与品牌或产品的互动信息，比如对于本品牌的态度，对产品利益点和品牌形象的感知，这些信息有助于广告主分析消费者的决策是理性还是感性的，消费者决策时的考虑因素是什么，例如，是完全出于享乐目的还是实用目的，是为了获得产品提供的功能，还是品牌带来的心理和精神的享受……最终为广告策略和创意的发展提供依据。

例如，某个速冻食品企业对一些家庭进行深度访谈发现，孩子们喜欢一顿晚餐的原因并不在于菜肴是否美味，而在于爸爸妈妈是否在场——尤其是爸爸能按时回家，一家人团团圆圆地一起吃饭就特别开心。于是该企业在策划广告时想到一个好创意：广告诉求不仅包括理性诉求，展现速冻饺子多么美味，也诉诸感性诉求，使用图片展示一家人围在饭桌上一起吃饺子，孩子露出欢乐的笑容。

二、对广告创意的测验

重要广告的创作需要考虑一系列问题：广告标题能否吸引消费者，广告诉求点能否准确地传达传播目标，广告文案是否简洁易于理解和记忆，广告表现形式是否受到目标消费者的喜爱等。要回答这些疑问，需要经过一系列广告创意测验，也叫广告文案测验。例如，广告创意过程中需要确定哪个广告诉求点最能打动消费者，可以通过头脑风暴获得几个广告诉求点，然后呈现给消费者评判，看哪个诉求点最受欢迎。这种测试可以进行多轮，广告创作者依据测试结果和受测者的反馈对广告创意进行完善和修正，直到达到满意的测试效果。

三、媒体特性与广告排期的调研

对媒体特性与排期的调研包括两部分，一是对于现有的广告媒体特性进行量化和质化的考察；二是研究广告的媒体投放量与排期策略，为品牌广告的媒体选择和排期设计提供参考。

（一）媒体特性的评估

为了让广告信息抵达目标消费者并实现最大化的传播效果，广告主或广告代理机构需要对市场上的各类广告媒体进行调研。第一类评估媒体的指标为客观量化指标，对于报纸、杂志、电视、广播等传统媒体，调研内容包括媒体的覆盖率、发行量、收视率/收听率/阅读率、广告千人成本等客观指标，而对于新媒体则包括（1）展示指标，如曝光量、点击率、千人展示成本等；（2）转化指标，包括转化数、转化率、每行动成本、每销售成本等；（3）互动成本指标，如点赞、转发、收藏、评论、回复、在线咨询等。[1]

第二类评估媒体的指标为主观质化指标，主要包括媒体使用者的卷入度、干扰度（所有广告占媒体总量的比例）、媒介的品牌形象、广告环境（投放广告的品质水平）和相关度（媒体内容与广告创意在主题上的相关性）。[2] 相较于客观量化指标，主观质化指标信息更难获得，并且也更容易被广告主所忽视，但是广告媒体的质化指标对于品牌美誉度和品牌形象塑造影响非常大，广告调研时可采取访谈、问卷调查等多种方法获取信息。

（二）广告投放量与排期

实施广告媒体策略的过程除了对各种可得的广告媒体进行属性考察外，还需要考虑以下因素，从而选择有利于品牌传播的媒体投放广告。

（1）竞争品牌广告投放在哪些媒体上？投放的排期策略如何？在广告媒体上的花费有多大？

（2）一年之中，应在哪些月份多安排广告投放，哪些月份少投放？一周之中，7 天的广告投放量是一样多，还是重点放在几天内？一天之中，哪个时段投放广告

---

① 黄合水，曾秀芹．广告心理学 ［M］．北京：高等教育出版社，2020.
② 陈俊良．传播媒体策略 ［M］．北京：北京大学出版社，2010.

曝光率最高？

（3）投放在全国性媒体，还是重点投放在某个地区的媒体？

（4）不同的媒体该怎么组合，不同媒体种类的投放比例为多少？采取与竞争对手相同还是差异化的媒体策略？

要回答以上问题，需要应用各种广告调研方法对自身品牌广告投放和竞争品牌广告投放进行长期研究与分析，另外还要对目标消费者的媒体使用习惯进行调研，如此广告媒体策划才能做到有的放矢。

（三）广告效果评估

广告经刊播后，仍需进行调研分析，以便确知广告策略是否成功，广告传播的效果是达到预期目标、超越目标，还是尚未达到目标，以作为下次广告活动的借鉴。前文已经介绍过，广告效果评估包括客观的销售指标和主观的心理指标，在此不再赘述。

【延展阅读】

BISSELL 必胜家居清洁公司的新产品调研

BISSELL 必胜家居清洁公司作为北美吸尘器第一品牌，源于美国密歇根州，创立于 1876 年。140 余年来专注于居家各种清洁需求的解决方案，旨在创造一个可供享受的完整家庭生活。在不断追求创新与卓越的发展历程中，其产品已经覆盖家居清洁的各个方面，尤其以独创的地面深层清洁功能闻名全球。

该公司开发了一款超长型手持清洁工具，并将它命名为"蒸汽枪"。现在需要了解消费者对这个新产品的使用体验，另外，还要测试一下"蒸汽枪"这个名字是否能为消费者接受。公司市场调研主管派吉尔被委以重任，派吉尔依据他丰富的市场经验，判断这种产品的主要客户是带小孩的美国妇女。由于市场调查部人手不够，他委托了家长教师协会（PTA）进行新产品的使用体验调研。派吉尔抽取了 20 个带小孩的妇女作为调研对象，请 PTA 的人类学家采用定性访谈和观察的方法，记录妇女们的产品使用体验，调研结果如下：

1. 美国母亲希望使用化学品清洁，对仅靠热水清洁的设备效果持怀疑态度。

2. 产品的附件太多，容易造成混淆。

3. "蒸汽枪"的名字与武器的发音和名字相似，母亲们反映在他们孩子游戏中的武器装备名称中就有这种类似的名字。

4. 该产品对室内清洁非常有用，尤其是用于"吹掉"顽固的、难以触到的积灰。

对这些调研结果进行深入分析后，必胜家居清洁公司将该产品名字改为"蒸汽清洁机"，让消费者更容易联想到是一种清洁工具，并且对产品功能进行改进。该产品推出后市场反响很好，并在 2100 家凯玛特超市中销售。

第三节　广告调研的类型

为了更好地组织和管理广告调研活动，对广告调研进行分类是非常必要的。从不同视角、按不同分类标准，广告调研可以进行多种分类。在广告研究中，所解决问题的性质、调查对象的特点、调查资料的来源或获取方式、调查的组织形式以及调查的执行方式都非常重要，因而本书依据这些要素对广告调研进行分类。

一、探索性研究、描述性研究和因果关系研究

（一）探索性研究

在开展正式研究或大规模研究之初，研究者往往对具体的研究问题还不太明了，此时需要开展探索性研究，获取资料以帮助研究者正确认识和理解当前的问题。例如，某互联网公司想开发一款针对老年人的搜索产品，在研究哪些产品功能会受到老年人的喜爱之前，需要进行小规模的探索性研究，如询问不同年龄段、不同文化水平的老年人在上网搜索时遇到的障碍有哪些。

探索性研究开展起来方便灵活，一般采用深度访谈、焦点小组访谈或观察方法，对产品设计人员、零售商或典型消费者进行访谈或座谈，也可以通过个案研究或二手资料分析等方法，为正式研究问题和研究内容的界定、研究方案的设计提供思路和相关资料。

（二）描述性研究

描述性研究目的是对总体的基本状况和特征进行描述，例如，对目标品牌和竞争品牌过去 5 年的广告投放媒体、广告投放量进行调研，描述每个品牌在各媒体的广告投放情况。描述性研究一般采取问卷调查方法进行抽样调查，它不同于探索性研究，开展之前需要对研究问题非常明确，如果调查的问题不明晰或者并非调研所要解决的问题，则可能造成很大的损失，因为这类调查一般需要大规模地开展，会耗费大量的人力和物力。

描述性研究可以对比不同群体的特征，或探讨两种现象之间的关联程度，例如，对比目标品牌和竞争品牌分别在新媒体与传统媒体的广告投放量，分析各年广

告投放量与产品销售额之间的相关程度。虽然描述性研究可分析现象间的相关程度，但因为产品销量的影响因素较多，无法判断是广告投放量导致销售额提升还是其他因素在起着主导作用，当然也可能因果倒置：因为销售量提高了，所以公司管理者增加了广告的预算。因而在描述性研究中，不能确定谁是因、谁是果，还需要进一步找出现象之间的因果关系，进行因果关系研究。

（三）因果关系研究

因果关系研究，顾名思义，就是通过研究确定谁是因、谁是果，找出变量之间的因果关系，以揭示广告现象的内在规律。例如，受众对网络平台的态度是否会影响他们对于此平台投放广告的态度，广告态度是否对消费者的购买行为产生影响，其中是否需要品牌态度作为中介桥梁等。这些研究一般采用实验法，在严格控制无关因素的条件下，观察因变量随自变量的变化而发生的改变。

二、定性研究与定量研究

定性研究与定量研究是根据具体调查方法和获得数据的性质所做的划分。

定量研究一般采用实验法、问卷调查或者定量观察法来收集资料与数据，获得的数据具有数量意义，对于数据的分析侧重于对广告现象数量规律的探索和解读。例如，若要探索受众对微信朋友圈信息流广告态度与朋友的点赞数之间的关系，可以采取控制实验的方法，设计几种实验条件（点赞数无、少、多），最后采用方差分析统计方法比较三组被试的广告态度是否具有显著差异，这个研究收集的是量化的数据，结果分析时探讨的是变量间的数量关系。

而定性研究获得的数据通常是通过深度访谈、焦点小组访谈、投射测量或定性观察方法收集的质化资料，如文本、图片、音频和视频等，资料分析着重对个案或重点人群的特征进行描绘，或者进行理论建构。例如，研究直播带货时，意见领袖的个人魅力包括哪些内容和维度，这时采取定性研究对典型消费者或者直播带货的委托企业主进行访谈，以描述意见领袖的外貌、言语、行为和人格特质等，访谈结果的分析侧重对描绘个人特点的词语进行归纳与分类，而没有数量关系的探讨。

三、案头调查和实地调查

按照资料来源不同，可将广告调研分为案头调研和实地调研两种。

案头调研也被称为二手资料收集和二手数据分析，是收集已有的资料、数据、行业报告或公开发表的文章等信息资料，并加以整理和分析的一种调研方法。在互联网高度发达的今天，案头调研具有很大的优势，在"书桌上"就可以收集全世界范围的资料，不受时空局限，省时省力。但是二手资料并非完全针对本调研目的，并且是过往资料，因而其时效性和适用性会大打折扣。

实地调查与案头调研相反，收集的数据为原始资料，调查人员制订具体完善的调查计划，寻找消费者、供应商、广告主和媒体人等受访者，获取一手的资料或数据。实地调查包括深度访谈、定性调研（焦点小组访谈、观察法及投射技术等）、实验法和问卷调查等方法，具体内容可参见本书接下来的几个章节。

以往进行实地调查时，需要外出到各地去寻找或拜访受访者，因而称之为"实地"。随着互联网的高速发展，我国网民比例提高，问卷调查、观察和定性调研等可以在网上进行。例如，在问卷调查平台上设计问卷，然后通过微信、微博等社交媒体转发问卷的链接或二维码，开展线上调查；应用 cookie、追踪软件和代理服务器来收集消费者在线娱乐和购买的所有信息；通过微信和 QQ 等社交媒体对受访者进行访问等。后面的章节将逐一介绍互联网技术如何应用到广告调研中，如在线访谈、焦点小组访谈、线上问卷调查、基于互联网的观察等。

第四节　广告调研的流程

实施广告调研是一个持续的过程，成功的广告调研设计和实施包括四个阶段：调研需求认证阶段、计划准备阶段、资料采集阶段和分析报告阶段。

一、确定调研问题和调研目标

清晰界定开展某次广告调研的目的及明确需要解决什么问题，是调查过程中的第一步，也是最重要的一步。如果管理者目标不清晰，问题意识不强，那么广告调研结果可能对管理者和决策者毫无用处，因而简洁、正确地描述此次调研的问题非常重要。广告调研往往是企业主委托给专业的广告调研机构进行，因而为了明确广告调研目的和需要解决的问题，委托方和受托方需要开展多次会谈，反复讨论，最后达成一致的意见。具体包括以下几个步骤。

（一）明确需要解决什么问题

与广告调研相关的问题一般有三种类型：

1. 选择与评估备选方案

当广告主或客户面临两种或两种以上的选择时，需要有调研数据来协助他们判断哪种方案更优。例如，当存在两种广告诉求点时，哪个诉求点更能吸引受众？广告投放在哪种社交媒体效果更佳？几种品牌名称中，哪种更符合本品牌的特性和品牌定位？回答这类问题时，应当清楚列出选择方案时的考虑因素、具体原因和对结果的判断依据。

2. 解决现存的问题

一些调查专为识别和了解公司市场营销中现存的问题。例如，某公司发现近年来某款产品销售量下降，是哪个市场环节出问题了？广告监测数据显示，投放在抖音上的信息流广告的效果不好，原因是什么？本公司产品的目标消费者是哪类消费人群？他们对哪类媒介内容感兴趣？在哪些媒体投放广告才能"遇到"他们？提出这些疑问旨在为界定调研问题奠定基础，为接下来需要收集哪些信息、陈述具体调研问题提供了思路。

3. 洞察消费者、产品或营销环境的发展变化趋势

企业主或专业的市场调研公司，会定期对各类消费人群、产品销售状况或整个营销环境开展调研，以便发现新的市场机会。例如，有些市场调研公司专门对"00后"的生活方式、消费理念、媒体内容偏好和消费习惯等进行研究，以便提出针对该人群广告的创意策略和媒体投放计划；有些企业或市场调研公司对某类产品销售趋势很关注，例如，观察和监测各类环境友好的产品的销量，为新产品开发以及广告创意提供参考等。

（二）明确信息需求

明确需要解决什么样的问题后，需要将其具体化，即解决这个问题需要收集哪些信息。比如说我们需要回答某个新运动鞋品牌的目标消费者是谁，那么就要进一步细化，需要收集什么信息来了解我们的目标消费者，如该品牌使用者的人口统计学变量、心理特征、生活习惯、媒体使用习惯和消费行为模式等。

如果调查人员不太清楚需要收集哪类信息才能解答我们的问题，一般可以通过二手资料的分析和小范围的定性研究来缩小范围。上例中，我们可以查阅运动鞋这个品类分为哪些档次，每个档次的使用人群特征，以便聚焦到与本品牌相关度高的消费人群。也可以访谈一些运动鞋的销售人群和经销商，了解他们大致从哪些方面来刻画目标消费者，以便在接下来的正式广告调研中设计问卷内容或访谈提纲。

（三）说明调研的必要性

明确了需要收集的具体信息后，我们就比较容易判断是否真的有必要开展调研。并非所有的决策都需要通过开展调研来获得参考信息，有些信息或许能从已有类似研究或其他途径中获得。还有一种没必要开展调研的情况就是，开展广告调研的成本太高，或者是调研结果对广告决策的参考价值低于广告调研所要付出的代价。

（四）陈述调研问题和调研目标

广告调研的委托方和受托方对调研需要解决的问题以及具体需要收集什么信息进行深入讨论与交流后，需要明确列出以下几个方面的内容：需要解决的问题、具

体需要收集的信息、最后要达到的调研目标。这些内容应该尽可能具体和切实可行，因为它们是受托方广告调研方案设计以及最后与委托方沟通的依据。这些内容越详尽和明确，后面的广告研究将越顺利。

二、调研方案设计

在实施广告调研前，调研机构需要制订相关调研方案或调研计划，一方面，作为接下来具体实施广告调研的行动指南，避免偏离方向；另一方面，也有利于广告调研的委托方与受托方对广告调研的行动方案达成一致意见，减少双方分歧。调研方案应主要明确和阐述以下几方面内容。

（一）确定调研目的和调研内容

广告调研的委托方与受托方关于需要解决什么问题、收集什么信息、达到什么目标方面讨论的内容，需要在调研方案中加以阐述。这样才不会漏掉关键信息，或者收集与调研目的无关的信息。

（二）确定调研的对象和范围

这部分内容主要是为了阐明此次调研向谁开展，或具体由谁提供资料。调研对象和范围主要由调研任务和调研方法决定。有些调研任务比较复杂多样，调研对象和范围的确定也比较复杂，而有些调研任务比较简单，其调研对象和范围的确定也比较简单。例如，开展广告调研的目的是寻找今年某款产品销量下降的原因，因为销量下降的原因非常复杂，需要调研整个市场销售过程中的各个环节，所以调研对象就包括产品质量、广告促销计划、目标消费者、经销商和产品经理等，而调研范围可能包括该产品所有经销市场。如果只需要选择哪个广告诉求点相对较优，则广告调研任务比较简单，对目标消费者测试两种广告诉求点，同时将调研对象局限在某个地区的目标消费者即可，不需要对全国范围的消费者进行调研。广告调研方法也会决定广告调研对象，定性研究主要是找出典型个案来研究，涉及的调研对象很少；而定量研究则依据抽样方案，需要批量抽取调研对象。

（三）确定研究方法

进行研究之前，需要考虑收集的是二手资料还是一手资料。如果二手资料就能满足调研目的，那么就可以从委托公司或客户的内部记录、政府统计网站、同行协会、营销和广告调研公司、书籍、杂志和学术期刊等筛选本次调研所需的信息。如果一手资料收集才是最佳方案，则要进一步考虑是采用定性研究还是定量研究，定性研究主要采取开放式、探索性问题来鼓励消费者、经销商和行业专家等讨论并分享他们对于某一特定主题的思考和感受，采取的具体方法一般为深度访谈、焦点小组访谈和投射技术等；而定量研究则采取封闭式问题对批量受访者进行数据收集，以归纳总结出一般数量规律。定量研究包括观察法、问卷调查和实验法等。在调查方案中需要阐明采取哪些具体的方法，一般而言，一项大型的广告调研会涉及多种方法，可能以深度访谈为先导，然后开展大规模的问卷调查。

确定具体调查方法后，还需要明晰三个基本问题：一是抽样方法，二是资料采集方法，三是数据分析方法。深度访谈和焦点小组访谈等定性研究的主要取样依据是调查对象在调查内容方面表现的典型性，抽取方法则一般以方便为原则。而问卷调查和实验法抽样方法则一般采取概率抽样或非概率抽样方法，追求样本的代表性和普遍性。数据收集方法既可以是通过拦截式调查或入户调查开展线下调查，也可以媒体为中介，通过邮件、电话和社交媒体来传递调查问题和答案，即开展线上调查。数据分析方法也因不同的调研方法而不同，对于定性研究而言，需要处理的数据多是文字、图片、声音和音像资料，要对这些资料进行编码、归类和提炼主题等，而对于定量研究收集到的量化数据，则采用描述性统计方法和推理统计方法来加以分析。

（四）拟订调研活动的时间进度表

制订广告调研活动的时间进度表有两个目的：一是为调研机构（受托方）能够按时完成调研任务提供保障；二是作为受托方与委托方之间制订合作协议以及监督调研项目完成情况的依据。广告调研活动的时间安排主要依据调研任务的难度以及委托方对时间的要求来确定。通常而言，广告调研时间要求比较紧，在 1 个月左右。时间进度表一般包括以下几个主要节点：

（1）调研方案和具体计划
（2）问卷设计或访谈提纲设计
（3）抽样实施
（4）调查人员的招募和培训
（5）预备性研究
（6）问卷或访谈提纲修订与印刷
（7）调查或访谈实施
（8）资料的编码、录入和统计分析
（9）报告撰写、修改和汇报

（五）调研费用的预算

调研费用是委托方最为关心的问题，要让委托方接受报价，需要较详细地说明各项调研活动的费用。调研费用的多少依据调研目的、调研范围和调研难易程度而定，通常一项调研中，调研前期的计划准备阶段、实施调研阶段和后期的数据分析报告撰写阶段的费用比例大约为20%、40%和40%。广告调研费用主要花费在以下项目当中：

(1) 调研方案设计和策划费

(2) 问卷设计和测试费

(3) 抽样设计和实施费

(4) 问卷印刷费和装订费

(5) 调研实施费用（人员报酬、礼品费、差旅费和市内交通费等）

(6) 数据录入、统计分析费

(7) 调研报告撰写费

(8) 资料费、复印费以及邮寄费等

(9) 管理费、税金以及其他杂项

三、资料采集阶段

在资料正式采集前，需要招募人员，准备工具、材料以及抽样方案，以在小范围内进行预备性研究。

(一) 资料采集准备

首先，需要准备好用于各种收集数据的工具。对于问卷调查，需要设计好问卷；对于深度访谈或焦点小组访谈，需要拟好访谈提纲；基于观察法则需要设计好观察表或收集数据的软件或工具。除了这些"软性"工具，调查过程中还可能用到"硬件"设备，如线上调查需要手机、平板或计算机、无线网或局域网等，而在广告文案测试中我们常常用到眼动仪、脑电记录仪等。

其次，调研活动需要大量的访查人员，所以调查之前需要通过各种途径招聘人员，并对他们进行培训，以便每个调查人员都能按既定的程序进行调查，避免由于非标准化而造成较大的测量误差。调查人员对于收集数据的质量影响非常大，因而需要招聘责任心强、有一定领悟力的人员，并对其进行严格的培训和训练。

最后，研究过程中也需要准备一些材料，比如拦截式调查时，需要垫问卷的夹板、笔等；实验研究中需要准备实验材料；广告方案测试时，需要准备广告作品、产品包装设计、产品实物等。此外，为感谢受访者或激励受访者的参与意愿，还会为受访者准备一些合适的礼品。

(二) 预备性研究

在正式开展大规模调研前需要进行预备性调研，以减少风险和前期工作准备不充分造成的损失。尤其对于问卷调查而言，需要进行多方面的预试，一是针对问卷设计，通过预试一部分受访者，对于问卷语句和措辞进行修订，答案设计的不合理之处也能够暴露出来；二是对抽样方案的检查，这需要实地进行考察，并进行预调查，以检验样本框是否过时或者不符合实际情况，受访者是否容易接触到，受访者的配合度等。对于定性访谈，通过预备性调研可以发现问题设置是否易于回答，能否探查出我们需要收集的信息，以及预测访谈持续的时间等。

对于预备性研究中暴露出的问题，调查实施小组需要进行讨论，一一检查并修正问卷或访谈提纲设计、抽样方案以及具体实施细节中存在的瑕疵。

预备性调研也是对调查人员进行实训的机会，可以及时发现他们在访谈过程中出现的不规范或错误行为，并进行纠正。

（三）资料采集

资料采集就是通过问卷、访谈问题、实验材料、广告作品、包装设计等工具或材料刺激受访者，而调查人员则观察和记录受访者的反应，收集数据的过程包括访问、问卷复核和回访三个步骤。访问指由调查人员用各种工具、材料刺激被抽到的受访者，并记录受访者的语言、行为和情绪反应等；问卷复核是对调查员收集到的资料和数据进行检查，发现并纠正不符合规范的地方；回访是抽取一定的受访者进行第二次访问，目的是了解、判断访问过程的真实性。复核和回访的目的都是提高广告调研的科学性、客观性和真实性，以提高调研的可信度和有效性。资料收集是最重要的阶段，因而需要严格按照科学规范的程序进行。

四、调研结果汇报阶段

（一）数据与资料分析

收集完调研数据后，需要分析数据和资料、撰写报告和展示结果，并将报告应用于营销决策当中。仅有原始数据和资料是不够的，只有针对调研目的和调研问题，对数据进行整理、分析和展示调研结果才能发挥数据的价值。

针对定量数据的描述性统计和推理性统计，前者用图表来展示数据的整体水平和个体间差异，而后者则采取 T 检验、方差分析、回归分析来检验变量之间的关系，具体将在后面章节进行详细介绍。

针对二手资料和定性方法收集到的数据与资料，往往需要进行编码、归类和总结，这类数据与资料分析很像玩拼图游戏，单个碎片信息需要一片一片地整理、拼接与组合，以描绘出整个模式或发展趋势。对定性资料的整理与分析工作量非常大，并且需要研究者具有较好的专业知识和洞察力，因为对资料的解读往往带有主观性，仁者见仁，智者见智，具有丰富经验和真知灼见的研究者更能揭示出其中的广告现象和广告规律。

（二）报告撰写和结果展示

通过数据与资料分析，调研机构能够获得不少调研问题的答案，甚至有新的发现，此时需要向委托方或管理层汇报调研结果。有两种汇报方式：一是撰写调研报告；二是进行口头报告。调研报告用文字和图表形式记录广告调研的整个过程，一般包括调研的背景、调研需要解决的问题和收集的信息、调研方法、调研结果和建议，调研报告的主体是调研结果的展现。而口头报告，一般是调研机构与委托方的工作人员面对面交流，调研机构需要事先准备好 PPT，这样双方交流起来更容易。调研报告比较完整，并且便于委托方仔细研讨、不同部门之间传阅以及存档备份；而口头汇报则方便受托方回答委托方提出的疑问，就委托方感兴趣的事项进行更加详细和深入的解释。两种结果汇报各有优势，因而一般调研都会准备这两种汇报方式。

第五节 广告调研的伦理和规范

广告调研的伦理和规范是指在广告调研过程中应遵循的道德准则。广告调研员在调研中可能会出现一些不规范或不合乎伦理的行为，例如，在发放一份需要 30分钟才能填答完成的问卷时，告诉受访者只需要十几分钟就能完成；虽然告诉受访者调查是匿名的，但是调查员却在每份问卷上设置了编码，以便识别受访客户的身份；在撰写调研报告时，向客户有意隐瞒不利于调研公司的调研结果。调研员的这些行为虽然没有触犯法律，但是却违反了职业伦理和规范，这种行为不但有损其品德和信誉，而且对所在的调研机构，以及广告同行和社会大众造成不利影响。

不同行业协会在制定广告调研的伦理和规范时可能会从不同角度出发考虑问题，但是都会遵循共同的理念：自主、有利和无害。"自主"通常是指自我决定，即参与调查的所有人，包括调查员、受访者、支持调查的人员等，都具有在充分考虑调查项目的利弊之后，决定是否参与调查的自由；"无害"是指不能故意对他人造成伤害；而"有利"则是指调查者有义务为受访者消除潜在伤害，降低风险，并给予奖励。

在广告调研的过程中，自主、有利和无害的理念，主要体现为客观性、科学性、知情同意、公平对待和保密等原则。

一、客观性

客观性原则是指在调研过程中，所有调研结果都应以明确的、真实的、无误导的方式展示，避免主观偏见或人为地修改数据结果。在广告调研过程中，有些调研员自诩经验丰富，容易主观臆断调研结果，导致调研结果分析和报告呈现受到个人意见的影响而出现偏差。有时，有些调研员或调研机构为了个人或公司的利益，人为修改调研数据，把"坏"数据人为删除，或者呈现误导性数据，刻意不报告对自己不利的调研结果，又或者歪曲地解释调研结果，这些行为都违反了广告调研的客观性伦理原则，性质非常恶劣，会给客户、受访者和社会公众造成非常不好的影响。

客观原则是广告调研最基本的要求，是广告调研中必须遵循的原则，事关客户和广大社会大众对广告调研行业的信任。

二、科学性

科学性原则是指调研信息必须通过科学的方法获得，调研设计、抽样设计、具体调查方法的选择、数据分析方法和报告撰写方式选择等各个环节都要科学、合理和可行。调研员和调研机构违反科学性原则一般有客观和主观两方面原因，客观原因可能是由于调研员或调研机构对广告调研的理论和方法掌握不精，经验不足，在调研方案的设计、具体方法的选择和实施过程中出现错误或失误。而主观原因则可能是有些调研机构为了自己的利益，如为了更节省人力物力，选择容易实施的数据收集方法而非正确合理的方式；为了收取更高的调研费用，选取非必要的调研方式，或者抽取过多的样本等。无论是出于客观原因还是主观原因，违背科学性原则都是不可取的。

三、知情同意

在调查过程中，往往需要收集受访者的态度、观点、信仰和具体行为等隐私信息，因而受访者必须具有知情权，并自主决定是否参与调查。知情同意表现在两个方面：首先，受访者有权知道调查项目的基本情况，例如，调查目的、发起调查的机构、参与调查需要做什么事（如任务是回答问题、试用产品还是观看广告）、调查数据将被如何处理（如如何处理隐私信息）、调查持续的时长、调查项目的承诺（如匿名的承诺、发放礼物的承诺）等。如果有些调查项目为了更加科学精确地收集数据，不方便透露以上信息，也必须保证隐瞒这些信息不会对受访者造成伤害。其次，受访者必须了解到：参与调查是完全自愿的，他们拥有拒绝调查的权利，拒绝参与调查不会受到惩罚或遭受损失。即便受访者参与了调查，但由于种种原因，不愿意继续进行调查时，他们也有权在任何阶段结束访问，无须解释原因或被迫继续接受访问。

四、公平对待

在调查的任何阶段，受访者都应受到公平对待。为了避免出现受访者被不公平对待的情况，调查员应该注意以下几点：首先，调查时间应该选择受访者方便的时间，不要在吃饭、休息时间打扰受访者，也不要频繁、重复地访问受访者。其次，需要较准确地告诉受访者调查需要花费的时间，并且有义务保证调查时长的合理性，有些调研公司或调查员为了吸引受访者参与调查，故意将访问时长说得更短，这是隐瞒事实，是对受访者的欺骗行为。最后，不能以广告调研为名，收集超出调查范围之外的个人信息，尤其是隐私信息。

五、保密性

广告调研需要对受访者和客户都遵循保密原则。对于受访者而言，调查员和调研机构不得泄露任何有关受访者的个人信息，在呈现调查结果时，要将所有可能识别出受访者身份的信息都删除，如电话号码、所在单位等。否则可能会对受访者造成伤害，也将失去受访者对调研机构的信任。除了为受访者保守秘密，广告调研对于调查员和调研机构所服务的客户也要保守秘密，调研结果只能呈现给客户，在未征得其同意的情况下，不得私自将调查结果透露给其他个人或组织，否则结果可能会被客户的竞争对手利用从而损害客户的利益，或者被媒体公开而侵犯受访者和客户的隐私，后果不堪设想。

与保密性密切相关的是隐私，我们在调查过程中，常常运用录音、摄像或单向镜记录或观察受访者的言行，这会在无意中侵害受访者的隐私。因而我们有义务事先告诉受访者调查时将运用哪些手段和设备，并征得其同意。

☞ **思考题**

一、复习思考题

1. 广告调研具备什么功能？

2. 广告调研对于广告主选择广告媒体有什么帮助？

3. 定性研究与定量研究之间有何区别与联系？

4. 广告调研包括哪些流程，你认为哪个阶段最为重要？

5. 广告调研过程中要遵循哪些伦理规范和原则？

二、实训题

1. 请检索近些年的《现代广告》《广告大观》《国际广告》《中国广告》或其他与广告行业相关的发行刊物，找一个广告调研案例或研究成果来更好地理解广告调研在以下领域的应用：（1）目标消费者调研；（2）广告创意测验；（3）媒体特性与广告排期调研。对于每一个广告调研案例或研究成果，分析讨论其调研目的、所采取的具体调研方法、调研流程和调研结果呈现是否科学合理，这些调研结果对于企业主的营销决策有何指导作用。

2. 暑期将至，某连锁快餐企业发起一轮促销活动：通过大众点评网、微信和微博等社交媒体广泛发放电子优惠券。社交媒体传播效果良好，吸引了大批消费者前来就餐，不幸的是，由于该企业收费系统出了一点问题，常常无法识别或者需要很长时间才能识别顾客从社交媒体购买的优惠券，造成不少门店结账排长队，顾客等待时间长，怨声载道，造成了非常不好的影响。假设你是该公司的市场调研员，要了解本次促销活动是否造成了顾客对该餐厅态度的负面影响，请提出你的调研方案和具体的调研问题。

第二部分

数据收集：类型与方法

第二章　二手资料调查

在广告调研中，调研人员有时不必亲自收集所有的资料，利用二手资料就能达到某些目标。得益于计算机网络在调查研究中的普及和应用，大量数据资料能够实时分享，为广告主和营销人员的决策提供参考。例如，许多研究中心和研究机构相互协作，形成了数据档案网。① 那么，面对日益丰富但又庞杂的数据资料，我们应该如何收集和使用它们呢？本章将结合网络与新媒体的时代背景，对二手资料调查这一方法进行介绍。

第一节　二手资料调查方法简介

一、什么是二手资料调查

广告调研人员需要的资料可以分为两大类：一手资料和二手资料。一手资料（primary data）又称原始资料，是调研人员为满足特定目标而收集的第一手资料。例如，某公司想了解不同品牌手机的用户满意度，直接对消费者进行调查，这就是一手资料调查。二手资料（secondary data）也称为次级资料、已有资料，是他人为特定目的而收集和整理的信息，并非为当下的信息需求而专门采集的信息，而是既存数据。例如，某品牌商家计划在某地开设新的分店，它会提前查阅相关统计资料以了解该地区的人口特征和商业网点的布局信息，这就是二手资料调查。可以通过以下两个标准来区别二手资料调查和一手资料调查。②

第一，负责设计和执行调查的个体。在一手资料调查中，调查者负责问题定义、抽样设计、数据采集、数据分析以及结果展示。由于二手资料是既存资料和数据，现在已经无法改变和控制，所以调查者并不能对所收集的信息内容、收集信息的方法以及最初分析数据的程序加以控制。

第二，调查执行的情境。在一手资料调查中，方法的设计和问卷内容都是为满

---

① 袁方，王汉生. 社会研究方法教程［M］. 北京：北京大学出版社，1997.
② ［美］乔尔·J. 戴维斯. 广告调查：理论与实务（第2版）［M］. 杨雪睿，田卉，等，译. 北京：中国人民大学出版社，2016.

足调查者的原始信息需求而专门形成的。这样，数据的编码、整理和分析就反映了调查委托方的最初需求。而在二手资料调查中，因为他人收集市场资料和数据的目的与本次广告调研目的不可能完全相同，为了满足当前广告调研的目的和需求，调查者需要对二手资料进行重新改编和解释。

例如，中国互联网络信息中心（CNNIC）每年对中国互联网络发展状况进行调查，并定期发布统计报告。依据调查执行个体和情境的不同，既可将之视为一手资料，也可以视为二手资料。中国互联网络信息中心是中国互联网络发展状况调查的方案执行者和设计者，其调查目的是为政府部门描绘中国互联网络的宏观发展状况，忠实记录其发展脉络，这种情况下，《中国互联网络发展状况统计报告》（以下简称《统计报告》）就是一手资料。而一个广告主或市场营销人员则可以通过仔细分析和研究《统计报告》，更好地掌握中国网民接触各类互联网媒体的概率，为品牌广告投放哪些互联网媒体提供参考，这种情况下，《统计报告》成为二手资料。由于《统计报告》原本不是为某个品牌的广告媒体投放这个目的和需求所设计的，只是报告全体网民接触各类互联网媒体的概率，因而广告主或市场营销人员需要依据本品牌的目标消费者对二手资料进行改编和解释。

在调查研究中，一手资料和二手资料各有其作用，一手资料的收集方法相对复杂、需要较大的人力和物力投入，但能够为广告主和企业提供最及时、最准确、最直接的市场信息；二手资料尽管不是直接针对广告主的调查目的，但它能够以最快和最经济的方式提供相关资料和数据，为问题的解决提供有效帮助。相比于一手资料，二手资料有以下特征：（1）文献特征。二手资料往往以各种文献资料的形式存在，如何有效地寻找这些资料是二手资料调查的重点。（2）历史性。二手资料是他人在过去某个时间收集或整理的资料，反映研究对象过去的某些特征，时效性相对较差。（3）易获得性。二手资料可在较短的时间内获得，成本相对较低。至于在实际操作中是使用一手资料还是二手资料，要依据调查的具体要求而定，受到调查目的、调查费用等因素的影响和制约。[1]

【延展阅读】[2]

如何在繁杂的文献资料中发现有价值的信息是二手资料调查的关键。20世纪60年代，日本人就是利用这种方法搜集到大庆油田的位置和产量等重要信息，他们通过对二手资料的分析，制定采油设备策略，打败了美国对手。他们是如何做的呢？

第一步，他们从中国公开发行的报纸上了解到中国发现了新油田，但并不

---

① 蒋萍. 市场调查 [M]. 上海：上海人民出版社，2007.

② 周建波. 营销管理 [M]. 济南：山东人民出版社，2002.

清楚具体在哪里。

第二步，他们从《中国画报》上看到了王进喜的照片，身穿棉袄，背景是鹅毛大雪纷飞——由此推断这是在中国东北部。

第三步，他们在新闻报道上看到王进喜在马家窑的讲话：我们要把中国石油贫困的帽子扔进太平洋——马家窑一定在太平洋的西岸，油田一定在马家窑附近。他们先找到了马家窑的位置，由此确定油田的位置，进而分析附近的地理、地形、气候、居民状况，以及制造设备所需的材料。

第四步，1964 年铁人王进喜光荣出席了第三届全国人民代表大会，成为人大代表——他们确认中国石油开采成功。

第五步，《人民日报》刊登了一幅钻塔的照片，他们根据钻塔手柄的架势并结合政府工作报告推算出中国石油的产量，在此基础上推断中国以后将需要大量进口采油设备。于是，他们有针对性地设计采油设备，在竞标中一举获胜，使其设备顺利进入中国市场。

二、二手资料调查的用途

上面的案例说明二手资料调查对于企业决策有重要意义。① 合理有效地利用二手资料往往可以达到事半功倍的效果，例如，营销人员可以收集相关的政治经济政策并加以分析，以把握宏观经济形势对产品营销的影响；企业可以通过对所有地区的人口资料、以往的销售业绩或同类产品的销售资料进行分析，从而更有效地选择和划分产品市场。二手资料调查往往有助于自身调查研究的开展，一方面相关的数据资料可以为调查研究提供参考；另一方面也可以为研究方法提供借鉴。

通常情况下，我们可以根据自己的调查主题，对所搜集的二手资料进行分析整理，罗列出二手资料能够传达给我们的明确信息、模糊信息和未知信息，进而对二手资料不能给出明确信息的问题展开进一步的实地调查。因此，二手资料调查往往是调查研究展开的基础，几乎在所有的调查研究中不可或缺。具体来讲，二手资料调查有以下用途。②

第一，二手资料调查可以获取实地调查无法得到的某些资料。通过二手资料调查，既可以获得企业内部资料，也可以获得大量有关市场环境等方面的外部资料。特别是在进行国际广告调研时，由于地域遥远、市场条件限制、语言障碍等方面的原因，采用实地调查需要更多的时间和经费，将给调查带来许多困难。相比之下，二手资料调查就方便多了。有些原始资料是很难通过实地调查获得的，只能通过二

---

① 黄京华．广告调查理论与实务［M］．北京：中央广播电视大学出版社，2009.
② 蒋萍．市场调查［M］．上海：上海人民出版社，2007.

手资料进行间接推断。例如，上文的例子中，当时中国大庆油田的位置、规模和加工能力是严格对外保密的，日企为了成功与中国进行石油设备的交易，专门成立研究小组分析二手资料以获取重要情报。

第二，二手资料调查在探索性研究中起到了非常重要的作用，有助于明确或重新明确探索性研究的研究主题。例如，某超市的会员数量一直停滞不前，其管理者为改变这一局面，决定进行调查。通过对本地人口资料等二手数据的分析，他们发现本地区有大量的年轻单身者涌入，而传统型家庭的数量则保持稳定。于是，调查的主题重新明确为"如何吸引年轻的单身会员，同时保持在传统家庭中的市场份额"。

第三，二手资料调查能够解决一些问题，为调查者提供所需要的信息。例如，某企业想要了解某地区的潜在客户和竞争对手有哪些，可以通过查阅当地工商行政管理部门提供的工商企业名录，企业名录里往往有地址、产品名录、生产能力、法人代表、员工人数和联系方式等信息。

第四，二手资料调查可以为一手资料收集提供备选方法，并提示潜在的问题和困难。在很多情况下，二手资料提供了在其他地区或者对其他产品所开展调查的思路和方法技术，二手资料的使用者可以借鉴这些方法，比如指导实地调查方案的设计、引用二手资料中的问卷问题和量表。特别地，调查者可以参阅以往的二手数据，了解一手资料调查中可能遇到的问题，由此做出调整。例如，一位调查人员想了解某种新型避孕药品的市场满意度，通过查阅以往对类似药品的调查报告，他发现电话调查的拒访率很高。于是，他将原定的电话调查改成邮寄问卷调查。

第五，二手资料调查能够为调查计划或方案的设计提供大量背景资料，使调查报告更具说服力。例如，在制订广告策略前，往往需要参阅以往市场调研资料，收集关于此类产品消费者的年龄、收入、阶层等基本信息，以便制订更有针对性和说服力的广告方案。

第六，二手资料调查能够提供一个参照基准，可将一手资料与之相比较，进而确定一手资料的有效性与准确性。由于实地调查收集的一手资料会受到众多因素的影响，在收集过程中容易出现误差，调查人员可以通过对比二手资料调查，鉴别、判断原始资料的可靠程度，并对其中明显的错误和疑问进行及时的复核和纠正。

三、二手资料调查的优点和局限

二手资料调查具有省时、省钱、省力的优点。首先，它可以使研究人员从复杂的一手资料收集工作中解脱出来，以便集中更多的时间和精力来分析其他的资料。其次，有些信息无法通过直接调查取得，只能从二手资料中得到。例如，要了解全国的人口信息，可以查阅全国人口普查报告。二手资料调查的另一个突出优点是特别适合用于比较研究和趋势研究。二手资料调查不受时空限制，我们可以通过分析不同的调查者在不同地区收集的资料，来对比不同地区的情况；或者把对不同群体进行调查所取得的资料进行二手分析，来对比不同群体的情况；还可以把其他调查者在不同时期对同一问题所做的若干次研究的资料汇集在一起进行分析，以便研究事物发展的趋势。①②

尽管通过二手资料调查获得信息的优点很多，但二手资料是为其他目的收集的，不可能满足调查人员对数据的所有要求。因此使用二手数据时需要注意以下几个方面。③

1. 测量单位是否一致

当广告主或营销人员想要的测量单位与二手资料调查的测量单位一致性较高时，二手资料能够较好地满足调查人员的要求。比如某汽车制造商希望跟踪竞争对手的广告月支出，而二手信息刚好以每月广告花费进行报告，与调查者的要求相一致，这种情况下二手资料与调查主题有很高的相关性。然而，若二手资料以其他单位报告广告花费，比如广告花费在毛利中的占比，其相关性就会较低。

2. 目标定义是否相同

当广告主或营销人员定义分析单位的方式与二手资料定义的方式一致时，二手资料能较好地回答调查者的问题。例如，在研究小公司的出口情况时，调研人员可以使用不同国家的研究资料。仔细研究后可以发现，各国对"小公司"的定义是不同的：一些根据公司的销售额定义，一些根据雇员数量定义，一些根据利润定义，一些根据营业面积定义。虽然都使用"小公司"的叫法，但各国小公司的具体含义是不同的，使用这些资料时应注意是否与调查者的定义一致。

3. 数据分类是否相同

分类的一致性程度越高，二手资料的可利用价值就越高。比如，营销者想了解20~50岁女性对某类商品的消费数据，但二手数据只能提供30~35岁女性的消费信息，此时二手数据就无法契合营销者的调查目的。

4. 数据是否具有时效性

一般而言，时间越近的数据时效性越强，有利于反映调查对象的最新变化情况。比如中美贸易战开始后，2016年的中国商品出口额就很难描述2019年的出口情况。再如，5年前电影院上座率很难作为明年应拍摄什么电影的决策依据，因为观众对电影主题的偏好是随着时间的变化而变化的。

5. 数据来源是否可靠

在使用二手数据的时候，还要考虑数据的来源是否可靠，最好使用权威机构的

①　蒋萍. 市场调查［M］. 上海：上海人民出版社，2007.
②　袁方，王汉生. 社会研究方法教程［M］. 北京：北京大学出版社，1997.
③　吕小宇. 市场调查与预测实训教程［M］. 成都：西南财经大学出版社，2017：13-14.

最初报道数据，多次的引用可能会导致数据被省略或扭曲。

第二节　二手资料调查的步骤

上面一节说明了二手资料调查有着重要的用途。那么，应如何进行二手资料调查呢？这一节我们重点介绍二手资料调查的基本步骤。①

一、明确调查的目的和主题

在广告调研前，要有一个明确的调查目的和主题。适用于二手资料分析的主题可以是相当广泛的，需要大规模调研才能得到所需的数据资料。因此，一旦提出了调查问题，就必须仔细地考虑操作化过程。这项调查需要以何种方式进行测量？有哪些核心的变量？通常，在调查设计中，要留有一定的余地，允许一旦发现相关资料并不具备某些所需特征时，可以对调查设计稍做修改，以保持与二手资料的一致性。在主题与资料的关系上，二手资料分析往往要求主题去适应现有资料，而不是相反。这主要是因为数据资料是已定的、无法变动的，调查者只能在处理和分析资料的方法与技术上动脑筋，而调查主题则是可以适量调整的，相较而言更具灵活性。

二、收集合适的二手资料

由于二手资料调查使用的都是原始调查所得的数据资料，因此我们应该对这种资料的主要来源有所了解。在美国等西方国家，有许多专门从事调查研究的机构，建立了各种不同规模的数据库，因而资料来源较广。比如，美国皮尤（Pew）研究中心为研究者和决策者提供了大量有关民意调查的资料。在我国，此类大型且全面的数据资料库目前还不多，所能利用的大多是国家统计部门和大学研究机构所收集的资料。

二手资料根据其来源的不同，可以分为来自机构内部的二手资料和来自机构外部的二手资料。② 内部的二手资料（internal secondary data）是源于机构内部的数据，或是由本机构记录的数据，具有高可获得性和低成本性。企业在运作过程中，往往积累了很多的数据资料，这些数据资料经过系统的整理和分析，就是企业的一笔财富。从企业内部收集二手资料的代价最小，应在进行市场调研时充分利用。内部二手资料的内容可分为以下几类：（1）内部记录。如企业的生产和销售记录、

---

① 袁方，王汉生 . 社会研究方法教程［M］. 北京：北京大学出版社，1997.

② 蒋萍 . 市场调查［M］. 上海：上海人民出版社，2007.

商品价格和经营利润记录，能够提供销售额、利润、广告费用支出等最基本的数据。（2）消费者资料。很多公司存放着历次市场调查或从其他渠道收集积累的消费者购买和使用产品的数据，有些公司建立了专门的消费者信息数据库，保存着顾客的原始信息和交易情况的记录，公司可以使用这些数据库分析出顾客的共同特征、偏好等信息。例如，现在很多大型家电企业和汽车公司在出售自己的产品时，往往要求购买者填写一张关于个人信息、联络方式的表格。一些大型超市会实行会员制度，形成会员顾客的数据库。

外部的二手资料（external secondary data）是由其他机构而非调研人员所在机构收集和记录的资料。这些资料分为公开的信息和公共收费信息。公开的信息面向全社会公开发布，一般不需花费费用或花费较少的费用就可以得到。比如国家统计局、各省（区、市）统计局定期发布的各类统计公报和统计年鉴，常见的如人口普查公报、全国和各地年度统计公报、中国统计年鉴等，都是相对权威和有价值的信息。同时，大多数行业有自己相应的主管部门，它们定期收集和编辑与本行业相关的信息，发布在行业刊物和网站上。此外，各地的工商和税务部门也会公布价格、市场供求等信息，各地国际组织、商会同样会提供相应的国际市场信息。这类信息的针对性较强，调查者可以从中找到大量有用的信息。公共收费信息主要来自一些以营利为目的的机构，如各种信息咨询机构和专业调查机构。这些机构的信息系统资料齐全、信息灵敏度高。为了满足客户的不同需要，他们可以提供信息的代购、咨询、检索和定向服务。例如，艾瑞网为国内首家新经济门户站点。基于iRearch艾瑞咨询集团多年深入互联网及电信相关领域研究成果，定期发布中国网络经济、电信增值等新经济领域数十个行业研究报告。

三、对资料的再创造

得到所需要的数据资料后，往往需要对这些资料进行一定加工，才能更好地为调查服务。首先，需要在资料中寻找或重新定义所要调查的变量。其次，应该仔细地研究这些变量，例如，对每一变量的频率统计将加深对资料的了解。如果有很大一部分被调查者对某一项目的回答是"不知道"，调查人员必须决定是否利用这一变量，以及如何利用它。最后，调查人员也可以只选取样本中的一个部分作为分析对象，例如，某广告商只想了解女性消费者的消费行为，那就可以选取二手资料中女性被调查者的数据资料。但这样做时，需要重新考虑抽样设计，看看这种选取部分样本的做法对样本本身的性质产生什么影响，以及这一样本的代表性如何。总之，在使用二手资料时，调查人员可以重新创造出很多资料去适应自己的研究目的和主题，但不能把二手资料用于回答不适合的问题。

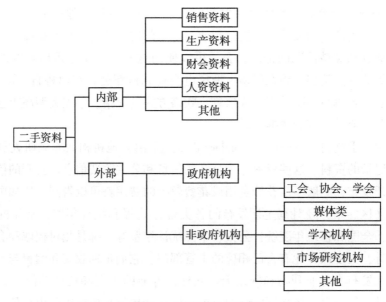

图 2-1 二手资料的种类

（资料来源：周晏汝，行销资料科学，https：//medium.com/marketingdatascience/）

四、分析资料

一手资料调查研究往往是调查者根据自己的研究目的去实地收集第一手资料，也可以说他们是先"创造"出资料，然后再对这些资料进行分析。而二手资料分析则是调查者自己根据自己的研究目标在别人收集的各种原始资料中"寻找"合适的资料进行分析，因而如何根据自己的研究主题分析二手资料显得尤为重要。我们将在后文"数据分析"一章中具体介绍各种基本资料的分析技术和方法。

第三节 运用互联网收集二手资料

中国互联网络信息中心（CNNIC）发布的第 52 次《中国互联网络发展状况统计报告》显示，截至 2023 年 6 月，我国网民规模达 10.67 亿，互联网普及率达 76.4%。其中，10.26 亿人看短视频、7.65 亿人看直播，网约车、在线旅行预订、网络文学等用户规模实现快增长，较 2022 年 12 月增长 3492 万人、3091 万人、3592 万人，增长率分别为 8.0%、7.3% 和 7.3%，成为用户规模增长最快的三类在用。这些数据表明，无论是组织还是个人，都会在线上开展活动，如企业、事业单位和政府部门开设门户网站，建立两微一抖（微信、微博、抖音）

公众号宣传企业和组织形象、开展业务等，而个人则通过网络进行娱乐、社交、消费和获得新闻资讯等，这些组织和个人在各互联网平台留下大量的文字、声音、图片和视频等海量数据，成为二手资料调研的丰富来源。与此同时，互联网方便资料的查询、复制、存储，速度快、信息量大，并打破了地域限制，提高了资料收集的实效性。如今，利用数据库、搜索引擎及大数据分析技术等互联网技术搜集和分析二手数据已成为一种新的趋势，互联网已经成为获取各种二手资料的主要战场和手段。

一、从现有网络数据库中收集所需的二手资料

（一）计算机数据库

计算机数据库（computerized database）可分为三类，它们各自提供不同性质的二手资料：文献数据库、数据类数据库和指南性数据库。[①]

文献数据库（bibliographic database）指的是包含期刊、图书、报纸、政府文件全文或引用情况的数据库。国外文献数据库包括 Blackwell、EBSCO、Jstor、ProQuest、ScienceDirect、Springer、Wiley Online 等，国内文献数据库有中国知识资源总库、万方数据资料库、超星数字图书馆等。

数据类数据库（numeric database）指包含各类数据的数据库。国内有关数据类数据库的例子有中国资讯行（INFOBANK）高校财经数据库、CCER 经济金融数据库、中宏数据库、Wind 经济数据库、中经网统计数据库、中经网产业数据库等。

指南类数据库（directory database）指关于某个特定机构、个人或政府部门等信息的数据库。例如，企业名录数据库就属于指南类数据库，它可提供企业的单位名称、详细地址、邮政编码、联系电话、传真、企业负责人姓名、企业规模等信息。用户可以通过这个数据库选择目标客户，自动打印信封标签，发送大量商业信函；直接同供应商联系，避开中间环节，降低进货成本；寻找经销商，发展销售代理，促进产品销售，甚至直接销售产品等。

（二）门户网站

我们还可以通过搜索引擎收集二手资料。如果事先知道载有所需信息的网址，只需在浏览器的地址栏中键入网址即可。如果并不清楚哪些网站能够提供我们所需的信息，可以通过百度、雅虎、搜狗等搜索引擎搜索关键词或核心句子，然后访问载有相关信息的网站。我们将在下一节详细说明通过搜索引擎收集二手资料的技巧。下面列举一些常见的二手资料的来源网站：

---

① 蒋萍. 市场调查［M］. 上海：上海人民出版社，2007.

中华人民共和国国家统计局数据中心 http：//data. stats. gov. cn/

中华人民共和国商务部数据中心 http：//data. mofcom. gov. cn/

中国国家调查数据库 http：//www. cnsda. org/

中国综合社会调查（CGSS）http：//cgss. ruc. edu. cn/

中国互联网络信息中心（CNNIC）http：//www. cnnic. net. cn/

中国互联网数据研究咨询中心 http：//www. 199it. com/

香港大学民意网站 https：//www. hkupop. hku. hk/chinese/popexpress/index. html

世界价值观调查（World Value Survey，WVS）http：//www. worldvaluessurvey. org/wvs. jsp

国际社会调查项目（International Social Survey Programme，ISSP）http：//www. issp. org/

综合社会调查（General Social Survey，GSS）https：//gss. norc. org/

欧洲社会调查（European Social Survey，ESS）https：//www. europeansocialsurvey. org/

东亚社会调查 East Asian Social Survey（EASS）http：//www. eassda. org/

Pew 调查 https：//www. pewresearch. org/

此外，还有一些市场研究公司和媒介咨询公司：

尼尔森 https：//www. nielsen. com/cn/zh/

益普索 https：//www. ipsos. com/zh-cn

央视市场研究 CTR http：//www. ctrchina. cn/

慧聪网 https：//www. hc360. com/

北京零点研究集团 www. horizon. 3see. com

盖洛普中国 https：//www. gallup. cn/home. aspx

艾瑞网（iresearch）https：//www. iresearch. cn/

梅花网 https：//www. meihua. info/

企鹅智酷 https：//re. qq. com/

虎嗅网 https：//www. huxiu. com

TOPYS https：//www. topys. cn

广告门 https：//www. adquan. com

数英网 https：//www. digitaling. com

网络广告人社区 http：//iwebad. com

（三）社交媒体和视频网站

社交媒体平台（如微博、微信、豆瓣）、视频网站（如优酷、Bilibili、爱奇艺）、短视频平台（如抖音、快手、火山视频）以及问答平台（如知乎问答、百度知道）等平台不但自身生产和发布丰富多彩的信息，而且允许用户撰写、分享、评价、讨论、相互沟通，人们彼此分享意见、见解、经验和观点。后台会留下大量数据和资料，这些资料中不但有来自品牌运营方、KOL（意见领袖）等的商业信息，也有消费者留下的大量点赞、转发、评论等数据，这些资料有些可以通过下载或其他方式获得，成为广告调研的重要二手资料。例如，有研究对微博平台上发布的女性主义广告进行文本分析，发现中国的女性主义广告中存在"反性别歧视""反性别角色刻板印象""反社会规范""重新定义美"及"宣扬个体自主"五个议题类型，与此同时，该研究对5000条微博评论进行内容分析，发现消费者对于广告信息总体呈现出积极的广告态度与品牌态度，并且会积极参与女性话题的讨论，行为上倾向于转发和分享给好友观看。①

（四）各大电商平台

据第52次《中国互联网络发展状况统计报告》，截至2023年6月，我国网络支付用户规模达9.43亿人。我国电子商务经过十几年的发展，市场已经从大城市下沉到中小城市及农村地区，从国内市场拓展到国外市场，跨境电商零售进口额持续增长，在增长模式方面，发展出直播带货、工厂电商、社区零售等创新模式。淘宝、京东、唯品会、拼多多、当当网等电商平台留下了海量的商家信息和消费者在线评论，成为各大研究机构争相抢夺的资源。

在线评论是指消费者在网上购买商品后在网络平台所分享的关于自己购物体验及关于商品的评价、意见和建议，可以采取留言、晒图、追评等形式，能够为潜在购买者提供参考和借鉴，其影响力和说服力甚至要超过企业对产品的宣传效应，这些资料和数据成为消费者行为研究取之不尽的宝藏。而电商平台多年累积下来的营销数据可以为消费者研究和市场研究提供绝佳资料，但是互联网企业深知这些营销数据的宝贵，将其视为绝密资料，一般的市场研究机构很难获得，只有一些比较权威的机构有机会与这些电商企业进行合作，共同对这些数据进行研究和挖掘，发现其中的市场奥秘和规律。所幸一些电商企业会免费发布其平台销售数据，如淘宝自2011年起发布阿里指数，免费对所有用户开放，买家可以参考指数提供的数据做出购买决策，而卖家则可以通过淘宝数据进行选品、竞品分析、行业分析，以获取更大的利益。如图2-2是淘宝官方提供的2020年2月29日至2020年3月6日七天内搜索关键词的排行榜。可以看出这段时期正是我国新冠肺炎疫情暴发时期，因此口罩成为最常搜索的关键词。

---

① 何梦. 作为文化的发声——微博评论语境下的女性主义广告效果研究［D］.厦门：厦门大学，2020.

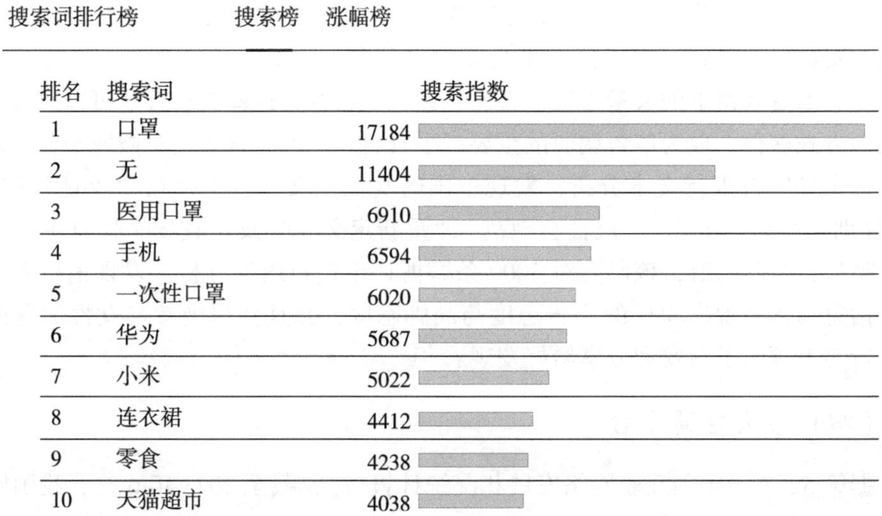

搜索词排行榜　　　搜索榜　涨幅榜

排名	搜索词	搜索指数
1	口罩	17184
2	无	11404
3	医用口罩	6910
4	手机	6594
5	一次性口罩	6020
6	华为	5687
7	小米	5022
8	连衣裙	4412
9	零食	4238
10	天猫超市	4038

图 2-2　阿里指数——2020 年 2 月 29 日至 2020 年 3 月 6 日七天内淘宝搜索关键词排行榜
（数据来源：https：//shu. taobao. com/area）

二、利用搜索引擎快速找到所需的二手资料

相比于计算机数据库和特定的机构网站，搜索引擎所提供的资料更丰富但也更庞杂，需要研究者具备一定的搜索技巧。这一部分将详细介绍如何利用搜索引擎找到合适的二手资料信息。

在国内，百度、搜狗或者雅虎（Yahoo!）等搜索引擎都可以帮助我们寻找信息。但是，针对一个搜索请求，往往会有数千甚至数万条搜索结果。那么，如何有效并快速地找到目标信息？

第一步，明确信息需求。设想代理公司想进军酸奶市场，而公司并无这个产品品类的营销经验。二手资料调查可以帮助公司尽快熟悉酸奶市场的发展趋势、主要竞争对手及其活动、广告和促销方法等，这些最终将影响广告策略和创意的形成。搜索策略的第一步就是通过一个或多个问题来表达信息需求。例如，想搜索的关键问题是：中国酸奶市场当下的发展趋势是什么？

第二步，删除不必要的词语，提炼关键词。可以删除与研究问题的核心思想无关的内容，以尽可能囊括所有可能的搜索结果。例如，上面的问题可以用几个关键词表达：中国、酸奶市场、趋势。

第三步，扩展原始搜索词。可以通过搜索关键词的同义词或替代词来扩大信息搜索的范围，比如，可以用"发展""现状""预测"来代替"趋势"，甚至可以通过"设置——高级搜索"的功能，搜索包含"趋势""发展""现状""预测"任何一词的信息。如图 2-3 至图 2-6 展示了几种不同搜索方式的区别。

图 2-3 百度搜索"中国、酸奶市场、趋势"的结果

第四步，在多个搜索引擎上进行搜索。在时间充裕或者对某个搜索结果不满意时，可以尝试在多个搜索引擎上进行搜索。每一个搜索引擎都有自身的优势和不足，有一些搜索引擎对某一类信息的检索要比其他搜索引擎更有效。虽然这样做可能会有信息重复，但每一个搜索引擎对于查找相关的二手资料信息都有着各自的贡献。

第五步，系统地阅读搜索结果并有效地识别合适的二手信息。在这个过程中，可以注意以下问题：哪一个搜索引擎提供了最佳结果？哪一个或哪一组搜索词汇产生了最佳结果？是否有些搜索词汇的范围过宽，产生了太多不相关的结果？是否有些搜索词汇的范围过窄，得到的相关结果太少？还可以对搜索出的相关资料进行阅读，分析它们共同的关键词有哪些，是否包含在最初的检索词汇中，是否需要利用这些关键词再次进行检索。

图 2-4 百度搜索"中国、酸奶市场、发展"的结果

第六步，修正原始搜索词，创建新的搜索词，在最有效的搜索引擎上完善搜索。即在第五步的基础上，根据最初的搜索结果，调整关键词，扩大或缩小搜索范围。还可以使用一些指令来帮助搜索，常见的包括：

双引号（""）：完全匹配搜索，把搜索词放在双引号中，代表指定搜索专用名词，并且引号里面的词不可拆分、顺序也完全匹配。例如，将"广告调研"放入双引号中，出现的搜索结果一定是含有"广告调研"这四个字的，而只包含"调查""广告"或顺序相反的"调查广告"的资料都不会出现在结果中。

减号（-）：搜索结果将不包含减号后面的词，使用这个指令时减号前面必须是空格，减号后面没有空格，紧跟着需要排除的词。例如，以"搜索-引擎"为检索词汇，搜索的结果将包含"搜索"这个词，却不包含"引擎"这个词。

加号（+）：搜索结果将同时包含加号前后的词，使用这种方法搜索的结果往往会更精确。如果通过使用空格来查询多个关键词，仅包含一个关键词的结果也会出现，因而会得到很多不符合需要的结果（比较图 2-6 与图 2-7 的搜索结果）。

intitle：在标题中查询。如果只在文章标题中查找含有关键词的记录，可以在

图 2-5 百度搜索"中国、酸奶市场、预测"的结果

搜索词汇前加上"intitle"。

    allintitle：在标题中查询包含所有关键词的文件。例如，搜索"allintitle：中国酸奶市场 趋势"，就相当于"intitle：中国 intitle：酸奶市场 intitle：趋势"。

    filetype：用于搜索特定的文件格式。比如搜索 filetype：pdf"广告调研"，搜索结果就是包含广告调研这个关键词的所有 pdf 文件。

    搜索引擎是寻找合适的以互联网为基础的二手资料的初始方式。此外，还可以通过高级搜索，查找特定社交媒体平台的信息。例如，在搜狗高级搜索中，可以搜索微信、知乎的资料，以及通过"学术搜索"查找相关的学术研究。也可以通过微博搜索，查找微博平台上关于某个问题的讨论，这也是市场调研中了解民意的重要途径。优秀的广告主和营销人员不仅要能够通过多种途径收集二手资料，还需要能够把握行业的最新动态。例如，定期查阅其他组织的简报（newsletters）以了解他人当前发展的最新消息，并特别注意有效利用数字媒体（如关注相关机构的微博或微信公众号）及时获取最新的调查报告和行业动态。

图 2-6 百度搜索"中国、酸奶市场、现状"的结果

三、评估线上的二手资料

由于网上信息服务的提供者很多，真实性、准确性和安全性成为网络数据收集所面临最重要的问题，因而，在使用二手资料之前，评估其质量是很有必要的。下面列举了评估二手资料常见的标准。①

1. 作者和来源

二手资料的作者是一人还是多人？其身份和资质能否查到？其是否受过相关的训练以及从事类似的工作？行业对其的评价如何？另外，可以对二手资料的作者和来源的客观性和中立性做出判断，比如作者是否从属于某个机构，导致其观点有所偏颇？作者是否受到了某机构或个体的资助，是否会影响其观点的中立性？甚至，

---

① ［美］乔尔·J. 戴维斯. 广告调查：理论与实务（第 2 版）［M］.杨雪睿，田卉，等，译. 北京：中国人民大学出版社，2016.

图 2-7　使用空格的搜索结果

可以尝试联系二手资料的作者以核实资料收集的细节问题。一般而言，政府的统计部门、各个行业协会等官方机构或大型的调研公司的调查数据和报告往往是可信的，其操作过程比较规范；相比之下，使用小公司或新公司的资料时需要更加谨慎小心。

2. 准确性

二手资料所引用的外部信息是否通过脚注、参考书目和可信赖的网址链接加以说明？二手资料是否经过了其他机构的复审？所提供的原始数据是否支持了论证或结论，数据有没有被更改或伪造？数据呈现是否完整？数据背后的方法是否适当和客观？特别地，调查者应努力避免由信息收集方法和收集过程中的控制失当而造成的数据错误和误差，比如数据是通过拦截式调查、网络调查，还是面对面的问卷调查的方式收集的？拒访率是多少？是否满足抽样条件，是否较准确地找到了适宜的被访者？

3. 时效性

二手资料中基础的数据、结论或论证是否与当时社会背景相符从而具有价值？特别是对于网络资料，能否确定其最近一次更新、修改和编辑的时间？资料中的外部链接是可用的吗？时效性对于更新变化较快的 IT 和通信产品非常重要，如果是两年前的数据，可能对于现在的参考意义已经不大了。

4. 客观性

二手资料中的观点是否与事实相区别？二手资料中潜在的目的是什么，是告知信息还是支持某个主张？如果一个作者或组织提供了多个资料来源，这些资料的整体基调和观点是什么？如果是网站来源，有哪些类型的网页链接到此？从这些链接中可以获得哪些关于网站客观性的信息？资料和数据总是为了某种目的收集的，比如国内曾出现过的"伪排行榜"现象，实际上是企业为了宣传产品而雇佣调研公司制作的销售业绩伪调查的结果。①

【延展阅读】

家用净水器市场宏观环境分析

笔者曾经受某家用净水器生产企业委托，对家庭净水器市场进行调查，为其市场营销策略提供参考。本次调查中，有关家用净水器市场宏观环境分析，主要采用二手资料研究方法。以下重点介绍一下本次二手资料研究中二手资料的来源、获取手段和分析结果。

有关家用净水器宏观环境的分析包括经济环境、社会环境、政策环境、行业规制、技术环境几个方面。

为了分析我国的经济环境和社会环境，本次调研大量地查阅了近几年有关城市饮用水卫生、河流污染、房地产发展的新闻报道，搜索有关净水器市场行业的调查报告，以及检索中国知网（CNKI）有关水家电、饮水健康等方面的研究。最终本研究得出以下有利的信息：环境污染日益加重，城市居民收入和生活水平提高，对饮用水的质量越来越关注；房地产业继续高速发展，刺激家居建材行业及家电行业（包括水家电）的增长；国家致力于提升公共卫生事件的信息透明和公开程度，老百姓能及时知悉水污染的状况，这无疑会增强他们改进饮用水质量的动机。而不利的信息则是：由于通货膨胀，净水器原材料价格上涨，工人工资提高，企业生产成本大幅度提高；普通居民健康饮水知识十分贫乏，对于净水器产品功能普遍认知不高，需要进行市场培育和大量的消

---

① 黄升民，黄京华，王冰. 广告调查：广告战略的实证基础（第二版）［M］. 北京：中国物价出版社，2002.

费者教育。

　　而有关政策环境、行业规制和技术环境的二手资料主要来源于我国卫健委部、住建部、国家海洋局、技术监督局、国家环保局等政府部门出台的相关标准和规定，中国净水行业协会、中国质量检验协会净水设备专业委员会等行业协会的相关规定，以及中国知网的学术研究。综合分析可以得出以下结论：（1）国家致力于提高居民饮用水的卫生水平，2006 年，新的《生活饮用水卫生标准》得以颁布，将自 1985 年沿用至今的旧标准中的 35 个检测指标扩充至 106 个，使我国的饮用水卫生标准正式与国际接轨；（2）《家用和类似用途饮用水处理装置通用要求》《家用和类似用途饮用水处理内芯通用要求》两项国家标准以及《饮水机专用净水机》行业标准相继出台，这将在很大程度上改变目前净水机行业标准不一且权威性、适用性有限的状况，从而有利于整个行业的规范和良性发展；（3）中国净水行业协会、中国质量检验协会净水设备专业委员会等行业协会纷纷成立，在政府和企业之间起着沟通桥梁的作用，但只能扮演辅助者的角色，话语权有限；（4）技术方面，综合采用多种工艺（如 PP 棉、活性炭、紫外线杀菌、膜技术、阳离子树脂等）并具有多级过滤系统的复合型净水机，已被证明拥有更佳的过滤效果，并且这些技术已经在行业内逐步推广，其维护成本和技术难度等课题逐步被攻克，这意味着本企业已经不再具有技术优势；（5）包括净水机在内的各种水家电中所存在的二次污染问题正越来越引起人们的关注，本企业如果能在这方面取得技术突破，将可能在激烈的市场竞争中占得一席之地。

☞ **思考题**

　　一、复习思考题

　　1. 什么是二手资料？与一手资料有什么本质区别？

　　2. 二手资料调查的优点和缺点是什么？

　　3. 二手资料调查一般有哪些步骤？调研人员可以从哪些渠道获得二手资料？

　　4. 怎样通过互联网收集二手资料？

　　5. 如何评价不同的二手资料？

　　二、实训题

　　1. 利用二手资料，了解学校大学生笔记本电脑市场的规模，并具体描述不同品牌偏好者的情况。

　　2. 新闻网站记者阅读了一篇调查青少年吸烟的研究报告，该报告称"很多青少年了解一些知名香烟品牌"，然后写道"本站记者发现越来越多的青少年对吸烟表示强烈的反感"。这样使用二手数据是否正确？请说出你的理由。

　　3. 某卫生巾品牌主要市场分布在华南、华东等地区，由于华南和华东市场竞争非常激烈，该品牌想将品牌推广到西北地区，请查阅国家统计局网站，分析陕西省、甘肃省、青海省、宁夏回族自治区、新疆维吾尔自治区 5 个省或自治区的 15~50 岁女性人口数量，预测卫生巾的市场规模，并根据当地政府公开发布的国民经济和社会发展统计报告，分析各省和自治区城市居民家庭人均可支配收入，以便为该品牌定价提供参考。

4. 在国家的鼓励和支持下，我国电动汽车行业得到快速的发展，比亚迪、力帆汽车、北汽新能源和吉利汽车等公司纷纷大力研发电动汽车，并投入市场，在激烈的汽车市场竞争中开始角逐。请以比亚迪的电动汽车为例，通过比亚迪官方网站，各电商平台，网易、搜狐和新浪的汽车频道，各网站出具的行业调查报告，分析比亚迪电动汽车的目标消费人群，其主要竞争对手，并评估其市场发展潜力。

第三章 定 性 调 研

有时广告调研者需要的信息不易从数字数据的定量分析中获得，某些宝贵的、深层次的信息只能通过定性调研的方式获得。本章将介绍焦点小组访谈、深度访谈和心理投射等定性方法是如何深入洞察消费者需求、品牌形象和媒介特性的，以便广告主有效地开展广告活动。

第一节　什么是定性调研

一、什么是定性调研

定性调研（qualitative research）是收集、分析和解释那些不能被数量化的数据或不能用数字概括的数据，[①] 即定性资料或数据，定性调研用于区别不同事物之间内部所固有的特征。定性调研通常以普遍公认的公理、一套演绎逻辑和大量的历史事实为分析的基础，描述和阐释所研究的事物，抓住事物特征的主要方面。

定性调研非常适合于探索性研究，以摸索可能遇到的问题并探析解决问题的方法，研究过程重在揭示受访对象对某个问题最初的观点、意见或理解，而不是最终的行动方案。在广告调研过程中，我们的需求是洞察消费者对商品或品牌的最初印象、认知、态度、购买动机、购买行为以及消费者自身持有的消费价值观等，以便为广告创意和市场营销策略提供参考。定量研究能够通过大规模的抽样调查来了解消费者对商品或品牌的认知、态度和行为的基本状况，然而结构化的问卷调查无法了解消费者深层次、错综复杂的动机和价值理念。这时小规模地抽取典型消费者，用非结构化的访谈方式，依据消费者的回答，不断地追问或者灵活地改变问题和发问方式，刺探出消费者对于商品或品牌最初的印象、最直接的反应，以及购买时最原始的动机。

---

① ［美］A. 帕拉苏拉曼，德鲁弗·格留沃，R. 克里希南. 市场调研［M］. 王佳芥，应斌，等，译. 北京：中国市场出版社，2009.

【延展阅读】

把平板大屏电视搬回家

　　某公司第一批 65 寸的平板大屏电视刚刚上市时，无论是线下的实体店还是线上的电子商务平台，都有很多消费者好奇观望，但销售量却很低。为此，市场营销部工作人员随机询问了十来个在电视机前停留较长时间，却没有购买的消费者，发现一些消费者没有购买的原因很简单，一是担心这么大的电视机在自家中能否放得下；二是不知摆放在哪个位置比较合适。为解决消费者的困扰，市场部经理推出了一张可折叠的电视机宣传册，它展开后与 65 寸平板电视机有着一样的大小。于是，这张宣传册模型不但可起到广告作用，还可以让消费者跟自己的家人一起试验摆放效果，营造出强烈的真实感。实施这条措施后，该公司平板电视销量增加不少。

二、定性调研和定量调研的区别与联系

　　为了更好地理解定性调研方法，可将定性调研与定量调研进行对比，了解它们之间的区别与联系。

　　首先，两种调研的研究目的和作用不同，定性调研通过观察小样本对象或与之深度交流获得最原始资料，然后对这些一手数据进行归纳与分析，从当事人的视角理解他们行为的意义和主观意向，获得他们的行为动机和行事方式，所寻求的是研究深度而非广度。而定量调研注重事物的客观存在性，通过数据分析进行市场预测和控制。

　　其次，就抽取的样本而言，定量研究需要更大规模的和更具代表性的受访者样本，需要采用概率抽样或配额抽样等方式让样本更能代表一般人群；而定性研究则采用非结构询问或观察技术，采用小规模和更具典型性的样本，不需要通过概率抽样的方式获得。

　　再次，两者的数据收集方式不同。定性研究主要是通过非结构化问题或观察的方式获得信息，调查者可发挥空间大，需要丰富的经验和临场控制能力，对调查者个人素质要求高。而定量研究采用设计良好的问卷、结构化问题、标准的施测程序来获得数字数据，其收集过程具有标准化和程序化特点，调查者比较容易掌握，易于上手。

　　最后，两者的数据分析方式不同。定性调研必须得到非常完整的访谈记录，甚至调查者本人的现场体验也需要加入定性调研结果，因而其获得的数据或资料庞杂凌乱，数据处理起来比较复杂，要求处理者富有逻辑，并具有丰富的相关经验。而定量调研获得的主要是数字数据，结构性强，易于编码，可以概率论和统计学作为

基础，借助统计软件加以分析。

定性研究和定量调研之间的界线并非泾渭分明，两者之间有密切的联系。有时候定性调研也可以获得统计分析数字，比如说，我们研究消费者对社交媒体特性的理解时，也能获得其每天使用抖音、微信等软件的时长。而有些结构化问卷调查中也可以设置开放式问题以供定性分析，如在调研消费者媒体使用习惯时，设置一个开放问题"请列出微信朋友圈广告最显著的三个优点和缺点"。

定性研究和定量研究相辅相成、相互补充，研究者往往会结合使用两种方法。对于尚未明确的问题，首先采取定性调研方式，以了解社会现象或事物所具有的特定属性和变化规律，并通过一套资料处理方法（如扎根理论）来分析和处理数据，建立假设、理论或模型；然后通过问卷调查法、实验法等定量研究方法来检验假设或模型，以探索事物之间的因果关系。当然，定性调研也可以在定量调研之后进行，用于加深对定量研究结果的理解和解释。

第二节　焦点小组访谈

一、什么是焦点小组访谈

焦点小组访谈（focus group interview）也叫焦点团体访谈/小组座谈会，焦点小组一般由 6~12 个精心挑选的目标样本组成，在主持人的引导下就某一焦点主题或者观念进行深入讨论，通过群体成员之间的互动和相互激发，了解参与者对一种产品、观念、想法或品牌的看法。

焦点小组访谈不是单独访问一名调查对象，而是同时访谈一群人，因而它的效果与一问一答的访问面谈有所区别。其核心优势和成功关键基于群体动力学理论——个体的知识是在与他人相互作用与影响的过程中涌现出来的，小组成员的发言对其他成员会造成影响，小组成员的发言又建立在其他成员知识的基础上，小组座谈所产生的思想和观念比每个成员单独陈述时所提供的知识丰富得多。就小组访谈的受访者而言，讨论是自由开放、无特定框架约束的，但是为了避免小组座谈偏离最初的主题，或者只有少数几个人发言，或者为某个受访者所主导，主持人必须及时地引导小组成员围绕既定目标讨论。焦点小组访谈具有其他定性研究方法所没有的优势和独特作用，因而这种方法在广告调研实践中占据主导。

二、焦点小组访谈的运用领域

焦点小组访谈最常用于洞察消费者的动机与需求、挖掘产品特征与品牌形象、发现名人代言的独特价值、诊断品牌定位和广告创意等，最终为产品或品牌定位、广告策略制定提供参考。

（一）洞察消费者

焦点小组访谈可以较深入地了解消费者为何购买某类产品或品牌，他们的消费习惯、偏好、需求和其行为背后的动机，以及消费市场的变化与规律。这样有助于广告主对消费者进行细分，为目标消费者量身定制产品策略和广告策略。

（二）挖掘产品特征与品牌形象

通过对目标消费者或专家进行焦点小组访谈，可以识别出消费者或专家对某个产品或品牌的兴趣点、产品满足消费者的程度、产品相对于竞争者的比较优势、新产品概念、品牌使用者形象、品牌联系等，从而为改进产品（产品本身、包装、产品定位和广告诉求）指出方向。同时可识别新机会，为新产品设计、测试和引入市场创造条件。

（三）发展广告创意

焦点小组访谈最常使用或服务于的情境是制订广告的创意性概念，广告公司或广告主最大的挑战是需要不断维持和提升品牌形象，否则容易在激烈的竞争中被其他品牌的创意广告所淹没。焦点小组访谈的主要优势就是刺激新想法或新概念的产生，因而头脑风暴式的座谈会等方式可以为广告的措辞、口号、主题、画面和角色等创意与表现提供建议。

（四）诊断性调研

新产品推广、重塑品牌形象和广告的设计、制作和推广，需要花费企业大量的资源，因而在正式投入市场之前，需要进行检验和测试，以避免这些活动出现严重缺陷或重大问题。对于已经进入市场的产品，焦点小组讨论还可以帮助广告公司和广告主深入了解消费者反馈，以便及时调整这些活动。

三、焦点小组访谈的组成要素

（一）准备小组访谈的场所和设施

焦点小组访谈一般安排在会议室进行，会议室的一面墙上安装单向镜，以便调查人员在不打扰受访者的情况下能观察他们的言行，如果没有安装单向镜，最起码要安装录音录像设备以清晰记录和监控焦点小组的访谈过程，便于研究人员事后分析小组访谈的音频和视频获取有用信息。会议室还需要一张圆桌（不建议方桌，为了消除不合理的对立和等级关系）和若干座椅。整个场所必须让人觉得舒适、自然，以便让受访者感觉更加自在，更加乐意发表自己的观点。

（二）招募小组访谈的受访者

焦点小组访谈是否有效，在很大程度上取决于受访者数量和他们的特征，一般而言一组人为 6~12 人，人太少不利于产生小组的群体动力和人群能量，而人数过多则可能因规模太大而不能开展紧密和自然的讨论。在同一组小组座谈中，受访者在人口统计学和社会经济特征方面需要保持同质，避免造成沟通障碍，影响讨论氛围。招募受访者可以从前期掌握的一些基本资料中筛选符合调查要求的受访者，如果没有前期的资料可参考，可以采用街头随机拦截或通过熟人介绍的方式来挑选合格对象。需要注意的是，尽量不要招募那些曾经参加过类似内容小组访谈或者"职业性"的受访者，也尽量不要挑选只为了报酬或礼物而参与访谈的人员，这些人在访谈中更倾向于敷衍了事。

（三）小组访谈的主持人

由于焦点小组访谈是个非结构化、群体互动的调研方法，整个进程具有高度不确定性，因而主持人成为左右小组访谈成功与否的关键要素。小组访谈的主持人，更像是一个中介人、辅助者或协调人，使每个参与者都能积极投入焦点主题的讨论，密切关注成员之间的互动，并在遇到障碍（讨论偏离主题）时给予适当的干预。小组讨论的主持人必须对所讨论的主题非常熟悉，具备相关广告学与营销学背景知识。而在访谈技能方面，主持人需要良好的倾听和观察技巧，随时判断讨论内容是否有利于小组访谈目标的达成，以决策是否巧妙引导或中断讨论内容；分辨每位成员的发言和观点是否有创意，以便决定是否鼓励其继续发言。当然主持人也需要良好的组织协调能力和人际沟通能力，以便快速与受访者建立联系，并让他们在小组讨论中感到放松，自在地参与讨论。

（四）小组访谈的提纲

主持人需要保证焦点小组访谈时不要遗漏任何主要问题，并能按照适当的次序开展讨论，因此需要根据调研目的和客户信息制订一个小组讨论提纲。访问提纲包括：（1）研究目的或访谈目标；（2）暖场问题；（3）一般消费习惯和生活方式（易于回答的问题）；（4）主要研究和探讨的问题；（5）操作提示。访谈提纲的准备需要注意以下事项：访谈执行先从普通的问题开始，逐渐过渡到具有针对性的问题，先易后难；访谈提纲要覆盖本次研究的所有内容，主要的研究内容应该占大部分时间，尽量放在前面的时间段；大纲可依据实际讨论的进程调整问题顺序、提问方式甚至问题本身；在讨论中可能用到一些材料，如产品、产品广告等，大纲中需注明出示这些材料的次序、方式和方法；准备大纲时，同时可以设计一个简短的调查问卷，让参与者事前填答，以收集他们的基本信息和结构化问题的答案。

（五）小组访谈的实施

一个小组访谈的时间一般以 90~120 分钟为宜，整个过程分为三个阶段。第一阶段，建立融洽的气氛，在受访者来之前准备好茶水、茶点。讨论开始时主持人应首先自我介绍，并介绍调研项目和此次讨论的内容、规则和目标；然后让参与者自我介绍，增加各方的相互了解。第二个阶段为讨论阶段，主持人需要把控整个小组讨论的进程、节奏和主题，巧妙地处理各种突发情况。第三阶段，主持人总结小组讨论的内容，并感谢受访者的参与，赠送礼品或礼金。

四、焦点小组访谈的优势与局限

焦点小组访谈与其他调研方法相比，有以下优势和局限。

（一）焦点小组访谈的优势

1. 数据的丰富性

小组访谈组织一群人一起讨论，成员间可以相互启发，集思广益，起到协同增效和滚雪球效应，进而激发受访者产生新观念、新思想和新创意，为我们提供大量丰富的调研资料，这是在一对一的深度访谈中不可能获取的。

2. 收集数据的高效性和灵活性

短短 90~120 分钟的小组讨论就可以同时收集 6~12 个人对焦点问题的深入见解。与此同时，小组讨论还可以与其他定性调研技术，如投射技术（TAT 测验、拼图技术、自由联想、角色扮演）结合起来，来探测难以直接窥知的受访者内心世界。

3. 应用面的广泛性

焦点小组访谈不但可以应用到几乎所有的产品、服务、广告等问题的研究中，而且还适用于研究特定受访人群，如对儿童进行一对一访谈几乎不太可能或者效果不好，但是采用焦点小组访谈则可以取得较好的效果，我们可以给一群儿童创造玩游戏的情境，然后观察他们在游戏中的语言和非语言交流，从而洞察他们的内心世界和外在行为。同时小组访谈还可以吸引律师、医生等职业的专业性人群，他们可能不愿意接受我们一对一的访谈，但他们乐于与其他同行一起交流专业问题而从中受益。

4. 事后数据分析的便捷性

小组访谈的整个过程都被录制下来，我们可以反复地调看访谈过程，这样不但有利于调研人员深入分析数据，也为管理人员提供直接观察受访人群的关键意见的机会，而这些意见可能在调研报告中无法体现或凸显出来。

（二）焦点小组访谈的局限

1. 访谈结果的利用难度大

由于小组访谈记录了一群人在激烈讨论中同时产生的数据，数据庞杂凌乱，缺乏结构性，对于访谈结果的编码、分析、解释的难度都很大。

2. 小组讨论可能产生很大的误差或偏差

一方面，我们可能招募到一群与目标消费者不一致的人群，使得样本缺乏典型性或代表性，进而使得访谈结果不仅没有参考作用，还可能误导广告决策。另一方面，调研人员和管理人员可能主观甚至错误地理解和分析调研结果，如，试图归纳出受访者的主要观点，而忽略个别非常有洞见的观点；听取和强调与自己理念相似的观点，而忽略自己不赞同的观点。因此，我们不能把小组访谈的结果当作决策的唯一根据。

五、在线焦点小组访谈

互联网技术和信息技术快速发展，使得互联网普及率迅速提升。就我国而言，截至 2021 年 6 月，网民规模达 10.11 亿，互联网普及率达 71.6%。[1] 这为市场调研公司实施在线焦点小组访谈创造了机会，广告调研公司可通过微信群、QQ 群和聊天室等社交软件，将分散在全国乃至世界各地的目标人群更好地连接起来，将焦点小组访谈的人际交往过程和动力学特征从线下互动复制到线上环境中，增加了受访者的数量和接触人群的多样性，同时运用各种软件创造虚拟的产品、广告和店面设计等刺激物，更好地刺激受访者参与焦点主题的讨论。在线焦点小组访谈也为广告主和广告人提供了一个机会——与消费者密切交流，并得到及时反馈，从而与消费者一起协作共创广告和共同传播广告。

在线焦点小组访谈包括异步线上焦点小组、同步线上焦点小组，和虚拟世界中的线上小组。[2]

异步在线焦点小组访谈，也被称为电子公告板焦点小组（BBSFG），异步在线焦点小组进行时间从几小时到几天甚至几周不等，通常只涉及基于文本聊天的互动。异步线上小组使得参与者有更多的时间处理问题，并在自己方便的情况下作出答复，能够提供更详细的答案，但是它需要与参与者绑定常用电子邮箱，有时会造成对参与者的打扰而导致其拒绝参与或中途退出。

同步在线焦点小组是最接近传统面对面焦点小组的实时讨论，由一个或多个主

---

① CNNIC 发布第 48 次《中国互联网络发展状况统计报告》。

② Stewart D W. Shamdasani P. Online Focus Groups [J]. Journal of Advertising, 2016, 46 (1)：1-13.

持人领导，小组成员通常多达 8 个。同步在线焦点小组借助微信、QQ 等社交媒体和网络会议平台，通过视频模式传输相对细微的表情和情感，从而尽可能达到与线下讨论一样的效果。

而虚拟世界中的焦点小组是在一个计算机模拟的环境中，参与者通过建立虚拟形象作为自己的符号化代表，通过键入文本或通过语音聊天产生互动。这种技术通过虚拟角色能够增加受访者的社会存在感知水平、鼓励互惠和分享行为，增加受访者的参与性和互动性；在小组讨论中，它还创造虚拟的产品、广告、店面设计作为刺激材料，从而有益于探究受访者的内心所思所想。但是由于受访者采用虚拟账户参与讨论，我们难以核实受访者的身份和人口统计学特征。

线上焦点小组具有接受面广、实施成本低和能够得到及时反馈等优点，但它也有较难获得受访者情绪信息（身体语言、面部表现和声调等）的缺点，在实际中应与线下焦点小组访谈结合使用，以发挥两者的各自优势，克服彼此的局限。

【延展阅读】

高级城市 SUV 新产品市场定位的探索性研究

近十年来，中国城市居民对运动型多用途汽车（SUV）很偏爱。S 公司是国内知名的汽车生产商，他们想抓住这个市场机会，面向一、二线城市的中高收入人群，在原来产品的基础上开发一款中高端城市 SUV 车型。但是该企业对车的外形、内置、定价和产品宣传等方面都还没有清晰的概念。因此，委托专业从事市场研究的 C 公司进行市场研究，想具体了解消费价位在 30 万~50 万元的消费者对该款车的看法，以便对新产品进行定位。C 公司依据 S 公司的研究目的和研究内容，主要招募符合以下条件的人群：

1. 对 SUV 车型有相当独特见解；
2. 经常上知名汽车论坛，发表意见；
3. 能够对网友或周围亲友产生一定影响力的意见领袖。

针对客户的具体要求，C 市场调研公司主要采用了焦点小组访谈的调研，一共实施了 4 场座谈，每场 90~120 分钟不等。为了让座谈效果更好，C 公司租用了高档酒店的大型会议室，准备了自助午餐和茶歇，受访者在这样舒适愉快的气氛中热烈讨论，淋漓尽致地发表自己的见解，思维在相互激荡中不断产生新主意、新观念。

通过这次座谈，受访者提供了宝贵意见，包括对其他品牌 SUV 车的评论、在选购车时如何抉择、购买新车时希望有什么新功能、希望的动力系统是怎么样的、什么样的车内设计才更加舒适、期望城市 SUV 的定价为多少等。通过这次访谈，S 公司形成了各方面细节较为丰富的新车概念：SUV 车应该四轮驱动，开起来像汽车一样平稳舒适，而不是像卡车一样颠簸，并且蹬车时需要一个较低的踏板……S公司新车的主要负责人也参加了此次小组座谈会，通过观察和记录座谈，管理人员对于新车的市场定位、产品推广策略和其他营销问题都获得了启发和新的解决思路。

第三节　深度访谈

一、深度访谈的定义和特点

深度访谈（in-depth interview）也称为个人访谈，由训练有素的访问员和受访者之间不受干扰、面对面地进行深入谈话，以揭示受访者的认知、态度情感以及隐藏的动机和信念。

与焦点小组访谈相比，深度访谈的主要特点在于一对一、无结构地访问，随着访谈的开展，访谈员在不偏离访谈目的的情况下，可以依据与受访者的谈话情况，灵活地调整访谈的问题顺序和沟通策略，并不断地追问。这种方法非常适合了解一些复杂和抽象的问题，这类问题往往三言两语说不清楚，需要通过自由交谈，让受访者把自己的想法和观点完全表达出来。深度访谈被广泛运用在探究受访者的想法和价值理念（消费者对于产品设计的看法，折射其价值观与信念）、深入了解消费者复杂行为与动机（例如，消费者分别为父母、同学和客户选购礼物时的想法）、访问业界专家或管理人员（广告创意的灵感来源）等方面。

二、深度访谈的优势和局限

（一）深度访谈的优势

（1）探讨的话题可以相对较深入，如消费者不购买某个品牌的原因，访谈内容更为丰富，谈话氛围轻松自由，除访谈员外，无其他人在场，受访者能够畅所欲言，激活思维，流露出内心深处的感受和动机，也能提供一些富有新意的见解。

（2）一对一的交流避免了潜在的小组压力或社会准则，受访者更愿意表达自己的真实想法，而不会受群体影响而改变或掩藏自己的想法，能够较为诚实地回答。

（3）深度访谈是两人之间在相对私密环境下的谈话，有机会探讨不便于公开的话题，如行业竞争的情况、敏感话题、涉及隐私的内容等。也更有机会约到高级管理人员和特殊职业人群，因为这些人非常繁忙，不易被集中到同一时间和地点，而深度访谈可以为这些人员调整时间和地点。

（4）面对面访谈能够近距离地观察受访者的情绪、表情和肢体语言，从而判断所得资料的可信程度。

（二）深度访谈的局限

（1）相比于焦点小组访谈，深度访谈的成本更高，特别是在被调查者人数较多的时候。

（2）由于深度访谈是在无结构情况下进行的，即没有既定的问题和程序，所以整个访谈的效果很大程度上取决于访谈员的访问技巧，而要培养一名优秀的访谈员并不容易。

三、深度访谈的注意事项

深度访谈是个非标准化、非程序化的过程，因而其成败很大程度上取决于访谈员的个人经验和技巧。访谈过程中，该如何进行访谈、问什么问题、怎么措辞，都需要访谈员根据受访者的个人情况和反应来调整。访谈员需要注意以下事项：

（1）访谈之前需要准备一个粗略的访谈提纲，明确要访谈的问题和达到的目标。这样无论谈话涉及哪个方面，访谈员都能发现，不露痕迹地扭转话题或继续追问访谈主题。

（2）尽量采用开放式问题，尤其是在访谈刚开始时，提出一个较宏观、开放式的问题，能让受访者自由地发表意见，然后依据需要逐渐将话题引入访谈主题。

（3）采用追问技术。为了得到更深入、更全面的想法，需要采用不同的追问技术。如重复提问、重复受访者的答案、停顿或沉默、进行客观或中性的评论，以及适当鼓励和支援受访者。

（4）访谈员在访谈时态度要中立、客观，不要表露出自己的看法或暗示受访者。

（5）每场访谈时间控制在 30~60 分钟为宜。

四、在线深度访谈

近年来，随着移动互联网发展和智能手机的普及，无论受访者在何地，访谈员都可以通过微信、QQ 等社交媒体的视频聊天开展访谈，在线深度访谈由于其便利性被越来越广泛地应用于广告调研中。如今网络传输速度和摄像头的清晰度让人们感觉视频聊天跟面对面聊天一样：可以即时地听到对方的话语、看到对方的表情和动作、感知对方的情绪。因而在线深度访谈几乎可以达到与线下访谈一样的效果。

线上深度访谈可以分为同步和异步两种方式。同步访谈就是在线上开展语音或视频聊天，或者用文字即时聊天。而异步访谈则是使用电子邮件，或者在社交媒体上留言，访谈员发送问题给受访者，受访者不需要马上回复，等时间方便时再回答。异步访谈由于其简单易行，被运用到大规模的问卷调查中，获得更多身处各地的受访者的答案。当然，异步访谈由于没有与受访者视频交流，所以无法获得其穿着打扮、动作、眼神、表情等视觉信息。

在线深度访谈模式既符合深度访谈方法的操作要求，又迎合了现代人依赖网络技术、智能手机的特点，适应了现代人快节奏、远距离的生活工作特征。微信和QQ聊天中的语音可以直接转换为文字，这省去了语音转录的巨大工作。可以预测，在线深度访谈在未来将会得到更深入的发展。

【延展阅读】

英特尔公司的流动民族志小组①

为了改良现有产品或找到适用于不同文化需求的新产品概念，英特尔公司成立了10人的民族志小组。小组成员中有位民族志专家，名叫杰尼维武·贝尔，他负责亚洲市场的洞察。三年时间里，他访问了1000个亚洲家庭，发现一个有趣的现象：许多中国家庭即便经济条件允许，也不愿购买个人电脑。为了揭示背后的原因，贝尔对家庭成员分别开展深度访谈，发现孩子们是很乐于家里有台电脑的，但是父母亲们不乐意购买，究其原因是中国父母担心家中有了电脑，孩子们热衷于上网，而荒废了学习，认为在上网玩游戏或冲浪的巨大诱惑下，孩子很难做到自觉自律、有节制地上网，因而不如家中没有电脑来得省事、保险。有了这些洞察，英特尔公司产品设计者针对中国家庭专门设计出学习电脑，该个人电脑具备四种教育功能，以供孩子学习使用；此外，这种电脑还自带物理锁，方便父母控制孩子的电脑使用。

第四节　投 射 技 术

一、投射技术的定义和适用范围

投射技术（projective techniques）也称为心理投射，该技术起源于心理学家用来测量个性的精神分析方法，例如，著名的罗夏墨迹测验和主题统觉测验。后来，该项技术除被广泛用于临床医疗和心理分析外，还被市场研究人员用于启发广告创意、评估品牌形象以及挖掘消费者深藏的动机、需求和态度等。

---

① ［美］A. 帕拉苏拉曼，德鲁弗·格留沃，R. 克里希南. 市场调研［M］. 王佳芥，应斌，等，译. 北京：中国市场出版社，2009.

投射技术给受访者提供模糊而不确定的刺激，以引发其想象和联想，从而在不知不觉中流露或折射出其动机、情绪、价值观、内心冲突、愿望、行为方式、接受程度和人格结构。① 投射技术的关键是设计一些能够引起多种意义解释或意义含糊的刺激，如内容模糊的图片、未完成的句子、没有结局的故事等，受访者可以自由想象或不自觉地对这些刺激作出反应，从而把自己的内心情感及感受投射到场景中去。

这种方法隐瞒调查的真实意图，降低了受访者的心理防御，非常适合应用于以下情境当中。

（一）消费者对自己的动机缺乏自知

我们购买各种商品或服务，有时在心里并不很清楚为什么要购买。例如，女性喜欢定期去美容院做保养，当调查其消费动机时，她们可能说是为了美容，但是有一部分女性去美容院的目的不单单是为了美容，她们在长期与美容技师打交道的过程中形成了不错的友谊，在美容过程中，身体获得放松的同时，与美容师的交流也缓解了疲惫的神经，这种精神享受会不知不觉吸引她们前往美容院。

（二）消费者具有社会称许性

每个人或多或少都有社会称许性，在进行广告调研时，受访者一般都会朝着社会认同或符合当时社会道义的方向去回答，使自己的形象更为社会所接受。例如，询问消费者为何购买昂贵的私家车，他/她可能会说喜欢该车的品质，其实可能是虚荣心起到很大的驱动作用：为了面子。由于好面子、爱虚荣是社会规范所不认可的，因此消费者在受调研时，可能会回答"这个汽车具有良好的性能，物有所值"，以体现他是富有智慧和理性的，因为这些个人品质是社会所称许的。

（三）出于心理防御机制，避开涉及隐私、造成尴尬或负面影响的回答

人们出于自我保护，往往会避开对于自己不利的回答，例如，询问个人收入或个人生活状况可能让受访者觉得隐私被侵犯，调查女性私人用品的使用体验可能造成尴尬场面，而指出被调研品牌的缺点会让受访者觉得伤及调研人员的面子或觉得不礼貌。

（四）消费者动机受到非理性因素影响

人们通常会认为自己是理性的人，多数情况下很难觉察到自己在消费时受到非理性因素的影响，因而在调研时会有意或无意隐藏自己的真正动机或行为。例如，

---

① 刘德寰，沈浩. 现代市场研究［M］. 北京：高等教育出版社，2008.

询问消费者为何在"双十一"时购买这么多商品，问卷调查中消费者可能会勾选"更加优惠"的选项，但实际上他们可能是因为近期被"双十一"促销广告和周围人谈论所包围，不知不觉受到"从众""暗示"等非理性因素的影响而购买。

在以上情形中，如果采用问卷调查或访谈等直接方法，可能无法得到真实答案，而采用各种投射技术可能会取得不错的效果。

二、常用的投射技术

被运用于市场研究的投射技术有成百上千种，市场研究人员通过将视觉符号（图画、动画）、文字（词组、句子）、场景作为刺激物，并采用拟人、拟物（为品牌赋予生命、或者想象成另一种类型事物）手段，投射出人们的情绪和内心想法。下面介绍几种常用的投射技术。

（一）字词联想/自由联想（word association tests）

给受访者一个词语或者其他刺激物，请他们马上说出或写出自己想到的东西，包括任何他们想到的词语、画面和事物等。受访者回答时必须是第一反应，全凭直觉，而不是经过深思熟虑。

这种技术简单易行，不费时间，适用于调查产品的消费动机和偏好、评估企业和品牌形象，以及商品和企业名称的调查等。如以下测题：

当我说起"电脑"的时候，你马上会想到什么？

消费者可能在头脑中闪现"打游戏"，体现该消费者购买电脑的动机。而当向受访者显示"华为"或其 LOGO 时，消费者联想起来的词汇或描述就是华为的企业或品牌形象的测量结果。

（二）句子/故事完成法（sentence/story completion test）

句子完成法要求受访者完成一组不完整的句子，每个句子包括与调研主题有关或中性的关键字，并为受访者留有空白以便回答。例如，

如果有 50 万，我将会＿＿＿＿＿＿。
拥有一台高性能笔记本电脑＿＿＿＿＿＿。

与联想技术有严格的时间限制相比，句子完成测试中，受访者在书面完成句子时，调查者不会限制他们的书写时间，也不需要监管他们的言行，该测试对场地要求不高，实施简单、灵活。当然较长时间的思考也会让受访者斟酌哪些该写出来，

哪些需要保密。

故事完成法与句子完成法相似，调查者出示一个令人感兴趣但未完成的故事，让受访者来完成它，从中看出其态度和情感。例如以下未完成的故事：

> 一位女士上淘宝买衣服，看了半天终于看中一件连衣裙，因为价格不菲，所以想谨慎地确认一下号码和衣料是不是如网上所描述。于是她发信息给客服，结果只收到机器发出的标准化信息，没有服务人员出来回答问题，这位女士将作何反应？

故事完成测试中，受访者将会不自觉地代入故事中主人公的角色，将自己可能会有的行动或情感投射出来。上面例子中受访者可能会表达出对客服不满的情绪，或者对该淘宝店铺的不信任，不打算购买这件连衣裙，或者搜索其他相似款式的连衣裙。与句子完成法相比，故事完成法需要受访者构思更多的情节或表达想法、情感，所以调查者所获得的资料更加丰富。但是无论对研究人员出题还是受访者答题而言，这种测试都更加复杂，难度更大。

（三）主题统觉测验（thematic apperception test，TAT）

主题统觉测验是由美国心理学家亨利·默里于1935年为性格研究而编制的一种测量工具，TAT通过内容模糊、模棱两可的一套素描图像激发受测者，投射出其内心的幻想和精神活动，无意间流露出受测者的情感和内心感受。在典型的TAT下，研究人员向受访者短暂呈示（约20秒）每张图片，然后要求其在20分钟内书写故事，特别要求受访者描述该图片中发生了什么、为什么发生，以及图片中人物的感情和感受，写出来的故事由专门训练过的专家来解释以测量受访者的个性。

广告调研中，可以借鉴TAT的思路和原理，改造作为刺激的图片，以适用调研目的和内容。如图3-1中一个女性在货架前推着购物车，图片本身没有特定含义，不同被访者往往对图片会有不同的意义解释，从而折射出不同人的性格和态度，调查者可以据此了解其内心活动及潜在需求。

（四）卡通测试（cartoon test）

卡通测试有时也被称为对话框测试，测试通过使用漫画图像创造出用于投射的情境，典型的图片中通常包含两个人物，两个人物分别有一个对话框，受访者在对话框中填写图中人物在想些什么或说些什么，也可能包括其他内容（图画中人物的年龄、性别、教育背景、兴趣爱好等），如图3-2所示。

图3-2中受访者依据图片提供的特定情境，代入男孩子的角色以回应女孩子"这个暑假到哪里旅行比较好"的提问，并且还可要求受访者分别说出男孩和女孩

图 3-1　广告调研中的 TAT 图片

图 3-2　卡通测试

此时所思所想，以及他们的年龄、兴趣爱好等方面的个人特征。

卡通测试可以给一个无生命的事物赋予一种人格，是一种比较有趣的测试，受访者通常较乐于参加，给出的答案也非常有趣，富有新意，这是在访谈中较为难得的。要让卡通测试更好地发挥效用，卡片提供的情境需要留给受访者充分的想象空间，但同时又能让受访者的思路始终围绕主题。

（五）角色扮演法（role-playing）

角色表演法是邀请受访者扮演某个角色，这个角色可能是某个产品的受用对象，如扮演吸尘器的作用对象——地板，想象如何承受吸尘器的吸力，也可以扮演某个产品或品牌本身，如扮演电脑、冰箱或空调。当然，在有些广告调研中，我们还会让受访者扮演自己身体的某个部分，开展与某个品牌对话，如我们的皮肤与某品牌润肤露的对话。角色扮演中请受访者想象不同的角色会有什么样的想法，或者角色与角色之间的对话是如何进行的，以深入了解产品功能方面的信息、消费者日常使用的习惯和态度，挖掘消费者的潜在消费需求。

这种方法让受访者将事物、产品、品牌拟人化，并将自己代入其中，换位思考，是种有趣和富有想象力的测试，需要研究人员的正确引导和受访者的积极配合，对于受访者的理解能力和文化水平有一定要求，因而执行起来有一定困难。

（六）拼图技术（jigsaw technique）

拼图技术是让受访者在一堆图片/杂志中，挑选一些最能代表自己对于某个品牌的印象或者感觉的图画或词语，并将这些图片进行组合、增删或者修改后，贴在大幅的白纸上，让受访者逐个对所选的图片进行解释，最后对他们选出的所有图片进行整体的对比和解释。

用图片选择和组合来表达对品牌的印象，比用语言表达来得更加直接和顺畅，这种方法生动有趣，适合不同社会阶层和地域的受访者，尤其是适合小孩，能够帮助受访者克服腼腆、焦虑和语言表达的不足。该项技术有助于发掘和诠释新产品概念、包装、品牌与产品形象、广告和广告评价，是最常使用的投射技术之一。

需要注意的是，研究人员事先准备图片/杂志时，需要考虑各个消费层次、年龄段的人群及各种社交场合、环境、建筑物、气氛、家庭装饰、风景、人物、摄影等因素，以便受访者产生尽量多的思想/想法，不受刺激材料的局限。此外，实施过程中一定要让受访者解释图画的含义，对拼图的解释远比选择图片本身更为重要，因为受访者可能出于两个完全不同的原因而选择了同一张图片。图片只是引导受访者表达自己感受的刺激物，我们真正感兴趣的是图片所折射出的意义，对图片意义的理解需要通过受访者解释才容易达成。

以上只介绍了六种常用的投射技术，在广告调研实践中，还有许多非常实用的技术，如第三人称技术、消费者绘图等。要了解消费者隐藏的情感、动机和想法，需要依据不同的情况灵活运用多种投射技术。

三、投射技术的优势和不足

投射技术具有如下优势，首先，投射技术可以绕过人们的心理防御机制，揭示受访者自己都还不完全清楚的动机或还处于潜意识的动机。其次，投射技术非常适用于具有社会称许性的问题，通过模糊、意义模棱两可的刺激让受访者流露出真实想法和情感。最后，投射技术尤其适用于涉及隐私的或敏感性问题的调研，通过各种技术让受访者不知不觉地反映出真实信息。

当然投射技术耗时、耗力，成本高，不适于大样本调查。调查实施与结果分析都非常依赖研究者的经验和技术，有时甚至需要心理学家的参与，这无疑又增加了调研成本。此外，对于答案解释与分析难度大，主观性强，分析结果可能会存在比较大的偏差。

【延展阅读】

奥利奥品牌形象的投射测试

（以下案例仅供示范投射技术，不代表实际结果，不能用于商业用途）

奥利奥饼干诞生于 1912 年，是卡夫食品的超级明星和饼干之王，是全球巧克力味夹心饼干的代名词。自 1996 年进入中国市场以来，经过 20 多年的品牌推广与传播，其品牌形象，尤其是"扭一扭，舔一舔，泡一泡"的经典广告语深入众多"90 后""00 后"，甚至"10 后"消费者的心中。为了测量该品牌在中国消费人群中的品牌和产品形象，我们采用词语联想、拼图技术和消费者绘图等投射技术。接下来重点介绍一下拼图技术的运用。

本次调研分别选择"90 后""00 后"和"10 后"人群，分为三组受访对象。测试时事前为每组受访对象准备一堆各种各样的杂志（杂志中有大量题材各异的图片和文字），然后请受访者剪下一些图片和文字来组成一幅拼贴画，粘贴到一张巨大的白纸上，用来表现他们对奥利奥饼干的看法。拼贴画完成后，让该组受访者向调研人员解释自己拼贴画所蕴含的意义。我们通过对三组受访者拼贴画和受访者解释的分析，除了发现奥利奥的产品特征（美味、香甜、与牛奶同吃、营养）、品牌形象（有趣、科技感、潮流、乐于互动、有创意）等外，在"90 后"成人组的测试结果中还得到了非常有趣的发现：奥利奥充满魔力，它勾起这些成年人的怀旧情感，让他们回忆起甜蜜的童年和青春。用他们的话说就是："含上一片奥利奥饼干，仿佛又变成了孩子，脱离了成人世界遇到的烦恼。"这些有趣的洞察为奥利奥成人市场的开发以及广告语的创作都提供了丰富、生动的资料。

☞ **思考题**

一、复习思考题

1. 定性研究和定量研究有什么区别和联系？

2. 定性研究主要有哪几种形式？

3. 焦点小组访谈与深度访谈分别具有哪些优势和局限？

4. 投射技术主要应用于哪些情境？

5. 在哪些情况下，在线焦点小组访谈比传统的线下焦点小组访谈更有优势？

二、实训题

1. 某化妆品品牌原来的目标客户人群为 35～60 岁、年收入为 10 万～15 万元的女性，现在该化妆品公司打算重新进行品牌定位，将新目标顾客群体定位为 25~45 岁、年收入为 15 万~30 万元的女性。有了新的品牌定位，该公司的产品研发部门和市场营销部门对于新产品设计、包装、广告创意、品牌传播策略还没有清晰的概念，所以想通过焦点小组访谈调研来获得以上资讯。请你依据该公司的调研目标，建议开展几场焦点小组座谈，参加人群有什么需求，设计出焦点小组的访谈提纲。

2. 考虑以下几种情况，对于每种情况，请你选择使用本章介绍的哪种或哪几种定性调研方法或技术，并列出理由。

（1）A 食品企业想要了解代理商对于社交媒体上广告的反应，以改进其广告创意和媒体策略。

（2）B 化妆品公司想要探索消费者对几个新的化妆品配方的反应。调查对象为在过去 60 天购买过腮红或眼影的 25~44 岁的女性，探测消费者对于新化妆品的期望、使用本公司新产品的体验和感受、本公司产品与理想产品之间的差距。

（3）C 医疗产品公司处于完善避孕套新产品的最后阶段，希望了解女性和男性分别对该新型避孕方式的反应和接受程度。

（4）D 网络游戏为了更好地开发 MMORPG（大型多人在线角色扮演游戏），希望更好地了解 12~18 岁男孩对网络游戏的认知、感受。

3. 请尝试采用词语联想、句子完成、卡通测试等投射技术，来分别探索"华为""OPPO""VIVO"等国产手机品牌的形象。

第四章 观 察 法

广告调研中，有些信息比较复杂或比较隐蔽，如购买大件物品的决策过程？广告如何影响消费者的购买决策？婴儿对纸尿片满意吗？面对这类问题，消费者难以用语言回答。有些信息则比较敏感或具有社会称许性，如消费者为何花费巨资购买某款奢侈品？消费者是否会为价格促销活动所打动？避孕套的使用体验？等等。面对此类问题，消费者会有意无意地"加工"回答。要得到以上问题客观、真实的答案，访谈或问卷调查等方法可能效果不佳，而观察法则可以很好地回答这些问题。

第一节 观察法的概念

一、观察法的定义

观察法（observational survey）是指研究人员亲身或利用仪器对所要研究对象的行为、活动、反应或者物体、事件的发生模式直接进行检查、观察与记录的过程。

与随机、偶发、无目的的日常观察不一样，科学观察是研究者根据研究项目需要，有目的、有计划地进行。与在访谈或问卷调查中向受访者提问不同，观察法主要通过眼睛、耳朵等感官进行直接观察，记录所见、所闻、所感知的信息。观察过程中，观察者和观察对象同时在场，观察对象通常处于自然状态，不受人为干扰。因而，观察法所得信息具有直接性和客观性的特点。

但人类感官具有一定的局限性，因此观察法还将使用计算机或追踪设备进行观察，如在计算机中设置 Cookie 以追踪个人访问的网站，使用眼动仪来追踪消费者观看广告画面、产品包装或超市货架时的眼球移动情况。因此，观察的执行过程既可以由研究人员来完成，也可以由机器设备来进行。

观察法既可以观察人的行为或人群的交互活动，如观察消费者在超市购物过程中，是否受到其他消费者行为的影响而从众购买；也可以观察物体或事件的发生过程或模式，如用计算机来记录广告主投放微信公众号软文广告后，产品介绍页面被打开的频次及产品销售量。

二、观察法的优点和局限

（一）观察法的优点

与其他调查方法相比，观察法具有一些独特的优势，主要包括：

1. 获取的信息中立、客观

为使观测结果不带有偏见，研究人员不与观察对象交流和沟通，单方面如实记录的所听、所见，较中立客观。

2. 获取的数据真实、自然

研究人员是在观察对象不知情或受到较少干扰的情况下进行观察，不对环境造成影响，其观察到的人的行为和现象本身就是社会生活，因而观察结果真实、自然。

3. 获取的资料生动、有趣

观察法采集到的记录往往包括视频、音频、照片、信件、日记等。这些资料形式多样，为我们生动展现了行为和现象的发生过程，让获取的资料变得更加有趣。

4. 全方位透视

在观察过程中可以记录人与事在一段时间内所发生的所有行为和现象，研究人员可以精细地记录下全部细节，以便深入全面地了解研究对象。

5. 实施灵活、变通

在观察过程中，可以依据需要，随时改变观察地点、观察时机、参与方式等。如果在观察中有了新发现，可以调整观察方案，以继续深入观察新发现的现象和行为。

（二）观察法的缺陷

1. 观察成本较高

要观察观察对象行为和事物发展模式需要耗费相当长的时间，需要大量的人员和资金的投入，因而观察是一件费时费力费钱的工作。

2. 不能说明行为和现象发生的原因和动机

观察法能够客观地记录个体的行为过程和事物的发展过程，但只能描述表层的现象和规律，无法揭示其背后隐藏的原因和动机。

3. 只能限于公开行为的观察

研究人员未征得观察对象同意，不得私自进入私人场所进行观察，出于隐私保护伦理，机器设备也不可获取个人的隐私信息，因而观察的范围是很有限的。

4. 对研究人员的素质和经验要求较高

观察法需要长时间全方位地观察观察对象行为和整个事件的发展过程，在这个过程中有许多观察点和大量资料可以收集，此时就需要观察人员具有敏锐的观察力，以发现新事物、新现象、独特的行为等。此外，由于观察人员记录大量的资料，需要观察人员具有较强的记忆力，记住其中重要的信息，以便调整随后的观察重点和观察方向。

第二节　观察法的应用范围

一、观察法的前提条件

选择观察法进行广告调研时，研究对象必须满足以下几个条件：

首先，所需要信息必须能够被直接观察到或者从所观察到的人物行为和事物痕迹中推断出来。无法用感官观察或机器记录的行为和现象，不能采用观察法进行调研。例如，消费者的购买动机、为什么忠诚购买某个品牌等问题不能用观察法，而需要采用访谈法等其他调研方法。

其次，所要观察的行为和现象必须重复、频繁发生或者在一定程度上是可以预测的，否则观察成本太高。例如，要研究高端品牌越野车俱乐部成员间的人际互动，而俱乐部活动半年才举办一次，所要观察的行为和现象发生频率太低，多数情况下调研时间是有期限的，长时间等待是不现实的。

最后，在选用人员观察方法时，所要观察的行为和现象的发生时间必须相对较短。如果持续时间过长，会耗费较高的观察成本，且观察中会出现人员疲劳等不可控的因素。例如，需要了解目标消费者一周的媒介使用行为，由于行为发生时间持续太长，观察人员无法在一周中都近距离观察消费者，所以采用人员观察方法不适合，可以改用机器观察（计算机的 Cookie 技术）和消费者自我报告相结合的方式来记录其媒体使用的轨迹。

二、观察法的应用范围

由于观察法有以上条件限定，因而比较适用于某些领域的广告调研。

（一）零售终端监测

零售终端可以通过人员观察或机器设备记录，分析商品陈列是否合理科学、商品销售环境是否吸引顾客、每个品牌的销售量和竞争力、促销活动效果、POP 广告效果等。

【延展阅读】

　　大型连锁超市 A 在上海市拥有上百家门店，随着线上超市的发展，A 公司的营业额受到不小的冲击，为了在激烈的竞争中处于不败之地，A 公司想通过调研发现每个超市各个运营环节可能存在的问题，并加以改进。因此，A 聘请市场调研公司 H 来执行此次调研。为了达到 A 公司的调研目的，H 公司采取消费者问卷调查、A 公司员工访谈和现场观察等多种手段。由于篇幅的限制，在此重点介绍一下超市终端观察的执行过程。

H 公司用 50 元礼品券作为报酬，在每家超市中招募 50 名消费者，给消费者的头顶装上微型相机，以追踪消费者在超市购物过程中目光接触的轨迹，从他们进入超市闸门开始，到收银台结账时结束。这些数据将通过无线网传输到计算机。为了尽可能观察到消费者在自然状态下的购物行为，研究人员事前不告诉消费者调研目的。

视频记录了消费者购买时对比了哪些不同的商品、不同的品牌，消费者是否仔细阅读包装上的产品说明，店内的促销是否吸引了消费者，促销是否促进其购买，消费者最喜欢逛哪些品类区域，喜欢拿哪几层货架上的商品，消费者对于 POP 广告、购物车广告、货架视频广告、店内食品样品和店内视频广告的注意程度。通过分析这些视频和相应的营销数据，发现每个超市终端的商品陈列效果、每个品牌的销售状况和吸引力程度、促销活动效果、不同广告的受关注程度等均可影响消费者的购买。

（二）服务质量监测

市场调研中常常采用神秘顾客观察来对营业场所服务人员的服务质量进行监测和评估。神秘顾客观察是指经过严格培训的调查员，在规定或指定的时间里扮演成顾客，对事物涉及的一系列问题或者现象逐一进行评估或评定。由于被检查或需要被评定的对象事先无法识别"神秘顾客"的身份，以为是普通顾客，所以观察到的行为是服务人员自然状况下的表现，客观真实，能够反映服务中的实际问题。

神秘顾客观察主要用于评估销售人员的服务态度、服务速度及销售技巧、销售或服务场所的环境，以及销售点是否执行了相关规程或标准流程、消费者是否享受到了需要的服务项目。由于"神秘顾客"来去无踪，给超市、美容店、餐饮店等终端的经理和工作人员带来一定的压力，起到了威慑作用，从而保证了其服务质量。

神秘顾客除直接出现在现场观察外，还可以通过拨打神秘电话、造访企业、与销售代表交流、参与培训或产品促销活动等方式，达到服务质量监测的目的。

（三）新产品开发

若要促进新产品开发，除了挖掘新产品概念并对消费者进行访谈之外，观察法也不失为一种好方法，可以观察消费者产品使用习惯，以发现新的消费需求。例如，圆珠笔生产商在观察用户使用圆珠笔过程时，发现有些用户在写字时常常需要裁纸，这时他们不得不放下圆珠笔，从工具箱中找剪刀或小刀来裁剪纸张。从观察中生产商受到启发：把圆珠笔的尾部设计成小刀形状，这样用户需要裁剪纸张时，就不需要放下手中的笔另找工具，从而提高了工作效率。

在新产品开发的观察中，应重点观察产品是如何被使用的？是否有意想不到的使用方式？使用者对产品有什么不满意的地方？他们用什么方法解决问题？观察可以为产品设计提供不少灵感。日本的无印良品公司大量观察消费者如何使用日常生活用品，从中得到启发，设计出贴合人们使用习惯的便利产品，如方便抽取的棉签盒子、方便旅行的洗漱品袋子等。

（四）产品购买行为研究

广告主和广告公司都非常想要了解消费者的购买决策过程以及影响决策的因素，以便制定有效的广告策略和具有吸引力的广告诉求。

【延展阅读】

棉麻阁是一家销售休闲女装的商店，位于繁华的大街上，人流量大，每天都有许多行人进店选看各种款式的衣服，可是令人失望的是，这些顾客多数只看不买。商店老板想要探究原因，于是在商店内不起眼的地方安装了摄像头以记录顾客逛店时的言行。之后店老板通过分析顾客在每种款式衣服前的驻足时间和顾客对话，发现顾客嫌弃店里某些款式比较老式，看一眼就走过，而在有些款式前的驻足时间较长；有些橱窗或衣架上的衣服摆放过密，导致顾客懒得仔细翻找衣服。而通过对话分析则发现，顾客担心纯麻的衣料容易起皱，对于棉麻混合的衣料比较喜欢。依据观察到的结果，店主在进购衣服时，主要选择顾客观看时间长的款式、棉麻相结合的衣料，而在衣服陈列时尽量展现每款衣服，让顾客容易观看到各种衣服的式样。经过这些改进，店里的生意越来越火红。

（五）广告效果研究

广告效果的评估一般是通过机器设备的观察或记录来实现的。例如，通过交通流量计算器收集通过某路段的车流量，以评估竖立在该路段的户外广告的曝光量；用专门的仪器进行电视收视率的数据收集；运用计算机 Cookie 技术或程序来记录每个互联网广告的各种效果指标等。

广告效果的研究侧重了解广告的传播路径（如微博广告的转发路径）、广告的目标受众分布、广告对受众心理和行为的影响程度、广告对竞争品牌销售量的影响等。

第三节　观察法的种类

本章第一节介绍过，观察的执行者既可以是研究人员，也可以是机器设备，按这个标准，可以将观察法划分为人员观察和机器/设备观察。

一、人员观察（human observation）

人员观察就是由研究人员亲自观察正在发生的实际行为或者现象。根据观察的发生情境、观察者是否出现、观察者参与程度、数据记录的形式以及是直接还是间接进行观察，可以进一步将人员观察分为自然观察与事先设计的观察、公开观察与掩饰观察、参与观察与非参与观察、结构性观察与非结构性观察，以及直接观察与间接观察。

（一）情境：自然观察 vs 事先设计的观察

自然观察是指观察人与事物在自然情境下的行为和发展模式，调研人员不加任何干扰，以揭露观察对象的行为特点和事物本身的发生规律。例如，观察儿童玩游戏时选择各类玩具的过程，记录每个消费者"双 11"选购的产品品类和数量，观察消费者进入商业街后注意力被各种户外广告和店铺橱窗吸引的过程等。

自然观察要求目标行为或活动频繁发生且在合理的短时间内发生，否则数据收集的时间就会延长，增加调研的成本。例如，当我们需要观察销售员如何推销高档住宅，结果发现一天之中只有一两个客户来询问销售员，这时用自然观察法效率很低，需要进行事先设计再加以观察。比较好的办法是让调研人员扮演顾客接近销售员，以观察销售员是如何对待客户的。

事先设计的观察主要是在控制情景下进行的观察，是在非自然生活状态下的观察。在上一章介绍的焦点小组访谈和投射测验中，对受访人员的观察都属于事先设计的观察。为了更好地模拟自然环境，让观察对象展现自身真实状况，广告调研人员常常在特殊观察室或通过单向镜进行观察，这样既可以让座谈人员不受打扰地自由开展谈话，同时也为观察人员提供了集中观察的机会，提高了观察效率。

（二）观察者出现：公开观察 vs 掩饰观察

公开观察是在观察对象知情的情况下进行观察，如陪伴购物、收视率的固定样本调查、产品使用习惯、入户调查等。公开观察最大的问题是观察者的出现会让观察对象不自觉地改变习惯，从而让真实、客观行为出现偏差。因此，在广告调研中，常常采用掩饰观察，即在观察对象不知情的情况下进行观察，例如神秘顾客就是其中的一种方法，这种方法能够让观察对象保持日常生活的自然状况，但其最大的弊病是道德伦理问题，有时可能触犯到个人隐私。

（三）观察者参与：参与观察 vs 非参与观察

参与观察是指观察人员深入研究对象所处的环境，以内部成员的身份与研究对象一起从事相同的社会经济活动，身临其境地收集与研究相关信息。[①] 人类学领域的民族志研究就是典型的参与观察。例如，某位学者想了解少数民族是如何应用社交媒体（微信群）来唱山歌的，这位学者可以加入某些山歌微信群，和少数民族群体一起唱山歌。而广告调研领域的神秘顾客也是参与观察，研究人员扮演成顾客，以观察销售环境、顾客的消费过程以及销售人员与客户的互动过程。在参与观察中，研究人员融入研究人群，某种程度上成为研究对象，不但可以直接观察到人的行为及其事态进程，而且还可以得到一些行为背后的动机，并记录自身的感受等。而非参与观察则指研究人员作为局外人，不参与研究对象的活动，从而得到更客观的资料，不容易受到研究人员主观因素的影响。

（四）数据记录：结构性观察 vs 非结构性观察

结构性观察是指事先明确需要观察的信息和行为的类型，设计好观察表格以记录相应的数据和信息，而其他的信息和行为将被忽略不记录。现在应用比较多的结构性观察为驻足率计数（step-holding count）技术，该技术不但可以用于监测产品上新、新包装上架、促销活动的卖场效果；也可以用于观察户外广告、POP 广告的观看行为。而非结构性观察则是一种开放式的观察活动，事先不对所观察的内容和程序作严格的规定，允许观察者根据当时的情境调整自己的观察视角和内容。

结构性观察需要在观察之前就对于所研究对象的可能行为和现象有相当的了解，并且需要花费时间准备观察提纲和记录表格，正因为如此，结构性观察收集数据的效率高，信息更加标准化，便于事后的分析。但是结构性观察过于机械化，不够灵活，因而无法得到新的发现。而非结构性观察刚好相反，它不受限于事先确定的观察提纲和记录表格，比较灵活，能够发挥观察者的能动性和创造性，但非结构性观察所得到的资料和信息比较庞杂，事后的资料分析比较困难，并且观察质量还会受到观察者能力的限制。

---

① 屈援，陈佳齐，李安，等 . 市场研究［M］. 北京：人民邮电出版社，2013.

（五）观察对象的状况：直接观察 vs 间接观察

直接观察就是指观察者可以直接看到观察对象的活动，对其进行考察和记录，而不是通过其他事物对研究对象进行推断，广告调研中多数观察都是直接观察。而间接观察通常是通过观察历史痕迹、周边环境、自然物品等，间接地了解研究对象的行为及其发生模式。以往采用累积物（生活垃圾）观察来分析消费者的生活模式，用损蚀物观察来判断某类商品受欢迎程度或使用程度，如从商店瓷砖的磨损程度来判断该商店顾客有多少。如今，随着互联网普及率的提高，电子商务发展，广告调研人员更容易收集消费者在线上留下的痕迹，通过数据挖掘来分析消费者的生活形态和消费习惯。接下来本节将具体介绍线上观察方法。

二、机器/设备观察（machine observation）

随着科学技术的发展，人们打破自身感官的局限，运用现有的或专门设计的机器/设备来观察人的行为和事物的发展模式，例如，运用交通流量计数器来测量特定汽车流量；用收视率记录仪来记录家庭电视的收视资料；用眼动仪来追踪消费者观看产品包装或广告页面时眼光移动的轨迹；用脑电图和皮肤电流来记录消费者在试用某种产品或观看某则广告时的脑部活动情况和生理反应，以揭示消费者的认知与情感反应；运用计算机的 Cookie 技术跟踪个体的在线行为。

机器/设备观察可以 24 小时不间断地连续记录研究对象的行为和反应，并在同一时段记录所有发生的事，效率更高，而且因为机器没有偏差，可以排除人为因素的干扰，比人工记录更加精确，因而随着科学技术水平不断提高，机器/设备观察的应用越来越广泛。

第四节 基于互联网的观察

在互联网时代，研究和理解线上消费行为及人与人之间的社会网络关系，成为市场研究人员共同关注的问题。因此，由传统观察法发展出在线观察。在线观察既可以利用多种计算机程序软件或机器设备来观察，例如，应用 Cookie、追踪软件和代理服务器来收集消费者在线娱乐和购买的所有信息；在线观察也可以辅助研究人员的直接观察，甚至是参与式观察，如从传统民族志发展出来的网络民族志或虚拟民族志就是参与式观察。接下来介绍几种在线观察法在市场研究中的应用。

一、广告效果评估

互联网媒介形态的日新月异，催生出千变万化的广告形态，但是，这些形态各异的互联网广告，无论是在电脑终端还是移动设备终端呈现，都离不开展示类广告和视频类广告两种类型。展示类广告包括旗帜（横幅）广告、开屏广告、插屏广告、焦点图和信息流广告等；视频类广告包括前贴片广告、中插广告、后贴片广告、暂停广告、视频角标广告和短视频广告等。针对各种互联网广告形式，广告公司和互联网媒体利用互联网信息技术，收集各种广告效果评估指标，包括展现类指标（如曝光量、点击数）、转化类指标（如转化数、转化成本）和互动类指标（如点赞数、转发量、评论数）。每位广告主可以通过这些指标来评估所投放的广告取得的效果。

二、提升广告针对性

行为定向广告（OBA）是广告投放商充分发挥互联网的强大追踪能力的典型表现。广告投放商利用互联网技术得到用户当前浏览页面的信息主题，通过系统判断并锁定用户属性，比如其人口统计学特征、从事行业和兴趣喜好等，随后追踪用户行为数据并向用户展示网络广告。无论这个用户访问哪一个网站，都可以让他/她看到同样一则广告，这样就有机会针对性地进行多次曝光，大大提高广告对目标消费者的影响效果，进而达到精准营销的目的。

三、产品畅销性评估

中国最大的网购零售平台淘宝网是在线观察的前沿阵地，阿里巴巴集团可以收集众多淘宝商家数据，包括每个商铺及每款产品页面的点击流数据、产品被放在购物车的数量、产品和商铺被收藏的数据、商品最终的销售量等，通过记录和收集这些数据，阿里巴巴不仅可以为各淘宝商家提供消费者购买行为和最终销售量数据，还可以从总体上推断消费者网购习惯和一些有价值的信息，比如消费者近期的消费需求、价格偏好、品牌偏好、兴趣爱好，淘宝平台从而可以针对每位消费者提供个性化推荐系统服务，让消费者更轻松地购买到自己喜欢的商品。

四、观察消费者自媒体的使用

消费者自媒体（consumer-generated media, CGM）是指互联网上不断发展的消费者自创空间，类型非常多样，包括各电子商务平台上的在线口碑、论坛上的帖子、博客、Vlogs（视频博客）、微博、微信朋友圈、抖音，以及其他社交网络和个人网站。消费者自媒体的传播力和影响力越来越大，其被信赖程度也高于传统媒体，因而广告主等会委托市场调查公司监测消费者自媒体中有关品牌形象、美誉度的对话内容和帖子。需要监测的信息是海量的，因而专业市场调研公司会应用机器进行观察和监测。这些监测指标包括规模（品牌或话题被提及的次数）、深度（论及品牌细节的数量）、内容（只是为发泄还是为解决问题而发表观点）、态度（积极、中立或消极）。

【延展阅读】

在线观察的机构

艾瑞数据：该公司透过网民线上线下行为洞察商业本质，通过多源跨屏数据等洞察自建大数据积累，汇集多家大型互联网企业数据，共同打造互联网行业信息情报分析系统。为客户提供基于情报+数据+服务的商业数据智能解决方案，涵盖消费者洞察、市场竞争监控、企业精细化运营、共享数据服务。

尼尔森在线监测：尼尔森公司采用独特的在线监测方法，将具有代表性的固定样本组与基于标记加码的测量手段相结合，提供数字世界及其观众的全景图。收集这些数据可以让我们分析消费者行为和趋势、广告效果、品牌宣传、社交媒体意见等，让我们全方位了解消费者如何与网络媒体互动。

DoubleClick 公司：该公司是美国一家网络广告服务商。其核心技术是其专有的 DART（Dynamic Advertising Reporting Targeting）"动态广告报告与目标定位"技术，允许各网站及网络通过他们的中央服务器管理各自的广告服务及统计报告。该系统可帮助企业购买、制作或销售在线广告。

Cormetrics 公司：该公司使用观察法和追踪技术来收集消费者线上线下行为数据：包括消费者与在线商务和广告网络的交叉互动、电子邮件收发、视频观看、社交媒体使用等，针对每个消费者动态历史数据，创建个体访问者终生体验画像（lifetime individual visitor experience，LIVE），预测他们未来的购买行为。

五、虚拟/在线品牌社区的观察

虚拟/在线品牌社区指的是网上存在的，以讨论品牌知识、分享品牌经验与感受为主要内容的网络社区或者论坛，如中国移动最新搭建的 139 社区、魅族社区、小米论坛、大众自造等。那么虚拟品牌社区对于品牌价值的创造、新产品概念设计、社区成员的心理与行为会产生何种影响呢？虚拟品牌社区是如何组建的？意见领袖是怎么形成的？市场研究人员对这些问题非常感兴趣，除了采用访谈和问卷调查的方法探寻答案以外，在线观察不失为一个好方法。对于虚拟品牌社区的观察主要采取参与式观察，即研究人员加入品牌社区，然后观察和记录各个成员的发言以及讨论的进程。例如,某研究欲考察动漫粉丝群体对动漫的阅读观看行为、偏好以及解读与再创造,以便更好地开发与动漫 IP 相关的延伸产品,该研究除了运用其他调研方法外,还运用网络民族志的方法,加入动漫"粉丝"百度贴吧、Bilibili 网站、AcFun 网站、"有妖气"网站的评论区,以及动漫 QQ 群或微信群等虚拟社区,参与社区的讨论,同时观察和记录社区的讨论内容和进程。

【延展阅读】

虚拟读书社区的用户研究①

某个研究调研虚拟阅读社区用户使用行为及使用心理,采用了虚拟民族志观察方法,选择豆瓣读书社区为典型案例。研究人员分别加入不同类别的豆瓣读书社区,以参与者身份跟踪观察意见领袖、活跃用户发表的书评并进行截屏记录,观察记录了普通用户与作者、普通用户与意见领袖、普通用户与活跃用户、普通用户与普通用户之间的互动活动,从而揭示社区成员的自我展示方式,社区中圈层的形成过程,以及社区成员与作者、出版商、渠道商之间的互动关系。研究人员观察发现:社区成员都具有非常强烈的个性化表演欲望,社区成员在活动的过程中会逐渐形成特定的圈层,通过互动逐渐加深对社区的黏性,形成社区归属感,并且社交化阅读社区也颠覆了以往读者与作者、出版社、渠道商之间的关系,使得读者的地位较之从前大大提升。

☞ 思考题

一、复习思考题

1. 什么是观察法,观察法使用的前提条件是什么?

2. 观察法如何分类?

3. 观察法与访谈法相比,有什么优势和不足?

4. 在线观察较常应用在哪些领域?

二、实训题

1. 请你观察周围亲友使用牙签、棉签、卫生纸、牙刷、牙杯、牙膏、肥皂(肥皂盒)、洗衣液(洗衣粉)、洗面奶等日常生活用品的习惯,看看他们是如何使用产品的,是否有意想不到的使用方式,对产品是否有不满意或使用不顺畅的地方,思考该如何解决。

2. 某知名男装品牌制作了一系列售点展示广告(POP),在大面积投放之前,

---

① 朱悦琳. 奇观/展演范式下虚拟阅读社区的用户研究——以"豆瓣读书"为例 [D]. 武汉:华中科技大学,2016.

先选取了 20 个较有代表性的服装店进行投放，并为每个服装店配备一位受过训练的观察员，以评测广告效果。

（1）思考观察的发生情境、观察者是否应该出现、观察者参与程度、数据记录的形式等，请建议采取什么类型的观察方法。

（2）请你考虑有什么测量指标和内容需要包含在这次观察当中。

3. 选择三个你感兴趣的、具有 banner 广告的网站，阅读各网站的隐私条款，判断这些网站是否使用 Cookie 来追踪访客，如果有的话，请你通过自我观察和体验，判断 Cookie 是如何记录访客信息的。

4. 你的客户希望监控目标消费者在社交媒体中发表的品牌相关内容，请你考察一下是否会有专业的调研公司来帮助你的客户达成这一目标。思考如果要监控消费者有关品牌的言论，应该从哪些方面进行观察。

第五章 问 卷 调 查

　　问卷调查就是采用结构化问卷向受访者收集一手资料，从而获得消费者态度、观念和行为方面的洞察结果，它是收集一手数据最普遍、最常用的方法。资料表明，美国每年大约有 7000 万人参与问卷调查，相当于每个人每年要接受超过 15 分钟的问卷调查，① 而在中国，据问卷星平台统计，从其成立至 2020 年 3 月为止，630 万用户已在该平台上回收 46.84 亿份答卷。② 问卷调查在全世界范围内的受欢迎程度可见一斑。本章将介绍有哪些问卷调查的方式，互联网高速发展的今天，问卷调查的形式发生了哪些变革，问卷调查过程中可能出现哪些误差，该采取什么措施加以控制等。

第一节　传统的线下问卷调查

　　观察法不需要通过向受访者提问的方式来收集信息与资料，而定性调研和问卷调查都需要向受访者提问来获得所需要的答案。但是问卷调查与定性调研相比，所提的问题是经过精心设计的，形成一份标准化和结构化的问卷，在问卷调查实施时也是采取统一和标准化方式，因而问卷调查具有易于实施、收集数据高效快捷、所获得的数据易于编码、能够批量化和标准化处理的诸多优势。1895 年，著名的心理学家哈洛·盖尔就开始采用问卷调查来研究消费者对广告及广告商品的态度与看法，经过 100 多年的实践和研究，问卷调查发展出众多的数据收集方式。

　　按照填写问卷的主体，问卷调查的数据收集方式分为自填式和代填式两种类型。自填式方法是由调查者发给（或邮寄给）受访者，由受访者根据实际情况自己填写的问卷，这比较适用于文化水平高、身体健康、理解能力较强的受访者，他们能够依据问卷的指导语和说明自行完成问卷。自填式方法有利于我们同时对多人进行团体、批量施测，例如，在课间休息时，对某个大学广告学专业的一年级同学统一开展广告态度总体调研，调查的效率得到巨大提升。而代填式方法是由调查者

---

① ［美］卡尔·迈克丹尼尔，罗杰·盖兹．市场调研精要：第 8 版 ［M］．范秀成，杜建刚，译．北京：电子工业出版社，2015.

② 数据来源：https：//www.wjx.cn/（2020-03-09）．

按照事先设计好的问卷或问卷提纲向受访者提问，然后根据受访者的回答进行填写的问卷。这种调研方式尤其适用于儿童、老人、文化水平低或有身体残疾的人群，以及问卷非常复杂的情况，通过访问员用通俗易懂的语言反复向受访者解释问题，让受访者口头回答，降低了受访者作答的难度。代填式方法一般只适用于单独施测的环境，数据收集效率相对较低。

按照问卷发放形式的不同，调查方式可以分为入户访问、拦截式访问、电话访问和邮寄调查等。接下来本节将介绍几种经典的数据收集方式。

一、入户访问

入户访问，顾名思义，就是调查员进入事前抽样方案所确定的受访者家中，与受访者面对面地按照结构化问卷所列举的问题逐个提问，并依据受访者的回答填答问卷，这是一种代填式的数据收集方式。有时候，问卷所列的问题比较容易回答，受访者理解能力较好时，可以将问卷交给受访者，向其说明填写要求后，让受访者自行填答，提高调查的效率。

（一）入户调查的优势

（1）入户访问采用严格的抽样方法，样本具有较好的代表性。进行入户调查方案设计时，在条件允许的情况下，依据抽样框，应采用概率抽样方式抽取既定数量的家庭或个人，例如，依据居委会提供的家庭和居民的基本情况，进行系统抽样，确定好每个样本家庭的门牌号，调查员找到这些家庭地址，得到受访者同意后入户调查。

（2）调查员与受访者进行面对面互动，能够得到比较准确、完整的信息，避免出现漏答的现象，并且面对面访问能够得到受访者的反馈，发现问卷调查的漏洞和各种特殊情况。例如，有些问题的提问方式从消费者角度不容易理解，有些问题的备选答案不完全。

（3）入户访问有机会向消费者当面解释调研目的、较难理解或较敏感的问题，并借助图片和实体等材料促进受访者对调查问题的理解，如新产品样本、广告图片，让消费者对产品概念和广告创意作出评价。

（4）入户调查让受访者身处自己家中，在熟悉、舒服、安全的环境下会更加放松，更加配合受访者开展调查。

（二）入户调查的缺陷

入户曾经被认为是最好的调研方式，但是因其存在无法克服的缺陷，现在越来越少被广告调研和市场研究者采用，主要原因如下：

（1）入户调查需要耗费大量的人力、时间和费用，舟车劳顿地找到每个家庭，对每位受访者逐一提问，一天时间访谈不了几位受访者，完整调查需要许多调查员花费几天甚至数月的时间，总体费用很高。

（2）入户困难。现在每个小区、每个家庭都设置了重重关卡和防盗门，物业管理人员和居民对陌生人的防备心强，要进入居民小区很难，即便开具介绍信进入小区，住户也常常不愿意为陌生人开门，调查员常常无功而返。

二、拦截式访问

拦截式访问就是调查员到超市、商场、写字楼、街道、火车站、停车场等目标受访者经常出入的公共场所，将他们拦截下来，邀请他们填答问卷，或者当场对他们提问，或者带他们到临时的访谈场所，让他们坐下来安静地回答问题。

（一）拦截式访问的优点

相对于入户访问，拦截式访问相对较简单，具有以下优点：

（1）能够快速地找到大量符合条件的受访者。拦截式访问主动出击，到目标受访者集中出现的地方寻找受访者。例如，有关对某个航空港服务的满意度调查，调查员到该机场去找乘客是最佳的选择；而对于化妆品体验和新产品开发的调查，则是到商场拦截消费者效率最高。

（2）花费比较少。拦截式访问的调查时间和地点比较集中，不需要逐一寻找消费者，省去出行时间和交通费用，每天每位调查者可以调查很多目标受访者，每个样本的单位成本大大降低。

（3）便于对调查员进行管理和监控。由于调查员工作的时间和地点可以事先经过周密安排，所以督导员能随时随地抽样检查其工作质量，并对他们进行技术指导。

（二）拦截式访问的局限

（1）样本代表性不足。到商场、超市、火车站取样，我们往往拦截到常去这些场所的消费者，而少去或者不去这些场所的消费者被抽到的概率较低，这样所抽到的样本只能代表部分消费人群。

（2）公众场合并非理想的调查环境。商业中心、火车站等公众场所比较嘈杂，受访者容易感到拘束、匆忙或注意力不容易集中，对所收集的信息质量造成较大的影响。

（3）拒答率比较高。人们在车站、停车场、超市等地方常常急着赶路，可能不愿意停下来回答问题，尤其是遇到问卷很长或问题比较敏感的时候。此外，现在的商业环境下，街头出现许多推销活动，消费者不胜其烦，调查人员的访问也常被视为同类商业活动而拒绝。

（三）如何针对拦截式访问的局限加以改进

（1）在问卷设计时，要尽量做到简单易答，问题不要太多，尽量让受访者在 5 分钟内就能答完。此外，尽量少涉及隐私性或敏感性问题。

（2）为了让样本更具有代表性，事前尽量计划多个地点、多个时间段拦截目标受访者，并按各地点和各时间段特点进行配额抽样，尽量覆盖目标人群，这也便于督导员进行检查工作。表 5-1 是对某城市地铁乘客调查时，按日期、时段和站点制作的样本分配表，该调查以一周为调查周期，每天区分为早高峰、上午、中午、下午和晚高峰段，每天抽取一个或两个站点和时段，每个站点抽取的人数比例依据各站的人流量比例，这样调查能涵盖周一至周日的所有时段，并且顾及所有站点。

表 5-1　　　　　　　时间段和站点样本分配表（n = 700）

峰段	周三	周四	周五	周六	周日	周一	周二
早高峰 （7:00—9:00）		火车站 （70）					思北站 （90）
上午 （9:10—11:00）	蔡塘站 （80）			城南站 （30）	码头站 （50）		
中午 （13:00—15:00）	县后站 （90）			工业区 （30）			
下午 （15:00—16:30）			体育馆 （60）			洪文站 （60）	
晚高峰 （17:00—19:00）			北站 （40）			枢纽站 （100）	
合计（份）	170	70	100	60	50	160	90

（3）采取各种方法留住受访者。受访者由于怕麻烦、比较匆忙甚至担心上当受骗，不愿意接受访问，这时调查员要想各种办法来解决这个问题。首先，调查员可以准备精致的小礼物吸引受访者，比如多数人需要的纸巾、牙膏等生活日用品；其次，亮出调查员权威、可靠的身份，比如说高等院校、科研单位、知名公司等机构员工身份，增进受访者的信任感；最后，用简单几句话说明调查目的和调查内容，说明调查的重要性和意义性，并保证只需要花费几分钟，吸引受访者参与访问。

三、电话访问

电话访问通常是由一些经过培训的访问员在固定地点打电话进行的调查方式。电话访谈的原理很简单：调研人员通过随机数字的方法随机抽取一些电话号码，然后拨打这些电话号码，接通并征得受访者同意，依据设计好的问卷逐一向受访者提问。如果被拒或没有打通则重新拨号。

随着无线通信技术的普及和移动电话资费大幅度下降，无论是城市还是农村，绝大多数居民取消了固定电话，纷纷改用移动电话。据工业和信息化部报道，至2018年年底，我国移动电话用户总数达到 15.7 亿，移动电话用户普及率达到112.2 部/百人。① 固定电话的消亡和移动电话的兴起，让传统的电话访问发生巨大改变，原来适用于固定电话的抽样方式也需要改进和创新，以适用于移动电话号码的样本框。此外，计算机信息技术高速发展，让传统的电话访问也赶上这趟高速列车，借用计算辅助技术开展访问。

计算机辅助电话调查系统（Computer-Assisted Telephone Interviewing System），简称 CATI 系统，也称为电脑辅助电话调查系统，是借助计算机来完成问卷设计、问卷配备、样本配备、实施调查、数据处理等一系列实际操作过程的应用软件。CATI 已在欧美发达国家使用了 40 多年，许多国家半数以上的访问均通过 CATI 完成，而在中国，CATI 也有 20 多年的历史，也被专业机构广泛应用于民意、媒体接触率和市场研究。CATI 技术在国内外之所以如此流行，一方面得益于电话的高普及率和信息化程度的提高；另一方面也是迫于大都市入户访问成功率越来越低的现状。②

（一）借助 CATI 系统电话访问的优点

（1）调查速度快，效率高。利用 CATI 电话访问，电脑能够自动对问题进行分类，根据受访者先前的答案，自动跳转呈现相关的下一道问题。访问员可以一边访问，一边将答案录入计算机，省去其他调查方式的数据编码、检查、录入等过程，调查一结束即刻生成一个数据文件，计算机还能对调查结果进行统计，这样不但提高了工作效率，而且还减少了在数据录入过程中产生的误差。

（2）误差减少，数据质量提高。首先，CATI 系统中，由于事先可对计算机进行设置，可以避免一些因跳问路线或选项错误而造成的数据差错或丢失现象，提高数据的质量；其次，传统调查方式需要等所有调查结束，数据录入后才能进行统计分析，而 CATI 系统允许调查人员边调查边统计，以提前发现调查过程中存在的问

---

① 资料来源：人民网 http://bj.people.com.cn/n2/2019/0327/c233086-32783759.html.
② 杨盛菁. CATI 技术的应用前景 [J]. 中国统计, 2012 (5)：28-30.

题，及时调整调研计划，如某道题没有区分度，绝大多数的受访者是同一答案，那么接下来的调查过程中可以不访问此题；再次，全自动电话调查还可以利用专业访问员的录音来代替访问员逐字逐句地念出问题和答案，实现访谈的标准化，减少了访问员的主观偏差；最后，由于所有访问记录全程都可以保存在系统中，且访问过程始终处于督导人员的全程监控之中，因而不会出现访问员作弊现象。

（3）边际成本降低。采用 CATI 系统，可省去交通费、礼品费和问卷印刷费等。此外，CATI 不需要录入数据、问卷内容变更等中间层层的重复劳动，大大节省了调查成本。

（二）CATI 系统的局限

（1）调查内容不能过多，问卷长度必须相对较短，让受访者接受超过 20 分钟的调查是非常困难的。

（2）问卷不宜过于复杂，内容一般为多数受访者熟悉或理解，受访者很难只通过听觉来理解和记住过于复杂或详细的问题。这将限制电话访问的内容和精确度。

（3）不能采用视觉刺激物或面对面的肢体语言、表情和语气来帮助受访者快速理解问题，对于比较抽象的测试难以进行，如无法让受访者看一则广告，测试其对广告主题的理解。

（4）与其他调查方式相比，电话访问的拒访率高。随着各种推销电话的增加，人们对于陌生号码的拒接率越来越高，这也成为电话调查应用的最大障碍。

四、邮寄式访问

邮寄调查指将事先设计好的问卷投寄给调查对象，由受访者按照要求填好问卷后寄回。例如，某品牌汽车俱乐部为了调查消费者对现有汽车性能的体验和新产品概念，依据消费者留下的邮寄地址，把设计好的问卷和产品相关的材料一起邮寄给客户，在信封中留下一个写有回寄地址的空信封和一张邮票。并在介绍信中保证，如果客户认真填答并回寄问卷，他们将得到一份精美礼物，以激励客户积极配合调查。另一种邮寄式访问是通过印刷媒体来发送问卷，即将问卷刊登在报纸或杂志上，感兴趣的受访者将问卷裁剪下来，回答完毕寄到指定的地址。比如说中国青年报社创立了社会调查中心，该社会调查中心在《中国青年报》上创办栏目《青年调查》，每周一出刊，独立策划、实施、发布民意调查与市场研究结果。

邮寄式访问在网络不发达的时代，能够扩大调查范围和调查样本，因不需要访问员访谈而节约了成本，避免调查员造成的主观偏差，并且，因为不需要与调查员面对面接触，受访者愿意回答敏感或隐私问题。但是，这种调查方式回收时间长，问卷回收率取决于受访者对调查内容的兴趣程度和礼品的吸引力，一般情况下回收率都很低，尤其是在如今人们越来越少写信、邮寄信件的时代。这种传统调查方式发展到网络世界，转变成通过电子邮件来收集调查数据，下一节将具体阐述。

第二节 在线问卷调查

在线调查就是通过互联网及其调查系统把传统的调查、分析方法在线化、智能化。① 由于在线调查通过网络平台或专业调研软件设计问卷、发放问卷、回收问卷及数据处理，与传统的纸质问卷调查相比，在线调查具有成本低、回收快、数据管理先进等优点，因此在线调查甫一出现，迅速受到了研究者的青睐，在全世界范围内得到广泛应用。目前国内外的调研公司大多采用了在线调查系统。

互联网调研公司和平台主要提供调查设计与管理、在线样本库服务等。

一、在线问卷调查设计与管理

互联网信息技术为问卷调查与管理提供了良好的服务，一些互联网平台或专业网络调研软件为问卷设计提供了良好的视觉界面，具有方便使用和编辑的特征，甚至能够插入图表、动画、视频、链接等，突破了传统纸质问卷以文字为主、篇幅受限的缺点，能够设计出具有良好互动性和使用体验的电子问卷。问卷设计好后会被自动发往网站或平台服务器系统，服务器在同一个数据库内发放问卷，并将填答好的问卷存档，有些平台对调查结果提供简单的统计图表和分析报告服务。

例如，国内知名在线调查平台问卷星，自称具有 6400 万份问卷模板可免费使用，可借助自动生成的链接或者自定义背景或品牌 logo 二维码，在微信、企业微信、朋友圈、QQ、邮件、短信等媒介渠道分发问卷，并提供红包抽奖或自己设置奖品，回收问卷后自动统计分析数据、生成图表，功能强大。问卷星不仅提供稳定的调查、考试、投票服务，还拥有 260 万样本库成员提供专业的样本服务。

二、在线样本库

专门提供网络调查的网站一般会建立在线固定样本池，以供客户找到符合条件的目标受访者。例如，国内网络调查网站"问卷星"声称可以为使用者提供 260 多万人的样本库，国外 Zoomerang 网站可以向使用者提供 250 多万人的样本库。专业网络调查平台通过刊登各类广告（文字广告、旗帜广告等）、搜索引擎、电子邮件等手段向各类人群公开招募，并运用各种积分或赠送礼品等激励手段吸引他们自愿加入在线样本库，加入时须注册登记个人基本信息，这样网站或平台就建立起一

① 张木子，李君轶，张高军. 孰优孰劣：旅游在线调查与田野调查对比分析 [J]. 旅游学刊，2015（4）：95-104.

个较大规模的固定样本库。当客户需要某类目标受访者时，网络调查代理网站就会在这个受访者库中筛选符合条件的受访者，邀请他们参与调查。例如，下面是一份专业网络市场调研公司和某高校教师有关"城市居民对礼品广告态度"调查抽样方案的合同附件。这家市场调研公司号称其样本库数量100多万人。

【延展阅读】

××项目服务合同——附件

抽样要求：

1. 回收范围：全国，一、二、三线城市比例2∶2∶3，各城市完成量不做要求。

一线城市：北京、上海、广州、深圳；

二线城市：除一线城市所包含城市外的省会城市；

三线城市：除一线城市及二线城市所包含城市外的所有城市。

2. 样本量1200，多于1200的备份样本作为赠送样本。

3. 年龄要求：25~35岁与35~45岁比例要求1∶1。

4. 性别要求：男女比例要求1∶1。

5. 数据提交要求：

数据格式：EXCEL；

数据提交时间：2019年9月30日前一次性提交1200个样本数据。

从在线样本库中选取受访者进行调查存在两个比较大的缺陷。首先，公开招募加入固定样本库中的网民，不少是为了获得抽奖或其他奖励的机会，有些网民参加调查的次数过多，成为"专业调查户"，他们可能为了快速完成调查，提供虚假、错误信息，填答过程不太认真。其次，样本库中被抽取的样本往往与目标人群之间存在较大偏差，性别、居住地、年龄、教育程度和收入等方面的构成比例严重失衡。

要改善固定样本库存在的缺陷，第一，要对样本库进行持续有效的管理，比如让会员每次参与调研都具有愉快、积极的体验；每位成员参与调查的次数要适当，要有足够的机会参与调查，但参加次数不能太多；尊重会员的隐私，保护其信息安全等。第二，不断地招募新成员来满足不断增长的网络样本需求，同时弥补原来会员的流失，平衡样本库构成比例。[1] 第三，有些网站和专业市场调研公司改进固定

---

① [美] 卡尔·迈克丹尼尔，罗杰·盖兹. 市场调研精要（第8版）[M].范秀成，杜建刚，译. 北京：电子工业出版社，2015.

样本库建制办法，按照传统抽样方法选定抽样框，抽取样本，然后邀请这些样本加入样本库中，配置电脑并下载相应的调查控制软件，开展网络调查。这种做法的好处是，可以确定被访者的身份，便于控制样本的代表性。① 例如，GfK 集团 KnowledgePanel 公司借鉴传统抽样方法，基于地址抽样（ABS）的方法进行招募，以美国邮政署（USPS）最新的投递地址信息作为样本框。USPS 可以看作一个全面覆盖美国所有投递点的数据库，包括拥有网络和没有网络的家庭。对于尚未接入互联网的家庭，GfK 集团为这些家庭提供调查所需的网络设备，如平板电脑和免费互联网服务。② 因此来自 KnowledgePanel 的样本能够代表所有家庭，克服了线上固定样本库样本存在偏差、不够有代表性的问题。

三、在线问卷调查优缺点和适用范围

在线调查与纸质调查相比，有很大的优势，但由于其存在样本代表性等方面的问题，还不可能完全取代传统纸质调查方法。

（一）在线问卷调查具有线下调查不可比拟的优势

（1）效率高。在线调查能够同时对成千上万个潜在受访者同时进行调查，调查结果被记录在专业网络调查网站的后台，网站可以迅速进行统计分析，并制成图表呈现给用户，为其市场营销方面的决策提供参考。

（2）成本低。与电话访问相比，使用在线调研能减少 25%~40% 的成本，且所花费的时间可以减少一半。在线调研不需要访问员，节约了培训、人员工资等费用，因此，随着样本量的增加，其费用增加相对较少。

（3）回收率和有效问卷比率高。首先，在如今繁忙的快节奏社会中，人们越来越不愿意耐着性子接受电话访问和街头拦截调查，而参与在线调查可以依据自身的填写速度控制填答进度，并安排在自己方便的时间填答问卷。其次，在线问卷设计可以采用图像、音频、视频、动画等富媒体加以设计，趣味性和互动性增强，并且能够即时提供反馈报告，激发了受访者的主动参与性，问卷回收率得到提高。此外，互联网技术可以设置必答题、多选题及每道题最多可选择的项目数据，来控制受访者的答题质量，提高有效问卷的比率。

（4）网络调查可以隐藏被调查者的身份，使其更容易表达真实想法，因此适合对比较敏感的问题进行调查。

---

① 黄光，符力思. 市场调查公司提高网络调查可信性的策略［J］. 统计与决策，2014（21）.

② 谷征. 美国图书阅读调查主要机构及其调查方法［J］. 出版发行研究，2019（2）：85-91.

（二）在线调查的不足

随着在线调查的不断发展，人们不断地反思其局限，并不断地加以改进。其不足有如下几点。

（1）网络用户不能很好地代表总体人口。网民群体具有某些特征，主要由城市人口、高学历、年轻的群体构成，不能代表全部消费者群体。但是，随着网络的普及和网络技术的发展，以及专业在线调研公司在样本库建设上的不断努力，在线调查在取样偏差上的问题或许会越来越少。

（2）固定样本库成员不断参与各种问卷调查，影响调查结果。这个问题需要专业在线调研公司严格管理样本库，不断地招募新成员，更新样本库。

（3）数据质量可能存在缺陷。有的研究表明，网络应答者的极端回答和默从回答明显高出纸质应答者，并且极端回答偏向正面回答，即如果是7点李克特量表，许多在线应答者选择7，这就造成了在线调查所得到的均值大、标准差小。但是，也有许多研究表明两种调查方式获得的结果整体上是相似的，只要是问卷设计得当，调查过程规范，两种调查的方式可以相互替代。

四、突破线上和线下界线——移动互联网调研

移动互联网的普及和手机上网率的提高，使得采用智能手机或其他移动设备进行广告调研应用得越来越广泛。移动互联网调研具有拦截式访问、邮寄调研、入户调查以及在线调查等所有调查的特征，所以，我们可以发挥线上调查和传统线下调查各自的优势，设计出高效率、高质量的调研方案。例如，发挥专业在线调查网站问卷设计和管理的优势，设计好电子问卷，凭借网站自动形成链接或二维码，之后到商场、车站等公共场所拦截受访者，让其通过链接或者扫二维码接入问卷调查网站，进行填答问卷，也可以将调查问卷的链接或二维码通过电子邮件发给受访者，让他们自主选择时间作答。这样可以在一定程度上避免线上固定样本库中取样存在偏差问题、网络调查无法面对面交流的局限，同时发挥线上调查和线下调查各自的优势。

总之，在广告调研过程中，各种新技术、新手段都是为调研目的所服务的，对问卷调查不同方式的选择取决于网络技术和移动网络技术能够应用到广告调研的哪些环节，例如，上面举的例子是在问卷设计和管理环节应用了互联网技术，并利用移动互联网可移动的特征，将电子问卷"携带"到现场，有针对性地寻找符合条件的目标受访者，与其面对面交流，并在现实中指导其填答问卷。有时也可以借助互联网技术来"寻找"符合条件的受访者，例如，对于有关网络游戏体验的调研，访问人员可以潜入游戏贴吧、论坛、QQ群、微博超话区等虚拟社群，接触到游戏爱好者，邀请他们填答问卷，也可以通过各种社交群体广泛发布问卷调查的链接和

二维码,通过低成本的方式找到更多符合条件的受访者。这些都是广告问卷调查在移动互联网时代发展出的新方式。

【延展阅读】

我国的在线调研平台

1. 问卷星(htttp://www.wjx.cn)

问卷星是一个专业的在线问卷调查、测评、投票平台和样本服务,专注于为用户提供功能强大、人性化的在线问卷设计、数据收集、存储和分析工具,以及深挖数据等系列服务。与传统调查方式和其他调查网站或调查系统相比,问卷星具有快捷、易用、低成本的明显优势,已经被大量企业、科研院所和个人广泛使用。自2006年上线至今,用户在该平台累计发布了超过8682万份问卷,累计回收超过68.81亿份答卷,并且保持每年100%以上的增长率。

2. 爱调研(htttp://www.aidiaoyan.com)

爱调研社区是一个在线任务参与平台,提供专业市场调查、市场研究、样本执行、线上/线下市场调研管理软件等业务,致力于提供专业的在线调研解决方案。用户可通过电脑、手机、平板等各类终端访问网站、APP,参与任务、回答问卷、获取奖励并兑换各类奖品。爱调研社区采用会员制、积分制吸引用户参与调研活动。自2008年以来,来自不同地域、不同年龄阶段、不同文化背景的会员用户,在爱调研社区参与任务,赚取奖励,号称建立了具有数百万个会员的固定样本库。

3. 见数(Credamo)(www.credamo.com)

见数是由北京易数模法科技有限公司自主研发的全球首款智能专业调研平台,创新地整合了“问卷设计、样本服务和统计分析”三大模块,用户可一站式完成所有调研工作,提高调研效率。值得注意的是,见数在全球化调查上突出,如今他们发布三大类国际化产品:①Credemo 见数国际台;②全球样本服务;③国际APP(Credamo)。

4. 网题(htttp://www.nquestion.com)

网题是基于SAAS(软件即服务)模式的在线调查系统,是问卷设计、问卷发送、问卷回收、数据统计与分析、生成报表的全流程在线调查解决方案。网题系统运行于服务器端,无须客户进行本地的软件购买和部署,所有工作——包括所见即所得的问卷设计、复杂的图表工具——在浏览器中可全部完成。网题系统凭借多年本地化市场研究经验,运用当前最新的Web技术,为各行业用户提供更为有效、更为便捷的在线调查系统。

5. 数据100在线调查网(htttp://www.data100.net)

数据100在线问卷调查平台是一家专业的网上在线问卷调查系统平台服务商，该问卷调查平台可进行在线问卷调查（调查问卷）的编辑、生成、发布，收集调查数据，进行数据的统计和分析，最终生成调查报告，所有这些服务都是免费提供的。

第三节　问卷调查过程中误差的控制

问卷调查是对消费者态度、观念和行为的一种测量，不可避免地会存在误差，这是由于问卷设计、施测环境、施测程序和调查结果处理等环节存在过失或限制造成的。测量不可能无限精确，测量值与客观存在的真实值之间总会存在一定的差异，这种差异就是误差，这种情况已经被所有实验证实，称作误差公理，即任何调查结果都可能有误差，而且误差始终存在于一切科学试验和问卷调查中。根据误差的性质和特点，误差又可分为系统误差和随机误差。

$$(总误差)^2 = (系统误差)^2 + (偶然误差)^2$$

一、系统误差

系统误差又叫规律误差，是指在偏离规定的严格条件下多次调查同一属性或特征时，误差的绝对值和符号保持恒定；或在测量条件改变时，误差按某一确定的规律变化，如测量消费者的广告态度时，普遍偏高或普遍偏低。系统误差主要来源于测量法则和测量工具，往往是由问卷或量表等工具不准确、调查方法和程序不恰当、数据处理出错等过失性错误导致的，一般可以通过改善方法、完善问卷或量表、加强人员培训和调查过程的管理等手段加以避免和消除。

二、随机误差

随机误差是指在实际调查中，多次调查同一客体的同一属性或特征时，误差的绝对值时大时小、符号时正时负，没有确定的规律，但调查次数足够多时，其平均值趋于0。如图5-1所示：

图5-1　随机误差的示意图

随机误差对调查结果影响微小，是由彼此互不相关的因素引起的，即便问卷或量表的灵敏度足够高，在相同的施测条件下，对同一调查对象进行多次等精度测量时，仍会受各种偶然的、无法预测的不确定因素干扰而产生测量误差。与系统误差不同的是，随机误差不能用修正或采取某种技术措施的办法来消除。虽然单次测量的随机误差没有规律，但多次测量的总体却服从统计规律，因此通过对测量数据的统计处理，在理论上能够估计随机误差对测量结果的影响。

三、误差的来源及其控制

由于随机误差不可避免，所以这里主要介绍如何识别系统误差的来源及其控制方法。

（一）测量工具造成的误差

测量工具本身造成的误差主要来源于问卷和量表的编制过程。我们主要考察因素为调查问卷或量表是否具有信度和效度，关于量表信效度评估后面章节将进行详细介绍。具体而言，问卷中的题项是否能测量我们要测的态度、观念等特质，题项语言是否存在歧义或暗示、引起社会称许性等造成受访者反应误差，问卷结构编排、题项与答项顺序等也可能造成受访者系统反应偏差。具体控制和改善方法请参照问卷编制章节。

（二）调查方法和程序上造成的误差

1. 采用不恰当的调查方法

前两节我们介绍了传统的线下调查方式和互联网时代的线上调查方式，在实际的问卷调查方案设计时，应当依据现有的调查经费、时间要求、目标受访者特征、调查内容的复杂程度和敏感性以及访问时长等因素来选择合适的数据收集方式，如果选择了不恰当的调查方法，可能会产生非常大的偏差。例如，一项针对老年人社交媒体使用情况的问卷调查，如果采用线上调查方式，不但抽样可能存在偏颇，而且可能由于老年人不习惯阅读电子网页，造成不充分理解调查内容而出现作答偏差。再例如，一项女性私人用品使用体验的问卷调查，如果采取拦截式访问，许多比较传统的女性会觉得害羞而拒答，不但使得具有这部分心理特征的女性样本比例偏低，而且由于她们不好意思回答可能出现大量漏答现象，造成测量误差。

2. 施测过程中的干扰因素

施测环境、施测时间、施测过程中的各种干扰因素可能让问卷调查出现偏差。拦截调查很容易受到商场、火车站等嘈杂环境的影响。入户调查和电话调查会因选错了调查时间而使得调查效果不理想，例如，采用电话调查，电话接通时可能刚好受访者比较忙，导致他/她回答问题比较马虎。而采用线上调查，无法监控受访者的作答环境和时间，他们可能在填答问卷时，还在看视频、聊天、吃东西或者处于一种嘈杂环境，从而影响到问卷调查的精确度。

3. 调查人员操作不当或者出现差错

调查人员施测以及与受访者互动过程中，因其操作不恰当或其主观因素易让问卷调查产生误差。首先，调查人员在施测过程中未严格按照问卷调查的操作手册规定实施调查，例如，未强调匿名调查和保密原则，让受访者心有顾虑而不敢真实回答问题；未强调作答时间，使得受访者未答完题项。其次，调查人员对问卷的答题方式和规则未作出具体的说明，例如，许多心理测验需要受访者依据其第一反应而不是仔细斟酌后再作答，如果未加以说明，受访者的作答可能存在偏差。再次，调查人员如果在与受访者交流时出现主观偏差，例如，对受访者过于冷淡或过于热情，或者给予暗示等都会影响受访者的作答。最后，调查人员在登记受访者的答案以及录入调查结果时也可能让问卷调查产生误差，如拦截调查时需要记录受访者的作答，调查人员看错行，将答案张冠李戴。

以上由于调查方法和程序上造成的误差，可以通过科学的调查方案设计、严格的调查员培训以及尽量采取新技术加以克服。调查方式、调查环境、调查时间、操作程序以及注意事项等方面的设计和规定，不但需要问卷调查的知识与理论，还需要管理者具有丰富的广告调研经验，综合考虑调查目的、调查内容、目标受访者特点、经费和调查执行的困难程度等因素，设计最优方案，并形成手册，以便整个问卷调查过程标准化和规范化。调查人员选拔、培训以及管理方面的工作质量控制，可以非常有效地控制因调查人员主观因素造成的误差。当然还有一个更容易标准化的方法，就是尽量在线上进行问卷设计、管理、发放与施测等，大幅减少调查人员主观因素造成的误差。

（三）受测者方面造成的误差

受测者接受测量时的生理和心理状态也会影响其水平的正常发挥。主要涉及以下几个方面：

1. 受访者的动机

问卷调查一般用礼物或积分来吸引受访者的参与，这种情形下，有些受访者可能是完全出于想获得礼物或积分的动机而参与问卷调查，这部分受访者有可能不符合受访者的条件，或者想快点结束调查而不认真填答。还有的受访者是出于某种压力而参与调查，例如，公司领导明确交代或者施加无形压力让公司员工参与调查，高校教师将参与调查与学业成绩挂钩，让学生有压迫感，这种情形下受访者可能产生抗拒心理而不准确填答。

2. 受访者的相关调查经验

前文提到过，固定样本中一个重要的缺点就是一些"专业"受访者已经多次参加问卷调查，因而具有与问卷调查内容相关的知识和经验，具有练习效应，从而造成测量误差。这需要在问卷调查方案设计中考虑这个因素，控制同一受访者参与调查的次数。

3. 受访者生理和心理状态

受访者在参加问卷调查过程中的身体健康状况、情绪稳定性和作答习惯都会影响测量的准确度，例如，受访者刚好身体不舒服，或者情绪焦虑，都会影响作答的质量。而有些受访者作答有既定习惯，比如倾向评判比较宽松，打的分数比较高或选择比较积极的选项；而有的受访者作评判比较严苛，打的分数比较低或者倾向于选择比较消极的选项；还有的受访者倾向于选择居中的选项。答题倾向和习惯、文化差异有关，相对于个人主义文化国家，集体主义文化的国家更倾向于选择居中的选项，所以在中国进行消费者态度调查时，发现消费者的态度不够鲜明就不足为奇了。调查者可以通过合理设置选项来改善这种居中作答倾向，这一点将在问卷设计章节进行详细介绍。

（四）抽样设计造成的误差

除以上三种来源的误差以外，还有一种误差是由抽样方法本身所引起的。当从总体中随机抽取样本时，虽然样本是被随机抽取，但所抽到的样本特征与总体特征之间存在差异，这就造成了抽样误差。抽样误差是抽样过程带来的特定误差，凡进行抽样就一定会产生抽样误差，这种误差虽然是不可避免的，但可以通过统计分析等方法加以控制。

抽样误差也包括随机误差和系统误差，随机误差是由于偶然性因素产生的、不可避免的误差。而系统误差可能是采用了不当抽样方案或抽样框，造成样本不具有代表性所引起的误差，例如，近20年来，南方某省会城市不断涌入省内其他县市和乡村的青年，使得该城市青年人的人口占比比20年前大幅提高，如果市场调研公司在问卷调查中还采取20年前编制的样本框，那么就会因低估了青年群体的比例而使这部分人群在样本中代表性不足，造成该调查的系统性偏差。本书的抽样设计章节将介绍各种概率抽样和非概率抽样的方法，让调查人员依据实际情况恰当地应用好各种抽样方法，尽量减少抽样误差。

☞ **思考题**

一、复习思考题

1. 问卷调查与定性调查相比，有什么特点？

2. 传统的调查方式有哪些优缺点？

3. 线上调查的优势和局限是什么，如何与线下调查相结合发挥各自的优势？

4. 在问卷调查过程中有哪些误差，如何加以控制？

二、实训题

1. 请你思考入户调查、拦截访问、电话访问、邮件调查和线上访问等数据收集方式的优势和不足，选择其中一种方式或几种方式相配合，来完成以下几个调查任务。

（1）针对我国大型城市空气质量差、居民想净化室内空气的需求，某公司开发了一款新型空气净化器，在进行广告活动之前，该公司及其委托的广告公司希望确定目标消费者的空气净化器使用情况与习惯、对价格和功能的期望等。

（2）某电子商务平台的手机 APP 刚刚对其首页进行重新设计，该 APP 页面设计团队希望了解消费者对新的页面设计的反应。

（3）某电脑公司针对在校大学生出品了一款笔记本电脑。在市场推广实施之前，该公司希望了解在校大学生笔记本电脑持有情况、对笔记本电脑品牌的认知，以及在购买决策时主要考虑哪些因素。

2. 某汽车集团在广州汽车展览会上刚推出一款新型纯电动汽车，该集团希望获知消费者对这款新型车的反应，于是委托某线上问卷调查平台通过其固定样本库收集数据。假设该款电动汽车的目标消费者是 30～45 岁的中高收入男士，请你思考在与该问卷调查平台签订问卷调查协议时需要考虑什么因素，以尽量克服在线固定样本库取样的缺点。

第六章　问卷设计

问卷是为了达到调研目的和收集必要数据而设计的一系列问题，是收集受访者信息的一览表。① 问卷作为人员访问的工具，能让所有受访者都看到相同的问题、答项和提问方式，使得人员访问标准化和统一化，避免了调查人员主观偏差带来的影响。与此同时，标准化、结构化的问卷让调查结果的编码、输入和数据分析变得更加简单、高效。因此，问卷在广告调研过程中起着重要的作用，如果问卷设计得不好，那么所有精心设计的数据收集方式、抽样方案、人员培训与管理、数据分析等都是白费功夫。问卷设计有偏颇或不恰当，会导致难以获取研究人员想要的信息或得到的数据不准确，从而产生较大的测量误差。

第一节　问卷设计流程

设计一份问卷包括一系列逻辑性的步骤，如图 6-1 所示。当然，这些步骤在不同调查中，会因调查目的和调研人员不同而有所差别。在所有的步骤中，第一步尤为重要——与负责调查项目的管理者沟通确定调查目的和需要获得什么样的信息。

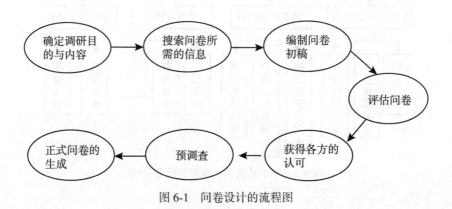

图 6-1　问卷设计的流程图

---

① ［美］卡尔·迈克丹尼尔，罗杰·盖兹. 市场调研精要（第 8 版）［M］. 范秀成，杜建刚，译. 北京：电子工业出版社，2015.

一、确定调研目的与内容

问卷是管理者为了调研目的获得受访者信息的一种工具，因而，问卷必须将调研目标转化成受访者所能理解和回答的具体问题，从而获得相关信息。实现调研目的是调研设计、问卷开发、数据分析和报告撰写的驱动因素，我们在设计问卷时，要把握一个核心问题：这份问卷能否测量到管理者营销决策所需要的参考信息？

把握调研目的的有效方法是与委托问卷调查的部门管理者或单位负责人反复沟通，询问他们希望得到什么样的信息，调查目的，调查结果的用途，以及调查报告的使用者，以便更加全面、深入地理解调研目的与调查内容。在与管理者沟通调研目的和内容时，可以将抽象、笼统的调研目的逐步分解并细化成具体的目的和内容，这不仅能帮助管理者或负责人进一步明晰调查目的和内容，同时还将统一整个调查团队的认知和努力方向，以免在问卷设计时偏离方向。例如，某企业将新出品一款伴手礼，试图进入某旅游城市的市场，现在该企业委托一家专业的市场调研公司收集市场信息，为其产品在旅游城市推广策略的制定提供参考。经过沟通交流，合作双方逐步将调研目标细化为 4P——产品定位（position）、定价（price）、铺货（product）和推广（promotion）四个子目标，为实现这些目标将调研内容细化为如图 6-2 的问卷结构。

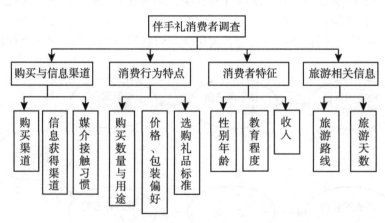

图 6-2　伴手礼消费者调查的问卷结构

二、收集编制问卷所需要的信息

将调查目的细化后，需要设计问卷架构，编制具体的问题和答案选项。研究者要想将问卷设计得完善，不能单凭自己的经验来编写，而要参考二手资料。二手资料包括与问卷调查主题相关的过往研究、调查问卷和行业资料。参考二手资料不但能让问卷调查更加科学、合理，而且借鉴前人的研究经验，拓展思路，可以将问卷设计得更符合调查目的，不致遗漏重要的问题和答项。例如，需要调查消费者短视频 APP 使用习惯，可以查阅文献和问卷资料，可能以往没有关于短视频 APP 使用习惯的研究和调查问卷，但是我们可以参考社交媒体使用习惯研究或视频网站观看行为调查等方面的资料。再例如，如果要调查消费者社交媒体广告回避，可以到 CNKI 等数据库中搜索有关广告回避的大量丰富的研究，其中涉及大量测量广告回避的量表和问卷，研究者将事半功倍地编制好有关社交媒体广告回避的问卷。

收集编制问卷素材的另一个有效方法，是进行前期的探索性研究。例如，上文提到对伴手礼市场进行问卷调查，问卷编制过程中，除了参考文献资料，还可以从4P 理论出发进行市场调研，调查内容包括该旅游城市伴手礼的价格、铺货渠道、促销策略和产品设计；至于该城市到底有多少种伴手礼，其大概的价格区间，在哪些渠道销售，有什么促销和传播活动等，需要调研者对该城市旅游景点处的店铺进行观察，或者找几名游客进行访谈。这样的前期调研，不但有助于设计出针对性强的伴手礼相关问题，而且每个问题的答项设计也能相对全面，为后面大规模的定量调查打好坚实基础。

三、编制问卷初稿

收集好问卷编制所需要的信息之后，就可以依据调查目的和调查内容的框架，依次编制调查问题和答项。编制问卷初稿时需要始终记得两个重要目标，第一个目标，一方面，让受访者认真作答，即让他们较不费力地填答问卷，整个过程保持专心状态，并保证诚实地回答每个问题；另一方面，所获得的结果能够实现调查目的，即为管理者和研究者的决策提供充分的参考信息。第二个目标是终极目的，但要实现第二个目标，必须先达成第一个目标。因而问卷编制需要深思熟虑、表达清晰、有逻辑、简洁，问题设置必须与调查目标相吻合，并且注意编排和形式友好，让受访者易于理解和作答。要达到以上两个目标，问卷设计者必须熟悉问题类型、答案类型、题目措辞技巧、题目编排顺序以及问卷的整体结构。这些内容将在本章第二节和第三节具体讨论。

四、评估问卷

上一个步骤是埋头苦干地编制问题、答项，编排问题顺序，编制结束后则需要检查和评估这些问题设置是否必要，问卷是否太长，能否实现调查目标。首先，我们在编制问卷过程中参考了大量资料，为防遗漏，往往将相关问题全部纳入问卷，例如，在广告调研中，最常见的是过多的媒体使用习惯方面的问题和人口统计学问题。实际上，我们应当检查每一个问题是不是调查所需要的，与调查目的无关的问题都应当删除。其次，把握问卷长度和作答时间时，需要考虑数据收集方式、目标受访者和调查内容复杂程度。一般而言，拦截访问或电话访问中，问卷答题时间不能超过 20 分钟，而线上调查应该控制在 15 分钟之内，如果调查内容复杂，则问卷应该短一些，尤其面向老人、儿童和文化水平低的受访者时，问题应尽可能少、问卷尽可能短。最后，还要回归到调研目的，重审问卷问题是否涵盖所有调研目的，每个问题及其类型可以获得哪些信息，可实现哪些具体目标。如果所有目标都完成了，应把多余的问题删除；如果还有些目标未达成，则需要增加问题。

五、获得各方的认可

问卷初稿完成后，问卷要取得有权管理该调查项目的各个部门的认可。虽然在编制问卷之前已经与各个部门进行过沟通和交流，对调研目的和内容达成了一致意见，但是当各个部门负责人看完问卷后，他们有可能想补充另外一些重要问题，或者认为有些问题没必要提问。例如，在伴手礼市场调研案例中，产品经理提出删除产品标准和设计方面的题目，因为产品已经设计出来了，不需要依据市场调研结果重新设计。获得各部门认可是很重要的，能避免调查结束时各方对所收集的信息不满。尤其对于受委托的调研机构而言，得到委托方负责人对问卷初稿的认可可以避免今后双方的分歧和纠纷。

六、预调查

在正式实施问卷调查前，需要先进行小规模的预调查，比如可以对研究者或调查人员的同事、同学、朋友和亲戚进行预测，并询问他们问卷存在的问题和改进建议，有无可能引起误解的地方、措辞不当的问题、不连贯的地方、不正确的跳答模式、是否需要增加问题的答项或删除多余的答项等。如果有条件，还应该将预调查扩展到正式调查的目标受访者中，并采取与正式调查相同的调查方式，例如，正式调查采取拦截式调查，那么预调查也采取这种方式。在预调查的问卷中可以多留空白，让受访者写下他们发现的问题或建议。预调查的结果可以做预编码和数据分析处理，看看调查结果与预期是否一样，分析不一样的原因，以便检查出纰漏。对于问卷中有量表的调查，则可以分析量表的信度和效度。

七、正式问卷的生成

对预调查中发现的问题，要逐一进行修订，如果修改的比例比较大，可以再进行一次预调查，以便发现更多的问题。正式问卷形成后，需要制订问卷调查指南，如调查时间、调查地点、调查方式、调查流程（如在产品概念征集意见调查中，何时呈现产品设计）等。并且需要根据调查方式，设计问卷排版和呈现方式，例如，街头拦截式调查，需要设计纸质版问卷，注意排版美观并易于阅读和作答；邮寄调查需要写一封给受访者的信，引起其兴趣和作答的积极性，提高问卷的回收率；而线上调查需要依据互联网问卷调查平台提供的模板，生成问卷背景、结构和跳转等。

第二节 问卷的结构和内容的编排

问卷设计是科学与艺术的结合，既要合理又要美观。从宏观角度看，问卷设计的艺术性比科学性更重要，但在处理问卷细节时，往往涉及大量有关调研方法的科学问题，接下来第二节和第三节将介绍问卷设计的整体指导思想和处理具体问题的有效措施。

一、问卷的结构

问卷的结构取决于收集数据的方式，一般包括说明信、筛选题、问卷主体和结束语四个部分。

（一）说明信

说明信是调查者写给被调查者的一封简短信，放在开头，用于介绍调查的目的、意义、选择方法以及填答说明等，其实说明信就是一份声明，向受访者解释调查意图和目的，并征求受访者的合作，令其参与这项调查研究。说明信的内容应包括：对被调查者的问候语、主持调研机构、访问员身份、调查目的、被调查者意见的重要性、个人资料保密原则以及访问所需时间等。有些问卷的说明信还交代交表地点及其他事项等，尤其是邮寄问卷，需要说明问卷如何寄回去以及领礼物的渠道等。下面是一个房地产公司对潜在客户进行市场调研的问卷说明信，调查采取线下面对面访问方式展开调查。

> 尊敬的先生/女士，您（你们）好！
>
> 　　我叫_____，是××地产有限公司的调查员。我们正在进行一项关于开发××市近中郊低密度住宅区——春江郦城——的调查研究。经朋友介绍，我们找到您，恳切地希望能够得到您的帮助，诚邀您参与本次访谈。本访谈不记姓名，回答也无对错之分，我们保证决不会泄漏您的个人信息，请您放心填答。本次调查大约需要15分钟，我们将尽可能地缩短调查时间。我们知道您的时间非常宝贵，因此，请接受我们对您诚挚的感谢！

说明信的撰写需要注意以下事项：

（1）在说明信中阐明调查目的和调查意义非常重要，向受访者传达这样的信息：本调查研究是重要的，因而受访者花费时间完成问卷是值得的，富有意义的。如果受访者认同本次调查的意义，他们会更乐于填写问卷，作答态度也更加认真。

（2）说明信需要向受访者传达本次调查对其观点和意见的重视程度和需要程度，并且恳切希望他们真实回答，如介绍信中写道"我们将非常感激您能分享您的想法和观点""我们对您的意见很感兴趣，答案无所谓对与错"。

（3）在说明信中打消受访者的一些顾虑，比如担心个人信息安全、问题是否容易回答、问题是否涉及隐私以及作答时间是否太长等。为了打消受访者的顾虑，可以在介绍信中说明本次调查的主要内容，以及说明本次调查的问题都是容易回答的，并且保证对调查结果严格保密，如果不需要实名制，则强调是匿名调查，个人的回答是汇合到整体当中的，没有人能看到个人的答案。最后保证参与调查的任务既不复杂也不会耗费时间，如说明"问卷的大多数问题都很简单且能较快回答，预期您在 10 分钟内能够完成调查"。

（4）问卷的说明信会因为数据收集方法、调查研究的复杂性和调查内容的敏感性等因素而采取不同的设计。例如，与邮件调查和线上调查相比，拦截式调查和电话调查的说明信倾向于相对简短，调查员要非常快速地解释调查目的，说明调查的合法性，不是产品推销，并保证资料的保密，让受访者迅速理解并加入调查。而有些研究不能让受访者知道真实的调查目的，需要杜撰一个较合理的其他理由来隐蔽真实的调查目的。例如，调查受众是否对广告具有认知偏差，为了避免给被试造成心理暗示，不能说明调查的真实目的，而应换种方式说明：本次调查是为了测试新广告的创意程度。

（二）筛选题

筛选题相当于一道门，只让符合条件的目标受访者进入作答环节。筛选题的问题设置取决于调查研究样本人口的特征和行为特征。例如，上例房地产公司的潜在客户调查中，目标受访者是未来两年有意向在中近郊购买高档住宅的消费者，那么筛选题设置如下：

1. 今后两年，您对购买××市近中郊区（集美、海沧、翔安）住宅的态度为：（单选题）
    A. 极有可能买（或已经有这样的具体计划，或已经处于寻求、看谈地点的状态）
    B. 可能会买（视市场条件、产品具体情况等考虑）
    C. 不排斥（现在没打算买，但不排除以后家庭经济条件、工作条件等改变后购买）

D. 肯定不买（根本没有离开市中心在郊区购置第二居所或投资型置业的愿望）

（请访问员注意：如果选择 C 或 D，则中止访问。如果终止访问，要解释清楚终止的原因，以及询问推荐其他人员的可能。如果其帮助推荐了，一定要送上一份礼品或者礼金，并且请其回答本问卷最后一页的人口统计学相关问题。）

2. 请问您认为购买总建筑面积为多少平方米的住宅比较合适？（如果受访者感到不适宜，可以请其在下面参考答案中选一项）

①80m² 以下　　②80~100m²　　③101~120m²　　④121~160m²

⑤161~180m²　　⑥181~200m²　　⑦201~220m²　　⑧221~250m²

⑨251~300m²　　⑩301m² 及以上

（请访问员注意：如果在 100m² 及以下，或选择①或②，终止访问。）

（三）问卷主体

问卷主体是调查问卷中最主要的部分，又叫正文部分，同时也是问卷设计的关键部分。主要包括：指导语、各类题项及其答项。

1. 指导语

也称填答说明，是用来指导受访者填答题项的各种解释和说明，形式多种多样，一般放在说明信之后。常见的有两种情况：第一种，不是每道题都有专门的"填答说明"，而是在说明信后面统一说明，例如，态度调查中，所有题项都为是非题形式，则可以在说明信后面对如何作答统一指导。

指导语

■ 请根据您过去的情况回答下列问题。

■ 凡是符合您的情况的就在"是"字这一行打个"√"；凡是不符合您的情况的就在"否"字这一行打个"√"。

■ 每个问题必须回答，答案无所谓对与不对、好与不好。

■ 请尽快回答，不要在每道题目上太多思索。回答时不要考虑"应该怎样"，只回答您平时"是怎样的"就行了。

另一种情况是不但有统一"填表说明"，每道题还有专门的指导语，通常分散在题项前或题项后，作专业的指导说明。例如，前面房地产公司的潜在客户市场调研中，不同的题项对应的指导语也不同，在题项之前或题项之后有作特别的说明，括号中的文字就是每题的指导语。

3. 以下是人们在购房时考虑的一些因素，请问您认为它们的重要性是怎样的？（请选择四项并且排序）

①品牌口碑　　②交通规划　　③社区规划
④景观设计　　⑤地理位置　　⑥旅游休闲设施
⑦社区配套　　⑧教育设施　　⑨商业配套设施

（排序）：第一重要_____；第二重要_____；第三重要_____；第四重要_____。

4. 请问您对别墅院落的功能需求程度如何？

（请您用 1~4 分来代表您的需要程度，其中 1 分代表不需要，2 分代表有无均可，3 分代表比较需要，4 分代表必须有的，每行单选。）

序号	院 落 功 能	必须有的	比较需要	有无均可	不需要
1	游泳池	4	3	2	1
2	花园	4	3	2	1
3	停车位 （请访问员注意：对有需求的，问数量：①一个 ②二个 ③三个）	4	3	2	1
4	户外烧烤	4	3	2	1
5	健身	4	3	2	1
6	与朋友开 party 等庆祝活动	4	3	2	1
7	其他（请注明）：				

2. 问题及其回答方式（答项）

问题是问卷的主体，问题除了在内容上要切合研究目的和受访者特点外，还要注意问题及其答项的编排顺序和编排方式，既要便于访问者记录、编码和数据录入，也要方便受访者作答，减少测量工具误差和施测过程中出现的误差。接下来将详细介绍问卷问题的编排顺序。一般而言，问题及其答项的编排方式是由题目类型决定的，上例房地产的市场调研中，第 1 题和第 2 题都是单项选择题，而第 3 题则是多项选择题加排序题。第 1 题的答项只有 4 个，所以答项用 "A""B""C" 和 "D" 来编码，而第 2 题和第 3 题的选项比较多，有 9 个以上，所以用阿拉伯数字进行编号。第 4 题为量表形式的问题，所以其答题方式尽量设置成一个从得分高到得分低的数轴，让作答者感知是在给 "游泳池""花园""户外烧烤" 等设施的必要性进行打分，而不是对 4 个选项进行选择。这些设计都有助于减少调查人员和受访者造成的误差，让问卷调查更加科学。

（四）结束语

结束语放在问卷最末，用以说明问卷调查结束，对合作表示感谢等。例如"衷心感谢您的支持与配合，祝您身体健康，工作愉快！"

有时可请受访者留下他们的联系方式，以便反馈调查结果，也可用于督导员回访，考察雇佣的调查员是否数据作假等。有时也可主动留下调研机构的联系方式，以便热心的受访者进行咨询或提供信息。还可以征询受访者对问卷设计、调查过程及调查本身的看法和感受，因为有些被调查者对结果和意义并不看重，反而更看重调查过程。

二、问卷内容的编排

问卷调查中有各种各样的问题，这些问题相互之间的排列组合和排列顺序该是怎样的呢？问题需要按一定的逻辑顺序来排列，良好的排列组合和排列次序不但会激发受访者的兴趣，提高其参与的积极性，令其顺利快速作答，而且也方便调查人员进行事后的资料编码与整理、数据录入与分析，起到事半功倍的作用。一般而言，问卷内容的编排要遵循以下几个原则。

（一）先易后难

按问题的难易程度排列次序。一般而言，问卷开头应该安排比较简单、有趣、没有威胁性、易于回答的问题，给受访者留下轻松、愉快的印象，以鼓励受访者继续作答。具体而言，先熟悉的问题，后生疏的问题；先事实、行为方面的问题，后观念、情感和态度等方面的问题；先封闭式问题（选择题），后开放式问题；先易于回答的问题，后复杂性的问题；先无威胁性、舒适的问题，后敏感、具有威胁性的问题。

（二）先近后远（或先远后近）

按问题的时间先后顺序排列次序。有些问题在时间上具有逻辑联系，这时可以考虑按照时间顺序先问当前的情况，再问过去的情况，当然也可以相反，由远至近来排列问题。这样比较符合人类的思维模式，更能让受访者卷入调查问题当中，不会因远近交错、前后跳跃而无法集中注意力。

（三）同类集中

相同性质或同类问题尽量集中排列。一般而言，同一主题问题要放在同一组中，先提一般性问题，后提特殊性、具体性问题，让受访者对这个主题的思考由浅入深，保持注意力，以获得更有意义的答案。如果不同主题的问题交错排列，可能让受访者感到疲劳和厌烦，最终仅仅得到肤浅、未深入思考的答案。同类集中的原则也适用于同类型的问题，如量表式的问题排在一起。但是，为了避免共同方法偏差，例如，为了避免相似的答题倾向性，有的调查可能故意将不同主题或者不同类型的问题混合排列。

三、问卷排版设计

问卷设计的最后一步工作是要对问卷进行排版和布局。无论是自填式问卷还是个人访谈问卷，都要求问卷的排版和布局整齐、美观，便于阅读、作答和统计。对于自填式问卷，受访者在作答之前会非常快速地浏览问卷，然后决定是否参与调查，一份整洁、容易理解和用易读字体打印的问卷通常会让受访者觉得容易作答，有效增加答题的积极性。对于个人访谈问卷，视觉化呈现和布局技巧也很重要，好的设计能让访问员更快地、有条理地向受访者提问，更快看到每个问题以及问题跳转的说明，避免出错。一般而言，问卷排版设计需要注意以下几点。

（一）问题要与答案有所区分

问题用粗体显示，而答项用正常字体；问题采用大一号的字体；答项缩进两个字符。这些设置都是为了让受访者快速区分问题题干和答项，提高答题速度。

（二）卷面排版字间距、行间距适当

字间距或行间距过小会让受访者阅读起来比较吃力，产生厌倦情绪，甚至终止答卷。但如果字间距或行间距过大，则会让问卷生成页数过多，让受访者觉得问卷太长，从而没有信心、耐心继续作答。因此，需要根据受访者的特点决定卷面的排版。针对比较年轻、文化水平较高的受访者，可以采用字体较小、行间距较小的卷面；面向年龄大、文化水平较低的受访者则最好采用大号字体、较宽行间距，问题数量尽量少些。

（三）问题不要跨页，答项不要跨行

在可能的情况下，一个问题最好不要编排在两页中，这容易让受访者和访问员感觉混乱，而一个答项如果跨行，说明每个选项字数太多，容易让受访者产生问题难、阅读量大的感觉。此外，答项的编码不要太扎眼，避免和问题的编号混淆。

第三节　问题类型和措辞

一、问题类型

问卷设计需要考虑采用何种类型的问题，问题类型的选择主要基于广告调研的要求，需使每一道题都能最大限度地获得我们所需要的市场信息。当然也有特例，比如设置一些与调研目的无关的问题，这些"无关"问题有时是为了掩蔽调研目的，有时是为了提升受访者的作答兴趣或者放松其情绪，促使其继续往下作答。在检查问卷中的每道题时，都要提出疑问：这道题是必要的吗？可以达到什么方面的调研目的？这样的质问可以让每道题都发挥作用，避免出现多余题目或遗漏重要问题。

归结起来，问题类型可以分为三大类：开放式问题、封闭式问题和混合型问题。

（一）开放式问题

开放式问题允许受访者自由回答，能够获得相对详细、全面的资料，开放式问题一般都要进行追问，以获得建设性意见、态度和需求等更深层次的答案。

1. 开放式问题的设计

开放式问题又可以分为自由回答法、词语联想法、句子完成法、文章完成法等。

（1）自由回答法

自由回答法要求受访者根据问题要求，用文字形式自由表述。如下例：

当你选购房子时，你最看重哪一点？＿＿＿＿＿＿＿＿＿＿＿＿＿＿＿＿＿＿＿

你如何看待近几年国家对房地产行业的调控政策？＿＿＿＿＿＿＿＿＿＿＿

＿＿＿＿＿＿＿＿＿＿＿＿＿＿＿＿＿＿＿＿＿＿＿＿＿＿＿＿＿＿＿＿＿＿＿＿＿

这两个问题都是自由回答式问题，但是，回答这两个问题所需要的精力、时间明显大不相同。前者比较具体，容易回答，并且研究者容易对这些数据进行编码和分析，可以开展大规模调查。而后者题目比较复杂，受访者回答时需要花费较长时间去思考，回答起来比较耗费精力，答案也比较长，在事后进行数据编码和分析时有些困难，不利于大规模的问卷调查。因而在问卷调查中比较多采用第一种问题形式，而第二种问题形式比较适用于定性访谈中。

（2）词语联想法

问卷调查中，调查者可以给出一些有意义的词语，让受访者看到后马上写下脑海中涌现的第一个词或一些词汇。最典型案例为品牌形象或品牌个性调研，通过分析品牌联想所呈现的词汇内涵来评估该品牌的形象。如下例所示：

当你听下列文字时，你脑海中涌现的第一个词是什么？
保利地产_____
链家_____
买房_____

"保利地产"是一家房地产公司的品牌，而"链家"是一家地产中介公司的品牌，如果这两家公司通过词汇联想测验，发现都是"质量好""地段好""可靠"等积极正面词汇，则说明品牌形象是健康的，并可以由此凝练本品牌的特色和核心竞争力。如果出现一些负面词汇，则说明品牌形象出现问题，需要深入分析问题所在。

（3）句子（文章）完成法

句子或文章完成法让受访者完成句子或编写故事等，透过受访者的回答，分析答案中隐含的态度或动机。这种方法其实就是一种投射技术，刺探出隐藏在受访者内心深处的态度、动机和价值观念，由于社会称许性或者受访者在意识层面未知觉到等原因，这些心理特征难以用常规的问题测量。如下例：

请完成以下的句子或故事：
前几天乘了东方航空的班机。我注意到该飞机的内部都展现了明亮的颜色，这使我产生了下列联想和感慨_____
调查表明，美国80%以上的男性女性都会看色情网站，这说明_____

以上第一个例子让受访者沉浸在飞机机舱的环境中，让其写出想法和意见。第二个例子是让受访者完成有关敏感性话题的故事，让其不知不觉展示自身隐秘的动机和价值观。

（4）角色扮演法

角色扮演法不让受访者直接说出自己对某种产品的动机和态度，而让他（她）通过观察别人对某件事的动机和态度来间接暴露自己的真实动机和态度，适用于敏感性话题。比如：

老人摔倒了，他旁边的人该不该扶？

2. 开放式问题的优缺点和适用情境

首先，开放式问题具有明显的优点：

（1）开放式问题中，受访者的回答不受限制，易于探测建设性意见、态度、需求等。

（2）开放式问题的答案能为调查人员提供大量、丰富的信息。

（3）开放式问题有时能够作为解释封闭式问题的工具。受访者在封闭式问题中选择的选项出现反常，可以通过开放式问题来探究原因。

其次，开放式问题也有其局限性。由于开放式问题所得到的答案是文本，是非结构化数据，因此，需要对这些文本和数据进行编码，归纳分类，而且统计分析过程并不容易，需要花费研究者大量的时间，效率比较低，也容易出错，缺乏量化研究的优势。幸运的是，随着人工智能技术的发展，机器学习越来越能够胜任非结构化文本的分析。

由于开放式问题具有上述优缺点，以下情境的问题调查适合引入开放式题型：

（1）在探索性研究或预研究中，还不清楚所研究问题的答案时。例如，在冒犯性广告调研中，研究者还不清楚哪些产品类别或创意手法的广告容易冒犯受众，这时可以采取开放式问题："请你列出三个你最不喜欢的广告，并简单说明原因。"研究者通过对这些探索性问题进行编码，归纳出容易冒犯受众的产品类别或创意手法，在接下来的正式研究中，利用封闭式问题测量受众对各种冒犯性广告创意手法或各产品类别广告的接受程度。

（2）当问题的答案太多或根本无法预料时。例如"你为什么选择购买保利地产的房子？"类似问题的答案至少可以罗列数十种，问卷设计者疲于列举，此时采用开放式问题是最明智的选择。

（3）引发受访者的兴趣时。在一些入户调查或电话调查中，为了提高受访者答题兴趣或者使其更快了解本次调查的主题，会在问卷开头设置几道简单的开放式问题。例如"你如何看待微信、微博和抖音等社交媒体对大学生生活的影响？"受访者可能回答"影响非常大"，这时调查人员只需回应一句"你说得非常对，我们正是要调查社交媒体对大学生消费行为的影响"，然后就可以切入正题，开始问卷访问。

（二）封闭式问题

封闭式问题一般给定备选答案，要求被调查者从中做出选择，或者给定"事实性"空格，要求其如实填写。这种题型的优点是避开了开放式问题非结构化、难以编码与数据分析的缺点，所收集到的数据是结构化的，便于批量化处理和统计分析。封闭式问题包括两项选择题、多项选择题、填入式题型、顺序式问题和量表式问题等。

1. 两项选择题

两项选择题也被称为是非题，仅提供两个应答选项，如"是"和"否"，"有"和"无"等。这两种答项是对立的、互斥的。如下例所示：

你乘坐过东方航空公司的班机吗？

是□　　　否□

你下载过快手短视频 APP 吗？

是□　　　否□

两项选择题经常放在问卷的开头，作为筛选题，筛选出符合要求的受访者。如上例中两道题分别筛选出乘坐过东方航空的乘客和下载过快手短视频 APP 的用户。两项选择题简单明了，易于作答，但该题型所获得的信息量太小。

2. 多项选择题

多项选择题一般提供多个应答选项，受访者从中选择一个或者多个。只能选择一个答案的称作单选题，可以选择多个答案的称作多选。多项选择题的应答选项必须是全面覆盖的，即所有应答项必须覆盖受访者可能作出的所有回答。为了避免没有完全罗列出所有答项，一般会增加一个答项"其他"。此外，应答项还必须是相互独立、不能重复的。如下例所示：

请问你看过哪些形式的抖音广告？(多选题)

A. 开屏广告　　B. 信息流广告　　C. 贴纸广告　　D. 达人合作　　E. 其他

——

请从以下学院参赛的广告作品中，选择一个你最喜欢的作品。

①A 学院　　②B 学院　　③C 学院　　④D 学院　　⑤E 学院　　⑥F 学院

⑦G 学院　　⑧H 学院　　⑨I 学院　　⑩J 学院

上面第一道题是多选题，该题为了避免遗漏可能存在的答项，设置了一个答项"其他"，并让受访者填写出来。第二道题是单选题。两道题的选项都是相互独立的，并且相互排斥，选项之间不会出现内容重叠现象。多选题的优点跟单项选择题一样，便于回答、编码和统计，在此基础上能够提供更丰富的信息，但是其缺点是选项的排列次序可能造成测量误差，例如，上例中的第二道题，答项的排列顺序，即各学院的参赛作品排列顺序可能会给受访者造成心理暗示，使其在潜意识中认为排在前面的作品质量比较好，从而影响作答。

3. 填入式问题

填入式问题一般而言针对每位受访者只有唯一答案，但是对不同人有不同答案，由于不同受访者的答案不固定，只能设计成开放式问题。例如：

您工作年限是 _____ 年
您的出生年月是_____ 年_____ 月_____ 日
您的工作单位：_____

填入式问题能够比多项选择题得到更加精确的数据，例如，要获得受访者年龄的数据，采取填入式问题可以获得精确到周岁，或是出生日期的月和日的数据，而多项选择题只能在每个答项中列出一个年龄范围（如小于 18 岁；18~30 岁；31~45 岁；46~60 岁；60 岁以上），所以获得的是大概年龄。但是，由于填入式问题需要填写文字，受访者会觉得比较麻烦，并且提供精确的个人信息可能令其有所顾虑而不愿意作答。

4. 顺位式问题

顺位式问题是让受访者按重要程度和喜欢程度对各个答项顺位排列。如下例所示：

从客户感知价值角度，请您依据微博、微信和抖音等社交媒体为受众提供的价值，对下列选项进行从高到低的排序：_____。
A. 信息价值
B. 经济价值
C. 社交价值
D. 娱乐价值
E. 审美价值

顺位法便于做衡量和比较性的表达，但调查项目不宜过多，否则受访者排列起来有困难。与多项选择题一样，顺位式问题最大的缺点就是答项呈现的顺序会给受访者产生某种暗示，让其认为排在前面的答项是比较重要的。如上例中，5 个答项数目是比较合适的，如果超过 5 个答项，受访者评判社交媒体提供的各种价值大小就可能有困难。此外，由于问题答项将"信息价值"放在第一位，有可能给受访者暗示，该类价值最大。答项数目和排列顺序问题需要问卷设计者多加考虑。

5. 量表式问题

量表式问题是采用心理量表来测量消费者的态度、动机、价值观或行为风格，包括李克特量表、语义差别量表、形容词核对名单和斯塔普量表等，这在第七章中将详细地加以介绍。

二、问题的措辞

问题的措辞是指将问题的内容和结构具体化成受访者可以清楚而轻松地理解的用语，要达到这个标准并非易事，提问不但要有科学性，而且还要有艺术性。如果一个问题的措辞很拙劣，可能会引起受访者的反感而拒绝回答或者回答不到位，从而影响问卷调查的整体质量。在问题措辞时要注意以下四个方面：

（一）问题陈述应尽量简洁、清楚，避免模糊信息

尽量采用简洁明了、通俗易懂的语言，让受访者一看就清楚明白，避免以下几种情形：

（1）避免带有双重或多重含义的问题，比如"你通常在什么地方购买生活用品"这个问题语义较含糊，存在多重含义，受访者可以理解为在线上或线下购买，也可以理解为在具体的商场或平台，比如回答在天猫超市、京东超市或线下的某个实体大超市购买。因而这个问题可以分成两个问题，第一个问题询问是在线上还是线下购买生活用品，第二个问题追问具体在哪个网络平台或实体超市购买。

（2）尽量不用否定句、双重否定句和反义疑问句等修辞手法，否则会增加受访者的反应时间，带来理解困难的风险。

（3）避免使用专业术语、流行语或其他难懂的词汇，因为一般大众对于专业术语和最新流行用语不熟悉。例如，"VI 设计""品牌联想""4A 广告公司"等专业术语，以及"尬聊""辣眼睛""带节奏"等网络流行语，会增加答题的难度，造成测量误差。当然对于专业人员的调查可以运用专业词汇，如将以上广告界的术语应用于广告从业人员的问卷调查，反而容易增进理解。

（二）避免使用诱导性语句

诱导性或倾向性提问会诱导受访者作出特定类型的答案，或者让受访者觉察这个问题具有导向性而产生反感情绪、随便作答，从而影响测题的可信度和有效性。例如，"如今社交媒体越来越普及，你认为社交媒体广告效果如何？""多个地方政府鼓励 4.5 天工作制以促进消费，你对 4.5 天工作制的看法？"这两个问题中，前面的一句话可能会给受访者造成暗示进而影响其作答，如果将其去掉，变成"你认为社交媒体广告效果如何？""你对 4.5 天工作制的看法？"就客观多了。

（三）避开私密、敏感性问题，不要冒犯到调查对象

敏感性问题是指涉及受访者秘密、禁忌，或其出于安全考虑而不愿意公开表达或陈述的问题。如家庭收入、私密产品消费行为、交税记录等。这种问题可能会冒犯到受访者或者违背社会规范，令其不乐意回答问题或者乱作答。问卷中应该避免

这些敏感性问题，如果确实需要，可以强调"问卷调查是匿名，调查结果保密"来消除其顾虑，并采用投射法或情境法等方法让受访者站在其他人立场或某个具体情境，减小问题的敏感性。如"你赞同刚工作不久的年轻人，为买一件昂贵的奢侈品省吃俭用吗？""假定你去美国拉斯维加斯旅游，那里赌博合法，你大约会花多少钱在赌博上？"

（四）问题设计要让受访者能够回答并乐意回答

有的问题设计得非常复杂或者过于专业，让受访者没有能力回答。如下例有关食品安全事件报道方面的调研中，受访者回忆有哪些安全事件已经有些困难，还要回忆通过什么媒体途径获悉这些事件，难度就更大了，甚至还让受访者回忆通过每种途径了解到食品安全事件数量所占的百分比，这是一般人无法做到的。

以上这些食品安全事件，您是通过什么途径了解的呢？

		所占的百分比（例如，有20%的事件是听家人说的）
1	亲身经历	
2	家人、亲戚、好友	
3	熟人（例如邻居、同事）	
4	电视	
5	报纸	
6	互联网	
7	广播	
8	社区宣传栏、海报	
9	其他	

问卷题目不但要让受访者能够回答，而且还要让受访者乐于回答。本书归纳了以下几点提高受访者回答意愿的方法。

（1）问题设计要有趣、容易，受访者在极短时间内就能理解并回答；

（2）提问方式要委婉，避免采用命令性的语言；

（3）问题不要复杂而冗长；

（4）避免提出会让受访者感到不好回答或不愿回答的问题，如果必要，可放在最后；

（5）敏感问题的提问不过分具体，可给出几个选项供其选择，或者采取投射提问方法。

第四节　互联网时代的问卷设计

线上调研平台的发展全面影响着问卷调查，不仅改变了问卷调查的数据收集、分析和统计方式，而且在问卷的开发和使用方面也发生着巨大变革。开展互联网调查之初，调研公司制作和设计一份在线调查问卷一般需要一套编制程序，而程序的编制需要程序员，但一般的调研公司没有程序员，因此制作一份在线问卷对调研公司来说成本非常高。但是如今，问卷调查平台和 H5 等辅助工具免去了程序的编写过程。例如，线上调查平台一般都提供非常丰富的问卷模板，调查人员只要轻松点击鼠标就可以进行调查问卷的编辑、生成、发布、数据收集，以及后续的数据统计和分析，且这些服务大多是免费提供的。

一、运用线上调研平台设计问卷

随着互联网的普及，问卷调查从线下逐渐转到线上，各类线上调研平台纷纷成立，例如，国内有问卷星、爱调研、腾讯问卷、问卷网、数据 100 等，而国外较著名的平台有 Qualtrics、Google Forms、SurveyMonkey。问卷网号称提供 40 余种题型，27 万+精品模板，用户可通过 PC、APP、小程序等跨平台编辑项目，通过微信/朋友圈/QQ/邮件/短信/微博等多端口分发问卷，自定义抽奖或 LOGO，数据自动生成分析报表且长期保存，可广泛应用于问卷调查、考试、投票等。下面以腾讯问卷的使用为例，一步步介绍如何运用线上调研平台设计问卷。

（一）注册

打开腾讯问卷首页，点击注册，成为腾讯问卷的用户。腾讯问卷支持微信和QQ 账号登录，所以也可以不注册，直接用微信账号或 QQ 账号登录或扫二维码登录。在用户类型一项中选择"免费版"，当然根据自身需求，也可以选择支付一定的费用，使用"专业版"和"企业版"。

（二）问卷的生成

点击页面右上方的"设计新问卷"按钮。如图 6-3 所示，腾讯问卷提供了三种设计问卷的方式：创建空白问卷、选择问卷模板和文本编辑问卷。腾讯问卷调查平台系统中内置了一些常用的问卷类型，如大学生网购行为调查、化妆品市场调查、心理健康调查等问卷模版，如果自己的问卷内容和形式与某种模版比较一致，你可以选择该模板来创建问卷，在这个模版上修改问题、答项和答题方式等，省时省力。如果没有相似的问卷模版，则点击"创建空白问卷"。如果你已经在 Word 等文字编辑软件中设计好了问卷，并且排好版面，就可以点击"文本编辑问卷"，将 word 中的内容直接复制到腾讯问卷所提供的文本框中。然后点击"生成问卷"的按钮，即可生成一份问卷。

图 6-3　腾讯问卷的问卷设计页面

　　腾讯问卷调查平台提供的问卷设计功能：

　　（1）腾讯问卷设计可以包括问卷的标题、说明信（调查目的、问好、致谢，或是对个人隐私的承诺等）、问卷主体及结束语等部分，并且可以反复修改。

　　（2）腾讯问卷提供了单选题、多选题、量表题、排序题、矩阵题、主观题等多种题型。你可以依据需要选择相应的题型，在默认的情况下系统自动将每一题设置成"必答题"，受访者如果没有答完页面中的每道题，将不能跳转到下页或结束问卷，并会提示哪些题项还未完成。当然，你可以取消"必答题"的设置，改成"选答题"。

　　（3）腾讯问卷中的多种题型都可以设置跳转逻辑。如果勾选"无条件跳题"，则参与者无论选择哪个选项都将跳转到设定的题作答。也可以设置不同选项跳转到不同的题作答，例如，选择"是"则填写第 3 题，选择"否"则跳转到第 4 题。设置跳转非常简单，只需要在答项后的"跳题"勾选一下，同时设置跳转的具体题号。

　　（4）问题设置完成后，可以选择你喜欢的问卷背景与字体样式，并试填检查问卷逻辑是否正确、是否有错误等，如果发现问题，可以重新进行编辑加以修改。

（三）发送问卷

　　点击页面上方的"完成编辑"按钮，完成问卷的编辑工作，进入回收问卷环节。回收问卷就是将已经编辑完成的问卷发布到网络上，使其有一个唯一的访问地址。如果你需要继续编辑问卷，可以点击"继续编辑问卷"链接，返回到问卷编辑页面，此时平台会终止问卷填答状态，只等到点击"完成编辑"之后，平台才恢复到问卷填答状态。腾讯问卷提供了多种发送问卷、回收答卷的途径，例如，直接获得问卷链接或二维码、申请推荐、样本服务、互填问卷、邀请邮件、邀请短信以及嵌入网站等方式。

【延展阅读】

腾讯问卷增加逻辑可视化图形编辑方式①

为了保证问卷的灵活性和数据的针对性，作为调研者的用户往往希望不同的人回答不同的题目，如男性回答关于男性的问题，女性回答关于女性的问题，此时传统的调查问卷就束手无策了，只能通过"答完本题请转到第 X 题"或者"本题选择'是'则回答第 X 题，选择'否'则回答第 Y 题"来提示。

腾讯问卷新版逻辑设置上线后，增加逻辑设置可视化的编辑面板，用类流程图形式轻松编辑题目间跳转。点中选项可快速连接跳转到对应的题目，想怎么跳转就怎么连线，设置时可最大化页面展示，视觉显示更清晰，只用拖、连、移就可以设置题目间的跳转逻辑，如图 6-4 所示。

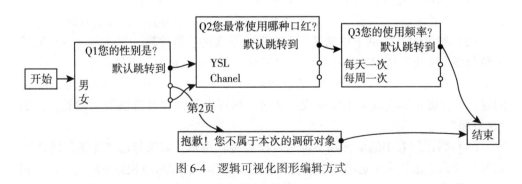

图 6-4　逻辑可视化图形编辑方式

二、运用 H5 设计问卷

H5 是 HTML5 的简称，代指一个开放的网络标准。它的特性及优点是支持跨平台操作、自适应屏幕、支持多媒体、互动操作、实时更新等。H5 页面开发技术简单，研发周期短，用户接触成本低，因而该技术目前可被广泛应用于商业促销、互动活动、海报宣传、活动邀请、创意展示和节日贺卡等场景中。由于其互动性、可视化和多媒体融合等方面的优势，H5 也可以应用于问卷调查中，让问卷的设计可

① 资料来源：https：//jingyan. baidu. com/article/597a064307e4ca312a52437f. html.

视化且具有交互性，让问卷调查显得更加生动有趣，吸引受访者参与答题并帮助广泛转发。H5 网页的开发非常简单，借助许多网站提供的免费模板，短时间内就能制作一份问卷。下面介绍一个采用 H5 技术制作的调查问卷。

如图 6-5 所示，《十级火眼金晴资格考试》这份问卷就是采用 H5 技术制作的，问卷一共 15 题，分别测试受访者对麦当劳、百事可乐、可口可乐、三星和星巴克五个品牌的英文名称及 LOGO 和基准色的熟悉程度。H5 页面不但可以设置背景图案和背景音乐，而且可以在页面中添加音效和图片，达到多元视觉效果和动画效果，并且通过一个 URL 链接或二维码就能在微信、QQ 和微博等社交媒体传播。

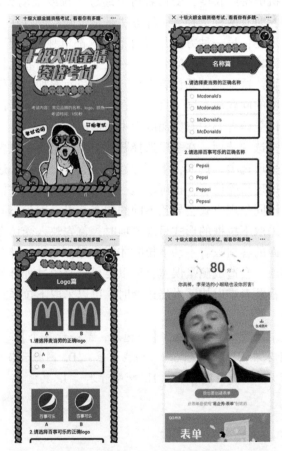

图 6-5　采用 H5 设计的问卷（节选）

三、线上问卷设计的注意事项

问卷中的图片应该与调查问题有真实且有意义的联系。在读图时代，一图胜千言，但是不能为了吸引人而任意在问卷中插入图片。只有当这些图片具有明确的调查功能，与所调查的问题之间具有真实且有意义的联系时才需要插入图片，因为图片有可能会影响受访者回答或让其回答产生偏差。有研究分别用图片与文字两种形式来展示物种，看物种展示形式是否影响受访者的态度。研究表明，与看到文字展示方式相比，当受访者看到用图片展示的濒临灭绝物种时，表现出更强烈的支持保护动物的态度。

要考虑一页网页展示多少个问题。与纸质问卷相比，电子问卷的页面数量和每页长度不受限制，每页的长度既可以刚好为一页手机屏幕（电脑屏幕）的长度，也可以长于一个手机屏幕的长度，受访者可以通过下拉或滚动页面来查看。这样，我们在设计电子问卷时有两种选择，一种方法是整个问卷放置在一个长页，受访者可以通过滚动滑到末尾；另一种方法是将每个问题都单独放置于一页。一般而言，问卷比较短时，可以将整个问卷的问题放在一页上，但当问卷比较长时，不宜将所有问题放置在同一页，这样会让受访者觉得问卷太长而增加退出作答的可能性，最好的方法是将有关联的问题放在同一页，并在答完每页时告诉受访者已经完成整个问卷的百分之几，让受访者心中有数而减少中途退出作答的可能。

考虑如何呈现多选题选项。在多项选择题中，尤其是答项很多的选择题，需要考虑采用什么方式呈现选项。例如，下面的选择题有9个答项。这9个答项既可以按顺序列表的方式呈现给受访者，也可以是一个需要滚动的下拉框，或者一个不需要滚动的下拉框。不同呈现方式会导致不同的调查结果，因为不同呈现方式意味着不同的测量工具。采取下拉框的形式呈现答项时，首先映入受访者眼里的是前面几个答项，而排在后面的答项只有手动下拉时才能看到，这样，排在前面的答项给受访者留下更深的印象，会造成测量误差，所以要尽量避免这种排列形式。当然，如果题干是计算题，答题者难以快速做出选择时，可以采取下拉框式。

您最常使用的音乐客户端为？【多选题，最多选3个】
A. 酷狗音乐　B. QQ 音乐　C. 酷我音乐　D. 网易云音乐　E. 多米音乐
F. 虾米音乐　G. 百度音乐　H. 咪咕音乐　I. 其他

☞ **思考题**

一、思考题

1. 请思考问卷设计的各个流程中哪个环节难度最大，哪个环节最重要。
2. 问卷开头部分的介绍信怎样写更能吸引受访者积极参与填答问卷？
3. 问卷怎么编排才更能体现出整个问卷的艺术性和科学性？
4. 请思考一下什么样的问卷问题措辞是令受访者不快的，如何改进？
5. 与传统的问卷设计和应用相比，网上问卷设计和使用有何独特之处？

二、实训题

1. 请到问卷星网络调查平台上找一份调查问卷，找出所有可能导致偏差、错误或与调研目的不相干的问题（诱导性问题、双重含义问题等），看有没有更好的措辞来表达那些问题？问题的排列是否合理？

2. 找一个在线调研平台，注册一个免费账户，将下面的调查问卷设计成在线版本。

大学生网络旅游信息获取途径调查问卷

亲爱的同学：

你好！我们是✕✕大学新闻传播学院的学生，正在进行一项有关大学生获取网络旅游信息偏好的调查，希望你抽出一点宝贵的时间，认真填写这份问卷。所有答案没有对错之分，我们只想了解你的真实想法。所有个人信息均会保密，仅做研究使用，非常感谢你的支持和帮助！

1. 您平均每年旅游几次 [单选题]

　A. 0 次（跳至第 3 题）

　B. 1~2 次

　C. 3~4 次

　D. 5 次及以上

2. 您通常的旅游方式是 [单选题]

　A. 完全自由行

　B. 完全跟随旅行社

　C. 半自由行

　D. 其他＿＿＿＿＿＿（必填）

3. 您是否使用网络获取旅游信息 [单选题]

　A. 使用过（跳至第 5 题）

　B. 没有使用过（跳至第 4 题）

4. 您为什么没有使用网络获取旅游信息 [单选题]

　A. 觉得太麻烦（跳至第问卷末尾，提交答卷）

　B. 担心受到欺骗（跳至第问卷末尾，提交答卷）

　C. 习惯传统渠道（如旅行社）（跳至第问卷末尾，提交答卷）

　D. 对旅游不感兴趣（跳至第问卷末尾，提交答卷）

　E. 其他＿＿＿＿＿＿（必填）（跳至问卷末尾，提交答卷）

5. 您的网络旅游信息获取习惯是 [单选题]

　A. 有固定的获取平台，并且持续关注该平台的推送信息

　B. 有固定的获取平台，但仅在有需求时使用

C. 没有固定的获取平台，但会经常无意识地看看网络上的旅游信息

D. 没有固定的获取平台，根据实际需求选择

6. 您最常用的旅游网络信息获取平台是？[多选题，最多选三项]

A. 去哪儿、携程、飞猪等

B. 马蜂窝

C. 穷游

D. 百度旅游

E. 微博

F. 微信公众号

G. 豆瓣

H. 知乎

I. 地方旅游官网

J. 其他_____（必填）

7. 您认为以下因素中您选择网络旅游信息获取平台的重要性排序是 [排序题]

[ ] 平台口碑很好

[ ] 信息比较权威

[ ] 页面设计美观，操作简便

[ ] 信息全面，内容丰富

[ ] 提供优惠券等活动

[ ] 用户数量大

[ ] 亲朋好友推荐

8. 您对网络提供的不同旅游信息的关注程度为 [矩阵量表题]

请仔细阅读每一项描述，根据自己的真实感受，选择最接近您看法的答案，在题目后面相应的数字上打"√"，1代表"非常不关注"→5代表"非常关注"。

题 目 内 容	非常不关注	不关注	一般	关注	非常关注
1. 定位导航信息	1	2	3	4	5
2. 折扣优惠信息	1	2	3	4	5
3. 交通方式及天气信息	1	2	3	4	5
4. 旅游线路规划	1	2	3	4	5
5. 旅游地景点、美食推荐	1	2	3	4	5

续表

题目内容	非常不关注	不关注	一般	关注	非常关注
6. 酒店、景点门票、车票机票预订	1	2	3	4	5
7. 旅游地图片、视频	1	2	3	4	5
8. 旅游体验分享	1	2	3	4	5

人口统计信息

9. 您的性别是 [单选题]

   A. 男

   B. 女

10. 您的在读学历是 [单选题]

   A. 本科

   B. 硕士研究生

   C. 博士研究生

11. 您的专业属于 [单选题]

   A. 理科

   B. 工科

   C. 商科

   D. 文科

   E. 医科

   F. 农科

   G. 其他_____

12. 您的每月可支配生活费大致是 [单选题]

   A. 800 元以下

   B. 801~1200 元

   C. 1201~2000 元（不等距，增加选项）

   D. 2000 元以上

问卷到此结束，再次感谢各位同学们的帮助和支持，祝大家学业顺利！

3. 对上题中的问卷写一篇简短的分析，从本章学习的内容（问题各组成部分和内容编排、问题题型和措辞等）来分析这个问卷的优势和不足，然后加以修正。

4. 图 6-6、图 6-7 分别是采用 H5 技术制作的调查问卷《冬天你适合什么样的香水》，以及运用问卷星提供的模板制作的调查问卷《音乐客户端推荐系统用户使用与评价研究》，请你扫描二维码进行作答，分别感受一下运用两种互联网技术制作的问卷质量和作答体验，分析两种问卷设计各自的优点和不足，以及各自的应用场合。

图 6-6　采用 H5 技术制作的问卷

https：//e555509985056. fengchuanba. com/index. html # 555509985056-v9g1pVmKBz4P3exs MPJBc4ctWSAt2XBC_1000189235_1

（问卷来源："调查法"课程作业，作者为廖礼慧和林丹雯）

图 6-7　采用问卷星模板制作的问卷①

https：//www. wjx. cn/jq/19965578. aspx

---

①　问卷来源：曾秀芹，何梦，申梦莉，等. 音乐推荐系统主观评价指标研究——以网易云音乐为例［J］. 新闻与传播评论，2019（6）：94-107.

第三部分

数据收集：测量手段与抽样

第七章　测量与量表

广告调研过程中，我们往往需要调研消费者的广告态度、品牌态度、购买意向、品牌忠诚度、消费者决策风格等心理特质，这些特质是抽象的，无法直接观察到。这时候就要用到心理测量技术，将这些抽象特质或概念转换成可以观察并且可量化评估的问题和量表，如测量长度的米尺、测量重量的磅秤一样的工具。本章将介绍测量的本质是什么，测量有什么类型，有几个级别与水平，怎么测量消费者的态度、动机、价值观、个性等心理特征，怎么将广告调研中我们感兴趣的概念转换成可以测量的数据，怎样评估测量的好坏等。

第一节　什么是测量

一、什么是测量

中国古代对测量已有相关论述。孟子说："权，然后知轻重；度，然后知长短；物皆然，心为甚。"其中的"物"指的是物理测量，"心"则是心理测量。美国心理学家桑代克（1918）认为："凡物之存在必有其数量"，"一切事物或现象都存在于数量之中"。桑代克等心理学家想把模糊的心理现象都转化为数据，向精确的物理测量看齐。19世纪末到20世纪初，心理学家们开发了大量心理测量，来测量个体的智力、人格等特质。美国测量学家麦柯尔（1922）指出："凡有数量的东西都可以测量。"物理测量是测量的极端特例，相对具体形象，易观察并能加以客观测量。古代以来，埃及、中国都开发了大量的器具，对天文、河流、时间等进行测量，发展到现代，物理测量已经应用得非常广泛，精确水平非常极致，从远距离的外宇宙测量到微观层面的显微镜测量。但其实"测量"的含义应该是更宽泛的，例如，目测、心算、观察、访谈、问卷调查、精密仪器（脑电波、眼动仪等）。

测量（measurement）就是根据一定的法则，使用量具对事物的特征进行定量描述的过程。测量过程是一个分配数字的过程，这些数字反映了人、物体或事件所具有的特性。例如，调研人员要调查消费者对某个品牌的态度，调查人员就需要运用量具——品牌态度量表，按照"刺激—反应"的法则，给该品牌打分。

二、测量的要素

测量的要素分为六大部分，分别是测量对象、测量内容（指标）、测量法则、测量参照点、数字、测量单位。

（一）测量对象

我们在广告调研中的测量对象可以是人，如广告主，可以是事物，如广告、品牌，也可以是事件，如营销活动。只是测量的执行者，即评估主题多数是人，如观察法中由调查人员来执行，而问卷调查中，一般由消费者填答问卷。

（二）测量内容（指标）

测量内容（指标）即"事物的特征"，指被测量者的某种特定属性。物理测量是对人的身高、体重、视力等物理属性进行测量，相对而言比较具体、可观察，一般具有现成的工具，因而相对简单。而心理测量是对消费者的态度、动机、消费价值观和个性等心理特质进行评估，这种测量比较抽象、模糊，不易观察，不易标准化和量化，因而需要开发相应的心理量表加以测量。广告调研中的测量内容主要是对心理特质进行测量，特别是态度方面的测量。

【延展阅读】

消费者的心理特征概览——胜任特征冰山模型

为了让读者对消费者的心理特征有个全方位的概览，本书借鉴人力资源管理中的胜任特征冰山模型，如图 7-1 展示了从各个层级刻画一个人的心理特征。水面之上为基准性胜任特征，即知识和技能层面，是较为表象的、易观察，一般可以用笔试或者上机操作来测量。水面之下的则是鉴别性胜任特征，是较为潜在的、抽象性的特征，较难测量，但对于理解消费者行为具有深远影响。以往有大量的研究开发量表测量消费者的消费动机、消费价值观、自我概念以及个性特征等。

（三）测量的法则

测量的法则是指任何测量都要建立在科学规则和科学原理之上，并通过科学的方法和程序完成测量过程。物理测量的法则，比如用水银温度计测量体温是使用热胀冷缩原理，而体重的测量是使用杠杆原理。那心理测量通用的原则是认知心理学原理：刺激（问卷中的问题）——黑箱（人的大脑）——行为反应（答案）。刺

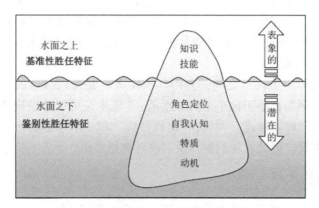

图 7-1　胜任特征"冰山模型"的示意图

激在调研中体现为问题，反应则体现为答案，反应在访谈中还可以体现为受访者的表情和身体语言等。心理测量必须依照一定的法则和理论基础，如果法则错误，测量就一定是错误的。任何心理测量都有其理论基础，如李克特量表，而且在编辑量表时也必须遵循一套理论基础。

（四）测量参照点

测量参照点有绝对参照点和相对参照点之分，例如，重量有绝对的参照点，0代表无重量；海拔则有相对参照点，海拔是相较于海平面的高度，0代表海平面的高度。

（五）数字

数字表示测量结果的数据或符号。问卷调查讲究的是答案标准化和结构化，能够批量收集和处理数据。因而测量结果尽量用数字表示，当然在定性访谈中，所得结果可以是文本和符号。数字有4个特征：区分性、序列性、等距性及可加性。按照这四种数字特征划分，就有四种水平的测量。接下来的章节还会详细介绍。

（六）测量单位

理想的测量单位应具备两个条件：

1. 要有确定的意义

对同一单位，所有人的理解都是一致的。在物理学中，这一点十分容易实现，比如大家对一米长度的认识和理解都是相同的。但这一条件对心理学来说就非常困难，不能达到非常理想的精确状态，只能作出一个大概的判断。例如，测量同学们对某位老师的喜欢程度，选项分为"非常喜欢""喜欢""一般""不喜欢"和"非常不喜欢"5个档次，其中人们对"非常喜欢"的共识为"喜欢程度的最高级别"，但是"非常喜欢"到底具体如何表现，每个人的理解可能不一样。

2. 要有相等的价值

单位"连续体"上两点之间的差距（或距离）是可以描述的。在物理测量中不会存在问题，例如，小明比小军高5厘米，5厘米是可以被准确描述的。在心理测量的层面上比较难以描述，例如，"比较喜欢"和"非常喜欢"之间的差距就难以描述得没有争议。因此，我们要尽量向物理测量靠拢。

三、测量的水平

自然的数字体系有三个基本特性。第一，这些数字遵循一个排序原则，如8大于6、21小于67等；第二，两对数字之差的大小是可以比较的，如8与4之间的差距跟12与8之间的差距是相等的，而24与12之间的差距比12与8之间的差距更大。第三，我们可以计算和解释数字间的各种比例，因为数字系统有一特殊的零点。我们可以用一个数除以另一个数，"商"的大小反映了"除数"和"被除数"之间量值的比例。如$8/4=2$，反映了8是4的2倍，$12/48=1/4$，说明12只占48的四份中的一份。之所以可以对数字进行加减乘除，是因为数字体系里面所有的要素都是用同一个起始点来衡量的，这就是零。

虽然数字体系的三个特性被认为是理所当然的，但是我们在测量中所得到的数据或资料并非都可达到自然数字的等级和水平，并具有以上介绍的三个特性。测量的数据包括四个级别，分别是类别量表、顺序量表、等距量表和等比量表。测量所得结果的精确水平与测量工具息息相关，测量工具越先进，越能得到精确高级的数据。下面分别介绍四种水平的测量工具——量表。

（一）类别量表（nominal scale）

类别量表也称分类量表，它不具有自然数字体系的任一特性，即表现为无顺序、无距离、无原点。该种量表是各种测量量表中含信息量最少、最低级的一种测量量表，只能起到两种作用：标记作用和分类作用。类别量表的概念要点：

（1）计量层次最低。没有数字大小的概念，所包含的信息最少。

（2）对事物进行平行的分类，例如，垃圾分类分为"厨余垃圾""可回收垃圾""有害垃圾"和"其他垃圾"。

（3）各类别可指定数字或代码表示，例如，学号是用数字来标记学生的，学号中的2023代表是2023级的学生；男性和女性的分类，男性可用"M"或"1"表示，女性可用"F"或"2"表示。

（4）类别必须穷尽和互斥。例如，垃圾分类中，"厨余垃圾""可回收垃圾"

"有害垃圾"和"其他垃圾"四种分类是没有交叉重叠的，一种垃圾只能被扔到其中的一种类别中，并且所有的垃圾都能按这四种类别进行分类。

（5）无法加减乘除，也无法排序，只有等于（＝）或不等于（≠）两种数学特性。

（二）顺序量表（ordinal scale）

顺序量表含有自然数字系列的顺序特性，但无距离、无原点。其信息量比类别量表要丰富，因为顺序量表比类别量表多了顺序特性，可以得到更多的信息。例如，比赛名次、对各则广告喜爱度的排序等。顺序量表的概念要点：

（1）需要列出测量对象的所有可能性，且各个测量值之间互相排斥。

（2）按照某种逻辑顺序将测量值排列出高低、优劣或大小。

（3）具有大于（＞）或小于（＜）的数学特性，但未测量出类别之间的准确差值，非等距。例如，第一名和第二名之间的差距与第三名和第二名的差距不是一样的，无法准确测量。因为没有测量单位，所以不能进行数学运算。例如，考试的名次是顺序量表，我们知道第一名同学成绩优于第二名同学，第二名优于第三名，但是，第一名与第二名之间的成绩差距跟第二名与第三名之间的成绩差距不一定是相等的，有可能第一名成绩遥遥领先，与第二名的成绩差距巨大，而第三名成绩只比第二名成绩略胜一筹，两者之间差距很小。所以顺序量表并非等距量表。

（4）在社会科学中得到广泛的应用。因为社会科学中常常是对消费者的心理进行测量，如对广告态度、品牌忠诚和消费动机的测量，这些心理测量结果大多只能进行排序，而不能精确到数值，比如小明比小红更喜欢某则广告，但两人之间喜欢程度的差距程度难以描述，喜欢程度也没有确切的度量单位。要使得心理测量结果具有度量单位，并且两者之间的差距是可以描述的，就需要发展成李克特量表、语义差序量表等等距量表。具体接下来的章节将会介绍。

（三）等距量表（interval scale）

等距量表含有自然数字序列的顺序特性和等距特性，但是无原点，没有一个特殊的起始点。等距量表包含的信息量多，属高等级的测量量表。对温度、海拔、时间的测量是三种比较典型的等距量表，可以十分精确，并表现为数值。等距量表的概念要点如下：

（1）对事物的准确测度高，测量数据表现为"数值"。这些数值可以精确到小数点后几位，如对海拔的测量，只要仪器允许，可以精确到无穷位小数，精确程度只可意会而不可言传。

（2）没有绝对零点。温度、海拔、时间以及幅度测量中存在"0"的取值，但这些取值不是绝对的起始点，而是相对的起始点。如海拔为"0"代表海平面的高度，而非没有高度；而温度中的"0"度为结冰点，而非没有温度。

（3）等距但不等比。等距量表中，两个取值之间的差距是可以描述的，并且等距量表是有单位的。例如，图7-2中的天气预报图，兰州和乌鲁木齐的温度相差5℃，武汉和台北的温度也相差5℃，这两个5℃差距是相等的，单位也是一样的，即摄氏度（℃）。但是我们不能说台北温度是（30℃）兰州温度（15℃）的2倍。因为温度没有绝对零点，无论从心理感受还是物理计算上，30℃都不是15℃的2倍。

图 7-2　天气预报图

（4）等距量表具有加（+）和减（-）的数学特性，但不能进行乘或除。正如天气预报的例子中，兰州的温度可以减乌鲁木齐的温度，但是台北的温度不能除以兰州的温度。

（四）等比量表（ratio scale）

等比量表具有实数列顺序、等距、有原点的全部特性。其含信息量最多，属于最高级量表。等比量表的概念要点有：

（1）等比量表能够对事物进行最准确的测度，数据表现为"数值"。

（2）等比量表拥有绝对零点，即取值为"0"就代表为原始起点。如重量为0即没有重量，身高、年龄、工资、出生率、离婚率、城市的人口密度等，这些测量量表也都有绝对零点。

（3）等距且等比，不但具有加（+）和减（-）的数学特性，而且具有乘（×）和除（÷）的数据特性。

【案例分析】

田径比赛中的世界纪录是不是等比量表?

100 米赛跑是一项室外田径短跑项目，同时也是最流行、最知名的田径项目之一。该项目为短距离径赛项目，须使用起跑器起跑。在现代奥运会中，男子 100 米从 1896 年开始成为正式比赛项目，而女子 100 米则是从 1928 年开始。获得 100 米奥运冠军的人通常被称为"世界上跑得最快的人"。下面是两位世界上至今为止跑得最快的人——阿萨法·鲍威尔和尤塞恩·博尔特在男子 100 米赛跑中的世界纪录。

9.77 秒——阿萨法·鲍威尔（牙买加），2006 年 6 月 11 日，英国盖茨黑德（千分位成绩 9.763）；

9.77 秒——阿萨法·鲍威尔（牙买加），2006 年 8 月 18 日，瑞士苏黎世（千分位成绩 9.762）；

9.74 秒——阿萨法·鲍威尔（牙买加），2007 年 9 月 9 日，意大利列蒂；

9.72 秒——尤塞恩·博尔特（牙买加），2008 年 5 月 31 日，美国纽约；

9.69 秒——尤塞恩·博尔特（牙买加），2008 年 8 月 16 日，中国北京（千分位成绩 9.683）；

9.58 秒——尤塞恩·博尔特（牙买加），2009 年 8 月 16 日，德国柏林（千分位成绩 9.572）。

阿萨法·鲍威尔于 2007 年 9 月 9 日在意大利列蒂比赛中以 9.74 秒的成绩打破他自己在 2006 年 8 月 18 日创下的世界纪录（9.77 秒），而尤塞恩·博尔特于 2008 年 5 月 31 日在美国纽约比赛中以 9.72 秒的成绩打破阿萨法·鲍威尔的世界纪录 9.74 秒。请分析鲍威尔所提高的 0.03 秒是不是大于博尔特所提高的 0.02 秒？百米比赛的世界纪录是等距量表吗？

答案：从数学角度而言，鲍威尔突破了 0.03 秒，而博尔特只突破了 0.02 秒，鲍威尔的成绩进步更大。但是从运动生理学角度而言，要从 9.74 秒突破到 9.72 秒的难度远远大于从 9.77 秒突破到 9.74 秒。所以从数学世界而言，百米比赛纪录是个等比量表，其度量单位是秒，并且具有绝对零点。但从运动生理世界而言，它只不过是顺序量表。

(五) 测量量表的种类及其特性

总结以上四种量表的特性见表 7-1。

表 7-1 四种测量水平量表的基本功能和适用的统计方法

测量水平	基本功能	数字特征	适用的统计方法
类别量表	分类标记	等于或不等于	百分比　卡方检验　列联相关系数
顺序量表	可按照次序排列	大于或小于	中位数　种类百分位数　等级相关　非参数检验
等距量表	差距的确定与比较	加减	算术平均数　标准差　极差相关　参数检验
等比量表	比值的确定与比较	乘除	几何平均数　回归　结构方程

在广告调研中，如何选择运用以上四种测量水平的量表呢？总的原则是"就高不就低"，即尽量做较高层次的测量。在问卷设计时，设计的问题要尽量采用更高水平的量表。对于具有等距量表及以上水平的量表，要充分利用其所得信息，而不能随意把他们降低为顺序量表甚至类别量表。因为降低测量水平会损失更多的信息。例如对年龄的测量，如果采用开放式问题"您的年龄：＿＿＿＿＿＿周岁？"这是个等比量表，如果采用以下封闭式问题，则是个顺序量表。

您的年龄是（　　　　）

A. 18 岁及以下　　　　B. 19~25 岁　　　　C. 26~40 岁　　　　D. 40 岁及以上

第二节　构念的操作化与测量

我们在广告调研过程中，有一些事物容易测量，如人口统计学变量，因为它们有清楚的定义，很容易制定规则并加以操作，例如，性别的测量规则非常容易制定——用"1"表示"男性"、"2"表示"女性"。但是对于另一些我们感兴趣的特性却难以测量，如广告态度、品牌形象和品牌忠诚度等，因为这些特性不能被清楚地、直接地加以观察，调研人员很难找到能够测量这些心理特性真实值的规则。调研人员如果要科学地测量某种特性或现象，需要严格地按照如图 7-3 的步骤。其中"创建测量量表"的步骤在第一节介绍过：我们可以创建类别、顺序、等距和等比量表，而"评估量表信效度"将在第四节加以介绍。本节重点介绍前面三个步骤："确定感兴趣的构念""形成构念理论性定义"和"形成操作性定义"。

一、确定感兴趣的构念

测量过程的第一步是确定感兴趣的构念。构念（concept）是个体在其生活中对环境中人、事、物的认识、期望、评价、思维所形成的观念；是人们用来解释世界、分析人类观点、整理分类事件的一种策略，也是人们看待并处理事件的思维模式。构念可以分解成较低层次的不同概念，是概念的组合。例如，社会阶层的构念

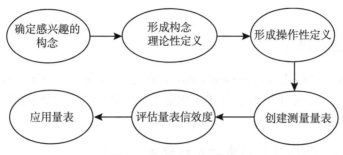

图7-3　测量步骤示意图

由经济地位、政治地位和社会地位等概念组合而成，而品牌形象则由品牌知名度、可信度、产品形象、企业形象和使用者形象等概念构成。

二、界定构念的理论性定义

构念的理论性定义，也称为抽象定义，传达了一个构念的主要或核心思想，它清楚地说明构念的主要特征，并将目标构念与其他相似构念或概念区别开来。例如，广告态度在理论上的定义为"对于投放在特定环境下的特定广告刺激以认可或不认可的方式进行回应的一种倾向性"，它区别于广告总体态度的构念，后者的理论性定义为"对投放在各种环境下的所有广告类型的一般性、整体性的态度倾向"。

在界定构念的理论性定义时，需要准确把握其内涵和外延。内涵是指该构念所反映对象的本质属性的总和，即对事物的特有属性的反映，如"品牌态度"的内涵为"消费者对品牌满足自身需要和目标能力的总体评价"。而外延是指具有该构念所反映本质属性的一切对象，即构念指代的事物所组成的类别，如"品牌态度"的外延包含了认知和情感两方面的因素。

每个构念都存在着多种理论性定义，每位调研人员必须慎重思考哪种定义对本次调研而言最合理、最恰当。因为每种理论性定义决定了其外延以及后面的操作性。例如，品牌态度有以下几种定义：

个体对某个品牌的内部评价——Mitchell & Olson（1981）；

消费者对品牌满足自身需要和目标能力的总体评价——Percy & Rossiter（1992）；

当购买决策者接受到来自品牌属性的信息刺激时，会依据过去经验与获得的信息，对品牌产生心理的内在评估——Sengupta & Fitzismon（2000）；

个体对特定品牌所产生的一种喜欢或非喜欢的倾向——MacKenzie, Lutz,

Belch 等（1991）。

三、构念的操作化

简单而言，操作化（operationalization）就是将抽象层次的概念转化为可观察（经验层次）指标的过程。构念的操作化定义是构念理论性定义和现实事件或因素之间的桥梁，使得抽象构念可以被测量与评估。

（一）构念的操作化通常的几种做法

（1）用客观存在的具体事物进行操作定义。例如，用年人均收入来测量居民的生活水平，用重复购买率来测量品牌忠诚度。

（2）用看得见的社会现象进行操作定义。例如，用出勤的次数、迟到早退的次数、旷工（课）次数、违反纪律次数来测量"纪律性"；用百度搜索频率、淘宝选购时间、与人讨论的次数来测量消费者的购买卷入度。

（3）用多项目量表进行间接测量。列举出构念所反映对象的重要特征，组成一个多项目量表，将抽象的、层次较高的构念具体化为可以观察、评估的题项。如广告态度的理论性定义为"在特定曝光环境中对特定广告刺激以认可或不认可的方式进行回应的一种倾向"，将之操作化的做法是编制一个包含 4 个题项的量表（认为该广告"好/不好""有趣/枯燥""有创造力/缺乏创造力"以及"相关/不相关"），将消费者对特定广告的认可或不认可倾向性具体化，使"广告态度"这个抽象概念变得可观察、可评估。

（二）构念的操作化定义

每个构念的操作化定义有不同内容，不同的操作化定义决定了不同的数据收集方式。例如，某个广告主想了解消费者对其公司品牌的喜欢程度。他将品牌态度的理论性定义设置为"消费者对特定品牌所产生的一种喜欢或非喜欢的倾向"。这个理论性定义可能会导致以下三种不同的操作定义：

（1）品牌态度反映在消费者了解该品牌产品、品牌广告、品牌活动的时间和购买数量上。品牌态度得分高，表示消费者花在了解该品牌上的时间和购买数量多。

（2）品牌态度反映在消费者对该品牌的自我报告上。喜爱该品牌的消费者在量表上（好/坏；喜欢/不喜欢；令人愉快的/令人不舒服的；质量好的/质量差的）得分高。

（3）品牌态度反映为消费者见到该品牌 LOGO 或产品时的生理反应程度。好的品牌态度表现为心率和整体 β 波活动加快。

　　这三种对"品牌态度"的操作定义都能恰当地表达它的理论性定义，然而每种操作性定义会导致不同的数据收集方式。第一种操作性定义需要收集消费者的实际行为指标；第二种则需要通过问卷调查来收集数据；第三种则需要收集消费者的生理指标。没有哪种操作性定义是绝对正确的，调查人员需要根据收集方式的可行性、可靠性及有效性加以选择。

【延展阅读】

构念与变量之间的区别与联系

　　所谓变量（variable）是指经过严格界定的概念，具有一个以上不同取值的构念，例如性别有两个取值："男"和"女"，而品牌态度有"非常喜欢""喜欢""不能确定""不喜欢"及"非常不喜欢"五个取值。在社会科学研究中，人们借用了一个数学术语，把所研究的构念称为变量。

　　需要注意的是，变量是构念，但构念不一定是变量。构念的范围更大，变量的范围更小，因为构念里面有一部分是常量，常量只有一个固定不变的取值，如水的结冰点只有一个值，称之为常量；而结冰点则因不同液体的物理性质而有不同的取值，所以称之为变量。

　　识别变量的主要依据：

　　（1）变量具体指构念内涵的各种类型或状态，他们对应于各种实际存在的事物或现象，因此，变量是可以被观察和度量的。例如，品牌忠诚度可以分为高、中和低三种状态，对于具有高品牌忠诚度的消费者重复购买该品牌的次数非常多，而低品牌忠诚度的消费者几乎没有重复购买，而中等品牌忠诚度的消费者的重复购买次数介于两者之间。

　　（2）变量按照一定标准可以得到不同取值，构念则不一定。例如房子不是变量，房子的楼层则是变量。品牌不是变量，而品牌忠诚度则是变量。

第三节　态度的测量及量表

　　态度是存在于消费者头脑中的一种结构，它不像物理学中的长度那样可以被直接观测到，所以，与物理学中的测量相比，态度测量要难得多，也没有像物理测量一样具有精确的工具，态度的量表一般只能达到类别量表或顺序量表的水平，当然经过特殊的设置可以视为等距量表水平。以往，心理学家朝着物理测量精确水平努力，开发了许多心理量表，在此主要介绍最常用的三种量表：李克特量表（Likert scale）、语义差别量表（Semantic differential scale）和斯塔普量表（Stapel scale）。

一、李克特量表（Likert scale）

李克特量表由美国心理学家李克特（Rensis Likert）于 1932 年创立，它由一系列能够表达对所研究概念态度的陈述所构成，一般包含多个题项，这些项目得分可以累加起来获得一个总分来代表所测量构念，所以又称为累加量表（summative scale）。例如，测量广告态度的量表中有 3 个题项，可以将 3 题的得分进行累加获得总分，用以代表受测者的广告态度水平。

李克特量表在编制时需要依据测量对象的特性，构造大量的陈述或说法（statement），该量表的评分（选项）一般有 5 个点阵，包括"非常（完全）不同意""比较不同意""不能确定""比较同意"和"非常（完全）同意"，被称为 5 点量表。广告素养量表见表 7-2。

表 7-2　　　　　　　　　　　　广告素养量表①

题 目 内 容	非常不同意	不同意	不能确定	同意	非常同意
1. 我一般会在购买产品前验证一下广告中的说法是否属实	1	2	3	4	5
2. 当要购买某种物品时，我会主动搜索相关的广告	1	2	3	4	5
3. 广告是我购买新产品时的一个重要信息来源	1	2	3	4	5
4. 当我感觉广告侵犯了我的利益时，我会投诉	1	2	3	4	5
5. 明星代言某个产品是因为他们喜欢该产品*	1	2	3	4	5
6. 广告里讲述的消费者与产品的故事一般是真实的*	1	2	3	4	5
7. 广告做得越多，说明产品越受欢迎*	1	2	3	4	5
8. 有些广告做得像新闻	1	2	3	4	5

① 张金海，周丽玲. 广告素养的概念框架与影响因素［J］. 新闻与传播研究，2008（4）：59-66.

续表

题 目 内 容	非常不同意	不同意	不能确定	同意	非常同意
9. 现在很多广告隐藏在电视节目中	1	2	3	4	5
10. 广告中应允许存在一定的夸张	1	2	3	4	5

注：带"＊"的题项为反向记分题。

构造李克特量表的注意事项：

（一）对于测量构念（concept）的陈述要全面，不要遗漏要点

广告素养的定义为"受众在阅听各种媒介形式的广告时，分析、解读、评价和质疑广告，了解广告背后的运作方式和真实意图，并且利用广告信息和商品信息为个人生活服务的能力"。如果广告素养量表中没有包括第一至第四项的题目，缺少对利用广告信息为个人生活服务能力的测量，则该量表内容不完全。

（二）选项尽量数量化，以获得等距水平的测量

用数字标记选项能够让受测者感知到相邻选项是等距的，从而获得接近等距水平的结果。如上例广告素养的测量中，除用"非常不同意""比较不同意"等文字标记选项外，还用数字1至5标志选项，再加上指导语，在受测者心中构造出一个等距量表。例如，指导语"请按照你个人的实际情况，对下列陈述作出评价。1分代表非常不同意，7分代表非常同意，4分代表不能确定。分数越高表明同意程度越高，分数越低表示同意程度越低"。这些指导语让受测者感觉是对这些陈述句子的同意程度打分，即获得数值型的结果。

（三）按照测量需求，设置平衡选项与非平衡选项

在平衡选项中，积极、赞成的选项与消极的、不赞成的选项数量一样多，如上例的广告素养量表中，不同意的选项有两个，分别为"非常不同意"和"比较不同意"，同意的选项也有两个，分别是"比较同意"和"非常同意"，无倾向性的选项一个"不能确定"，积极、赞成的选项和消极、不赞成的选项数量一样多，量表保持平衡，以减少回答偏差。

当然也有特殊的例子，回答者的真实态度可能明显偏向一面，积极或消极，这个时候我们采用非平衡量表，该量表在大多数受测者态度偏向的那一边应设置更多应答项，以便让量表更具有区分度。例如，某家公司的售后服务评价一向是正向、积极的，为了更好地区分消费者对各个售后服务人员的满意度，其设置的量表如下：

总体而言，你对服务员 A 的满意程度为：

1. 极差　　2. 差　　3. 一般　　4. 较好　　5. 好　　6. 非常好　　7. 棒极了

（四）依据实际情况，选择量表点阵的数量

5 个点阵的李克特量表是最常见的，但是，在调研中有时会运用 4~9 个点阵的量表，即包括 4~9 个选项的量表。具有 4 个选项的量表称为 4 点量表，5 个选项的称为 5 点量表，以此类推。如下例中的音乐 APP 使用动机量表就是 6 点量表。

请您根据使用体验，用"√"来选择对以下陈述的认同情况。（数字越小表示认同程度越低，数字越大表示认同程度越高）

项　　目	非常不同意	不同意	比较不同意	比较同意	同意	非常同意
我觉得 APP 使用体验舒适	1	2	3	4	5	6
我会利用 APP 的电台、音乐推荐等功能找到喜欢的音乐	1	2	3	4	5	6
我会利用 APP 下载音乐	1	2	3	4	5	6

实际调查时要采用几个点阵的量表呢？从理论上讲，量表的点阵越多，测量的精确性越高。但是在实际使用中还得考虑受测者回答的难易程度，如果点阵过多，受测者无法识别所要测量内容的细微差别，则再多的点阵也无意义。因此，在决定量表点阵数量时，我们应考虑所测概念的性质和受测者的能力。

在调查中是采用奇数点阵量表（5 点量表、7 点量表或 9 点量表），还是偶数点阵量表（4 点量表、6 点量表或 8 点量表）呢？偶数点阵量表与奇数点阵量表的不同之处在于，没有诸如"不能确定"的中间选项，这样能迫使受测者作出倾向性回答。具体选择哪种点阵量表，要依据问题难易和受访者的答题习惯。如果有些问题确实不容易作出明确倾向性的回答，则可以采用奇数点阵量表，如果有些受访者倾向选择中间的答项，比如中国人深受儒家文化影响，具有秉持"中庸之道"的倾向，往往不太喜欢表达出明确的意见和倾向，如果选用 5 点或者 7 点的李克特量表，可能大部分受访者会选择中间水平，以致所获得测量结果的区分度较小，在这样的情况下我们可以采用 4 点或 6 点的李克特量表。

二、语义差别量表（semantic differential scale）

语义差别量表也称为语义差异量表，由奥斯谷德、萨奇和泰尼邦等于1957年根据语义心理学提出，是用于测量某种事物、概念或实体在人们心目中形象的量表。该量表可用于研究某个APP、某个综艺节目、某则广告、某个明星、某个机构、某种概念等在受众心中的形象，因而特别适用于广告营销与新媒体研究，例如，研究澎湃新闻客户端媒介形象、华为的品牌形象等。

（一）编制语义差别量表的步骤和要点

（1）确定描述、判断或评价所研究对象时使用的重要属性。例如，要测量新闻客户端媒介形象，最重要的属性是公正、客观、时效、诚实、及时等。

（2）尽量确保既不遗漏重要的属性，又不囊括进与所测概念无关的属性。

（3）确定若干与描述这些属性的语义相反的形容词。例如，新闻客户端媒介形象属性的反义词如下：

客观的——主观的

公正的——偏袒的

诚实的——欺骗的

及时的——过时的

（4）将各对形容词分别置于一系列有4~9个刻度（例如7个刻度）标尺的两端，将正反形容词之间的差距分成4~9个等级（或5个等级），中间的那一级表示态度中立。

（5）受测者按照对所测对象的第一印象，在每一个标尺上勾选相应的等级。

表7-3是测量新闻客户端媒介形象的语义差别量表，所评测的对象是腾讯新闻客户端。

表7-3 　　　　　　　　**新闻客户端媒介形象的语义差别量表**

请根据您对腾讯新闻客户端的印象，在以下每一行标尺上勾选出一个适当的数字							
好	1	2	3	4	5	6	7	坏
客观	1	2	3	4	5	6	7	主观
公正	1	2	3	4	5	6	7	偏袒
诚实	1	2	3	4	5	6	7	欺骗
及时	1	2	3	4	5	6	7	过时
有价值	1	2	3	4	5	6	7	无价值

请根据您对腾讯新闻客户端的印象，在以下每一行标尺上勾选出一个适当的数字								
可信任	1	2	3	4	5	6	7	不可信

（二）语义差别量表的优点

（1）编制和使用相对较简单，因为只需列出形容词，不用造句，在市场调研中广泛使用。

（2）用数字标记选项，让受测者感知到相邻选项是等距的，能够获得等距水平的测量结果。

（3）可以清楚地、有效地描绘和比较不同品牌或公司的形象，具有很大的实用性。

例如，图 7-4 显示了消费者对两个二手市场交易网站形象的评价。通过比对甲网站和乙网站的剖面图，我们快速地了解到每个网站的优势和不足。从图中可以看出，很明显消费者总体上对乙网站的认同度更高，具体而言，乙网站在用户注册、佣金和支持系统上明显优于甲网站，而在内容、投诉处理和私人信息保护等方面则稍显不足。

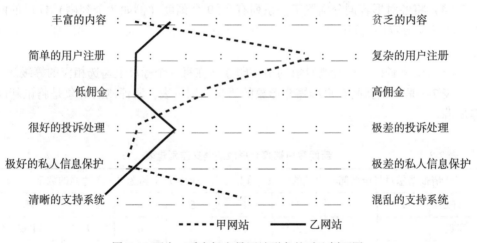

图 7-4　两个二手市场交易网站形象的对比剖面图

（三）语义差别量表的缺点

（1）确定形容词的反义词常常并不是容易的事。例如，风度、善变、潇洒、困惑、迷人……这些形容词很难确定完全相对应的反义词。

（2）受测者容易受到"晕轮效应"的影响。当受测者对每对形容词组成的某个属性进行评分时，容易受到其对评测对象总体印象的影响而产生偏差，尤其是被调研人员对各个属性不太清楚时。例如，某些受测者对腾讯新闻客户端总体印象很好，但他们对于什么是"主观-客观""公正-偏袒""诚实-欺骗"等特性不太清楚，他们对这三个特性的打分就可能受到其对腾讯新闻客户端总体印象的影响。

三、斯塔普量表（the "Stapel" scale）

斯塔普量表与语义差别量表一样，也是一种用于测量某种事物、概念或实体在人们心目中的形象的量表。斯塔普量表的编制与语义差别量表相似，也是列出描述、判断或评价所研究对象时使用的重要属性，例如，表7-4为测量旅游电商平台（如携程网）品牌形象的斯塔普量表，表中列出"平易近人的""诚实的""快乐的"等描述工作岗位的形容词，针对每个形容词，受测者根据旅游电商平台的吻合程度，从1至7中选择一个适当的数字，数字越大，符合程度越高。与语义差别量表相比，斯塔普量表不需要列出这些形容词的反义词，所以编制难度更低。斯塔普量表的测量水平为等距水平。

表7-4　　　　　　　　　旅游电商平台品牌形象的斯塔普量表

请根据您对××旅游电商平台的了解，选择您认为最合适的数值来描述下面的每一个词，将该数字写在对应词前面的横线上。1表示"完全不吻合"，7表示"完全吻合"，数字越大表明吻合程度越高。

完全不吻合	1　2　3　4　5　6　7	完全吻合
____平易近人的	____诚实的	____快乐的
____富有想象力的	____前卫的	____可靠的
____智慧的	____成功的	____高档的
____有魅力的	____有趣的	

四、其他常用的量表

为了避免测量方法的偏差，并降低受测者作答的难度，除了李克特量表、语义差别量表和斯塔普量表等测量水平比较高的量表，调查者有时还会应用一些比较容易作答、测量水平较低的量表，例如，简单分类量表、图形式评价量表、排序量表、配对比较量表及形容词核对名单。

（一）简单分类量表

简单分类量表是一种将选项进行分类的量表，它的测量水平为分类水平。例如，问卷中常见的是非题：

在过去一年内您是否使用过旅游电商平台？
□ 是　　　　　□ 否

（二）图形式评价量表

图形式评价量表是利用图形来代表态度的一种量表，它的测量水平为顺序水平。图形评价量表在实践中非常常见，能够为被试者减轻阅读负担，尤其适用于被试者为老人和小孩的情况。例如：

你认为这则广告好不好？

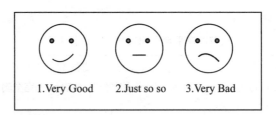

（三）排序量表

排序量表是一种让受测者按照高低、优劣、大小来对事物或人物进行排序的测量方法。一些比赛的评奖环节经常用到，例如，我们熟悉的新闻奖、大学生广告大赛等。排序量表其实就是问卷设计章节中介绍的排序题，其测量结果达到顺序水平。

例如，请将以下8个旅游电商平台按照满意程度进行排序。

A. 携程旅行　　B. 飞猪旅行　　C. 去哪儿旅行　　D. 途牛旅游

E. 同程旅行　　F. 艺龙旅行　　G. 马蜂窝旅游　　H. 驴妈妈旅游

（四）形容词核对名单

形容词核对名单与斯塔普量表及语义差别量表十分相似，也是用于测量某种事物、概念或实体在人们心目中的形象，但是它的作答方式简单易行许多，受测者只需要从一组形容词中选择一些能够反映某款 APP、某个电视节目、某则广告、某个明星、某个品牌等在他们心中形象的形容词。形容词核对名单只能达到类别量表的测量水平。如表 7-5 为测量旅游电商平台（如马蜂窝）品牌形象的形容词核对名单。

表 7-5　　　　　　　　　　　　**形象词核对名单示例**

请在下面的词汇或短语中，选择能描述您所满意的旅游电商平台的形象词（选项不限）		
平易近人的	诚实的	快乐的
富有想象力的	前卫的	可靠的
智慧的	成功的	高档的
有魅力的	有趣的	

第四节　测量工具的信度和效度

无论是对消费行为的简单观察还是测量复杂的心理状态，都需要先保证测量工具的信度和效度。如果收集数据的工具无效或不可靠，那么建立在此基础上的研究"大厦"就会倒塌。例如，如果测量广告态度的量表是不可靠的或者无效的，则我们广告调研得出的结果将会无效，所有依据广告态度调研结果的决策都将出现偏差或者不可靠。

一、信度

信度（reliability）是指测验或其他任何测量工具所得结果的稳定性（stability）和一致性（consistency）。广告与新媒体营销领域的研究常常对广告或媒体内容进行内容分析，内容分析过程中，我们需要测量几位编码员对相同样本编码的一致性程度，这就是编码员之间的信度检验；又如计算量表的题项得分与量表总分之间的相关系数，这就是保证量表内部一致性的信度检验；又如对同一批受测者前后两次（相隔两周或四周）进行施测，计算两次测试得分之间的相关系数，这是测验在时间上的稳定性和可靠性。表 7-6 罗列了不同类型信度的含义、计算方法和案例。

表 7-6   信度的不同类型

信度的类型	含义	如何计算	举例
再测信度	测试在不同时间的测量是否可信	计算时期 1 和时期 2 同一测验在两次测量之间的相关系数	新生代农民工在不同时期的身份认同测试
内在一致性信度	一个量表的所有项目是否都测量同一个概念或心理特质	折半法或题项分析法（即计算每一个项目的得分与总得分之间的相关系数）	网络消费者满意度量表的各个题项是否测量同一构念
编码者信度/评分者信度	不同编码员之间一致性的程度/不同评价者之间一致性的程度	计算这几位编码员具有相同编码结果的百分比；不同评价者对同一批对象的打分或排序之间的相关系数	两个编码员对同一批内容的编码；不同评价者对同一批对象进行评价

（一）内在一致性信度

内在一致性信度（internal consistency reliability）指量表内部所有题项间的一致性程度。在这里，题项间的一致性有两层意思：其一是指所有题目测量的都是同一种构念或心理特质；其二是指所有题项得分之间都具有较高的正相关。当一个量表具有较高的内在一致性信度时，说明量表主要测的是某一单个构念或心理特质，测验结果就是该构念或特质水平的反映。如果一个量表内在一致性信度不高，则说明量表可能测量了多种构念或特质。这时，测验结果不好解释。一种好的办法是把一个异质的测验分解成多个具有同质性的分量表，再根据受测者在分量表上的得分，分别做出解释。

内在一致性信度的计算方法包括分半法和克朗巴赫 α 系数。分半法就是将量表中的题项分成两半，然后计算这两部分的相关系数。这样可计算出所有可能的分半信度，用其平均值来估计内在一致性。相关系数的平均值越大，则测量的分半信度越高。如果量表里的题项非常少的话，分半法不是一种好的选择。此时采用克朗巴赫 α 系数（Cronbach's alpha）来衡量内在一致性信度比较合适。其计算方法为：采用题项分析法来分析被调查者对每个题项的回答与对其他题项的回答之间是否具有同质性，如果发现某个测量的同质性不高，那么研究者可以分析每个题项与其他题项之间的相关系数，去掉那些与其他题项相关程度低的题项，从而提高整个测量的同质性。

一般来讲，估计内部一致性系数，用克朗巴赫 α 系数优于分半法。首先，α 系数适用面更加广泛。其次，无论量表（测验）的题项数有多少个，同一量表都有很多种分半的方式，所以同一批测量数据，用不同的分半方式求得的信度也有差异。最后，所有分半信度的平均值就等于克朗巴赫 α 系数。

（二）再测信度

再测信度（test-retest reliability）又称稳定性系数（coefficient of stability），反映量表跨越时间的稳定性和一致性或可靠性，即应用同一施测方法，对同一组受测者先后两次进行测试，然后计算两次测试所得分数的相关系数。相关程度高，表示前后测量得分差别小，一致性高，稳定性好。例如，评估品牌态度量表的再测信度的做法：随机抽取 100 名消费者，对其施测。过两周后，再次对这批消费者进行施测。最后，计算这 100 名消费者前后两次得分的相关系数，该系数大小表明了品牌态度量表的再测信度的高低。

评估再测信度最关键的要点是两次施测间隔的时间，如果间隔时间太长，消费者对某个事物的态度可能发生了变化，从而降低了态度量表的信度；如果间隔时间太短，则消费者还记得上次测试内容，从而夸大了再测信度。根据以往经验，一般间隔时间在 2~4 周。因为态度是相对稳定的心理特质，在这么短的时间内极少会发生改变。

（三）编码者信度

编码者信度（inter-coder reliability）即为不同编码者之间一致性的程度。如果多位编码员对同一个研究样本的编码高度一致，则意味着编码是可重复的，内容分析结果的信度高；反之，如果不同编码员的编码差异太大，则认为其信度低，研究者需要重新调整编码类目或编码表，并培训编码员，否则结果是无用的。计算编码者信度系数的方法主要有 Holsti 公式、Scott 指数和 Krippendorf 的 α 系数三种方式。本书第十七章将详细介绍这三种系数的计算方法。

二、效度

效度（validity）是指一个工具实际能够测出所要测的内容的程度。有效的工具就是要探测出研究者期待测量的内容。例如，如果媒体素养量表是评估受众理解信息的能力，那么有效的量表就是测量受众对媒体信息的理解力。如果品牌态度量表是测量消费者对特定品牌所产生的一种喜欢或非喜欢的倾向，则要测量消费者对某个品牌的情感倾向性，而不是对品牌的认识；如果要考察市场调研人员预测市场的能力，就不能测量其掌握市场调研知识的水平。

效度有不同的类型，下面我们将介绍最重要也是最常用的三种类型，见表 7-7。

表 7-7   **效度的不同类型**

效度的类型	含义	如何计算	举例
内容效度	指测验或量表内容或题目的适切性与代表性，即测验内容能否反映所要测量的特质，能否达到测量的目的	请教专家，让专家判断测试的项目是否反映将要测量的主题	英语阅读能力测试，让专家判断这些考题是不是考查学生的英文阅读速度和理解水平，而不是知识丰富程度
效标关联效度	指测验与外在效标间关系的程度（外在效标本身必须具有良好的信度与效度，如标准化的学业成绩、智力测验）	计算量表得分和其他有效的测量之间的相关系数，相关系数越高，表示此测验的效标关联效度越高	收集消费者重复购买特定品牌频次作为品牌忠诚度测量的效标，往往计算品牌忠诚度得分与重复购买次数之间的相关系数
建构效度	指能够测量出理论的特质或概念的程度，亦即实际的测验分数能在多大程度上解释某一心理的特质	因素分析。如果因素分析所抽取的公共因子与理论架构的结果甚为接近，则可说此测验工具或量表具有建构效度	理论上表明智力包括认知和语言两大方面，则对智力测验结果进行因素分析，证明其包含这两个因素

（一）内容效度

内容效度（content validity）：测量工具的每个题项能够覆盖所研究内容的程度。内容效度常用于成绩测验，但不限于此。例如，"市场调研"课程考试如果只评估学生应用各种市场调研技术的能力，则缺乏内容效度，因为还应该包括调研方案的设计和调研报告的撰写等；淘宝 APP 购物的满意度调研要具有较高的内容效度，量表就应该包括消费者对淘宝的客户服务、淘宝 APP 设计因素、产品信息呈现因素和产品配送因素等。

内容效度是一种主观评判的结果，调研人员可以通过下列步骤来判断内容效度：

（1）对所要测量的构念、对象进行清晰准确的定义，包括理论性定义和操作性定义。

（2）尽力收集相关的文献资料，举行焦点小组访谈，尽量列举出可能包括的内容。

（3）召开专家座谈会，研讨量表中应包括哪些内容，所列举的内容或题项能否测量所要测量的构念，是否有遗漏。

（4）对量表进行小范围的预测，通过开放题提问来了解是否还有更多的测量内容。例如，在评估消费者使用淘宝 APP 购物时满意度量表时，增加一题"您对使用淘宝 APP 购物时还有什么地方不满意？"

（二）效标关联效度

效标关联效度（criterion-related validity），是以经验性的方法来研究测验分数与外在效标之间的关系。效标（criterion），又称为准则，它本身必须具备良好的信度与效度。效标根据使用时间间隔的长短又分为预测效度（predictive validity）与同时效度（concurrent validity）。

同时效度，就是测验分数与目前效标数据之间相关的程度。比如，你想测量市场调研公司员工的消费者洞察能力，便设计了一个测试量表，现在你想建立该量表的同时效度水平，于是请了一组管理人员对员工的整体技能从 1 到 10 进行等级排序。接着只需要计算洞察能力量表得分和管理人员评价之间的相关系数。如果效度系数高，你的测试工具就很理想，否则就要进一步修正。

预测效度，就是测验分数与将来的效标之间关系的程度。较高的预测效度意味着量表能够较好地反映未来的能力。例如，你想通过消费者洞察能力量表来预测正在应聘的员工是否能够胜任工作，这就需要建立洞察能力量表的预测效度。你用洞察能力量表对应聘者进行测试，工作一段时间后（如工作半年或一年后），评价这些新员工的工作绩效。如果洞察能力的测试成绩与新员工的工作绩效显著相关，表明该量表具有较高的预测效度。

（三）建构效度

建构效度（construct validity）涉及测量工具背后的基本结构或对理论基础的理解，如果该测量工具能够预测背后的基本结构，则表明该量表具有理想的建构效度。由于建构效度以理论的逻辑分析为基础，同时又根据实际所得的资料来检验理论的正确性，因此是一种相当严谨的效度检验方法。建构效度检验步骤通常包括：

（1）根据文献探讨、前人研究结果、实际经验等建立假设性理论建构（理论结构）。

（2）根据建构的假设性理论结构编制适切的测验工具。

（3）选取适当的受试者进行测量。

（4）通过统计检验的实证方法检验此份测验工具能否有效解释预建构的心理特质。统计学中，研究者检验建构效度最常用的方法是因素分析。首先有效地抽取公共因子，然后将公共因子与理论结构进行对比，若所抽取的公共因子与理论架构甚为接近，则可说此测验工具或量表具有建构效度。

三、信度和效度之间的关系

图 7-5 中用靶形图形象地描绘了信度和效度的关系。图 7-5（A）显示子弹既没有打中靶心，也不集中在一起，表明这类测量既没有信度，也没有效度。图 7-5（B）显示所有子弹都集中在一起，但是没有打中靶心，说明测量结果稳定性高，却是无效的。图 7-5（C）中所有子弹既集中在一起，又都打在靶心上，这种情况就是我们应努力追求的高信度和高效度，即测量兼具信效度。

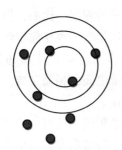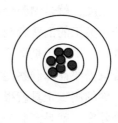

A. 没有信度，也没有效度　　　B. 有信度，没有效度　　　C. 高信度，高效度

图 7-5　信度和效度的示意图

分析信度与效度之间的关系：信度是效度的必要条件，而非充分条件。如果信度低，那么研究的效度一定低，因为当重复测量时，每次得到的数据都不一样，那么每次测量的数据都不能有效地说明所研究的对象。如果信度高，那么研究的效度不一定高，如图 7-5 所示，子弹虽然集中一起，但未打中靶心，此时有信度，但无效度。效度是信度的充分条件，如果效度高，信度必定高，因为高效度的研究不仅消除了随机误差，还会降低部分系统误差。由此可见，效度比信度更加难得。

☞ **思考题**

一、复习思考题

1. 测量包括哪些水平或级别？对比这些测量水平所具备的自然数字特性。

2. 什么是构念？构念的理论性定义（抽象定义）与其操作化定义之间有什么联系？

3. 请分析李克特量表和语义差别量表在功能及编制程序上的异同。

4. 在广告调研中，评估量表信度和效度最常见的指标有哪些？简要描述这些方法的要点。

二、实训题

1. 以下是有关网络直播平台的调查问卷（节选），请仔细阅读每个问题，说说每个问题的测量水平或级别，并且分别从受测者角度和调查目的（尽量得到级别高的量化数据）出发，评估每种问题所采用的测量水平是否恰当，如果不恰当，你应如何改进？

网络直播平台调查问卷

1. 您最经常使用的直播平台是？（单选题）

①斗鱼直播　②淘宝直播　③虎牙直播　④哔哩哔哩直播　⑤一直播

⑥企鹅电竞　⑦YY直播　⑧映客直播　⑨花椒直播　⑩聚美直播

⑪直播吧　⑫没用使用过（退出测试）

2. 您使用直播平台的目的是？（多选题）

①娱乐消遣　②舒缓压力　③获取陪伴　④获取信息

⑤学习技能　⑥满足好奇　⑦其他____

3. 您在选择使用直播平台时，更注重平台的哪些方面？（排序题）

①直播内容　②特色主播　③平台设计　④平台名气

⑤操作便利

4. 以下问题意在对直播平台的传播形象进行调研，请依据您最经常使用的直播平台填答下列问题，1分代表"非常不同意"，7分代表"非常同意"，数字越大，同意程度越高。

4-1　我认为该直播平台的知名度高　○1　○2　○3　○4　○5　○6　○7

4-2　我认为该直播平台受大众喜欢　○1　○2　○3　○4　○5　○6　○7

4-3　我认为该直播平台发展前景好　○1　○2　○3　○4　○5　○6　○7

5. 您使用直播平台的频率是？（　　　）

①每天都观看　②每周2~4次　③每周一次　④偶尔看一次

6. 您参与该平台互动的情况？（多选题）

①点赞　②留言　③转发　④其他____

7. 当提及您最常使用的直播平台时，您最先想到的三个词语是：_____

2. 广告研究常常采用态度量表来测量被试的广告心理效果，如广告态度、品牌态度、购买意愿等，不同研究对这些构念的操作定义往往不同。请你选择一个构念，查阅中外学术期刊，至少提供三个有关这个构念的操作性定义。

3. 请您选择一个你感兴趣的产品、服务或媒体品牌，研究其品牌形象或品牌个性。您可以借鉴他人研究中所采用的量表，或在目标消费者访谈及文献研究基础上自己开发量表，测量该品牌的形象或个性，并对 100 个目标消费者进行施测，以分析量表的信度和效度。

第八章 抽样设计

对于决策制定者来说，至关重要的推论和洞察很依赖于及时、准确、全面地掌握市场竞争和广告执行情况，获取准确、真实、具有代表性的数据。因而，任何广告调研在实施前都需要进行科学、系统的抽样设计。

第一节 抽样调查的概述

一、全面调查与非全面调查

调查分为全面调查与非全面调查。全面调查又称普查，是针对总体每个单元实施的调查，如我国每10年进行1次的人口普查。全面调查可以使人们对调查对象有全面的了解，但也会耗费巨大的人力、物力、财力和时间。例如，想了解某个省所有网民对各类网络广告的接受程度，若对每个网民进行问卷调查，需要耗费巨大的成本，而且很可能等调查做完了，调查结果也过时了。当调查的对象数量极大，或测试方法具有破坏性时（如检测汽车安全性的撞击试验），根本不能采取全面调查，这时就需要采用非全面调查。

非全面调查是仅针对总体部分单元实施的调查。抽样调查即是非全面调查中最常用、最重要的一种。

二、什么是抽样调查

抽样调查是从全体调查对象（总体）中抽取一部分调查单元（样本）而实施的调查，其后，可根据样本数据对总体特征进行估计和推断。通俗地说，就是根据部分推断和估计总体的调查方法。日常生活中常常不知不觉地采取这种"根据部分推断总体"的调查方法，如舀一匙汤尝尝滋味，顾客买米时抓一把看看是否饱满，就像经济学家 Paul A. Samuelson 说的："你不必为知道牛肉的滋味而吞掉整头牛。"

（一）抽样调查的特点

总结起来，与全面调查相比，抽样调查的优缺点见表8-1。

表 8-1　　　　　　　　　　　　　　抽样调查的优缺点

比较项目	抽样调查	全面调查
预算	小	大
可用时间	短	长
对个体案例的关注	是	否
抽样误差	大	小
非抽样误差	小	大
总体规模	大	小
调查特征差异	小	大

1. 抽样调查能节约成本

由于抽样调查只调查总体中的部分单元，因此能节约调查的人力、物力和财力，降低调查费用，以较小代价获取所需信息，并且对于规模庞大的总体也可通过抽取很小部分单元进行调查，如对于全球性品牌的所有国家消费者进行调查，可以在各个国家和地区分阶段、分层次抽取部分消费者进行调查。

2. 抽样调查时效性强

广告调研的目的是及时了解消费者、目标市场和广告投放情况，具有很强的时效性要求，多数要求在短时间内完成。例如，春节是产品促销和广告推广的最重要节期，商家在广告策划之前就必须运用抽样调查，在短时间内获取目标市场的数据，为制定有效的广告策略提供依据。若采取全面调查，则不可能及时获取必要信息，调查工作就失去了意义。

3. 抽样调查的数据质量高

从理论上讲，抽样调查是用部分代表总体，不如全面调查准确。然而，在实际工作中，调查数据质量不仅取决于调查规模，还取决于调查数据获取的准确性。广告调研工作中，全面调查由于工作量大、涉及面广、中间环节多，易产生诸如施测不规范等方面的各种非抽样误差，调查反而难以取得准确的结果。抽样调查规模小、人员精干，可以将调查工作做得更细致，调查过程更易监控，更有可能获取高质量的数据。

4. 抽样调查存在抽样误差

抽样调查只是抽取总体中的部分进行调查，将获取的数据作为对总体进行推断的依据，抽样过程会存在抽样误差（具体参照第五章第三节）。但是抽样误差可以通过推理统计方法加以分析，从而得到一定的控制，这在后面的数据分析章节中会加以介绍。

（二）抽样调查适用情况

根据抽样调查的特点，其适用于以下几种情况。

1. 破坏性实验

质量监督部门需要对商品进行质量检验，如运动鞋缓冲压力测试、汽车防撞能力检验、手机屏幕防摔能力测试等。这些商品被检验后，都在一定程度上甚至完全被损坏，不能继续售卖，所以必须采取抽样检查方法，只损坏一小部分商品，不至于全部商品受损。

2. 用于工业生产中的质量控制

每个正规生产的厂家，一般都会对其所生产的产品进行质量检验，将质量控制在合格水平。例如，蔬菜、水果的农药残留量，化妆品的品质检验等。因为产品量太大，厂家无法全部检查，所以只能抽取部分检查。

3. 无法全面调查的总体

在消费者调查中，我们往往无法估计总体消费者的数量，或者无法找到所有消费者，这时只能采取一定抽样方法接触到部分消费者进行调查。

4. 对总体的假设进行检验

在科学研究中，我们往往需要对提出的理论假设或模型进行检验，受限于人力、物力，很难做到全面调查，只能抽取一部分单元进行调查。

三、抽样调查中的总体与样本

（一）总体

调查对象的全体称为总体，也叫全及总体、目标总体，是指所要调查对象的总体。例如，想了解哔哩哔哩网站会员对投放于该网站的某类广告创意的满意程度，哔哩哔哩网站的所有会员就是调查总体。总体所包含调查个体的数量称为总体容量或总体规模，习惯上用大写字母 N 表示。调查总体可分为有限总体和无限总体，有限总体的数量是可以确定的，而无限总体的具体数量无法准确确定。上例中，由于哔哩哔哩网站的会员数量是确定的、有限的，所以是有限总体；而对多数品类产品的目标消费者进行调查时，其总体规模的数量是不能确定的，如某品牌手帕纸的目标消费者就无法确定具体数目。

在广告调研过程中，我们通常用以下三种特征来描绘和界定调查总体：一是人口社会统计学变量，如所处地域、性别、年龄、受教育程度、经济收入等；二是行为变量，如消费者的产品使用情况、消费者的媒介使用习惯、消费者的生活习惯等；三是调查对象的心理变量，如对产品或服务的认知度、消费者的动机、受众对媒介内容的兴趣程度等。

（二）样本

样本是从目标总体中抽选出来所要直接观察的全部单位，每一个被抽到的个体或单位就是一个样本。按一定方法和程序从总体中抽取部分单元进行调查，这部分单元称为样本，抽取样本的过程称为抽样。抽样的目的是通过样本反映总体，样本是总体的代表和缩影。假如某品牌运动鞋大约有 10 万个目标消费者，抽取 1000 人进行问卷调查，则每个被抽取的消费者即为样本。

样本所包含的调查个体数量称为样本容量或样本量，常用小写字母 n 表示。样本容量越大，抽样误差越小，但可能造成非抽样误差增大，同时费用也相应越多，耗时越长。在广告调研中组成样本的单元既可以是人物，如每个消费者、受众、家庭等，也可以是媒体内容，如每则户外广告、视频广告、新闻等。

抽样时要考虑两个方面，一是确定抽取样本单位的大小，如以家庭为单位还是以家庭中的每个成员为调查单位；二是确定样本容量的大小，样本容量与总体容量之比称为抽样比，常用 f 表示。

$$f = \frac{n}{N}$$

在前述运动鞋消费者调查中 $f = 1,000/100,000 = 0.01$。

四、抽样调查所需要的抽样框

抽样框也叫总体的数据目录或名单，如人员名单、企业名录、电话号码、地图块、居委会块和居民户等。抽样框是抽样过程中必不可少的参考资料，调查人员需要根据抽样框提供的信息设计抽样方案。并不是所有调查总体都有清晰的抽样框，例如，调查迪奥口红的重度消费者，我们无法得到这些消费者的名录，此时可以从专卖店获取会员信息作为抽样框，但通过其他渠道购买的消费者名录可能难以获得。

编制一个好的抽样框，须遵循两个基本原则。

1. 一致性原则

目标总体与抽样总体应保持一致，即抽样框中的单位与目标总体能够完全一一对应，没有丢失或错漏。例如，需要对北京市大学生的广告素养进行抽样调查，就必须有一份包含该市所有大学生的名单，这份名单不能有错漏，不能遗漏研究生，否则就不能保证该市的每名大学生都有机会被抽中。

2. 辅助信息最大化原则

抽样框要尽可能包含完整、准确的辅助信息。上例中，仅仅有北京市大学生的名单还不够，还需要各大学的级别、学校规模、学生所在学院和年级等。抽样框包含辅助信息的完整性和质量直接影响到抽样类型和信息处理方法。缺乏辅助信息的简单抽样框只能用于简单抽样设计（通常为简单随机抽样）或者简单估计方法。包含辅助信息的复杂抽样框可以用于比较复杂的抽样设计，比如分层抽样、分级抽样等。辅助信息使复杂的抽样设计比简单的抽样设计产生更高的抽样效率。因此，在确保辅助信息质量的前提下，要使所编制与更新的抽样框应尽可能多地包含有用的辅助信息。

第二节　如何实施抽样调查

一、抽样调查步骤

抽样调查的过程就是一个解决问题的过程，包括以下几个步骤。

（一）明确调查目的

明确调查目的是解决问题的出发点。通过调查需要达到什么目的？调查哪些指标？都是需要先明确的问题。若调查目的不明确，调查就是盲目的。例如，上例中的调查目的是了解北京市大学生广告素养水平。

（二）定义总体

为了满足前面确定的调查目标，需要明确总体范围和界限。调查人员需明确要调查哪些年级的大学，是单单本科生，还是包括专科生、本科生和研究生的全部大学生。这样的明确规定既可以防止偏差，又能提高调查效率。

（三）制定抽样框

确定总体后，需要编制总体单元清单——抽样框。为了能够等概率地从总体中抽取出个体，同时兼顾抽样的便利性，需要制定一个信息丰富、完整的抽样框。上例中可以从教育部官网中查阅地处北京市的所有高校名录，这些名录包括学校的级别，并从各个学校学生处获得学生名单，这些名单包含了年级、专业等非常有用的信息。

（四）选择抽样方法

根据研究目的、研究经费、时间限制和问题性质等，不同的调查需要采取不同的抽样方法。抽样主要分为概率抽样和非概率抽样两类，概率抽样包括简单随机抽样、系统抽样、分层抽样、整群抽样和多级抽样 5 种。

（五）确定样本量

抽样方法确定后，要计算样本量。从理论上来讲，抽取的样本量越大，对总体的估计就越准确。但是样本量的大小直接关系着调查成本和费用，样本量越大，调查所需的时间、人力、物力等也越多。样本量的确定需要综合考虑估计精度和客观约束条件。

（六）制定抽样计划

明确上述问题后，需要制定详细的抽样计划。抽样计划包括调查目的、任务、信效度要求、经费预算、抽样方法、计量方法及标准等内容，必须详细、清晰。在抽样调查实施之前，还要先对抽样计划进行讨论研究。抽样计划一旦确定，调查人员必须严格遵循计划实施调查，以保证抽样调查始终按照预先确定的方案执行，避免产生不必要的误差。

（七）调查实施

调查的实施阶段也就是取得样本数据的过程。为确保调查质量、保障原始数据准确，应事先进行调查人员培训，并制定各种质量控制措施。

（八）数据整理和分析

抽样调查实施完成后，需要对原始数据进行整理、编码、录入和统计分析。数据分析的目的就是回答最初调查目的中提出的问题。研究人员通过对样本数据的分析估计总体特征值，如总值、均值、比例等。此外，抽样误差估计也是必不可少的步骤，应对数据质量进行评估，以便判断数据的有效性。数据质量评估包括调查方法描述、误差来源和度量指标。最后根据数据分析结果撰写调查报告。

二、两种抽样方法

抽样可分为概率抽样和非概率抽样。概率抽样遵循随机原则和严格抽样程序，使总体中的每一个个体被抽取的概率已知。非概率抽样是根据研究任务性质和对研究对象的分析，主观选取样本。

（一）概率抽样

概率抽样是根据概率均等的随机原则，运用恰当工具和方法从抽样总体中抽选调查单元。要通过抽样调查得到的样本特征能够有效地代表总体特征，就依赖概率抽样具有代表性。例如，想了解整个北京市大学生的广告素养水平，可通过随机抽取北京市一部分大学生样本进行调查，来推断所有北京市大学生的情况。抽样调查虽然具有省时、省力的优点，但抽样调查的设计相对复杂，出现重复或遗漏不易被发现。

（二）非概率抽样

非概率抽样不是按照概率均等的原则，而是根据主观经验或其他条件来抽取样本。非概率抽样获取的样本的准确度往往较小，误差有时相当大，而且抽样误差无法估计。

非概率抽样中，每个抽样单元进入样本的概率是未知的，很难排除调查者的主观影响，因而无法说明样本是否反映了总体。但是，非概率抽样操作方便、省钱省力，若能对调查总体和调查对象有较好的了解，非概率抽样也可获得相当高的准确率。在广告调研调查实践中，非概率抽样因其便捷、经济、无须抽样框等优点也经常被采用。

（三）概率抽样与非概率抽样的适用条件

探索性研究或理论检验一般采用非随机抽样，如品牌形象量表修订过程中，需要先进行预研究以检验量表的信效度，此时就可以采取非概率抽样方法，更加省时、省力；但描述性研究，如调查某一具体品牌的品牌形象（如抖音的品牌形象），则要在全国范围内分层次多阶段进行随机抽样，以确保样本具有总体代表性，能够较准确地对该品牌的品牌形象进行较准确的评估。

如果调查总体成分多样，在调查特征上差异比较大，此时宜采取概率抽样，以增加样本的代表性，而如果调查总体特征比较同质，则可以采取非概率抽样。非概率抽样调查执行起来比较简单易行，但是不利于统计分析，采取推理统计来推断总体时产生的误差大；而概率抽样调查执行起来比较困难，但其调查结果有利于统计分析，通过推理统计来推断总体时，可以通过估计抽样误差大小来控制调查结果的有效性。两种抽样方式的特点对比见表8-2。

表8-2　　　　　　　　　**非概率抽样和概率抽样特点对比**

考虑因素	非概率抽样	概率抽样
研究性质	探索性/理论检验	归纳性/描述性
变异程度	同质	异质
统计分析	不利	有利
执行调查	有利	不利

第三节　概率抽样的具体方法

常用的概率抽样调查方法有简单随机抽样、系统抽样、分层抽样、整群抽样和多级抽样等。概率抽样是广告调研中常用的抽样方法。

一、简单随机抽样

简单随机抽样也称单纯随机抽样，是一种最简单且最基本的概率抽样方式。对于大小为 N 的总体，随机地抽取样本量为 n 的样本，称为简单随机抽样。其他几种概率抽样方法都以简单随机抽样为基础。

随机就是指保证总体中的每个样本被抽中的概率是均等的，避免任何先入为主的倾向性，防止出现系统误差。就好比我们平时掷骰子，筛子的每一面被掷到的概率都是一样的。

（一）重复抽样与非重复抽样

简单随机抽样在具体抽样时，分为重复抽样与非重复抽样两种方式：前者每次从总体中抽取的样本仍被放回总体中，继续参加抽样。后者已被抽中的样本不再放回总体，仅在未被抽中的总体单元中进行抽样。

在重复抽样中，被抽中的样本有被重复抽样的可能。而在非重复抽样中，每一个单元只有一次被抽中的机会，收集的信息不会重复，提供的信息量越多，抽样效率越高。而重复抽样会造成一个样本多次出现的可能，获取信息的效率更低。因此，广告调研中，一般采用非重复抽样方法。

（二）怎么获得随机数字

1. 抽签法

抽签法给总体中的每一个单元都编上号码并做成签，充分混合后从中随机抽取一部分，这部分签所对应的单元就组成样本。这种方法非常方便，适合小规模的总体和样本。

2. 随机数法

随机数表是最常见的一种简单随机抽样方法，这种表是由计算机或其他随机方法制成的，由 0，1，2，…，9 这 10 个数字组成，每个数字出现的概率都等于 1/10，但排列的顺序是随机的。随机数表见书后附录 1。使用时，首先将总体单元编上号码（从 1 到 N），然后根据总体数量 N 决定从表上抽取几位数，即 N 是几位数就抽取几位数字，然后从任意列（行）开始，向横向（纵向）依次取数，遇到属于总体编号范围内的就选取为样本，若遇到超出编号范围或抽取过的数字，就跳过，直到抽取够所预定的 n 个样本为止。

3. 在线随机数生成器

互联网是信息获取的重要工具。许多网站编制了随机数生成器，供网民免费获取随机数。例如在线随机生成器网站（https：//www. random-online. com/）就提供这项服务，如图 8-1 所示。此外还可应用办公软件，例如运用 Excel 中的函数批量生成任意位数的随机数。

图 8-1　随机数生成器网站屏幕截图

（三）简单随机抽样的优缺点和适用情况

简单随机抽样是所有抽样方法中最容易掌握的技术，它不需要任何辅助信息就能进行抽样。当总体单位数量 N 不太大时，实施起来也比较简便。但也正因为它简单，面对数量大或构成复杂的总体时，就存在很大的局限性：一是实现简单随机抽样必须有完整抽样框，而当总体很大时，完整的抽样框编制起来就比较困难；二是如果总体数量很大，简单随机抽样抽得的样本在地理分布上常常会比较分散，要找到各个样本实施调查在实际中就会遇到很多困难；三是对于构成比较复杂的总体，用简单随机抽样抽取到的样本，很难均匀地覆盖各种性质的目标总体，样本代表性难以保证。

综合简单随机抽样的优缺点，在广告调研中，以下两种情况下适用简单随机抽样方法：

1. 总体规模较小

比如，在某个小区或某个小自然村对所有家庭进行产品使用体验调查时，可以用简单随机抽样。但如果是对省级或省级以上地区的调查，那么涉及的家庭数量就比较大了，编号工作繁重，不适宜进行简单随机抽样。

2. 总体构成比较简单，个体之间差异较小

在广告调研中，涉及的消费者类别复杂多样，比如调查家庭成员对沐浴露的使用体验，调查对象包括爸爸、妈妈、爷爷、奶奶、孩子等，由于其年龄、性别和个性特点不同，他们对产品的使用体验差异很大，所以对各类人群都要抽查到，此时进行简单随机抽样就不太合适了。简单随机抽样只有在总体构成比较简单、个体之间差距较小时比较合适采用。比如，调查某大学女生对牙膏的使用体验。

二、系统抽样

系统抽样也称等距抽样，是从总体中随机确定一个起点，作为第一个样本点，然后按照预先规定的间隔和规则依次抽取其余样本，最终形成样本的方法。例如，对某个小区的家庭进行抽样时，可根据居委会的户口册，每隔几户抽取 1 户作为样本。

（一）系统抽样的步骤

（1）给总体中每一个单元按顺序排序并编号，例如，按门牌号码、学生的学号、报纸或期刊的出版日期进行排序并编号。

（2）计算抽样距离，抽样距离等于总体的数量除以样本的数量，公式如下：

$$抽样距离\ k = 调查总体（N）/样本数（n）$$

例如，从规模为 110 个人的俱乐部中，用系统抽样法抽取 10 人，则抽样距离为 $k = 110/10 = 11$。

（3）确定起始抽号数。根据确定的抽样距离，从第一个抽样距离单位内的单元中采取简单随机抽样方法抽取一个单元作为第一个样本。

（4）确定被抽取的样本单元。上例俱乐部会员调查中，在 0~11 中抽取一个随机数，假定是 6，那么抽到的样本编号依次为：

$6，6+11 = 17，6+2×11 = 28，……$

（二）系统抽样的优缺点

1. 系统抽样的优点

（1）样本分布更均匀

系统抽样隔一段抽取一个样本，可以保证样本的分布更为均匀，从而提高了样本对总体的代表性。而且"等距的"或"分布均匀的"概念比"随机的"概念更加具体和直观，更容易被一般人所理解和接受。

（2）简便易行

系统抽样最突出的优点是简便易行，样本的取得十分简便，使得这种抽样方式具有很高的实用价值。简单随机抽样在抽样之前必须对每个调查单元加以编号，当

总体容量大时，这种编号是十分麻烦且难以实现的。而系统抽样就要简便得多，因为它只需要确定了抽样的起点和间隔，整个样本就确定了。另外，系统抽样对抽样框的要求也比较简单，它只要求总体单元按一定顺序（自然顺序、人为排序均可）排列，而不一定是具体名册或清单。

2. 局限性

（1）无法无偏估计抽样方差

理论和实践已证明：对于总体单元无序排列的系统抽样，可以采用简单随机抽样估计总体方差的方法。而对于有序排列的系统抽样，就不适用。虽然统计学家提出了一系列方式来近似估计系统抽样的方差，但都是有偏的。

（2）周期性变动的数据会造成很大的误差

当总体单元的特征值本身呈某种周期性的变化，就有可能致使系统抽样产生很大的误差，例如，商店周六、周日的销售量大于平时，如果调查日销售额的抽样间隔设定为 7 天，那么就很可能抽到的都是周末，抽样结果就不具代表性了。虽然可以在抽样中采取种种方法来避免抽样间隔与变动的周期性相一致，但在实际调查中，当怀疑某种现象有周期性变动的趋势时，为确保抽样的准确性，不宜采用系统抽样。

（三）系统抽样的适用情况

综合系统抽样的优点和局限性，其适用以下几种情况。

1. 适宜于总体规模比较大的外出抽样

调查人员到社区调查家庭或到商圈调查商铺，若家庭或商铺比较多，可以不用对它们编号进行随机抽样，而是随机挑选一户作为起点，间隔几户抽一户作为样本，这样操作起来更加快捷方便。

2. 无法进行随机抽样的情况，可以采用系统抽样

如果在连续的生产线进行产品抽样检查，就不可能逐个随机地抽取样本点。在对各类媒体广告进行研究时，无法找到所有时间点或版面的广告，此时可以依据广告发布的顺序进行系统抽样。

3. 对于呈周期性变化的对象不适宜采用系统抽样

上文已经介绍周期性变化可能会导致较大的误差，在实际工作中，对于怀疑有周期性变化的对象，不宜使用系统抽样。

三、分层抽样

分层抽样又称为分类抽样，是指按总体各部分的特征，把总体划分成若干个层或类型，使得总体中的每一个单元属于且只属于某一个层，然后在各层中再进行抽样。

（一）分层抽样的步骤

（1）确定分层的特征：如性别、年龄、社会阶层和所在地区等。

（2）将总体（N）分成若干（h）个互不重叠的部分（分别用 N_1，N_2，N_3，…，N_h 表示），每一部分叫一个层，每一个层也是一个子总体。

（3）根据一定的方式确定各层应抽取的样本量。最常用的方式是按各层单元占总体的权重（$W_h = N_h/N$）来抽取，当然也可以依据实际情况来决定每一层的样本量，比如说有的层样本太分散，抽取样本成本高，在保证可信度的前提下，可以减少样本数量。

（4）采用简单随机抽样或系统抽样方法，从各层中抽取相应的样本，分别记为 n_1，n_2，n_3，…，n_h，这些样本叫子样本，子样本之和为总样本。

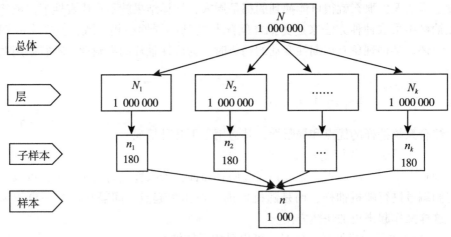

图 8-2　分层抽样示意图

（二）分层抽样的优缺点

分层随机抽样是科学分层与随机抽样的有机结合，科学分层是指将性质比较接近的个体划分在同一个层里面。分层抽样要求层内的个体越接近越好，层之间的差别越大越好，以减少个体之间的变异程度，有利于提高精确度。因此，在抽样数量相同的情况下，分层抽样一般比简单随机抽样和系统抽样更为精确，能够通过对较少的样本进行调查，得到比较精确的推断结果，特别是当总体数目较大、内部结构复杂时，分层抽样常能取得令人满意的效果。分层抽样不仅能对总体进行估计，还可以对各层进行估计，并根据各层的特点采用不同的抽样比例或抽样方式。但是分层抽样要求对总体有十分详尽的掌握，包括分几层，各层在总体中占了多大比重，这就需要有完善的抽样框和详尽的辅助信息。此外，分层抽样要求在各层都抽取一定数量的样本，需要调动较多的物力和人力。

鉴于其优点和局限，分层抽样适用于总体数目较大、总体内部结构复杂的调查。例如，对食品消费者的调查，消费者总体数目较大，内部结构复杂，可先从性别、年龄、社会阶层对消费者先分层，再从各层中抽取消费者。

（三）如何分层

在实际抽样调查中，该怎么分层是个大学问，我们通常是按照调查对象的某个特征或标识进行分层的，常用的分层标准有以下几个：

（1）按调查对象的类型分层。按照调查对象的不同类型进行分层，使得同一层内的单元性质相同，而不同层的单元性质差异大。比如按公司所处行业进行分层。

（2）按调查对象的标志值进行分层。有的调查对象没有自然属性或行政类别，就可以将标志值作为标准，将标准相近的分为一类，使得层与层之间区别开来。比如按公司的营业额进行分层，营业额就是分层的标志值。

（3）既按类型又按调查对象的标志值进行多重分层。这种分层标准常用于调查对象构成比较复杂的大型抽样中。比如既按行业进行分类，又按营业额对公司进行分类。

（4）为了抽样组织实施的方便，通常按行政管理机构设置进行分层。如按大区划分将我国分为华东、华北、华中、华南、西北、东北、西南。

总而言之，合理分层的根本原则是：层间各单元之间差异尽可能大，层内各单元之间差异尽可能小。具体调查中，根据总体单元的哪种属性进行分层，需要根据实际情况来确定。

四、整群抽样

整群抽样又称群团抽样，它是把总体单元按照规定的形式分成若干部分，然后从总体中随机抽取若干个群作为样本，对抽取的群内不再进行抽样，而是对群内的所有单元进行普查。例如，要调查某省的所有汽车俱乐部会员对俱乐部服务的满意度，假设该省有50个俱乐部，若采取简单随机抽样，可能需要走遍全省的俱乐部，会耗费大量的人力物力。这时可以考虑采用整群抽样。首先，以各个俱乐部为群，将这50个俱乐部从1到50逐个编号；然后，再用简单随机抽样方法抽取5个俱乐部调查样本的情况：采取随机数生成器，生成的随机数为1、14、26、47、19的5个俱乐部；接着，在这5个俱乐部所有会员中进行满意度的普查，不再抽样。

（一）整群抽样的优缺点

1. 整群抽样的优点

（1）无须完整详细的抽样框

前面提到，在抽取样本时，需要有一个抽样框，抽样框是包括总体内所有单元的名单或地图。然而有时候总体很大，很难有完整的名册，而且要编制抽样框也十分费工费时，特别是要找到和确定某品牌的消费者难度较大，较难把每个消费者都纳入抽样框。如果采取整群抽样就不会太受抽样框的限制，例如，要调查某品牌的消费者，可以将每个商场会员作为一个群，然后抽取一部分商场，实施整群抽样，对抽中商场的所有会员都进行调查。

（2）调查更方便且节省成本

有时即使具备了完整的抽样框，但由于总体数量很大，分布很广，若直接从总体中抽取样本，势必会使样本地域分布十分分散。由于整群抽样的调查对象都集中在几个样本群内，在外调查时，调查人员可以节省大量往返的时间和费用。上例中，要从上海市 500 个消费者中进行调查，如果用简单随机抽样或分层抽样，得到的样本势必会分散在上海各个商场中，之后的调查实施起来费时费力。如果采取整群抽样，将 500 个消费者集中于若干商场，则简单多了。

（3）可以在经费增加不多的情况下，减少误差

整群抽样与简单随机抽样相比，在样本量相同的情况下，简单随机抽样的误差比整群抽样的小。这是因为整群抽样的样本比较集中，在总体中分布不够均匀，对总体的代表性不足，误差就比较大。但是由于整群抽样可以节省调查费用，平均单位调查费用较少，因此可以通过适当扩大群样本量提高整群抽样的可信度，同时使调查费用增加较少。

2. 整群抽样的缺点

整群抽样的缺点是当不同群之间的差异较大时，会产生较大的抽样误差。上例中，如果上海市各个商场由于定位差异大，其消费者的经济收入、社会阶层等特征差异较大，那么若只抽取几个商场的消费者进行调查，有可能导致样本不具有代表性。

因而，一般来说，如果在群间差异性不大而抽样基本单元差异比较大时，或者不适宜单个地抽选调查样本的情况下，可采用整群抽样，例如，对中小学生进行调查时，可以抽取整个班级一起群体施测。

（二）分层抽样与整群抽群的异同

表面看来，分层抽样与整群抽样都是对总体的划分，两者有些相似，但实际上"层"与"群"是截然不同的。在分层抽样中，"层"是缩小了的总体，通过分层

把相似的单元分到一层中，抽样的对象仍然是单元，比如对消费者调查时按每个商场进行分层抽样，分层后还需要在各商场内进行简单随机抽样，最终抽样的对象还是各个消费者。而在整群抽样中，"群"是扩大了的单元，最终抽取的对象就是群，比如在上例中，若采用整群抽样进行消费者调查，以商场为群，那么只需要随机抽取几个商场进行普查，无须再在商场内进行抽样，抽样无须具体到每个消费者。总之，在分层抽样中，我们希望层与层之间的差异越大越好，层内个体之间的差异越小越好；而整群抽样则恰好相反，我们希望群与群之间的差异越小越好，群内个体之间的差异越大越好。分层抽样与整群抽样特征对比见表8-3。

表8-3　　　　　　　　　　　　**分层抽样与整群抽样的特征对比表**

比较项目	分层随机抽样	整群随机抽样
分层标准	与研究的总体特征相关	与研究的总体特征无关
子集间差异	各层之间差异大	各群之间差异小
子集内个体差异	层内个体差异小	群内个体差异大
抽样方式	各层内分别随机抽取适当单元组成样本	随机抽取一个或几个群作为样本

（三）如何划分群

整群抽样对总体划分群的基本要求是：群与群之间不能有重叠，总体中的任一个体只能且必须属于某一个群，不能有重叠也不能有遗漏。

群的分法大致有两种，一种是根据行政、地域划分或自然形成的群体，如居民小区、商场等，抽取这一种主要是为了方便和节约费用，其群间的差异一般无法由调查者来控制。另一种则是调查人员人为确定的，这时，群的划分应尽可能使群和群之间的差异较小，而群内的差异越大越好，这样，每个群都具有足够好的代表性。如果所有的群都相似，那么抽少数群就可以获得相当好的可信度；反之，若群内单元比较相似，而群与群之间的差别较大，则整群抽样的效率就低。整群抽样的分群原则与分层抽样的分层原则是恰恰相反的。

五、多级抽样

多级抽样又称多阶段抽样，是指抽取样本不是一步完成的，而是通过两个或两个以上的阶段分步完成。为了说明方便，这里主要介绍二级抽样，二级抽样是最简单的多级抽样，其他多级抽样可以在这一基础上进一步类推。

二级抽样是把总体划分成若干部分，称为初级单元（如全国为总体，各省、直辖市、自治区为组成总体的初级单元），而每一个初级单元又包括很多二级单元

（省为初级单元，各省又包括很多地区市，地区市为二级单元），先从初级单元中抽取一部分作为样本（比如在全国抽取一部分省作为样本），这个过程为一级抽样，再从抽中的初级单元中抽取若干个二级单元（比如在抽中的省中抽取一部分地级市作为样本），这就是第二级抽样，这整个过程就称为二级抽样。

图 8-3 示意了一个二级抽样的过程。设总体由 N 个初级单元组成，在总体中抽取 n 个初级单元，再从抽中的初级单元中抽取 m 个二级单元进行调查。

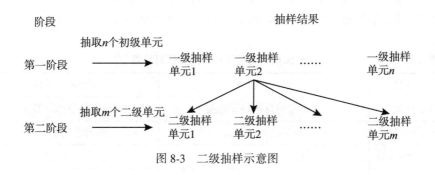

图 8-3　二级抽样示意图

如果抽样按三阶段进行，那么就是在抽中的二级单元中再抽取若干三级单元作为样本（在抽中的地级市中抽取一部分区或县），以此类推，可得出四级抽样（从区中可以抽街道）、五级抽样（从街道中再抽小区）等。各级样本的抽取方法，既可以采用简单随机抽样、分层抽样，也可以采用系统抽样。所以多级抽样实际上不是一种具体的抽样方法，而是多种抽样方法应用于多个阶段的抽样任务当中。

（二）多级抽样的优缺点

多级抽样应用于大规模调查时具有许多优势。

1. 简化抽样框的编制

当调查对象的范围很广，如全国范围的抽样调查，就很难找到一个包含全国各级行政单位详细情况的抽样框。例如，全国范围"90 后"消费者的消费价值观调查，这些年轻人分布在全国各地，显然不可能一次性对全国所有消费者编号，制作成完整的抽样框。由于多级抽样是分阶段实施的，抽样框可以分级准备。比如，在二级抽样中，在第一级抽样中仅需准备总体关于初级单元的抽样框，在第二级抽样中，仅需对抽中的初级单元准备关于二级单元的抽样框。多级抽样每次只需对被抽中的单元准备下一级抽样框。比如，对于全国范围的抽样，国家级行政单位只需准备关于各省的抽样框，被抽中的各省准备下属各地区市的抽样框，各地区市编制各区或县的抽样框，逐级编制，这样会大大减轻抽样准备的工作量。

2. 节约人力物力

采用多级抽样的一个主要目的就是降低成本。从一个范围较大的总体中，一次性抽取样本，势必会使抽到的个体比较分散，若要派人到各样本点去调查，其人力物力的支出就十分大。就样本分布来说，多级抽样的样本分布比整群抽样中的更均匀，样本代表性更好；就抽样成本来说，又低于简单随机抽样和分层抽样，可以说具有比较高的经济效益。

当然，多级抽样也有自身的局限性。

1. 级数越多，误差越大

虽然在每一级都进行抽样可以降低抽样的成本，然而，由于每一级抽样中都会带来误差，抽样的级数越多，抽样误差也就越大，因此划分阶段不宜过多。

2. 抽样较为复杂

多级抽样还有一个缺点就是抽样要分多级实行，显得较为麻烦，样本对总体的估计，也要综合各级的抽样结果，比较复杂，因此一般仅用于大型调查中。同时，使用多级抽样时应注意多阶段的连续性，不要漏掉某一级单位。

综合其优缺点，多级抽样适用于抽样调查面比较广的情况，可以相对节省调查费用。因此，大多数全国性市场调研和省级市场调研多采用多级抽样。在无法编制包括所有总体单位的抽样框，或总体范围太大而无法一次性直接抽取样本时，也常采用多级抽样方法。

第四节　非概率抽样的具体方法

非概率抽样方法不是按照概率均等的原则，而是根据人们的主观经验或其他条件来抽取样本的一种抽样方法。非概率抽样因其对抽样框的要求很低、操作方便、省时省力的特点，在广告调研工作中的许多场合会被运用到，如探索性研究、预调查等。

非概率抽样有许多不同的抽取样本的方法，按其本质可以归纳为以下五种，即便利抽样、判断抽样、配额抽样、滚雪球抽样和固定样本组。

一、便利抽样

便利抽样又称就近抽样、偶遇抽样、方便抽样。具体来说，它是根据研究者方便与否来抽取样本的一种非概率抽样方法。

操作上，研究者根据实际情况，以自己方便的方式抽取偶然遇到的，或者选择离自己最近、最容易找到的单元构成样本。这种抽样方法事先不确定样本抽取点，抽取点是随意抽取的。比如，我们常见的"街头拦截访问"，在街上或商场任意拦截一个行人，对其进行问卷调查，这就属于便利抽样。

便利抽样与简单随机抽样都排除了主观因素的影响，只是便利抽样是纯粹依靠客观机遇来抽取对象，个体被抽取的概率是未知的。如果在便利抽样中不是故意避开一些样本，在实践中，可以把便利抽样当作简单随机抽样来看，并运用简单随机抽样的方法分析便利抽样得到的数据。因而便利抽样适用于单元之间差别不大的总体，如大学生消费者。

便利抽样简单易行，能够及时取得所需的信息数据，省时、省力、节约经费，能为非正式的探索性研究提供很好的数据来源。如在大规模对消费者进行问卷调查之前，进行预调研，修订量表或调查问卷，为调查提供信效度高的调查工具。

二、判断抽样

判断抽样又称目的抽样、主观抽样、立意抽样及专家抽样。它是一种依靠研究人员的主观意愿、经验和知识，从总体中选择具有典型代表性的单元构成调查样本的一种非概率抽样方法。

简单来说，判断抽样就是研究者觉得哪个有代表性就抽取哪个作为样本。操作上，判断抽样是人为"有目的"地选择样本，主观地选取一些可以代表总体的个体作为样本。人们平时所说的重点调查和典型调查就属于判断抽样。例如，调查人员根据以往经验，在进行户外运动用品的市场调研时，重点找户外运动爱好者作为调查对象。

由于判断抽样选取样本的方式完全是靠研究者的"判断"，因此，应用这种抽样方法的前提是研究人员对调查对象有相当程度的了解。判断抽样多适用于研究总体规模小、人力和经费都不能支持大规模调查的情形。比如上例中某户外用品企业想了解消费者的产品体验，可找一些户外运动的爱好者进行问卷调查。

三、滚雪球抽样

滚雪球抽样又称链式抽样、网络抽样、辐射抽样及连带抽样。它是指当调查人员对研究对象了解不多或者无法找到研究对象时，以一些单元为"种子"样本，然后以滚雪球的方式，获取更多样本的方法。

滚雪球抽样的最大特点是便于找到样本，而不至于"大海捞针"，在操作上，调查员可以先选定一个或多个"种子"样本，然后根据物以类聚的原理，如滚雪球般一一取得样本。例如，我们一般在茫茫人海中很难找到高端住宅消费者，这时可以先找到几个目标消费者，然后请他们推荐其他消费者。

滚雪球抽样的前提是调查对象之间必须有一定的联系，并且愿意向调查员透露这种联系，否则将会失去抽样的前提。

四、配额抽样

配额抽样又称定额抽样。它是按照总体特征予以配置样本的一种非概率抽样方法。首先，将总体中的所有单元按一定特征分为若干类（与分层抽样的分层十分相似）；然后，在各类中按事先规定的比例或数量（即配额），用便利抽样或判断抽样方法抽取样本。

在操作上，配额抽样分类的步骤与分层抽样分层的步骤完全相同，都是将研究对象按某些特征，如按照性别、年龄、社会阶层及所在地区分为几类。配额抽样与分层抽样的最大不同体现在最后阶段，也就是分层抽样在层内抽取样本的时候运用概率抽样。而配额抽样在各类中选取层内样本时也采用主观方法，如便利抽样和判断抽样。两种方法的具体异同对比见表 8-4。

表 8-4　　　　　　　　　　配额抽样与分层抽样异同对比表

比较项目	配 额 抽 样	分 层 抽 样
分层标志	分层标志无特殊要求	与研究的总体特征相关
抽样方式	分别从各层主观抽取适当个体组成样本	分别从各层随机抽取适当个体组成样本
分层目的	比较不同群体，解释关系或检验理论	提高样本代表性

很多研究结果表明，正常情况下，配额抽样的研究结果与可信度颇高的分层抽样结果十分接近，而且更经济、更节省时间。配额抽样与分层抽样的适用情况基本相同，都适用于总体数目较大、总体内部结构复杂的调查，如年龄、经济收入和行为习惯分布广泛的消费人群。不同的是，配额抽样不需要精确的抽样框和辅助信息，可以说是一种简便的分层抽样。

五、固定样本组

固定样本组，顾名思义，指对固定的调查对象在一定期间内施以反复数次的调查。常常用于追踪消费者习惯在长时间的变化趋势及变化之原因、商品销售情形之长期变化趋势及变化原因等。

固定样本组调查对象稳定，可以及时、全面地取得各种所需要的信息，费用低，回收率较高，这也是它在企业实践中被广泛应用的一个重要原因。但是，如果一些固定样本组成员是职业受访者，参加调研只是为了获取一定的利益，可能导致所收集信息的可靠性降低。

第五节　样本量的确定

在进行参数估计之前，我们首先应确定一个适当的样本量。那么究竟应抽取一个多大的样本量来估计总体参数呢？比如，出于安全方面的考虑，我们想要估计飞机乘客的平均体重，此时需要随机选择多少名乘客并测量他们的体重？确定一个简单随机样本的容量是一个非常重要的问题，因为无意义地扩大样本会浪费时间和资金，而样本太小又可能导致没有价值的结果。在很多情况下，我们需要计算估计某个参数，如总体均值 μ 或总体比例 π 所需的最小的样本容量。

一、估计总体均值时样本量的确定

（一）估计一个总体均值时样本量的确定

总体均值的置信区间由样本均值 $\bar{x}$ 和估计误差两部分组成。在重复抽样或无限总体抽样的条件下，估计误差为 $z_{\alpha/2}\dfrac{\sigma}{\sqrt{n}}$。$z_{\alpha/2}$ 的值和样本量 n 共同确定了估计误差的大小。一旦确定了置信水平 $1-a$，$z_{\alpha/2}$ 的值也就确定了。对于给定的 $z_{\alpha/2}$ 的值和总体标准差 σ，可以确定任一允许的估计误差所需要的样本量。令 E 代表允许的误差估计，可以推导出所需要的样本量的计算公式如下：

$$n = \frac{(z_{\alpha/2})^2 \, \sigma^2}{E^2}$$

（式 8.1）

式中，$z_{\alpha/2}$ 是想要达到的置信度的临界 z 值，E 是在给定的置信水平下可以接受的估计误差，σ 是总体标准差。

由上式可以看出，样本容量 n 并不依赖于总体容量（N）；样本容量依赖于想要达到的置信度、误差限和标准差 σ 的取值。在其他条件不变的情况下，样本量与置信水平成正比，置信水平越高，所需的样本量也就越大；样本量与总体方差成正比，总体的差异越大，所要求的样本量也越大；样本量与估计误差的平方成反比，即允许的估计误差的平方越大，所需的样本量就越小。简而言之，要求一个很有把握或精度很高的估计，就需要更大的样本量。

在应用中，有一个非常现实的困境：公式中需要我们在总体标准差 σ 处填上它的值，但在实际中，这个值通常是未知的。这种情况下，我们可以用一些方法来绕过这个问题：

（1）开始先用抽样过程进行试探性的研究。选择一个初始样本，计算样本标准差 s 并用它代替 σ。

（2）可以用以前相同或类似的样本的标准差来作为 σ 的估计值。

【例 8.1】 尼尔森媒体调查公司想要估计全日制的大学生花在看电视上的时间（单位：小时）平均有多少。当误差限为 0.25 小时时，估计均值所需的样本容量是多少？假设想要达到的置信水平为 95%，并且一项试探性的研究显示，标准差估计为 1.87 小时。

解：

已知 $\sigma = 1.87$，$E = 0.25$，$z_{\alpha/2} = 1.96$。根据式 8.1 得

$$n = \frac{(1.96)^2 \times (1.87)^2}{(0.25)^2} = 214.94 \approx 215$$

所以应抽取 215 人作为样本。

（二）估计两个总体均值之差时样本的确定

在估计两个总体均值之差时，样本量的确定方法与上述类似。对于给定的估计误差和置信水平 $1-a$，估计两个总体均值之差所需的样本量为：

$$n_1 = n_2 = \frac{(z_{\alpha/2})^2(\sigma_1^2 + \sigma_2^2)}{E^2} \qquad \text{（式 8.2）}$$

式中，n_1 和 n_2 分别为来自两个总体的样本量，σ_1^2 和 σ_2^2 分别为两个总体的方差。

【例 8.2】 一所中学的教务处想要估计实验班和普通班数学考试成绩平均分数差值的置信区间，要求置信水平为 95%，预先估计两个班考试分数的方差分别为：实验班 $\sigma_1^2 = 90$，普通班 $\sigma_2^2 = 120$。如果要求估计误差不超过 5 分，在两个班应分别抽取多少名学生作为样本？

解：

已知 $\sigma_1^2 = 90$，$\sigma_2^2 = 120$，$E = 5$，$z_{\alpha/2} = 1.96$。根据式 8.2 得

$$n_1 = n_2 = \frac{1.96^2 \times (90 + 120)}{5^2} = 32.269 \approx 33$$

即应各抽取 33 人作为样本。

二、估计总体比例时样本量的确定

（一）估计一个总体比例时样本量的确定

与估计总体均值时样本量的确定方法类似，在重复抽样或无限总体的抽样条件下，估计总体比例置信区间的估计误差为 $z_{\alpha/2}\sqrt{\dfrac{\pi(1-\pi)}{n}}$，$z_{\alpha/2}$ 的值、总体比例 π 和样本量 n 共同确定了估计误差的大小。由于总体比例的值是固定的，因此估计误差由样本量来确定，样本量越大，估计误差就越小，估计的精度就越好。因此，对于给定的 $z_{\alpha/2}$ 的值，可以计算出一定的允许估计误差条件下所需要的样本量。令 E 代表允许的估计误差，可以推导出估计总体比例时所需的样本量，计算公式如下：

$$n = \frac{(z_{\alpha/2})^2 \pi(1-\pi)}{E^2} \qquad \text{（式 8.3）}$$

式 8.3 中的估计误差 E 由使用者事先确定。大多数情况下，E 的取值一般应小于 0.1。如果能够求出 π 的具体值，就可以用上式（8.3）计算所需的样本量。

如果 π 的值不知道，可以用类似的样本比例来代替，也可以用试验调查的方法，选择一个初始样本，以该样本的比例作为 π 的估计值。当 π 的值无法知道时，通常取使 $\pi（1-\pi）$ 最大的值——当 $\pi=0.5$ 时，$\pi（1-\pi）$ 值最大，这样计算得到的 n 最大，也是对样本量最保守的估计。

【**例 8.3**】电话、电子邮件、QQ、微信的使用曾经经历了飞速增长，它们对人们的交流方式产生了巨大的影响。假设一个媒介研究专家想要确定当前全国范围内使用微信家庭的百分比，并且要有 90% 的把握，样本百分比的误差不超过 4 个百分点，在下面两种条件下，必须要调查多少户家庭？

（1）使用以前一项研究的结果：2015 年，全国有 75.9% 的家庭使用微信。

（2）假设我们事先没有找到任何能够说明 π 的可能取值的信息。

解：（1）如果已知先前的研究结果，则 $\pi=0.759$，$E=4\%$，$z_{\alpha/2}=1.645$，根据式（8.3）可得：

$$n = \frac{1.645^2 \times 0.759(1-0.759)}{0.04^2} = 309.36 \approx 310$$

所以，需要对 308 户随机选择的家庭进行调查。

（2）如果 π 的值无法知道，则取 $\pi=0.5$，这样计算所得的样本量 n 最大，计算过程如下：

$$n = \frac{1.645^2 \times 0.5(1-0.5)}{0.04^2} = 422.82 \approx 423$$

所以，这时需要对 423 户随机选择的家庭进行调查。

对比（1）和（2）的计算结果可以看到，如果 π 值未知，并且要有 90% 的把握相信我们所得的样本百分比落在所有家庭的真实百分比附近 4 个百分点的范围内，这时需要随机选择并调查 423 户家庭；然而如果能够借鉴先前研究的知识，只需要 310 个样本。但是现在，微信已经相当普及，这就使得 2015 年的估计数字太过陈旧，已经没有多大用处。事实上，今天使用微信的家庭可能已大大超过 75.9%，这就意味着我们并不是真的了解当前电子邮件的使用率，我们就应该随机选择 423 户家庭。基于 423 户家庭，我们就有 90% 的把握相信，结果会落在使用微信的家庭的真实百分比附近 4 个百分点的范围内。

（二）估计两个总体比例之差时样本量的确定

对于给定的估计误差和置信水平 $1-a$，估计两个总体比例之差所需的样本量为：

$$n_1 = n_2 = \frac{(z_{\alpha/2})^2 \left[\pi_1(1 - \pi_1) + \pi_2(1 - \pi_2)\right]}{E^2} \qquad (\text{式 }8.4)$$

式中，n_1 和 n_2 分别为来自两个总体的样本量，π_1 和 π_2 分别为两个总体的比例。

【例 8.4】 一家饮料制造商想要估计广告给顾客对一种新型饮料认知效果带来的影响。在广告前和广告后分别从市场营销区各抽选一个消费者随机样本，并询问这些消费者是否听说过这种新型饮料。这位制造商想以 95% 的置信水平估计广告前后知道该新型饮料消费者的比例之差。若要求估计误差不超过 10%，抽取的两个样本分别应为多少人（假定两个样本量相等）？

解：

已知 $E = 10\%$，$z_{\alpha/2} = 1.96$，由于没有 π_1 和 π_2 的信息，此时用 0.5 作为 π_1 和 π_2 的近似值，以便得到 n_1 和 n_2 最保守的估计。根据式 8.4 可得

$$n_1 = n_2 = \frac{1.96^2 \times [0.5 \times (1 - 0.5) + 0.5 \times (1 - 0.5)]}{0.1^2} = 192.08 \approx 193$$

即两个样本应各包括 193 人。

现在，广告调查在我们的生活中已经非常常见，例如，我们观看的直播电商、广告法的出台与调整及我们所看到原生广告创意都是广告调查的结果。因此，在不断强调"用户体验"的今天，对本节概念和计算方法的理解非常重要。除了采用公式计算来了解调查所需样本，我们还可以通过查附录 6 的方式获得所需样本量。

【延展阅读】

　　许多人会错误地认为，在民意调查中，样本容量应该是总体容量的某个百分比，其实从以上公式和例题中可以看出，样本容量与总体容量是无关的。出现在报纸、杂志、网络这些媒体中的民意调查，它们的样本容量多数在 1000 到 2000 之间，即使这个数量是总体容量中一个很小的比例，它们也能够提供非常好的结果。在电视收视率调查中，尼尔森公司从一亿四百万家庭组成的总体中抽取 4000 户进行调查，此时只有 0.004% 的家庭被调查，但我们仍然能够有 95% 的把握相信：样本百分比将落在真实总体百分比附近的 1 个百分点范围内。

☞ **思考题**

一、复习思考题

1. 什么是抽样调查？它在什么条件下使用？

2. 抽样调查的步骤有哪些？

3. 抽样调查技术有哪些？

4. 分层抽样与整群抽样有何区别？

5. 配额抽样有哪些优缺点？

6. 抽样误差与非抽样误差产生的原因是什么，如何避免？

7. 确定样本容量的影响因素有哪些？

二、实训题

1. 试分析一下抓牌的抽样方式。一副扑克牌有 54 张，四个人一起玩，玩牌前先随机洗牌，洗牌结束以后先随机抽取一位玩家第一个抽牌，然后按顺时针方向四人轮流抽牌，请问这种抽牌方式涉及几种抽样方法，请具体加以分析。

2. 某周刊一年出版 50 期，现请采取系统抽样方法每年抽取 10 期进行调查。请写出系统抽样的各步骤。如果抽出的期数为 4，9，14，19……如果逢 4 都是月初，逢 9 都是月底怎么办？

3. 假设某线下超市有 5000 名会员，其中男性 60%，女性 40%；55 岁以上、40~55 岁、30~40 岁以及 30 岁以下会员分别占比 40%、30%、20%、10%。请用配额抽样法抽取一个规模为 300 人的样本，并制定出各类样本的配额表格。

4. 以下是某个市场调研公司的抽样计划，请依据本章内容评价这个抽样方案哪些方面做得好，哪些方面存在不足，并请你提出修改意见。

Z 世代消费观念及广告态度调查——抽样方案

一、调查内容与调查对象

本次调查的内容是 Z 世代的消费观念、消费行为习惯以及对广告的态度，以便更好地洞察 Z 世代的消费心理以及帮助广告主更精准地制定针对 Z 世代的广告计划。

调查对象是中国的 Z 世代，即 "95 后" 与 "00 后"，具体来说就是 1995 年 1 月 1 日至 2009 年 12 月 31 日出生的中国公民。

二、抽样思路与方法

本次调查采用分层、多阶段、与规模成比例的概率抽样办法。

第一阶段：根据全国六大区域的 Z 世代人口三个主要指标，进行调研城市的抽样，并分别覆盖华东、华北、华南、西南、西北和东北。本阶段所采用的方法主要是与规模成比例的概率抽样办法。由于本次调研的目的是探究 Z 世代的消费观念和广告态度，因此抽取的样本要尽量来自经济较发达地区，那么本次抽取样本的城市选取主要是省会城市和一线城市。

第二阶段：在第一阶段抽取的城市的基础之上，在每个城市根据 Z 世代人口规模进行行政区的抽样，这一阶段依旧采用与规模成比例的抽样方法。

第三阶段：在第二阶段抽取的行政区的基础之上，在每个行政区根据 Z 世代人口规模进行社区的抽样，这一阶段依旧采用与规模成比例的抽样方法。

第四阶段：由于"95 后"和"00 后"的最大年龄差距可以达到 15 岁，而且部分"95 后"已经开始工作，由于身处不同的人生阶段，部分"95 后"和"00 后"会有不同的消费观念和广告态度，因此在抽取地域之后，会对每个地域的 Z 世代按照年龄进行分层抽样，分层的标准是出生日期，在 1995 年 1 月 1 日至 1999 年 12 月 31 日出生的归到一层，在 2000 年 1 月 1 日至 2009 年 12 月 31 日出生的归到一层。

第五阶段：按常理推论，由于男女在思维观念、社会压力、社会角色方面存在差异，男性和女性会有不同的消费观念和消费方式，因此，按照年龄分层后，在各年龄层下按性别进行分层抽样。

三、抽样总体与抽样单位

本次调查的抽样总体为不同地域、年龄阶段、性别的 Z 世代。他们在消费观念、消费行为习惯和广告态度方面都对全国和部分省份有较好的代表性。

第一阶段的抽样单元为城市，那么全国六大区域中不同的城市为一级抽样单元。

第二阶段将第一阶段抽取到的城市分成一定数量的行政区（如厦门可以划分为思明区、湖里区、海沧区、集美区、同安区、翔安区），二级抽样单元为行政区。

第三阶段将第二阶段抽取到的行政区划分成一定数量的社区，三级抽样单元为社区。

第四阶段是按照年龄阶段分层，那么四级抽样单元为某个社区内的"95 后"群体或者"00 后"群体。

第五阶段是在第四阶段的基础上按性别分层，那么五级抽样单元为某个行政区内"95 后"男性、女性，及"00 后"男性、女性。

四、抽样框

本次调查使用的抽样框是在居委会的户籍管理资料中获取的居民户资料的基础上剔除非 Z 世代家庭之后重新编制的。

五、样本容量

1. 确定调查的估计精度：绝对误差限度 $E = 2.5\%$，置信水平 $1 - \alpha = 99\%$。

2. 确定初始样本量：$n_0 = (Z_{\alpha/2})^2 * \pi (1 - \pi) / E^2 = 2.58^2 * 0.5^2 / 0.025^2 = 2663$，由于 π 未知，这种情况下通常取 $\pi = 0.5$，这样计算的样本数量最大。

3. 预估有效回答率对样本容量进行再调整：预估有效回答率 $r = 90\%$，计算 $n_2 = n_1 / r = 2959$。

4. 最终确定总的样本量为 $n = 2959$。

由于本次调查涉及的是全国性的数据，同时也并非求总体的比例或方差，故此次调查也可以参考附录 6，当 $\Delta = 0.025$，$\alpha = 0.01$ 时，调查取样本的数量为 2654，这跟前面计算的结果相差不大。

六、抽取样本过程

第一阶段：根据与规模成比例的抽样方法确定要抽取的城市。

（1）排列元素——城市，计算不同城市 Z 世代人口占所有城市人口的比例。

（2）累计比例，分配号码范围。

（3）采用随机数表的方法或系统抽样的方法选择号码并抽出。

（4）被选中的城市进入第二阶段抽样中。根据每个城市的 Z 世代人数占所有被抽取到的城市的 Z 世代人数的比例，确定每个城市应该抽取的样本数量。

第二阶段：根据与规模成比例的抽样方法确定第一阶段被抽中的城市中的行政区，操作方法同上。然后根据每个行政区的 Z 世代人数占该城市所有被抽取到的行政区的 Z 世代人数的比例，确定每个行政区应该抽取的样本数量。

第三阶段：根据与规模成比例的抽样方法确定该行政区内的社区，操作方法同上。然后根据每个社区的 Z 世代人数占该行政区所有被抽取到的社区的 Z 世代人数的比例，确定每个社区应该抽取的样本数量。

第四阶段：在第三阶段抽取的每个社区中，根据社区内部所有 Z 世代的年龄阶段比例来确定样本中"95 后"与"00 后"的比例。

第五阶段：在第四阶段的基础之上，再根据社区内部所有 Z 世代的男女比例来确定样本中的男女比例。

样本抽取过程如上，样本数据根据具体的数据来确定。

七、调查方式

调查主要采用面对面访问的方式进行，由调查员利用智能手机或平板电脑（PAD）等在计算机辅助调查系统（CAPI）支持下进行调查。

针对不便面对面访问的对象，借助远程应用程序以自填的方式进行调查。

第四部分

数据分析

第九章　数据质量控制与初步分析

第一节　问卷数据录入与编码

从这一章起，我们开始处理真实、生动的数据。收集数据之后，第一步工作通常是整理数据并将其录入 SPSS 或其他统计软件。本书将以 SPSS23.0 软件为例，介绍如何将问卷数据录入并对其进行编码。

SPSS 窗口工作表包括【数据视图】（Data View）和【变量视图】（Variable View）两个次窗口，【数据视图】工作表是将问卷数据录入的窗口，【变量视图】工作表是设定变量内容和属性的窗口，我们可以在【变量视图】工作表设定变量名称（Name）、变量类型（Type）、宽度（数字位数或字符数；Width）、小数位数（Decimals）、变量标签（Label）、变量取值的标记（Values）、缺失值（Missing）、测量尺度（Measure）等，如图 9-1 所示。问卷数据收集完成后，我们需要先在【变量视图】工作表中输入与问卷包含的量表题项相对应的变量，在设定好变量的名称及属性后，再通过【数据视图】工作表录入问卷填答者的全部数据。

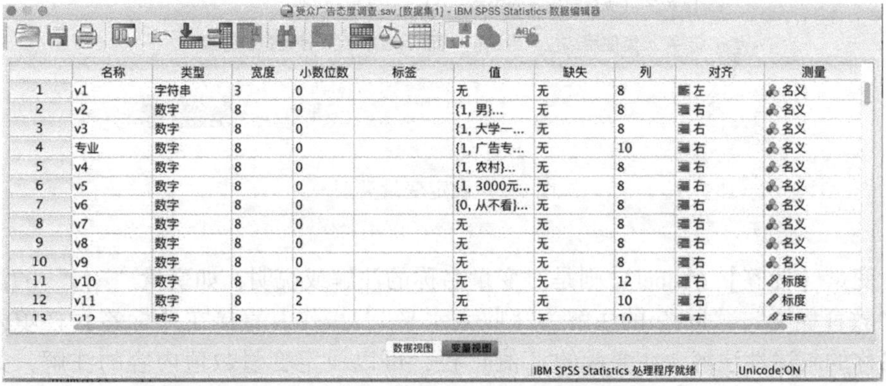

	名称	类型	宽度	小数位数	标签	值	缺失	列	对齐	测量
1	v1	字符串	3	0		无	无	8	左	名义
2	v2	数字	8	0		{1, 男}...	无	8	右	名义
3	v3	数字	8	0		{1, 大学一...	无	8	右	名义
4	专业	数字	8	0		{1, 广告专...	无	10	右	名义
5	v4	数字	8	0		{1, 农村}...	无	8	右	名义
6	v5	数字	8	0		{1, 3000元...	无	8	右	名义
7	v6	数字	8	0		{0, 从不看}...	无	8	右	名义
8	v7	数字	8	0		无	无	8	右	名义
9	v8	数字	8	0		无	无	8	右	名义
10	v9	数字	8	0		无	无	8	右	名义
11	v10	数字	8	2		无	无	12	右	标度
12	v11	数字	8	2		无	无	10	右	标度

图 9-1　SPSS 中的【变量视图】工作表

在【变量视图】工作表中，我们可以设定变量的【名称】（Name），如性别、年龄、专业等。在设定变量名称时，需注意以下几点：第一，变量名称必须以中文或英文字母开头，而不能以数字开头，否则会出现"变量名中的第一个字符不合法"的警告窗口；第二，变量名称中不可使用空格或特殊字符如-、！、?、＊等，不然会出现"变量名包含不合法的字符"的警告窗口；第三，变量名称不能以英文句点结束，否则会出现"变量名中的最后一个字符不合法"的警告窗口；第四，每个变量名必须是唯一的，不能有重复的变量名称，且英文变量名不区分大小写，如 Age、AGE 和 age 均视为同一变量；第五，变量的命名要与原问卷题项作有机的连接，这样才便于研究者录入、核对和检查数据。

变量的【类型】（Type）包括数字（N）、逗号（C）、点（D）、科学记数法（S）、日期（A）、美元（L）、定制货币（U）、字符串（R）等，较常见的为数字或字符串，如图 9-2 所示。但由于字符串类型的变量不方便进行统计分析，因此研究者在进行变量类型设定时，更常将变量的类型设定为数字。

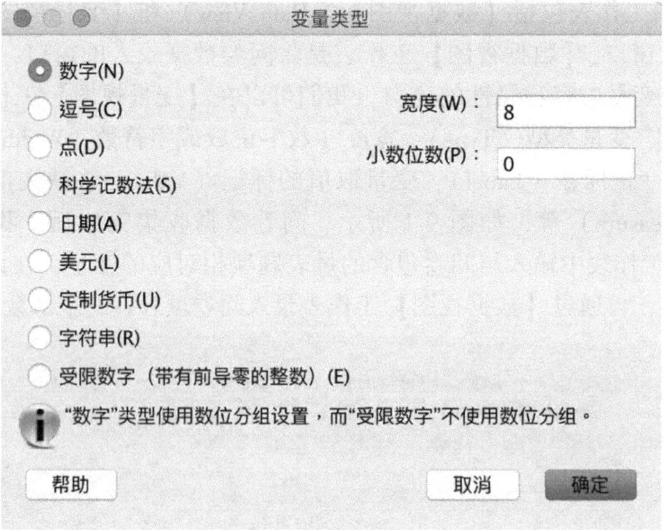

图 9-2　设定变量类型

变量【标签】（Label）则是对变量名称的注解或说明，如变量"edu"的注解为"教育程度"，"inc"的注解为"收入水平"，操作时直接在【标签】栏填入变量名称的叙述性注解。在变量的【值】栏，可以设定变量数值内容的注解，如性别变量有"1"和"2"两个取值，为了使输出报表易于解读，有必要将"1"和"2"加上注解，如变量值等于"1"时，数值注解为"男"，变量值等于"2"时，数值注解为"女"，如图 9-3 所示。

另外，我们在【变量视图】工作表中可设定变量的缺失值。所谓的缺失值，

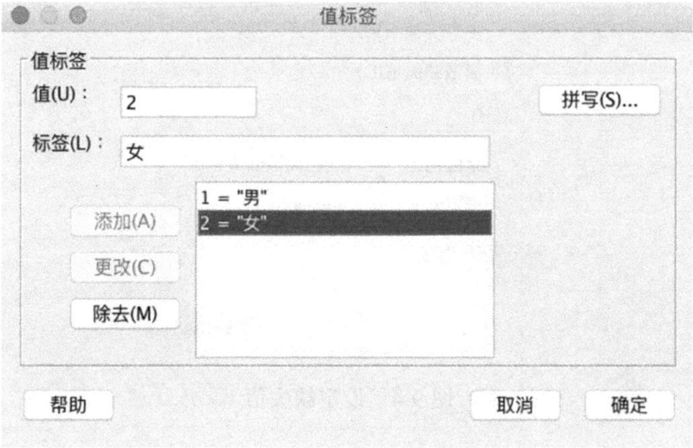

图 9-3　为变量取值添加注解

是作答者未作填答时，研究者自行键入的数据。如在 5 点式李克特量表中，某一作答者未填答第 17 题，则研究者在键入该作答者第 17 题数据时，可键入 9，并在【变量视图】第 17 题的【缺失值】一栏填入 9，这样，在之后的统计分析中，所有该题取值为 9 的作答都不会被纳入统计分析的数据之中。操作时，在"缺失"列的单元格中可设定每个变量的缺失值。在图 9-4 所示的【缺失值】对话框中，有三个设定：【无缺失值（N）】、【离散缺失值（D）】和【范围加上一个可选的离散缺失值（R）】。研究者可在【离散缺失值（D）】栏中设定三个分别间断的缺失值，如键入数据时，常将未填答者以 0 或 9 代替，在统计分析时此两个数值即可设定为缺失值。以性别变量为例，性别变量有男（编码为 1）、女（编码为 2）两个水平，若受试者没有填答，则以 0 代替，此时在【离散缺失值（D）】选项中，第一个方格可键入 0，表示性别变量的数值 0 为缺失值。【范围加上一个可选的离散缺失值（R）】选项则可设定一个范围内的缺失值，另外还可再加上一个间断的缺失值。以 5 点式李克特量表为例，五个水平分别编码为 5，4，3，2，1，未填答者以 0 代替，如果数值大于 6 表示键入错误的数值，则在缺失值范围的设定中可以设定最低值为 6，至最高值 9999 均为缺失值。

最后，我们可通过【测量】栏定义变量属性，包括名义变量、有序变量和标度变量，分别对应分类变量、顺序变量和数值变量（包括定序变量和定比变量），不同的变量类型关系到统计方法的运用。以独立样本 t 检验和方差分析为例，其自变量必须为名义或有序变量，而因变量必须为标度变量（等距或等比变量），研究者若能清晰界定变量的属性类型，之后的统计分析会更加简便和富有逻辑性。

在【变量视图】工作表中设定好变量和属性后，我们便可以转到【数据视图】

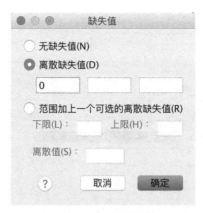

图 9-4　设定缺失值

工作表中录入问卷数据。在【数据视图】工作表中，每一行代表一位问卷填答者或一份观察值，所以每份问卷或每位问卷填答者的数据需占一横行。每一列代表一个变量，且每列的第一个单元格为变量名称，如"性别""年龄""广告态度"等，见表 9-1。

表 9-1　　　　　　　　　　　【数据视图】工作表中的行和列

	变量名称一 （性别）	变量名称二 （年龄）	变量名称三 （广告态度）	……
1（作答者一）				
2（作答者二）				
3（作答者三）				
4（作答者四）				
5（作答者五）				

无论是分类变量、顺序变量还是等距变量，如果是单选题，每道题均单独成为一个变量名称；如果是多选题，则每个选项均单独成为一个变量名称。例如，对于单选题"当要购买某种物品时，我会主动搜索相关的广告"（请作答者在"非常不同意""不同意""不能确定""同意""非常同意"中选择一项），此问题对应的变量可以命名为"广告搜索"或直接以题号命名，如"q1"；而对于多选题"当要购买以下物品时，我会主动搜索相关的广告"，要求作答者根据消费习惯，在"食品饮料""日用清洁""手机家电""美容洗护""其他（请填写具体内容_____）"五个选项中选择一项或多项，则此问题对应五个变量名称，如 q1_1， q1_2，q1_3，q1_4，q1_5，其中"q1"代表第一题，"_1"代表这一题的第 1 个选项。如果选项被作答者勾选，录入数据时则键入"1"，没有被勾选则键入"0"。表 9-2 和表 9-3 呈现了多选题的数据录入方式。

表 9-2　　　　　　　　　　　　　　　多选题案例

题项 1	当要购买以下物品时，我会主动搜索相关的广告。（请根据消费习惯，在以下选项中选择一项或多项）
1	食品饮料
2	日用清洁
3	手机家电
4	美容洗护
5	其他（如有，请填写具体内容_____）

表 9-3　　　　　　　　　　　　　　　多选题的数据录入

	q1_1 （选项 1）	q1_2 （选项 2）	q1_3 （选项 3）	q1_4 （选项 4）	q1_5 （选项 5）
1（作答者一）	0	1	1	0	0
2（作答者二）	0	0	1	1	0
3（作答者三）	0	1	1	1	0
4（作答者四）	0	0	1	0	0
5（作答者五）	0	0	1	1	0

问卷中常见的另一类问题是等级排序题，例如，要求作答者直接写入重要性等级，见表 9-4。

表 9-4　　　　　　　　　　　　　　　排序题案例

题项 2	当要购买以下物品时，您是否经常搜索与之相关的广告？请按照搜索的频次为以下物品排序（1 到 4），其中"1"代表最经常搜索，"4"代表最少搜索。
□	食品饮料
□	日用清洁
□	手机家电
□	美容洗护

175

此类问题的变量编码与多选题相似，每道题录入的变量数量与问题的选项个数一致，如上例中的问题有四个选项，则变量名称可设定为 q2_1，q2_2，q2_3，q2_4。但是，等级排序题的变量数值内容与多选题不同，若是多选题，录入数值为"0"或者"1"；而对于这种优先级的编码，录入数值为"1"到"4"，如果有作答者只填两个，则没有填答部分可给予数值"3"，将来统计分析时，执行工具栏【分析】——【描述统计】——【描述】程序，查看四个变量名称的等级平均数高低，从而判断四个选项被选填的重要性程度。在本例中，等级平均数最低者为全体作答者认为第一重要的项目，而等级平均数最高者为最不重要的项目。

在完成数据的录入后，我们需要对数据进行检查和审核。数据审核就是检查数据中是否有错误，主要从完整性和准确性两个方面去考察。完整性主要是检查数据是否有遗漏、所有的调查问卷是否录入齐全；准确性则是审核数据是否有错误、是否存在异常值。在这里，我们应特别注意对异常值的鉴别：如果异常值属于录入时的错误，在分析前应予以纠正；如果异常值是一个正确的值（不属于录入错误），则应予以保留。

第二节　用数字描述分布

数据录入完成后，我们可以先用简单的指标来描述数据。完成这一步可以从三个方面进行：一是描述分布的集中趋势，即反映各数据向其中心值靠拢或聚集的程度；二是描述分布的离散程度，即反映各数据远离其中心值的趋势；三是描述分布的形状，即反映数据分布的偏态和峰态。这三个方面分别反映了数据分布的不同侧面，提供了不同的数据分布信息。

一、集中趋势的度量

集中趋势（central tendency）指的是一组数据向其中心值靠拢的倾向和程度，它反映了一组数据中心点的位置所在。集中趋势的度量就是找出一组数据的典型值或代表值，该值称为集中量数。常用的集中量数有平均数、中位数和众数。下面我们首先讨论一下这几个集中量数的定义和计算方法，然后再对其各自特点以及应用场合加以区分。

1. 众数

众数（mode）是一组数据中出现次数最多的变量值，用 M_o 表示。众数主要用于测量分类数据的集中趋势，当然也适用于顺序数据和数值型数据（包括定序变量和定比变量）。一般情况下，只有在数据量较大的情况下，众数才有意义。

【例 9.1】在关于《社交媒体广告价值调查》问卷中，94 个被试的职业分布见表 9-5。求此数据组的众数。

《社交媒体广告价值调查》问卷，本书中出现的《社交媒体广告价值调查》问卷均出自本页二维码。

表 9-5　　　　　　　　　　　　　职 业 分 布

职业	频数
在校学生	61
公司员工	24
事业单位职员	7
私营业主	1
其他	1

众数是出现最多的变量值，在上面的例子中就是"在校学生"。计算众数时最容易、最经常出现的错误，就是误将某个类别出现的次数而不是类别本身当作众数。对一些人来说很容易得出众数是"61"而不是"在校学生"的结论，这个错误是我们在计算众数时一定要注意的。

有时也会出现一些特殊情况。例如，在 3，3，3，4，4，4，5，5，5 这组数据中，各数值出现的次数完全一样，都是出现了 3 次，该组数据就没有众数；而有些数据则会出现两个或两个以上的众数，那么这样的数据可能就是双峰或多峰分布了。如图 9-5 显示了几种众数的分布情况。

2. 中位数与分位数

在一组按大小顺序排列的数据中，可以找出处在某个位置上的数据，这些位置上的数据就是相应的分位数，包括中位数、四分位数、十分位数、百分位数等。

中位数（median）是将一组数据排序后处于其中间位置的变量值，用 M_e 表示。它作为一个分布的中间点，意味着一半观测值比它小，一半观测值比它大。中位数

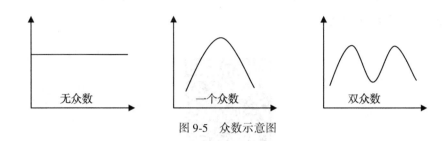

图 9-5　众数示意图

不适用于分类数据，也不会受到极端值的影响。找分布中位数的步骤如下：（1）把所有观测值按照从小到大的顺序排序；（2）若观测值个数 n 为奇数，则中位数 M_e 就是排序后观测值最中间的那一个。要找中位数的位置，只需从头数起，数到第（n+1）/2 个位置即可；若观测值个数 n 为偶数，中位数 M_e 就是一组数据排序后最中间的两个观测值的平均数，中位数仍然位于从头数到第（n+1）/2 个位置。

四分位数（quartile）也称四分位点，是将一组数据排序后处于其中 25% 和 75% 位置上的值。如果把数据总体个数视为 100%，则四分位数通过 3 个点将全部数据平均分为 4 等份，每一部分包含 25% 的数据。中间的四分位数就是中位数，处在 25% 位置上的数值称为下四分位数（Q_L），它是中位数左边所有数字的中位数；处在 75% 位置上的数值称为上四分位数（Q_U），它是中位数右边所有数字的中位数。如图 9-6 所示。

图 9-6　四分位数的示意图

四分位数的位置确定方法如下：

$$Q_L \text{ 的位置} = \frac{n+1}{4} \qquad\qquad （\text{式} 9.1）$$

$$Q_U \text{ 的位置} = \frac{3(n+1)}{4} \qquad\qquad （\text{式} 9.2）$$

如果数据组中有一个或多个极值，相比其他反映集中趋势的量数来说，中位数能更好地代表数据的中心值，甚至比均值更好。在特定的社会和经济指标分析中，常使用中位数作为集中趋势量数，例如"武汉市家庭平均收入的中位数是……"

而不是使用均值来概括收入。这是因为在研究收入分配时，总是存在极值改变或明显地扭曲数据分布中心点的情况。

中位数、四分位数是特殊的百分位点（percentile points），百分位点用于定义数据集或数据分布中等于或小于一个特定数据值个体的百分数。例如，你的成绩"处在第80百分位点"，这意味着你的成绩刚好是或者超过班内80%人的成绩。中位数是第50百分位点上的值，有50%的观测点在这个值之下，有50%的观测点在这个值之上。需要注意的是，中位数、四分位数只适用于顺序变量和数值型变量，对于分类变量是没有意义的。

3. 平均数

平均数也称为均值（mean），它是一组数据中所有数值相加后除以数据的个数后得到的结果。比如将全班同学年龄加起来就得到一个总和，再除以班级人数，得到的就是全班同学的平均年龄。平均数作为集中趋势最常用的测度值，是一组数据的均衡点所在，体现了数据的必然性特征。在平均数的计算中，根据总体数据计算的称为总体平均数，记为 μ；根据样本数据计算的称为样本平均数，记为 $\bar{x}$（读成 x-bar）。样本均值的计算公式为：

$$\bar{x} = \frac{\sum x}{n} \tag{式9.3}$$

其中，$\sum$（西格玛）是连加符号，也就是将其后所有的数值都加起来；x 是数据中每个具体的数值；$\sum x$ 表示将变量 x 的所有值相加，也记作 $\sum_{i=1}^{n} x_i$，其中 n 是样本规模。如果是总体规模，一般用大写字母 N 表示。

上面计算的是简单平均数（simple mean），也称为算术平均数（arithmetic mean）。但是在实际的研究中，我们从样本获得的分组数据中，每组的样本数并不一定相等。如果我们想要计算总平均数，但各组数据个数不同时，绝不能直接求各组平均数的平均数作为总平均数，而是必须计算加权平均数。加权平均数是每一数值乘以它出现的频数，并将所有的积相加，最后除以频数的总和。计算公式如下：

$$\bar{x} = \frac{\sum_{i=1}^{k} M_i f_i}{n} \tag{式9.4}$$

在式9.4中，M_i 表示第 i 组的均值；f_i 表示第 i 组的人数或数据个数。

下面我们就以具体例子来说明加权平均数的计算方法。

【例9.2】下面数据是某年级学生的数学成绩，试计算其加权平均数。

表9-6　　　　　　　　　　　　某年级学生的数学成绩

班级	班级平均（M_i）	班级人数（f_i）	M_if_i
（1）班	90	60	5400
（2）班	85	65	5525
（3）班	63	55	3465
（4）班	75	65	4875
（5）班	80	58	4640
（6）班	88	59	5192
（7）班	86	60	5160
（8）班	70	50	3500
（9）班	80	55	4400
合计	—	527	42157

解：

$$\bar{x} = \frac{\sum_{i=1}^{k} M_i f_i}{n} = \frac{42157}{527} = 79.99$$

答：这个年级学生数学成绩的加权平均数是 79.99 分。

4. 众数、中位数和均值特征比较及其适用情况分析

前面已介绍了众数、中位数和均值这三种常用的集中趋势的度量方法，由于其各自的性质与特点，它们在特定情况下的适用性是不同的，因而有必要对它们加以比较，以便在统计实践中做出正确的选择。

（1）测量水平

变量的测量水平是选择代表值时需要考虑的重要因素之一。对于数值型变量，三个集中量数都可以使用，其中平均数是最常用的量数；对于顺序变量，中位数更为合适，因为中位数是建立在排序基础之上的；对于分类变量，只能使用众数。

（2）灵敏程度

平均数的灵敏程度要高于众数和中位数。由于在计算平均数时，每个数值都要考虑，而确定中位数和众数时，考虑的是数据出现的位置或者次数，对数值本身变

化的反应不够灵敏。

（3）稳定程度

由于平均数的计算需要每个数值都加入，因而它较少受样本抽样的影响，作为反映样本集中趋势的量数比较稳定可靠。中位数与众数则很容易受样本变化的影响，稳定性较差。

（4）极端数值

由于计算平均数时每一个数值都要加入，因此它易受到极端数值的影响，进而降低其代表性，难以反映我们所研究的事物的真实原貌。在这种情况下，中位数和众数就成为更好的选择。

（5）数据分布

我们看到，当数据中出现极其反常的数值时，平均数和中位数的差别就会很大，这时中位数是更具代表性的集中量数。我们也可以从分布的角度理解这个问题。当分布大体对称或接近对称分布时，众数、中位数和平均数就非常接近；当数据为左偏分布时，众数最大，其次是中位数，最后是平均数；如果是右偏分布，其关系正好相反：平均数最大，众数最小，中位数介于两者之间。如图9-7反映了这三种不同的分布情况。

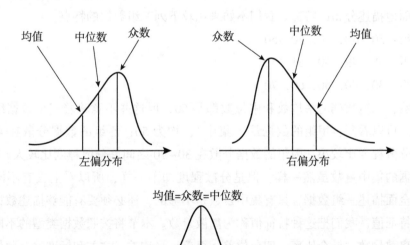

图9-7　数据分布图

表 9-7 　　　　　　　常用集中趋势度量适用情况的总结

度量指标	适 用 情 况	注 意 事 项
众数	三种类型数据均适用，特别是分类变量； 适用于数据分布偏斜程度较大且有明显峰值时	不够精确，提供的信息很少； 不具有唯一性； 分组变化时受到较大影响
中位数	不适用于分类数据； 对了解分布的中间点或者分布是否有偏非常有用	不受极端值的影响； 只需中间的数据
平均数	不适用于分类数据和顺序数据； 数学性质优良； 数据对称分布或接近对称分布时应用	易受极端值的影响； 如果数据中有异常点或分布是有偏的，均值可能存在误导

二、离散程度的度量

利用平均数、中位数、众数等集中量数可以描述一组数据的集中趋势，从一个侧面反映出数据列的特征。但是在实际中，人们发现仅用数据列的集中趋势未必能够较全面地描述分布的特征。我们不妨来比较下列三组数据的特点：

甲组：50，50，50，50，50

乙组：48，49，50，51，52

丙组：30，40，50，60，70

显然，三组数据的平均数和中位数都是 50，但这并不意味着三个数据组的特征一样。可以看到：甲组的数据最"集中"，均为 50；乙组的数据分散在 48～52 之间，分散程度比较小；丙组的数据分散在 30～70 之间，分散程度比较大。可见，三组数据的集中量数虽然一样，但是分散程度却不一样，所以看上去有不同的特征。要全面描述一组数据，只有集中量数是不够的，还必须要有能够描述数据分散程度的特征值，我们把这种特征值称为离散量数。本节将按照数据类型的不同，介绍几种离散量数：异众比率、四分位差、极差、平均差、方差和标准差。此外，还有测度相对离散程度的离散系数等。

1. 异众比率

异众比率（variation ratio）是指非众数组的频数占总频数的比例，用 V_r 表示。异众比率用于衡量众数对一组数据的代表程度，值越大说明非众数组的频数占总频数的比重越大，众数的代表性就越差。异众比率的计算公式如下：

$$v_r = \frac{\sum f_i - f_m}{\sum f_i} = 1 - \frac{f_m}{\sum f_i} \qquad （式9.5）$$

式中，$\sum f_i$ 为变量值的总频数，f_m 为众数组的频数。

【例9.3】根据例9.1中的数据，计算异众比率。

解：

根据式9.5可得

$$v_r = \frac{94 - 61}{94} = 1 - \frac{61}{94} \approx 0.351 = 35.1\%$$

说明在所调查的94人当中，不是在校学生的人数占35.1%，这反映了"在校学生"作为众数的代表性。

2. 四分位差

四分位差（quartile deviation）也称为内距或四分间距，是上四分位数与下四分位数之差，用 Q_d 表示，计算公式为：

$$Q_d = Q_U - Q_L \qquad （式9.6）$$

由于四分位差将焦点放在了中间50%的数据上，所以当分布有偏时，这一系数非常有用。在传播学中，一些度量往往是有偏斜的，这时选择使用中位数作为集中趋势的度量，四分位差作为离散趋势的度量是合理的。如图9-8是个箱线图，中间50%的数据所占的长度（箱子长度）就是四分位差，可看出这列数据有偏，50%的数据所占的长度比前面25%的数据或后面25%的数据所占的长度还短。四分位差可以帮助我们快速地看到数据大致分布情况，对于有偏数据分布非常合适。

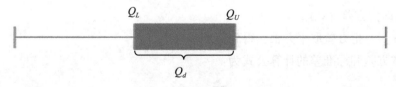

图9-8 四分位差示意图

3. 极差、平均差、方差和标准差

极差（range）是数值型数据中最简单、最直接的离散度量，是最大值与最小值之差，也就是最大值减去最小值。因此，如果最大值是90，最小值是30，那么极差就是60。注意，极差是一个单独的数值，不是两个数值。因此，极差是60，而不是 30 到 90。极差的计算公式为：

$$R = \max(x_i) - \min(x_i) \qquad (\text{式} 9.7)$$

平均差（mean deviation）是指一组数据中各个数值与平均数之差的平均，也就是用数值离开平均数的距离来表示离散程度，用 M_d 表示。其计算公式为：

$$M_d = \frac{\sum\limits_{i=1}^{n} |x_i - \bar{x}|}{n} \qquad (\text{式} 9.8)$$

平均差以平均数为中心，反映了每个数据与平均数之间的差异程度，可以全面反映一组数据的离散状况。由于每个数据与均值之间偏差的总和一定等于 0，所以计算平均差时取每一个偏差的绝对值。将这些绝对值累加起来，然后除以数据总的个数，以此反映总离差。平均差的计算考虑了每一个数值，因而稳定可靠，不易受到极端数值的影响，也不易受样本变化的影响，是较为理想的差异量数。但由于需要取绝对值，这给计算带来了不便，因而在实际中应用较少。

方差（deviation）和标准差（standard deviation）是度量离散程度最常用的测度值，反映各变量值与均值的平均差异。根据总体数据计算的，称为总体方差（标准差），记为 $\sigma^2(\sigma)$；根据样本数据计算的，称为样本方差（标准差），记为 $s^2(s)$。

与平均差一样，标准差和方差也是用各数据与平均数的平均距离来表示离散程度。标准差或方差越大，表示数据中数值之间的差异越大，分布越分散。计算出 n 个数据标准差的步骤如下：

第 1 步：先找出每个数据与平均数的距离（也就是做减法），并把这个距离进行平方；

第 2 步：把所有的距离平方加起来，并除以（$n-1$）。所得到的距离平方的"平均"即为方差（s^2）。

第 3 步：把方差取平方根，得到标准差（s）。

样本方差和标准差的计算公式为：

$$s^2 = \frac{\sum\limits_{i=1}^{n} (x_i - \bar{x})^2}{n-1} \qquad (\text{式} 9.9)$$

$$s = \sqrt{\frac{\sum\limits_{i=1}^{n} (x_i - \bar{x})^2}{n-1}} \qquad (\text{式} 9.10)$$

如果想进一步理解标准差在实际生活中发挥的作用，大家可以设想投资时所面对的选择。如果把钱存在银行，利率固定，这时获利多少是完全确定的，且风险很低；如果选择买股票，可能会出现暴涨暴跌的情况，风险很高，这时候运用标准差来衡量股价的离散程度便是可行的选择。

【延展阅读】

1. 细心的读者会发现，公式 9.9 和 9.10 中表示方差和标准差的符号分别为 s^2 和 s，说明式中计算的分别是样本的方差和标准差，而不是总体的方差和标准差。总体方差和标准差公式与此相类似，只是符号和分母不同，公式如下：

$$\sigma^2 = \frac{\sum\limits_{i=1}^{n}(x_i - \bar{x})^2}{N} \tag{式 9.11}$$

$$\sigma = \sqrt{\frac{\sum\limits_{i=1}^{n}(x_i - \bar{x})^2}{N}} \tag{式 9.12}$$

2. 总体方差公式 9.11 中的分母是 N，而样本方差公式 9.9 的分母则是 $(n-1)$。$n-1$ 代表自由度（degree of freedom）。那么，计算样本方差时为何是离差平方和除以自由度呢？原因是：在只有 1 个观测值（即样本容量 $n=1$）的情形下，比如从班级里随机抽取了一名同学，他的身高为 173cm，这时我们可依据这个同学的身高估计全班身高的均值，但我们不能由此推测该班同学身高的分布形状，即无法判断分布是离散还是集中，我们也无法计算方差。可以看出，计算方差时，实际上只有 $(n-1)$ 个信息，也只有 $(n-1)$ 个变动范围，即只有 $(n-1)$ 个自由度。如果从实际应用角度来解释，当用样本方差来推断总体方差时，在公式中代入 $n-1$ 比代入 n 能得出更好、更无偏的估计。而在总体方差计算时不存在以上问题，因而公式中是除以总体个案数 N。

4. 相对位置的度量：标准分数

我们可以参照一组数据的典型值（一般为平均值）来确定某一数据在该组数据的位置，计算这个数值离开平均值多少个标准差单位。这种变量值与平均值的离差除以标准差后的值称为标准分数（standard score）或 Z 分数，通常用 Z 表示。公式如下：

$$z = \frac{x_i - \bar{x}}{s} \tag{式 9.13}$$

式中，x_i 表示原始数值，$\bar{x}$ 表示平均值，s 是标准差。我们可以用一个例子来理解 Z 分数的意义。

例如，甲考试得分为 90，他所在学校的全班平均分为 95，标准差为 5 分；乙考试得分为 70，他所在学校的全班平均分为 60，标准差为 5 分。

那么，甲、乙的标准分数分别为：（90-95）/5 和（70-60）/5，即-1 和 2，也就是甲的得分低于平均分一个标准差单位，乙的得分高于平均分两个标准差单位。通过把原始分数转换为 Z 分数，原始分数的单位不见了，统一用一个抽象的相对位置（Z 分数没有实际单位）取而代之，这样就可以用同一把尺子来衡量不同的考试分数。

【延展阅读】

标准分数用于对变量或数据进行标准化处理，消除原始单位，以便对比使用不同工具测量所得的变量和数值。标准分数的分布是标准化正态分布，如图 9-9 所示。其平均数为 0，标准差为 1。由于 Z 分数与正态分布图表相联系，知道其 Z 分数就知道某个数据排在第几位。具体而言，可通过查询标准正态分布表（见附录 2），将每个 Z 分数与累积概率联系起来，这个累积概率就是所处的百分位置。如图 9-9 中，有位学生的成绩换算成 Z 分数后为-1.96，-1.96 对应的累积概率为 2.5%（图 9-9 左侧阴影部分面积所占总面积的比例），则表明该生成绩在全体中处于 2.5% 位置，即有 2.5% 学生的成绩低于该生，有 97.5% 的成绩高于该生。

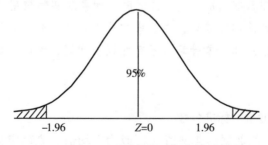

图 9-9　Z 分数的正态分布

标准分数之和为零，即 $\sum Z = 0$，这是正负值相互抵消的缘故。

5. 相对离散程度：离散系数

当我们比较的两组或多组数据的平均值或者其计量单位不一致时，需采用标准差与平均数的比值来判定其离散程度。比如考查 2011 年到 2020 年地区发展差距的变化趋势，就可计算这十年间人均 GDP 的变异系数。如果变异系数逐年增加，说明各地发展速度快慢不均、发展差距不断拉大。在这里，标准差与其相应的平均数之比就是离散系数，也称为变异系数（coefficient of variation），计算公式为：

$$v_s = \frac{s}{\bar{x}} \qquad\qquad (\text{式 } 9.14)$$

6. 各离散量数的特点比较与应用情况分析

我们已经了解了描述集中分布和离散趋势的几种度量值，在实际运用中我们应注意选择适当的综合数值进行描述。比如，平均值和标准差会受到异常值或分布偏斜的影响，相比之下，中位数和四分位数则不受影响。因此，在分布大致对称且没有异常值的时候，均值和标准差才适用。表 9-8 介绍了使用各个离散量数的注意事项。

表 9-8　　　　　　　　　　　　**常用的离散量数总结**

度量指标	适用情况	注意事项
异众比率	适用于分类数据	是非众数组的频数占总频数的比例； 值越小，众数的代表性越强
四分位差	对顺序数据和数值型数据适用； 对了解中间 50% 数值的分布有用	是上四分位数与下四分位数之差； 不受极端值和分布偏斜的影响
极差	适用于数值型数据； 容易计算	是最大值与最小值之差，反映着数据分散大小； 包含信息很少，可能产生误导
平均差	适用于数值型数据	用数值离开平均数的距离来表示离散程度； 考虑了每个数值，较为稳定； 带有绝对值，不易计算
标准差	数值型数据最常用到的离散量数	用数据与平均数的平均距离来表示离散程度； 标准差越大，表示数据中的数值之间差异越大，分布越分散； 易受极端值的影响

续表

度量指标	适用情况	注意事项
标准分数	在单位不一致、标准不统一的情况下，比较数据的相对位置； 可用于判断一组数据是否有离群点； 用于对变量的标准化处理	是离开平均数的"标准差单位数"； 标准分数的分布是标准化正态分布，平均数为 0，标准差为 1
离散系数	对不同组别数据离散程度的比较	是标准差与其相应的均值之比； 消除了数据水平高低和计量单位的影响

三、分布的形状：偏态与峰态

我们可以使用另外两个描述统计量描述分布的形状，这就是偏态（skewness）和峰态（kurtosis）。顾名思义，偏态是对数据分布偏斜状态的描述，常用偏态系数（coefficient of skewness）测度偏态，记作 SK，计算公式为：

$$SK = \frac{n \sum (x_i - \bar{x})^3}{(n-1)(n-2) s^3} \qquad \text{（式 9.15）}$$

当偏态系数 = 0 时，数据分布为对称分布；

当偏态系数 > 0 时，为右偏分布；

当偏态系数 < 0 时，为左偏分布。

在解决实际问题中，如果数据的偏态系数在 ±0.5 之间，则可以认为数据分布是对称的；

当偏态系数绝对值为 0.5~1 时，数据被认为是中等偏态分布；

而当偏度的绝对值大于 1 时，就是高度偏态分布了。

由此可见，偏态系数越接近 0，偏斜程度就越低。在如图 9-10 所示的三种分布中，哪种分布的偏态系数最低？

与偏态相对，峰态描述的是数据分布的平峰或尖峰状态，常用峰态系数（coefficient of kurtosis）测度，记作 K，计算公式如下：

$$K = \frac{n(n+1) \sum (x_i - \bar{x})^4 - 3 \left[\sum (x_i - \bar{x})^2 \right]^2 (n-1)}{(n-1)(n-2)(n-3) s^4} \qquad \text{（式 9.16）}$$

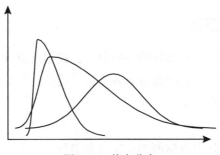

图 9-10 偏态分布

通过峰态我们可以了解数据是否集中分布在均值附近，或是否有许多极端值分布在较大的范围内。正态分布的峰态系数为 0，当 $K>0$ 时为尖峰分布，数据的分布更集中；当 $K<0$ 时为扁平分布，数据的分布更为分散。图 9-11 显示了峰态不同的三种分布。

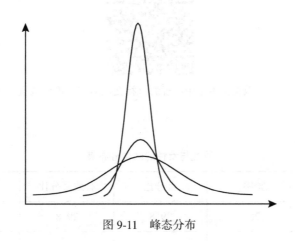

图 9-11 峰态分布

第三节 用图形呈现分布

前面一节介绍了两种类型的描述统计——集中趋势量数和离散程度量数，前者可以提供最切合的值描述一组数据的同质性（集中趋势），后者可以测量数据中数值之间的彼此差异（离散程度）。如果说用数字能把数据分布描述得严谨准确，那么，本节将介绍如何把数据的分布呈现得形象而直观——用图形呈现分布。

一、分类数据的整理

由于分类数据本身就是对事物的一种分类，我们可以计算每一类别的频数、频率或比例、比率等，形成一张频数分布表，最后选择适当的图形进行展示，以便对数据及其特征有一个初步了解。

1. 频数分布表

把各个类别及落在其中数据的相应频数全部列出，并用表格形式表现出来，就形成了频数分布表。《社交媒体广告价值调查》中的男性受众和女性受众的频数分布见表 9-9，一般来讲，频数分布表的第一列为各个类别或组别，第二列为数据出现的频次，接下来是百分比、有效百分比和累积百分比。对于频数、比例和百分比的计算，我们都可以通过 SPSS 完成。

《社交媒体广告价值调查》数据，本书中出现的《社交媒体广告价值调查》数据均出自本页二维码。

表 9-9　　　　　　　　　　　　　　**男性与女性的频数分布表**

		频率	百分比	有效百分比	累积百分比
有效	男	28	29.8	29.8	29.8
	女	66	70.2	70.2	100.0
	总计	94	100.0	100.0	

除生成频数分布表以外，SPSS 还可以生成交叉表或者列联表，如表 9-10 显示了《社交媒体广告价值调查》中性别和职业的交叉表。由两个变量交叉分类的频数分布表称为交叉表（cross table），而两个或两个以上变量交叉分类的频数分布表又称为列联表（contingency table）。

表 9-10　　　　　　　　　　　　**性别与职业的交叉表**

| | | | 职　　业 | | | | | |
			在校学生	企业/公司员工	政府/事业单位职员	个体/私营业主	其他	总计
性别	男	计数	16	10	1	1	0	28
		占性别的百分比	57.1%	35.7%	3.6%	3.6%	0.0%	100.0%
		占职业的百分比	26.2%	41.7%	14.3%	100.0%	0.0%	29.8%
		占总计的百分比	17.0%	10.6%	1.1%	1.1%	0.0%	29.8%
	女	计数	45	14	6	0	1	66
		占性别的百分比	68.2%	21.2%	9.1%	0.0%	1.5%	100.0%
		占职业的百分比	73.8%	58.3%	85.7%	0.0%	100.0%	70.2%
		占总计的百分比	47.9%	14.9%	6.4%	0.0%	1.1%	70.2%
总计		计数	61	24	7	1	1	94
		占性别的百分比	64.90%	25.5%	7.4%	1.1%	1.1%	100.0%
		占职业的百分比	100.0%	100.0%	100.0%	100.0%	100.0%	100.0%
		占总计的百分比	64.9%	25.5%	7.4%	1.1%	1.1%	100.0%

2. 条形图

条形图（bar chart）是用宽度相同的条形的高度或长短来表示数据多少的图形。条形图可以横置或纵置，纵置时也称为柱形图（column chart）。条形图有简单条形图、复式条形图等形式。下面两图分别显示了性别分布的简单条形图以及性别、职业分布的复式条形图。简单条形图描述了一个变量（如性别）分类时的频数分布，如图 9-12 所示；而复式条形图描述了两个变量交叉分类之后的频次分布，如图 9-13 所示。

3. 帕累托图

帕累托图（pareto chart）是按照各类别数据出现的频数多少排序后绘制的条形图。通过对条形的排序，可看出哪类数据出现得多，哪类数据出现得少，由此更直观地了解分类数据的分布。例如，图 9-14 显示了《社交媒体广告价值调查》中 94 个样本的职业分布的帕累托图，左侧的纵轴显示计数值，即频数；右侧的纵轴显示累积百分比。

4. 饼图

饼图（pie chart）是用圆形及圆内扇形的圆心角角度来表示数值大小，主要用

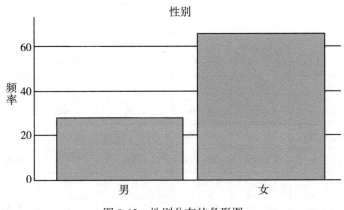

图 9-12　性别分布的条形图

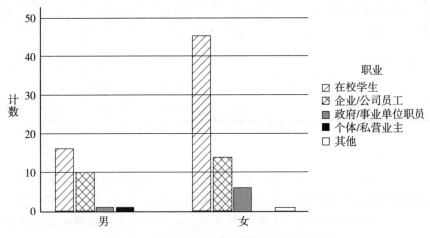

图 9-13　性别与职业交叉分布的复式条形图

于表示一个样本（或总体）中各组成部分的数据占全部数据的比例，对于研究数据的结构问题十分有用。图 9-15 为《社交媒体广告价值调查》样本中性别分布的饼图。

5. 环形图

简单饼图只能显示一个样本各部分数据所占的比例，而环形图则可比较多个样本各部分数据所占的比例。环形图与饼图类似，但又有区别，环形图中间有一个"空洞"，每个样本用一个环表示，样本中的每一部分数据用环中的一段表示。图 9-16 显示了《社交媒体广告价值调查》样本中男性和女性分别在职业构成方面的差异，图中内圈为男性，外圈为女性。

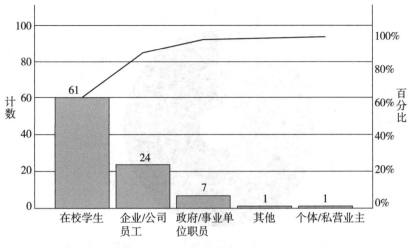

图 9-14　职业分布的帕累托图

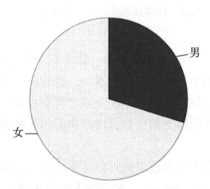

图 9-15　性别分布的饼图

二、顺序数据的整理

前面介绍的频数分布表以及图示方法也都适用于顺序数据，但一些适用于顺序数据的表列和图示方法，并不适用于分类数据。因为顺序变量的取值不仅表示分类，还能够按照某种逻辑顺序对这些分类进行排序，有大小、高低或强弱之别。因而，对于顺序数据，我们通常还需要了解某个数值以上或以下的数据有多少。例如，讨论受教育程度时，我们想知道样本中没有接受过大学教育的有多少，这时就要把"小学""初中"和"高中"出现的频次累加起来，即累积频数。

累积频数（cumulative frequencies）是将各有序类别或组的频数逐级累加起来得到的频数。为了便于查找，一般用两种方法累加频数：一是按照类别顺序，从

193

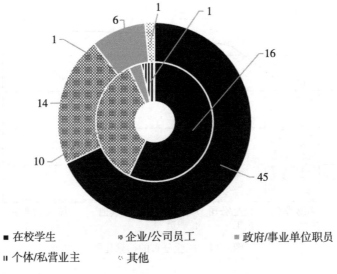

图 9-16　性别在职业构成上的环形图

小、低或弱开始，朝着大、高或强方面累加，称为向上累积；二是与类别顺序相反，从大、高或强开始，朝小、低或弱方向累加，这是向下累积。前者适用于查找某个分组区间上限以下的次数，比如要了解受教育程度在大学及以下的人数；后者适用于查找某个分组区间下限以上的次数，比如我们想了解至少读过高中的人有多少。

　　相应地，如果我们把各个类别或组的百分比逐级累加起来，就得到了累积频率或累积百分比（cumulative percentages）。对于累积频数和累积频率，除了列表，我们还可以绘制累积频数或累积频率分布图，更直观地呈现分布。比如在《网民时事与态度调查（2018-2）》① 中，我们可以根据受众年龄段绘制出累积频数分布图（图 9-17）和累积频率分布图（图 9-18），由此了解样本在某个年龄段以上或以下的比例。

三、数值型数据的整理

　　在实际生活中，我们还面临着这样的问题：分类变量和顺序变量的取值是有限的，而数值型变量在理论上讲是无限的，我们可直接用频数分布表、条形图或饼图等呈现品质数据（包括分类变量和顺序变量）的分布，但对于取值非常多

---

　　① 数据来自马得勇主持的"网民社会意识调查"数据库。

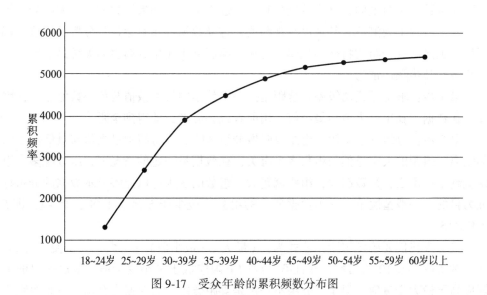

图 9-17　受众年龄的累积频数分布图

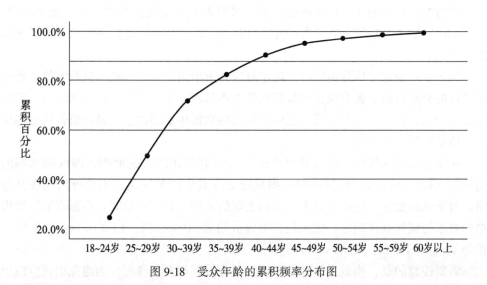

图 9-18　受众年龄的累积频率分布图

的数值型数据，我们应该如何呈现呢？一个可行的办法是把比较接近的值归为一组，通过分组来呈现数据的分布特征。

1. 分组频数分布表

数据分组是将全部变量值依次划分为若干个区间，并将一个区间的变量值作为一组。在组距分组中，一个组的最小值称为下限（lower limit），一个组的最大值称为上限（upper limit）。虽然分组并没有绝对的标准，但如果组数太少，所有的值只落在少数几个组里面，这样数据分布就会过于集中；如果组数太多，大部分的组只有一个或两个观测值，甚至没有观测值，这样数据分布就会过于分散了，这些都不便于观测数据分布的特征和规律。可见，编制分组频率分布表的关键是确定组距与组数。其步骤通常为：

第1步：求全距或两级差。全距是指一组数据中最大数值与最小数值之差，因此，在数据中找出最大值与最小值，用前者减去后者，即得到全距。

第2步：分组并求组距。组距也叫做分组区间，是每组中最高值与最低值之间的距离。组距的大小显然与组数多少有关，在数据量一定的情况下，组数越多，组距就越小；反之，组数越少，组距就越大。组数的多少应以能够显示数据的分布特征为目的。一般情况下，一组数据所分的组数不应少于5组且不多于15组，即5≤K≤15。

接下来我们要确定组距，公式为：（最大值−最小值）÷组数。为了便于计算，组距常常取5或10的倍数，并且第一组的下限应低于最小变量值，最后一组的上限应高于最大变量值。但是，分组不一定是等距分组，有时候也会出现各组组距不相等的情况，比如对于人口年龄的分组，可根据人口成长的生理特点分成0~6岁（婴幼儿组）、7~17岁（少年儿童组）、18~59岁（中青年组）、60岁以上（老年组）等。

第3步：确定具体分组区间。确定组数并求出组距后，就要从最低数值开始确定具体的分组区间。各分组区间按照数值大小从高到低或从低到高排列均可，但需要注意的是，最高一组和最低一组应分别包括数据中的最大值和最小值，所分的组别应能够穷尽每个数据。

在确定分组区间时，我们习惯遵循"上限值不在内"的原则，即区间两端的值 a、b 满足 $a \leqslant x < b$，确保一项数据只能分在其中的某一组，不能再出现在其他组。对于连续变量，还可以对上一组的上限值采用小数点的形式，小数点的位数根据所要求的精度具体确定。比如我们可以分组为 $10 \leqslant x < 12$，$12 \leqslant x < 14$；也可以分组为 $10 \leqslant x \leqslant 11.99$，$12 \leqslant x \leqslant 13.99$。

需要注意的是，当最大值和最小值与其他数据相差悬殊时，为避免出现空白组或极端值被漏掉，第一组和最后一组可采取"××以下"及"××以上"这样的开口组。

第4步：登记并计算频数。将全部数据逐个归入相应的分组区间，并计算每一个区间内数值的个数，得出各组数据的频数。

第5步：编制频数分布表。表9-11显示了《网民时事与态度调查（2018-2）》中频数分布表的样例。

表 9-11　　　　　　　　　　　　受众年龄的频数分布表

年龄段	频数（个）	频率（%）
18~24 岁	1273	23.5
25~29 岁	1423	26.3
30~34 岁	1193	22.0
35~39 岁	601	11.1
40~44 岁	368	6.8
45~49 岁	288	5.3
50~54 岁	109	2.0
55~59 岁	88	1.6
60 岁及以上	72	1.3
合计	5415	100.0

2. 直方图

数值型数据经过分组后，可用直方图（histogram）来呈现。直方图的横轴按照对应事先确定的组数来划分，纵轴表示每一组的频数或相对频率，各组取值区间与相应的频数形成了一个矩形，这就是直方图。直方图在本质上用矩形的面积大小来表示各组频数或频率的多少，虽然形状上与条形图很相似，但它与条形图也存在一定的区别：

（1）条形图中的每一个矩形表示一个类别，其宽度没有意义，而直方图的宽度则表示各组的组距。

（2）由于分组数据具有连续性，直方图的各矩形通常是连续排列，而条形图则是分开排列。

（3）条形图主要用于展示品质数据，而直方图则主要用于展示数值型数据，如图 9-19 所示。

3. 茎叶图

直方图显示了数据分组后的分布情况，但无法告知数据的细节信息，比如想了解数据的最高值和最低值，我们无法从直方图上获取。这时，我们需要一种能够保留原始数据细节信息的图示方法，如茎叶图（stem-and-leaf display）。通过茎叶图，我们可以看出数据的具体信息以及分布形状、离散状况，比如分布得是否对称、数据是否集中、是否有离群点等。

茎叶图由数字组成，图形将数字分成树茎和树叶两部分。通常将该组数据的高位数值设置成树茎，把最低的一位数设置成树叶，以保持原始数据的信息。例如，

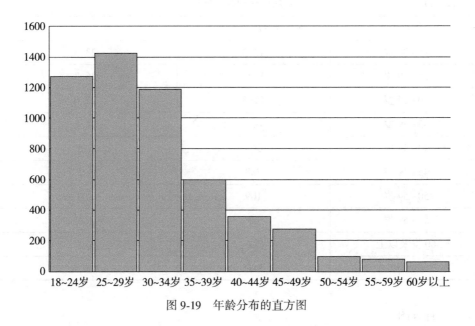

图 9-19 年龄分布的直方图

20.3 将被分成 20 │ 3，而 428 将被分成 42 │ 8，其中"20"和"42"为树茎，而"3"和"8"则为树叶。图 9-20 显示了《社交媒体广告价值调查》中广告价值得分的茎叶图。

```
社交媒体广告价值 茎叶图

频率      Stem & 叶

  2.00 Extremes    (=<1.6)
  1.00    1 . 7
  6.00    2 . 012344
 16.00    2 . 5677777788888899
 30.00    3 . 000000001111122223333333333344444
 24.00    3 . 555555555666666677777777888
  9.00    4 . 000023344
  5.00    4 . 55566
  1.00 极值      (>=4.9)

主干宽度：    1.00
每个叶：      1 个案
```

图 9-20 社交媒体广告价值分布的茎叶图

图中的第一列（frequency）给出了每根茎上叶子的频数，第二列（stem）是树茎,第三列(leaf)是树叶。上方和下方标出了 2 个极端值(Extremes)=<1.6,>=4.9,最下面显示了树茎的宽度 1.00、每片叶子代表一个数据(案例)。与直方图比起来,茎叶图类似于横置的直方图,但又有区别:

(1)直方图可观察一组数据的分布状况,但没有给出具体的数值;茎叶图既能给出数据的分布状况,又能给出每一个原始数值,保留了原始数据的信息。

(2)茎叶图可以保留数据的细节信息,这也意味着如果数据量太大,茎叶图的叶子就会很长或茎很多。由此,直方图适用于大批量数据,茎叶图适用于小批量数据。

4. 箱线图

箱线图(box plot)是由一组数据的最大值、最小值、中位数、两个四分位数(Q_L 和 Q_U)这 5 个值绘制而成的,它可以用一个单一的图形同时表示数据的集中趋势、离散程度和分布的形状,多个箱线图也可用来比较多组数据的分布特征。

箱线图的绘制方法是:

第 1 步:找出数据的最大值、最小值、中位数和两个四分位数;

第 2 步:连接两个四分位数画出箱子;

第 3 步:将最大值和最小值与箱子相连接,中位数在箱子中间。箱线图的一般形式如图 9-21 所示。

图 9-21 简单箱线图

由图 9-21 可以看到,箱线图中的"箱"实际就是图中的矩形。矩形的下边表示 25%百分位数,上边对应 75%百分位数。因此,矩形是对应数据的内四分位距。箱子的大小(矩形的长度)表示数据的变异程度,25%百分位数和 75%百分位数相差越大,数据的变异性就越大。

箱线图中的"线"分别由"箱"的上下边延伸到数据中的极端值。下端的线由下四分位数(Q_L)延伸到最小值,上端的线从上四分位数(Q_U)延伸到最大值。箱线图的最后一个特征表现在箱子之内的线,代表着数据的中位数。如果中位数处在箱子的中间位置,那么数据就大致为对称分布。可见,箱线图包含的细节信息比直方图和茎叶图少,所以它的最佳用途是用来同时比较两个分布。

5. 折线图

对于在不同时间上取得的数值型数据,我们可以用折线图(line plot)表示。折线图能清楚地表明从一个数据点到另一个数据点的变化,这种视觉上的连续性能够让人产生数据也是连续的印象，对于比较两组数据随时间的变化很有用。在绘制折线图时，时间一般绘在横轴上，观测值绘在纵轴上。一般横轴略大于纵轴，横轴与纵轴长度之间的比例大致为 10：7。图形若过于扁平或过于瘦高，不仅不美观，而且会给人造成视觉上的错觉，不利于对数据变化的正确理解。一般情况下，纵轴下端应从"0"开始，以便于比较。如果数据与"0"之间的间距过大，可以采取折断的符号将纵轴折断。

6. 多变量的图示

当存在两个或两个以上变量时，我们可以采用多变量的图示方法，常见的有散点图、气泡图、雷达图。

散点图（scatter diagram）是用一种二维坐标展示两个变量关系的图形。它是用横轴代表变量 x，纵轴代表变量 y，每对数据 (x_i, y_i) 在坐标系中用一个点表示。n 对数据在坐标系中形成的 n 个点称为散点，由此，散点图是由坐标及其散点形成的二维数据图。

气泡图（bubble chart）可用于展示三个变量之间的关系。它与散点图类似，绘制时将一个变量放在横轴，另一个变量放在纵轴，而第三个变量则用气泡的大小来表示。

雷达图（radar chart）也称为蜘蛛图（spider chart），是显示多个变量的常用方法，也可用来分析多个样本之间的相似程度。比如我们想了解不同人群在各项生活消费上的支出构成，就可通过雷达图进行比较。雷达图在显示或对比各变量的数值总和时十分有用。假定各变量的取值具有相同的正负号，那么总和的绝对值与图形围成的区域面积大小成正比。

第四节　制作表格的注意事项

上一节讲解了以图形的方式呈现数据的分布，可见，图形能够让我们很快地了解数据，是非常有用的研究工具。但是，很多时候图形并不能反映具体数据，此时表格可以解决这一问题。制作一个有用并且容易阅读的表格与制图一样重要。常见的统计表一般由四个主要部分组成：表头、行标题、列标题和数据资料，见表9-12，必要时可以在统计表的下方加上表外附加。

制作表格应注意以下几个方面：

（1）表头：置于表的上方，显示统计表的主要内容。一般包括表号、总标题和表中数据的单位等内容，总标题应简明地概括出统计表的内容，一般需要说明统计数据的时间（when）、地点（where）以及何种数据（what），即标题内容应满足3W要求。如果表中数据都是同一计量单位，可在表的右上角注明。若各变量的计量单位不同，则应放在每个变量后或单列出一列说明。

表9-12　　**2021年某校男女生平均每月各项支出（单位：元）**　←　表头

开支项目	男生	女生
衣服鞋袜	–	200.00
人际交往	450.00	200.00
伙食	500.00	300.00
通信	150.00	100.00
其他	200.00	400.00
合计	1300.00	1200.00

注：该表中的数据均为本书作者虚构

（2）行标题与列标题：通常安排在统计表的第一列和第一行，它表示的是所研究问题的类别名称和变量名称，如果有时间序列数据，一般将时间放在行标题的位置。

（3）表中数据：数据一般是右对齐，有小数点时应以小数点对齐，小数点的位数应统一。对于没有数据的表格单元，一般用"—"表示，不应出现空白单元格。

（4）表外附加：通常放在统计表的下方，包括数据来源、变量的注释和必要的说明等内容。这样既方便读者理解，也是对他人劳动成果的尊重。

（5）在绘制表格时，表中的上下两条横线一般用粗线（本书使用1.5磅），中间的其他线要用细线（本书使用1磅），这样看起来更清楚、醒目。统计表的左右两边不封口，列标题之间在必要时可用竖线分开，而行标题之间通常不必用横线隔开。行和列之间的距离应保证数据清晰，为了方便比较，数值距离不宜太远。

（6）表格结构：合理安排统计表的结构，如行标题、列标题、数据资料的位置应安排合理。有时候，由于强调的问题不同，行和列可以互换，但应使统计表的横竖长度比例适当，避免出现过高或过宽的表格形式。

无论是我们手动还是用计算机建立图表，都应使图表能够准确地表达数据所要传递的信息。具体而言，一个好的图表，应具备以下八个方面特点：

（1）减少图或表中无用的内容，避免一切不必要的修饰。

（2）在开始制作图表前要制作草图，也就是应对图表有所预期。先要思考哪种类型的图表可以准确反映数据特征、传递数据信息，做到心中有数。如果不能，考虑调整图表内容或更换图表类型。

（3）说想说的，而且说要说的——简明恰当，不多不少。过多的图表反而会迷惑读者，达不到制图表的目的。

（4）图表的标题等其他信息应准确易懂，保证图表所有的内容易于理解。

（5）保持图表平衡美观。绘制图表时，标题和坐标标签要居中。横轴与纵轴之比可为3比4，这样既使数据清晰呈现，又要避免过高或过宽的图表形式。

（6）简单为佳。保持图表简单，但不能过于简化。尽可能只表达一个观点，而且省略掉的信息在接下来的正文中应予以说明并保留。

（7）一个好的图表应该能够脱离说明文字单独存在，并且确保读者能够理解传递的信息。

（8）限制表格中的文字数目。使用太多的文字可能会削弱图表所传递的直观信息。

☞ **思考题**

一、复习思考题

1. 录入问卷数据时，如何将单选题和多选题编码？对于排序题，又应如何编码？

2. 描述数据集中趋势和离散程度的测度值有哪些？各自有什么特点？

3. 品质数据和数值型数据各有哪些图表呈现方法？

二、实训题

1. 根据《社交媒体广告价值调查》数据，对受众的基本资料、受众对社交媒体广告的信息价值、娱乐价值、社交价值和经济价值的评分进行概括性度量（如众数、中位数、平均值、标准差、方差等集中趋势和离散程度）。

2. 根据《社交媒体广告价值调查》数据，用所学的图表对受众的基本资料、受众对社交媒体广告的信息价值、娱乐价值、社交价值和经济价值的评分进行描述和呈现（选择最适当的图表类型并予以适当分析）。

第十章 概率与概率分布

第一节 度量事件发生的可能性

在广告调研中，我们通常选取研究对象的一部分（即样本）加以研究，进而推断所有的研究对象（即总体）的情况。在进行这种推断时，我们不仅要指出总体可能是什么情况，而且还要清楚我们进行这种推断具有多大的把握，也就是总体出现这种情况的可能性有多大，这个"可能性"就是概率（probability）。简而言之，概率就是对事件发生的可能性大小的度量，事件 A 发生的概率记作 $P(A)$，其取值介于 0 和 1 之间，即 $0 \leqslant P(A) \leqslant 1$。显然，事件 A 可能会出现，也可能不会出现，我们通常称之为"随机事件"。

在统计学中，概率可通过重复试验获得。在相同条件下随机试验 n 次，某事件 A 出现 m 次（$m \leqslant n$），那么比值 m/n 称为事件 A 发生的频率。随着试验次数 n 的增大，频率围绕某一常数 p 上下波动，且波动的幅度逐渐减小并趋于稳定，这个频率的稳定值即为该事件的概率，记为：

$$P(A) = \frac{\text{事件 A 发生的次数}}{\text{重复试验次数}} = \frac{m}{n} = p$$

我们可以看到，频率与概率是两个不同的概念。频率是事件实际发生的次数比例，概率则是事件发生的可能性大小，并非实际观察到的结果，与是否进行了试验并没有关系。例如，在某一班级 50 名同学中，男生有 20 名，女生有 30 名。如果采用完全随机抽样的方法从中抽取学生，则每次抽到男生的概率为 2/5，这是一个确定的值，与实际抽取的结果无关，但是我们在抽样中，实际抽取到男生的频率可能为 3/5 或 3/10，这不影响事先既定的男生被抽到的概率。频率与概率虽然有本质上的不同，但也存在一定的关联，频率的波动往往围绕着概率发生。试验或观察次数越多，频率越接近概率。所以在实际研究中，在概率未知的情况下，可以利用大量的 n 次观察，以事件的频率去逼近概率，从而把握事件的概率。表 10-1 展示了统计学家反复进行抛硬币试验后，对正面朝上的频次所做的统计。你从中发现了什么？

表 10-1　　　　　　　　　　　抛掷次数与正面朝上的次数

试验者	抛掷次数	正面朝上次数	正面朝上比率
德摩根	2048	1061	0.5181
蒲丰	4040	2048	0.5069
皮尔逊	12000	6019	0.5016
皮尔逊	24000	12012	0.5005

可见，随着投掷次数 n 的增大，出现正面和反面的频率逐渐稳定在 1/2 左右，如图 10-1 所示：

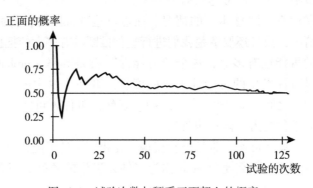

图 10-1　试验次数与硬币正面朝上的概率

第二节　离散型变量的概率分布

随机变量按其取值情况可分为两类：一类是离散型变量，其可能的取值是间断性的，有时可能只有很有限的几个变量值，比如性别和比赛名次。分类变量和顺序变量都是离散型变量。另一类是连续型变量，其可能的取值是连续性的，即在数轴上连续地充满某一区间，因此数量是无限的，比如我们的身高分布。比率变量和等距变量都是连续型变量。本节将专门讨论离散型变量的概率分布。

我们首先考虑一个具体的例子。假设你要进行一项测验，该测验包括 10 个你完全不熟悉的判断题。那么，10 题中你答对 7 个的概率是多少？答对 6 个的概率是多少？有可能答对所有 10 个问题吗？回答这些问题我们需要用到一个重要的统计理论，那就是二项分布。

二项分布是描述一系列独立试验出现不同结果的概率分布，其中每个试验只有两个可能结果。具体而言，二项分布建立在贝努尔（Bernoulli）试验基础上，满足下列条件：

（1）一次试验只有两个可能结果，即"成功"和"失败"。这里的"成功"和"失败"是广义的，"成功"指我们感兴趣的某种特征。如在某商品的喜好调研中，"成功"表示喜欢这种商品，"失败"表示不喜欢这种商品。

（2）一次试验"成功"的概率为 p，失败的概率为 $q = 1-p$，且概率 p 对每次试验而言都是相同的。

（3）试验是相互独立的，可以重复进行 n 次。前一次的试验结果与后一次的试验结果之间没有关系，即相互独立。

（4）在 n 次试验中，"成功"的次数对应一个离散型随机变量 X。

设 x 为 n 次重复试验中出现成功的次数，那么 X 取 x 的概率为

$$P(X = x) = C_n^x p^x q^{n-x} (x = 0, 1, 2, \cdots, n) \qquad （式 10.1）$$

式中 C_n^x 表示从 n 个元素中抽取 x 个元素的组合，计算公式为：

$$C_n^x = \frac{n!}{x! (n-x)!} \qquad （式 10.2）$$

在上式中：

n 为试验次数。

X 为特定结果个数（成功次数）。

! 为阶乘符号，$x!$ $x!$ 表示 1~x 之间所有整数的乘积，也就是 $x! = x \times (x-1) \times (x-2) \times \cdots \times 3 \times 2 \times 1$。

对于本节开篇的例子，测验的计分是离散型变量，对每个问题的回答要么正确，要么错误，只有两种结果。由于你对问题内容完全陌生，回答一个问题对回答另外一个问题没有帮助，所以对每个问题的回答情况是彼此独立的，也就是相当于重复试验了 10 次，每个问题回答正确的概率都是 $p = 0.50$。10 道题中有 6 道回答正确的概率可以这样计算：

解：

已知 $x = 6$，$n = 10$，$p = 0.50$，$q = 1-0.5 = 0.5$。

根据式 10.1，得：

$$P(X = 6) = C_{10}^6 (0.5)^6 (0.5)^4 = 0.2051$$

同理，我们可计算答对 0 题到答对 10 题的概率分别是多少，最后整合出如图 10-2 所示的概率分布。

由图可见，10 题中答对 5 题的概率最大，并且这个例题中概率 $p = 0.5$，这时的二项分布近似于钟形。其实，根据二项分布函数，当 $p = q = 1/2$ 时，无论 n 取何值，二项分布都呈对称分布；当 $p \neq q$ 时，只要 n 很大，并且满足 $np \geq 5$ 和 $nq \geq 5$，二项分布就会呈现出接近正态分布的趋势；当 n 无限大时，二项分布即为正态分布。当二项分布接近正态分布时，在 n 次二项试验中事件 A 出现次数的平均数为：

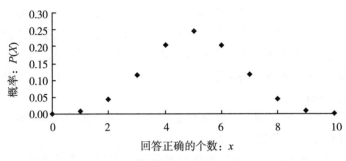

图 10-2　答对题数的概率分布①

$$\mu = E(X) = np \qquad\qquad （式 10.3）$$

方差为：

$$\sigma^2 = npq \qquad\qquad （式 10.4）$$

如果把二项试验中的事件 A 作为成功事件，那么上述两个公式就表示成功事件出现次数的平均数为 np，成功事件出现次数的方差为 npq。具体到上面的例题，成功事件指的是答对题目，概率 $p = 0.5$，由于 $n = 10$，所以 10 道题中回答正确的平均次数为 5 次，方差为 2.5。

第三节　连续型变量的概率分布

由于连续型随机变量可以取某一区间或整个数轴上的任意一个值，所以我们不能像对离散型变量那样，列出每一个值及其相应的概率，这时我们需要引入概率密度函数的概念来描述连续变量的概率分布。

如果随机变量 X 的分布函数 $f(x)$ 的曲线与 X 轴围成的面积等于 1，则称曲线 $f(x)$ 为连续变量 X 的概率密度函数，简称密度函数。而 X 取值在 $[a, b]$ 区间的概率就是 $[a, b]$ 区间内曲线 $f(x)$ 与 x 轴围成的面积，如图 10-3 阴影部分所示，表示为 $p(a \leqslant x \leqslant b) = \int_a^b f(x)\,\mathrm{d}x$。

所以，连续随机变量的概率是指变量 x 在某个确定的取值范围内的概率，而不是某个点上的概率，$f(x)$ 代表的不是概率本身，而是随机变量取值在点 x 处分布的密集程度。理解了概率密度函数，我们接下来学习连续型变量最常见、应用最广泛的概率分布——正态分布。

---

①　鲁尼恩，等. 行为统计学基础（第 9 版）[M]. 王星，译. 北京：中国人民大学出版社，2007：221.

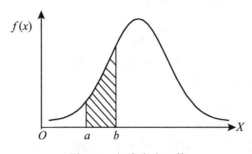

图 10-3 概率密度函数

一、正态分布曲线及其基本特征

正态分布（normal distribution）也称为常态分布或常态分配，由高斯（Carl Friedrich Gauss）提出。在社会科学研究中，很多现象呈正态分布的趋势，如某地区儿童的身高、体重、智商和能力，其密度函数曲线呈现出"两头低、中间高、左右对称"的钟形特征。在详细介绍正态曲线的数学性质之前，我们可以先通过以下三个特征了解正态曲线。

首先，正态曲线表示均值、中位数和众数相等的数值分布。正态分布曲线是没有偏度的，它只有一个波峰，并且波峰处于正中间。其次，正态曲线以均值为中心完全对称。沿着中心线将曲线对折，两边会完全重叠。最后，正态曲线的双尾是渐近的，曲线的双尾越来越接近横轴，但是永远不会与横轴相交。图 10-4 显示了正态分布曲线的形状。

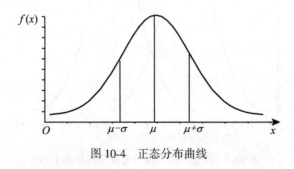

图 10-4 正态分布曲线

正态曲线有一个特别的性质：只要知道平均数和标准差，整个曲线就完全确定了。平均数把曲线的中心定下来，而标准差决定了曲线的形状。我们接下来通过正态分布曲线的函数表达式进一步了解这种分布的性质。

$$f(x) = \frac{1}{\sigma\sqrt{2\pi}}e^{-\left(\frac{1}{2}\right)\left(\frac{x-\mu}{\sigma}\right)^2} \qquad (\text{式} 10.5)$$

上式中，$f(x)$ = 随机变量 X 的概率密度函数；

μ = 正态随机变量 X 的均值；

σ = 正态随机变量 X 的标准差；

π = 圆周率约为 3.1415926；

e = 自然对数的底，是一个常数，约为 2.71828；

x = 随机变量的取值（$-\infty < x < +\infty$）。

可见，正态分布的形态是由平均数 μ 和方差 σ^2 决定的，常记作 $X \sim N(\mu, \sigma^2)$。正态分布函数具有以下性质：

（1）图形是关于 $x=\mu$ 对称的钟形曲线，且峰值在 $x=\mu$ 处，如图 10-4 所示。

（2）均值 μ 和标准差 σ 一旦确定，分布的具体形式也唯一确定，不同参数的正态分布构成完整的"正态分布族"。

（3）均值 μ 可取实数轴上的任意数值，决定了正态曲线的具体位置，如图 10-5 所示；标准差 σ 决定曲线的"陡峭"或"扁平"程度。σ 越大，正态曲线越扁平，散布的范围越大；σ 越小，正态曲线越陡峭，散布的范围越小。所以，变动正态分布的平均数并不会改变曲线的形状，只会改变曲线在 x 轴上的位置。但是，变动标准差却会改变正态曲线的形状，如图 10-6 所示。

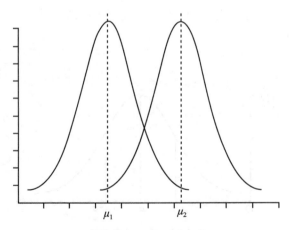

图 10-5 均值不等、标准差相等的正态分布

（4）当 X 的取值向横轴左右两个方向无限延伸时，曲线的两个尾端也无限渐近横轴，理论上永远不会与之相交。

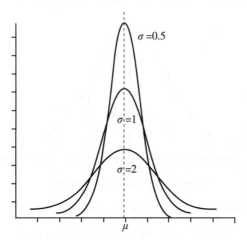

图 10-6　均值相等、标准差不等的正态分布

（5）正态随机变量在特定区间上的取值概率由正态曲线下的面积表示，而且其曲线下的总面积等于 1。

为什么正态分布在统计中很重要呢？首先，对于某些真实数据的分布，我们可以通过正态分布进行描述。数学家高斯最早将正态分布用于数据上，他认为天文学家或测量员重复度量同一数量时所出现的小误差可以用正态曲线进行描述。所以，正态曲线最早是用来描述误差的分布，后来扩展到描述某些生物学或心理学的变量。其次，当我们从同一总体中抽取许多样本时，比如样本平均数或样本比例这类统计量的分布，也可以用正态曲线来描述，这一部分我们在下一节还会详细介绍。抽样调查结果的误差界限，也常常用正态曲线来计算。虽然有许多类数据符合正态分布，但是同时有许多是不符合的。比如大部分的收入是右偏的，而非正态分布。非正态分布的资料不仅常见，而且有时比正态分布的资料更有趣。

对于正态分布曲线，标准差是非常重要的度量单位。在任何正态分布当中，都呈现着下列规律：

（1）68%的观测值，落在距平均数大约一个标准差的范围内；

（2）95%的观测值，落在距平均数大约两个标准差的范围内；

（3）99.7%的观测值，落在距平均数大约三个标准差的范围内。

在如图 10-7 所示的正态分布中，横坐标的尺度是以 Z 值为单位，也就是说，正态分布的均值为 0，其他点表示高于或低于均值多少个标准差单位。Z 值等于 −2，表示该数小于均值 2 个标准差；Z 值等于 3，表示该数大于均值 3 个标准差。接下来我们观察曲线下方不同部分面积的比例：当所有的数据转换为 Z 值时，我们便可以确定高于或低于该值的面积比例，或找到两个值之间的面积比例，这就是概率。将不同的正态分布转化为图 10-7 所示的标准形式，就是标准正态分布。

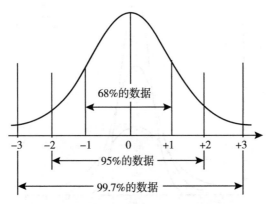

图 10-7 正态分布曲线下的面积与标准差

二、标准正态分布

在一般的研究实践中，我们会发现所处理的分布相当不同，比如，均值为 50、标准差为 10 的分布，与均值为 100、标准差为 5 的分布该如何比较？这时我们就需要将它们标准化，其基本思想来源于前两章所介绍的 Z 分数。正态分布的标准形式称为标准正态分布（standard normal distribution），它是一列 Z 分数的分布，因而也简称为 Z 分布。标准正态分布是平均数 $\mu=0$、标准差 $\sigma=1$ 的随机变量的概率分布，记作 $N(0,1)$。借助 Z 分数的思想，将原始分数转换成标准分数。任何一个一般的正态分布 $X \sim N(\mu, \sigma^2)$，都可通过下面的线性变换公式转化为标准正态分布：

$$Z = \frac{X - \mu}{\sigma} \sim N(0, 1) \qquad (式 10.6)$$

也就是说，我们可以将原始数据变换为 Z 值，从而将均值和标准差的分布变换成均值为 0、方差为 1 的标准正态分布，如图 10-8 所示。

标准正态分布的概率密度函数为：

$$\varphi(x) = \frac{1}{\sqrt{2\pi}} e^{-\frac{x^2}{2}} (-\infty < x < +\infty) \qquad (式 10.7)$$

标准正态分布的分布函数为：

$$\Phi(x) = \int_{-\infty}^{x} \phi(t) \, dt = \int_{-\infty}^{x} \frac{1}{\sqrt{2\pi}} e^{-\frac{t^2}{2}} dt \qquad (式 10.8)$$

当我们要计算概率时，常常会用到正态分布表（见附录 2）。对于服从正态分

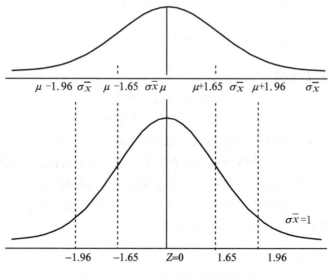

$\mu -1.96\ \sigma\overline{x}$　$\mu -1.65\ \sigma\overline{x}\ \mu$　$\mu +1.65\ \sigma\overline{x}$　$\mu +1.96\ \sigma\overline{x}$

$\sigma\overline{x}=1$

-1.96　-1.65　$Z=0$　1.65　1.96

图 10-8　标准正态分布的线性转换

布的变量 X，需要先通过 $Z = \dfrac{x - \mu}{\sigma}$ 将 X 转化为 Z 值后，才能查表。利用正态分布表，我们可以进行如下的计算：

（一）由 Z 值求 P 值

【**例 10.1**】已知 X 是一个均值为 10、标准差为 2.1 的正态分布随机变量，求 $P\ (X \geqslant 11)$ 和 $P\ (7.6 \leqslant X \leqslant 12.2)$。

解：

根据 $Z = \dfrac{x - \mu}{\sigma} \sim N(0,\ 1)$，由已知可得：

$$Z = \frac{X - 10}{2.1} \sim N(0,\ 1)$$

（1）当 $X = 11$ 时，$Z = \dfrac{11 - 10}{2.1} = 0.48$，由附录 2 正态分布表可得①：

$$(Z \geqslant 0.48) = 0.3156$$

---

① 查询标准正态分布表时，注意分布表附带的正态分布图，该图表明 P 值的累积方法。本书附录 2 的标准正态分布表上方的正态分布图表明，P 值是从 Z 值的左边尾部开始累积直到 $Z = X$ 结束，即 $P\ (Z \leqslant X)$。

（2）同理，当 $X = 7.6$ 时，$Z = \dfrac{7.6 - 10}{2.1} = -1.14$

当 $X = 12.2$ 时，$Z = \dfrac{12.2 - 10}{2.1} = 1.05$

由正态分布表可得：

$$P\,(Z \geqslant -1.14) = 0.8729$$
$$P\,(Z \geqslant 1.05) = 0.1469$$

所以：$P\,(-1.14 \leqslant Z \leqslant 1.05) = 0.8729 - 0.1469 = 0.7260$

如果某项测验分数的总体分布为正态分布，那么我们可以将分数转化为标准 Z 分数，根据正态分布表估算各种不同的分数区间对应的面积，进而确定相应分数区间内的人数比例。当然也可以把原始分数转换成 Z 分数后，查 P 值，从而知道得该分数的学生所处的百分点，即他/她的排名。

（二）由 P 值求 Z 值

【例 10.2】正态分布概率为 0.05 时（从左边尾部累积），求标准正态累积分布函数的反函数值 Z。

解：

题目中 $P = 0.05$，由于正态分布表只列出了 Z 为正值的 P 值，我们可以通过正态分布曲线的对称性，得到 $p' = 0.95$，从而查找到其对应的 z' 值为 1.645。即例题中 $p = 0.05$ 正态分布函数的反函数值 $Z = -1.645$。

在选拔性考试或竞赛中，如果考试成绩服从正态分布，那么我们可以利用正态曲线下的面积 P，根据录取比例估计录取分数线。

【例 10.3】某高校新闻传播专业研究生考试参加人数为 1000，假定成绩服从正态分布，平均成绩是 80 分，标准差是 10 分。如果计划 150 人进入复试，那么进入复试的分数线应是多少？

解：

1000 人参加考试，150 人进入复试，所以进入复试的比例为 0.15。因为进入复试的应是高分者，所以这里的 P 值应是从正态分布的右边尾部开始计算的面积，由此可知，从左边尾部开始计算的面积 $P' = 1 - 0.15 = 0.85$。查找正态分布表，可得对应的 Z 值为 1.036，也就是分数线应在高于平均分 1.036 个标准差的位置。根据 Z 值的计算公式，可得：

$$X = \mu + Z \times \sigma = 80 + 1.036 \times 10 = 90.36$$

所以，在此次研究生考试中，进入复试的分数线为 90.36 分。

三、由正态分布导出的几个重要分布

（一）χ^2分布

卡方分布由阿贝（Abbe）于 1863 年首先提出，之后由海尔墨特（Hermert）和卡·皮尔逊（K. Pearson）分别于 1875 年和 1900 年推导出来。卡方分布是一种偏正态分布，自由度不同，分布曲线的偏斜程度也不同。卡方分布的统计量用希腊字母χ^2表示。

卡方分布的定义如下：设随机变量 X_1，X_2，$\cdots$，X_n 相互独立，且 X_i（$i=1$，2，$\cdots$，n）服从正态分布 N（0，1），则它们的平方和 $\sum\limits_{i=1}^{n} x_i^2$ 服从自由度为 n 的 χ^2 分布，记为$\chi \sim \chi^2$（n）。

卡方分布曲线如图 10-9 所示。卡方分布曲线下的总面积为 1，随着自由度的增加，χ^2分布的概率密度曲线趋于对称。当 n 趋于正无穷时，χ^2 分布的极限分布是正态分布。

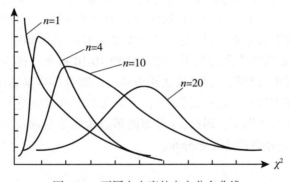

图 10-9　不同自由度的卡方分布曲线

结合上图卡方分布的密度函数曲线，可知卡方分布有如下特点：

（1）分布的变量值始终为正。

（2）分布的形状取决于其自由度 n 的大小，通常为不对称的右偏分布，但随着自由度的增大逐渐趋于对称。

（3）期望值为：E（χ^2）$= n$，方差为：D（χ^2）$= 2n$（n 为自由度）。

（4）可加性：若 U 和 V 为两个独立的 χ^2 分布随机变量，$U \sim \chi^2(n_1)$，$V \sim \chi^2(n_2)$，则 $U + V$ 这一随机变量服从自由度为 $n_1 + n_2$ 的 χ^2 分布。

χ^2 分布用于统计分析中的计数数据的假设检验以及样本方差与总体方差之间

是否有显著差异的检验。

（二）t 分布

当样本较小（$n<30$）的时候，正态分布就不能准确地描述变量的分布了，这时我们常用到 t 分布。t 分布也称为学生氏分布，由一位名叫威廉姆·高斯特（William Gosset）的年轻生物学家于 1908 年提出。高斯特当时在 Guinness Brewing 酿酒厂工作，他的第一个研究是分析用来酿造啤酒的一类酵母。因为研究的类型所限，他无法得到大的样本。为了解决这个统计问题，高斯特发展了一类新的抽样分布，用来描述小样本均值的分布。在当时，Guinness Brewing 公司禁止员工发表研究成果，为了绕过这个规定，高斯特用笔名"student"发表了他的研究成果。高斯特对统计的重要贡献就是提出了小样本的抽样分布。t 分布的定义如下：

$$t = \frac{x - \mu}{s / \sqrt{n}}$$ （式 10.9）

这样的分布称为 t 分布，记为 t（n），其中 n 为自由度。

t 分布是对两个样本的均值差异进行显著性检验的基础，对于小样本（$n<30$）的情况尤为适用，这一部分我们将在抽样分布中具体介绍。可以看到，t 分布是类似正态分布的一种对称分布，但 t 分布的方差要大于正态分布的方差，因而与正态分布相比，t 分布曲线的中间要低平一些，如图 10-10 所示。样本越小，分布的方差就越大，其中间也就越低，两尾端就翘得越高。随着样本量的增加，t 分布的方差逐渐变小，当样本容量大到一定程度时，t 分布的方差逐渐趋于 1，这时 t 分布与正态分布就没有什么区别了。因此，t 分布的形态依赖于自由度的大小，随着自由度的增大，t 分布也逐渐趋于正态分布。

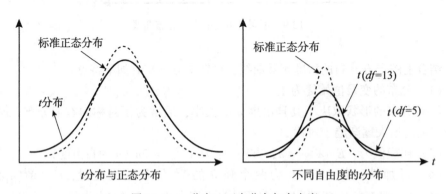

图 10-10 t 分布、正态分布与自由度

（三）F 分布

F 分布是为了纪念统计学家费希尔（R. A. Fisher），以其姓氏的第一个字母来命名的。F 分布有较广泛的应用，如在方差分析、回归方程的显著性检验中都有着重要的地位。F 分布的定义如下：

若 U 为服从自由度为 n_1 的 χ^2 分布，即 $U \sim \chi^2 (n_1)$，V 为服从自由度为 n_2 的 χ^2 分布，即 $V \sim \chi^2 (n_2)$，且 U 和 V 相互独立，则

$$F = \frac{U/n_1}{V/n_2}$$ （式 10.10）

称 F 为服从自由度 n_1 和 n_2 的 F 分布，记为 $F \sim F(n_1, n_2)$。

如图 10-11 展示了 F 分布曲线与自由度的关系，可见，F 分布是一种非对称分布，它有两个自由度，且位置不可互换。F 分布与 t 分布还存在以下关系：如果随机变量 x 服从 $t(n)$ 分布，则 x^2 服从 $F(1, n)$ 的 F 分布。这个性质将用于回归分析的回归系数显著性检验。

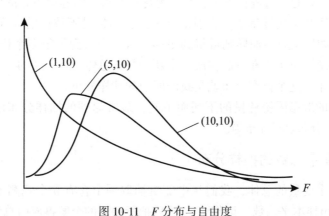

图 10-11　F 分布与自由度

第四节　样本统计量及其分布

在广告调研中，我们常常想了解某个总体的特征，而不是少数人组成的样本的特征，但是又要从观察样本开始。例如，我们想了解在校大学生群体的媒介素养现状，从理论上来讲，我们要对全国所有的在校大学生进行测量，但这实际上是很难实现的。因此，我们需要从总体中选取一部分个体组成"有代表性"的样本，然后对样本进行观测和研究，再将观测结果推论到总体，进而估计总体的参数，推断总体的特征和规律。这就涉及抽样分布和参数估计的过程。

用样本资料去推断总体特征，关键问题就是要在抽样中保证样本的代表性。在介绍抽样分布之前，我们再复习一下两个概念——参数和统计量。

总体的描述性特征量叫做参数（parameter），总体参数通常用希腊字母表示。常见的参数包括：总体均值（μ）、标准差（σ）、总体比例（π）；两个总体参数：（$\mu_1-\mu_2$）、（$\pi_1-\pi_2$）、（σ_1/σ_2）。从理论上来讲，总体参数是在对总体所有个案进行观测后得到的，所以它是一个确定的量。但通常我们只能对样本中的个案进行观测，所以得到的特征量多是样本统计量（statistic）。样本统计量通常用小写英文字母来表示，如样本均值（$\bar{x}$）、样本标准差（s）、样本比例（p）；两个统计量如（$\bar{x}_1$，$\bar{x}_2$）、（p_1-p_2）、（s_1/s_2）等。由于抽样本身带有随机性，所以如果我们不断地重复进行抽样，每一次得到的样本可能都是不一样的；每一次抽样之后对样本进行观测，就可能得到不同的样本统计量。由此可见，样本统计量是个变动的值。

用字母 X 代表某一统计量，抽样分布就是指 X 的概率分布，即样本统计量的概率分布。具体来说，如果从容量为 N 的总体中，每次抽取容量为 n 的样本，可以计算其统计量 X。每次抽取样本时，抽到的个案不一定相同，计算出来的统计量 X 也不尽相同，如此一直进行下去，直到穷尽所有可能的容量为 n 的样本，就可以得到很多甚至无数个统计量 X。从理论上来讲，如果是不放回的抽样，可得到 C_N^n 个统计量 X，如果是放回抽样则可得到更多个 X。当得到了很多个样本统计量后，就可以将这些统计量集中在一起构成一个新的数据总体，这个新的数据总体也具有自己的概率分布，这个概率分布就是我们所说的抽样分布。

抽样分布的形态因统计量的不同而不同，最常遇到的抽样分布形态有正态分布、t 分布、F 分布、χ^2 分布等。

一、样本平均数的抽样分布

假如有一个变量的总体，我们从中随机抽取一个含有 n 个观测值的样本（记作 S_1），计算出样本平均数，记作 $\bar{x}_1$，然后把所抽取的个案再放回总体。按照相同的方法，再抽取样本 S_2，得到样本平均数 $\bar{x}_2$……不断重复进行这样的抽样和计算，就可以得到无数个容量为 n 的样本及其平均数，将这些样本平均数统一记作 $\bar{x}_i$，它们组成新的数据整体，即样本平均数的抽样分布。那么这个抽样分布的形态如何，其数据特征又会怎样呢？

统计学的研究表明，一个抽样分布的形态主要受到三个因素的影响：总体的分布形态（是否为正态分布）、样本容量 n 的大小（大样本或小样本）、要计算的统计量类型（平均数、方差等）。这三个因素中的任何一个发生改变，抽样分布的形态就会随之变化。我们先通过下面这个简单的例子了解样本平均数的抽样分布。

【例 10.4】设一个总体含有 4 个个体，分别为 $x_1=1$，$x_2=2$，$x_3=3$，$x_4=4$。如果从总体中抽取两个样本（有放回的抽样），那么，总体的平均数和方差是多少？

样本均值所构成的总体的平均数、方差又是多少？各自的分布有什么特点？

解：

首先我们可直接利用公式求出总体的平均数和方差：

$$\mu = \frac{\sum\limits_{i=1}^{N} x_i}{N} = 2.5$$

$$\sigma^2 = \frac{\sum\limits_{i=1}^{N} (x_i - \mu)^2}{N} = 1.25$$

现从总体中抽取 $n=2$ 的简单随机样本，在重复抽样条件下，共有 $4^2 = 16$ 个样本。所有样本的结果见表 10-2：

表 10-2 **可能的样本组合**

所有可能的 $n=2$ 的样本（共 16 个）				
第一个观察值	第二个观测值			
	1	2	3	4
1	1, 1	1, 2	1, 3	1, 4
2	2, 1	2, 2	2, 3	2, 4
3	3, 1	3, 2	3, 3	3, 4
4	4, 1	4, 2	4, 3	4, 4

接下来计算出各样本的均值见表 10-3，基于样本均值计算出新的总体的平均数和方差：

表 10-3 **样 本 均 值**

16 个样本的均值 $(\bar{x})$				
第一个观察值	第二个观察值			
	1	2	3	4
1	1.0	1.5	2.0	2.5
2	1.5	2.0	2.5	3.0
3	2.0	2.5	3.0	3.5
4	2.5	3.0	3.5	4.0

基于以上计算，总体的平均数 $\mu = 2.5$，方差 $\sigma^2 = 1.25$；样本均值所形成的总体的平均数 $\mu_{\bar{x}} = 2.5$，方差 $\sigma_{\bar{x}}^2 = 0.625$。

图 10-12 表示了 $\bar{x}$ 的抽样分布，而图 10-13 表示的是产生这些样本的总体 x 的分布（由于纵轴用的是概率而不是概率分布密度，因此图形的总面积不等于1）。

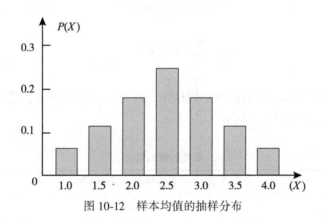

图 10-12　样本均值的抽样分布

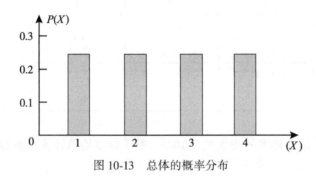

图 10-13　总体的概率分布

从图 10-12 和图 10-13 的抽样分布中，我们看到样本均值 $\bar{x}$ 有时大于总体均值（$\mu = 2.5$），有时小于总体均值，但平均来说 $\bar{x}$ 是趋向于该目标的，$\bar{x}$ 的期望值（平均值）正好等于总体的平均值。我们还看到，原总体的方差为 1.25，而样本均值的方差为 0.625，是总体方差的 1/2，也就是样本均值的波动仅是总体内个体波动的 1/2。

为什么样本均值 $\bar{x}$ 的波动小于个别观察值 x 的波动呢？这是因为取了平均数的结果。假设我们从广告班全体男生中随机抽取 4 名学生测量身高，我们很有可能抽取到一个身高 $x = 185\text{cm}$ 的特别高（极端值）个体，但是我们却不太可能抽取到平均身高 $\bar{x} = 185\text{cm}$ 的 4 人样本。因为样本中任何一个 185cm 的身高可能被另一个较矮的身高抵消（取平均后）。可以想象，对于更大的样本，经过取平均后，$\bar{x}$ 围绕总体均值的波动范围可能会更大，而出现极端数值的可能性更小。所以，样本容量越大，$\bar{x}$ 的标准误差就越小，分布的形状越集中，$\bar{x}$ 对总体 μ 的估计就更可靠。样本均值的抽样分布具有以下特征：

在样本均值的抽样分布中，分布的中心还是原总体的中心 μ，即 $\mu_{\bar{x}}=\mu$；抽样分布的方差与原总体的方差之间的关系为 $\sigma_{\bar{x}}^2=\dfrac{\sigma^2}{n}$；当总体为正态分布时，其样本均值的抽样分布也是正态分布；即使总体分布为非正态分布，随着样本量的增加，样本均值的抽样分布也会近似地变为对称和正态。图 10-14 展示了随着样本量的增加，样本均值分布趋向正态分布的过程。

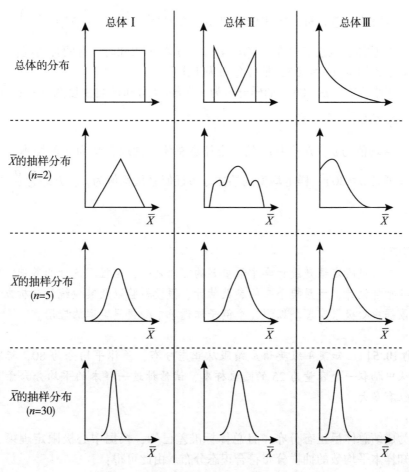

图 10-14 样本均值分布趋于正态分布的过程

二、中心极限定理

在统计学中，以上样本均值的抽样分布特征可以用一个最重要的定理——中心极限定理来概述。

中心极限定理（central limit theorem）：设从均值为 μ、方差为 σ^2（有限）的任意一个总体中抽取样本量为 n 的样本，当 n 充分大时，样本均值 $\bar{x}$ 的抽样分布近似服从均值为 μ、方差为 $\dfrac{\sigma^2}{n}$ 的正态分布。

中心极限定理依据具体情况，可以表现为以下几种情形：

（1）当总体服从正态分布 $N(\mu, \sigma^2)$ 时，来自该总体的容量为 n 的所有样本的均值 $\bar{x}$ 也服从正态分布，$\bar{x}$ 的期望值为 μ，方差为 $\dfrac{\sigma^2}{n}$。即 $\bar{x} \sim N\left(\mu, \dfrac{\sigma^2}{n}\right)$。

（2）当总体服从正态分布 $N(\mu, \sigma^2)$，方差 σ^2 未知时，有两种情况：

①对于大样本（$n \geq 30$），抽样分布为正态分布；

②对于小样本（$n < 30$），抽样分布为 t 分布。t 分布的自由度为 $n-1$；$\bar{x}$ 的期望值为 μ，方差为 $\dfrac{s^2}{n}$。

（3）从均值为 μ、方差为 σ^2 的一个任意总体中抽取容量为 n 的样本，当 n 充分大时（通常 $n \geq 30$），样本均值的抽样分布近似服从均值为 μ、方差为 $\dfrac{\sigma^2}{n}$ 的正态分布。

【延展阅读】

中心极限定理是统计学中最重要的定理之一，是推理统计的基础，它不但指导抽样设计，而且接下来的参数估计、假设检验以及其他统计分析方法都需要依据中心极限定理。以下几个例子体现了中心极限定理的应用。

【例 10.5】 已知某年级英语成绩服从正态分布，总体平均分为 80，标准差为 10。现从中抽取一个容量为 25 的随机样本，试估计这一样本的平均分介于 77~83 的可能性有多大。

解：

因为成绩总体呈正态分布，且总体标准差已知，根据中心极限定理第 1 种情形，可知样本平均数的抽样分布符合正态分布。由此可得：

$$\mu_x = \mu = 80$$

$$\sigma_x = \frac{\sigma}{\sqrt{n}} = \frac{10}{\sqrt{25}} = 2$$

当 $\bar{x}=77$ 时，$Z=\dfrac{\bar{x}-\mu}{\sigma_{\bar{x}}}=\dfrac{77-80}{2}=-1.5$

当 $\bar{x}=83$ 时，$Z=\dfrac{\bar{x}-\mu}{\sigma_{\bar{x}}}=\dfrac{83-80}{2}=1.5$

所以样本平均数为 77~83，即样本均值的抽样分布中 Z 取值为-1.5~1.5，由正态分布表可得：

$$P\ (-1.5\leqslant Z\leqslant 1.5)\ =0.866$$

即所抽取的样本平均分介于 77~83 的概率为 86.6%。

【例 10.6】已知某年级英语成绩服从正态分布，总体平均分为 80。现从中抽取一个容量为 25 的随机样本，样本标准差为 10，试估计这一样本的平均分介于 77~83 的可能性有多大。

解：

与上一例题相比，此题的总体方差未知，所以我们要用中心极限定理的第 2 种情形作答。

因为成绩总体为正态分布，总体方差未知，$n=25<30$ 为小样本，根据中心极限定理第 2 种情形可知，样本平均分服从 t 分布。

$$\mu_x=\mu=80$$

$$\sigma_{\bar{x}}=\dfrac{s}{\sqrt{n}}=\dfrac{10}{\sqrt{25}}=2$$

当 $\bar{x}=77$ 时，$t=\dfrac{\bar{x}-\mu}{\sigma_{\bar{x}}}=\dfrac{77-80}{2}=-1.5$

当 $\bar{x}=83$ 时，$t=\dfrac{\bar{x}-\mu}{\sigma_{\bar{x}}}=\dfrac{83-80}{2}=1.5$

根据 t 值分布表（见附录 3），当自由度 $df=25-1=24$ 时，我们并不能直接查到-1.5$\leqslant t\leqslant$1.5 所对应的面积，但我们可通过 t 附近的取值来估计。由于 t 分布上-1.318$\leqslant t\leqslant$1.318 区间的面积为 0.80，-1.711$\leqslant t\leqslant$1.711 区间的面积为 0.90，而-1.5$\leqslant t\leqslant$1.5 区间的宽度介于-1.318$\leqslant t\leqslant$1.318 和-1.711$\leqslant t\leqslant$1.711 之间，所以其面积也介于 0.80 与 0.90 之间，即 0.8$<P$ (77$\leqslant\bar{x}\leqslant$83) <0.9。故所抽取样本的平均分在 77~83 分的可能性在 80% 与 90% 之间。

我们还可以通过 Excel 提供的统计函数【T.DIST】来求出-1.5$\leqslant t\leqslant$1.5 区间面积占总体面积的概率。具体操作为：在 Excel 中打开【插入函数】的菜单，在【或选择类别】中选择【统计】选项，进而选择【T.DIST】选项，最后按确定键。在弹出的对话框中输入 $X=1.5$、自由度为 24，求出其对应的累积分布函数 $p_1=0.927$。由于 t 分布是左右对称的分布，可求出 $t=-1.5$、自由度为 24 时的累积分布函数 $p_2=0.073$，从而求出-1.5$\leqslant t\leqslant$1.5 对应的面积为 $p_1-p_2=0.854$。

三、样本比例的抽样分布

在实际应用中，我们不但常常需要估计某种总体指标的均值 μ，还常常需要估计总体关于某种特性的比例 π，如对某一位学生会主席候选人的支持比例、某地区使用互联网的比例等。为了计算估计的准确度和可靠度，我们常常需要研究样本比例 P 这个统计量的抽样分布。

假如我们在消费调研中，需要研究目标消费者对某一产品的喜好情况。假定总体中对该产品的喜好比例为 π，从总体中随机抽取 n 个个体进行调研，喜好这一产品的人数为 x，那么样本比例可表示为：

$$\hat{p} = \frac{x}{n} \qquad\qquad (式 10.11)$$

根据二项分布的原理，当 n 充分大时，即 $n\hat{p} \geq 5$ 或 $n\hat{p} \geq 10$，并且 $n(1-\hat{p}) \geq 5$ 或 $n(1-\hat{p}) \geq 10$。$\hat{p}$ 的分布可用正态分布去逼近。此时，$\hat{p}$ 服从均值为 π、方差为 $\dfrac{\pi(1-\pi)}{n}$ 的正态分布，即

$$\hat{p} \sim N\left(\pi, \ \frac{\pi(1-\pi)}{n}\right) \qquad\qquad (式 10.12)$$

有学者将样本比例的抽样分布特征称为比例的正态近似定理：在容量为 n 的简单随机样本中，样本比例 $\hat{p}$ 在 $\sqrt{\dfrac{\pi(1-\pi)}{n}}$ 的标准误差范围内围绕着总体比例 π 上下波动。随着 n 的增加，$\hat{p}$ 的分布围绕其目标 π 波动得越来越小，它也就越来越接近正态分布。

【例 10.7】 在某次民意调研中，有 60% 的选民表示支持候选人 A，有 40% 的选民表示尚不确定。现随机抽取 100 位选民进行调研，支持候选人 A 的选民超过 50 人的概率是多少？

解：

此题要求支持候选人 A 的选民比例大于 50% 的概率。本例中 $n\hat{p} > 10$，且 $n(1-\hat{p}) > 10$，根据样本比例的正态近似定理，可知样本比例 $\hat{p}$ 近似服从均值为 $\pi = 0.6$、方差为 $\dfrac{\pi(1-\pi)}{n} = \dfrac{0.6 \times 0.4}{100} = 0.0024$ 的正态分布。

当 $\hat{p} = 0.5$ 时，$Z = \dfrac{0.5 - 0.6}{\sqrt{0.0024}} = -2.04$

所以，$P(\hat{p} > 0.5) = P(Z > -2.04) = 3.07\%$

即样本选民中支持候选人 A 的比例大于 50% 的概率是 3.09%。

☞ 思考题

一、复习思考题

1. 频率与概率是什么关系？

2. 二项分布有什么特征？

3. 正态分布曲线及其基本特征有哪些？

4. 什么是统计量？什么是抽样分布？

5. 简述中心极限定理的意义。

二、实训题

1. 在广告素养调查中，某大学学生广告素养的平均值为 2.5 分，标准差为 0.5 分，则

（1）广告素养得分在 2 分至 3 分的同学大概占多大的比例？

（2）如果随机抽取 64 名同学调研，这 64 名同学的广告素养在 2 分至 3 分的可能性有多大？

2. 某民意调查的结果显示，支持候选人 A 的选民占 35%，支持候选人 B 的选民占 45%，另有 20% 的选民不确定。随机抽取 50 人，其中支持候选人 B 的人数超过 20 人的概率有多大？

3. 已知某电梯的极限负重为 1200 千克，声称可容纳 16 人。假定电梯的所有乘客体重的平均值为 70 千克，标准差为 12 千克，体重呈正态分布。则（1）一个 16 人的随机样本的重量总计超过负重极限 1200 千克的概率是多少？（2）如果将超重的概率减小到 1‰，载重量应该是多少？

第十一章 以样本统计量估计总体参数

以样本统计量估计或推断总体参数是统计推断的一个重要组成部分。

在广告调研中，很多时候我们无法知道某个总体的参数，或是无法知晓一个总体的参数与另一个或另几个总体的参数有无明显差异。这时，就可以采用随机抽样的方法，从总体中抽取一定容量的样本进行统计分析，然后用样本统计量对总体参数进行估计或推断。比如，我们想要了解某大学本科生平均每日上网时间，就可以按某种抽样方法抽取一定比例的学生对其进行调研，从而通过样本平均上网时间来估计整个大学本科生的平均上网时间。本章将讨论如何从样本平均数 $\bar{x}$ 和样本比例 p 分别估计总体平均数 μ 和总体比例 π。

第一节 参数估计的基本原理

参数估计（parameter estimation）就是用样本统计量去估计总体的参数。在参数估计中，用来估计总体参数的统计量称为估计量（estimator），比如样本平均数、中位数、标准差等；根据一个具体的样本计算出来的估计量的数值称为估计值（estimated value），用 $\hat{\theta}$ 表示；要估计的那个总体的参数称为待估参数，比如总体平均数、中位数、标准差等，用符号 θ 表示。如上例，假设我们要估计某大学本科生每日上网的平均时间，从中抽取一个随机样本，计算出样本平均时间为 120 分钟，那么120分钟就是用于估计总体参数的估计值（$\hat{\theta}$），全校的平均上网时间就是待估参数（θ）。所以，参数估计就是用计算出的样本统计量作为估计量 $\hat{\theta}$ 去估计总体参数 θ。参数估计有以下两种方法。

一、点估计

当总体平均数或总体比例未知时，我们可以直接把样本平均数或样本比例当作它的估计值。由于样本统计量为数轴上的一个点，所以称为"点估计"（point estimate）。如上例中，我们用样本的平均上网时间直接作为全校本科生平均上网时间的估计值，预计总体平均值为 120 分钟，这就是点估计。再比如，我们要估计一个地区的互联网普及率，根据抽样结果得到普及率为 60%，将 60% 作为总体普及率的估计值，这也是一个点估计。

一个理想的点估计至少应具备以下几个条件：

（一）无偏性

一般情况下，样本统计量不会和相应的总体参数完全相同，二者多少会有一定的差距，有的估计量可能会对参数形成高估，有的估计量可能会对参数形成低估。比如计算全班女生的平均身高，抽出的随机样本的平均值可能是 157cm，也可能是 167cm，它们很可能不同于总体真值。但是如果用很多个样本进行很多次的估计，然后平均，则估计误差会在一定程度上相互抵消或被平均掉，平均估计误差将会等于 0，具有这一特征的统计量就是无偏估计量。

（二）一致性

样本容量越大，根据样本计算出的估计值越接近总体参数的真值。作为总体平均数的估计值，样本平均数就具有一致性。

（三）有效性

对于某一个待估参数来说，可能有不止一个无偏估计量。比如对于某总体均值（μ）来说，平均数（$\bar{x}$）是一个无偏估计量，中位数（M_d）也是一个无偏估计量，但是哪一个估计量更"好"呢？这就是估计量的有效性问题。统计学上认为，对于待估参数 θ 的两个无偏估计量 θ_1 和 θ_2，若这两个估计量的所有可能结果的方差 $\sigma_1 < \sigma_2$，那么就称 θ_1 是比 θ_2 更有效的估计量。

（四）充分性

如果一个估计量充分地利用了样本提供的所有与待估参数有关的信息，那么该估计量就被称为充分估计量。例如，样本平均数就是总体平均数的充分估计量，因为样本所有的观察值都要参加样本平均数的计算。相比之下，样本中位数就不是一个充分的估计量，因为它的计算过程中没有用到所有的观察值。

二、区间估计

点估计的优点是计算简单、直接，但是有一个致命的缺陷，那就是易受到样本变化的影响：每次抽取的样本不同，得出的统计量也就不同，因而它所提供的参数估计值也不同。由点估计得到的估计值与总体参数真值总是存在一定的偏差，这个偏差有多大却无法估计。如果能把抽样所带来的这种变异性考虑进去，围绕点估计值构造总体参数的一个区间，就可以对总体参数作出更可靠的估计。这就是实际应用中常采用的区间估计。

(一) 区间估计的定义

区间估计 (interval estimate) 就是以抽样分布原理为基础，以样本资料为总体参数计算出一个可能的取值范围，然后指出总体参数处在该值域的可能性有多大，或者说我们作出这一估计的正确概率有多大。举个容易理解的例子，假定参数是射击靶上 10 环的位置，我们一次射击打在靶心 10 环的位置上的可能性很小，但是打在靶子上的可能性很大，围绕打在靶子上的这个点画一个区间，这个区间包含靶心的可能性就很大，这就是区间估计的基本思想。

区间估计的区间通常由样本统计量加减估计误差得到。以总体均值的区间估计为例，样本均值 $\bar{x}$ 是已知的，而总体均值 μ 是将要估计的。由样本均值的抽样分布可知，当重复抽样或有无限个样本时，样本均值的数学期望值等于总体均值，即 $E(\bar{x}) = \mu$，样本均值的标准误差为 $\sigma / \sqrt{n}$，样本均值 $\bar{x}$ 围绕其目标 μ 呈近似正态的分布。由图 11-1 可知，样本均值 $\bar{x}$ 落在数学期望值 μ 两侧各为 1.65 个标准差范围内的概率为 90%，或者说有 90% 的样本均值落在正负 1.65 个标准差之间；而落在 μ 两侧各为 1.96 个标准差范围内的概率为 95%；落在 μ 两侧各为 2.58 个标准差范围内的概率为 99%。

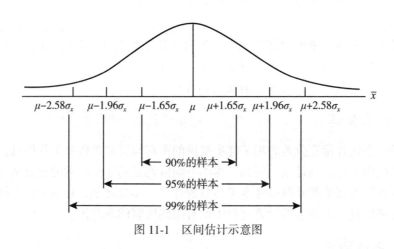

图 11-1 区间估计示意图

(二) 置信水平

可见，区间估计给出的不是总体参数的一个单一估计量值，而是一个数值区间 $(\hat{\theta}_1, \hat{\theta}_2)$，这个区间被称为置信区间 (confidence interval)，$\hat{\theta}_1$ 称为置信区间下限，$\hat{\theta}_2$ 称为置信区间上限，如图 11-2 所示。

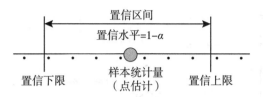

图 11-2　置信区间示意图

如果抽取了许多不同的样本，比如有 100 个样本，根据每一个样本构造一个置信区间，这样，100 个样本可以构造出 100 个总体参数的置信区间，这些置信区间中，有 95% 的区间包含了总体参数的真值，而 5% 没有包含，则 95% 这个值称为置信水平。置信水平（confidence level）指置信区间中包含总体参数真值的次数占所有置信区间的比例，也称为置信度或置信系数（confidence coefficient），表示为 $(1-\alpha)$。其中，α 称为显著性水平，是总体参数未在区间内的比例，它是个小概率，一般取 0.01（即 1%）、0.05（即 5%）或是 0.1（即 10%）三种值，相应地，置信水平 $(1-\alpha)$ 分别为 99%、95% 和 90%。可见，置信区间应用了概率的中心概念：在重复抽样许多次的情况下，某事件发生的概率是多少。95% 的置信水平中的 95% 是概率，是用这个方法所产生的区间包含真正参数值的概率。

（三）如何提高参数估计的效率

区间估计是在样本统计量的基础上估计相应的总体参数，因而我们当然是希望这一区间越小越好，而估计的正确概率越大越好。但是在其他条件一定时，要提高正确估计的概率（即提高置信水平），置信区间就会不可避免地变宽；而要使置信区间缩小，则会降低正确估计的概率。也就是说，置信水平越大，显著性水平越小（即估计时犯错误的概率越小，或者说总体参数不在置信区间的概率越小），需要的置信区间就越宽，这意味着估计的精确度就越小。当置信度为 100% 时，置信区间涵盖了总体参数可能的全部取值范围，区间估计也就没有任何意义。如果置信水平较低，置信区间越窄，那么该区间不包括总体参数的可能性就越大，即犯错误的概率就越大。在实际应用中，如何在置信水平的高低和置信区间的宽窄之间取得平衡呢？增加样本容量是一个有效的解决方法。

如图 11-3 所示，当样本容量为 4 时，由于抽样分布的标准误比较大，因而其分布比较分散，相应的 95% 的置信区间也比较宽。当样本容量提高到 16 时，由于抽样分布的标准误减小为原来的一半，其分布也变得比较集中，相应的 95% 的置信区间也比较窄。

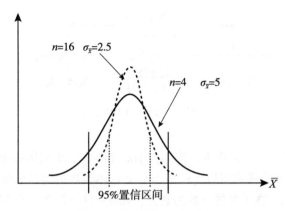

图 11-3 置信区间与样本量

【延展阅读】

置信区间可以估计未知参数的值，同时告诉我们估计的不确定程度有多大。所有的置信区间都符合以下描述：

（1）置信水平告诉我们的是，一再运用同一个方法 N 次，其中会包含真正参数的次数占总体次数的比例。但实际上我们永远也不会知道，我们通过手上这组数据得到的置信区间，究竟有没有包含真正的参数。我们只能说："我通过某种方法得到这个结果，使用该方法时，有 95% 的概率会包含真正参数。"但也可能很不幸，我们手上的数据就属于没有包含真正参数的那 5% 区间。如果你认为风险太大，不妨改用 99% 的置信区间。我们可以用任意值作为置信水平，较常用的置信水平以及正态分布曲线下右侧面积为 $\alpha/2$ 时的 Z 值，见表 11-1 所示。

表 11-1 　　　　　　　　　　　**常用置信水平的 $Z_{\alpha/2}$ 值**

置信水平	α	$\alpha/2$	$Z_{\alpha/2}$
90%	0.10	0.05	1.65
95%	0.05	0.025	1.96
99%	0.01	0.005	2.58

（2）高置信水平并不是平白得来的。根据同一组数据计算 99% 的置信区间要比 95% 的置信区间宽。在估计参数的准确程度和对于包含参数的把握大小这两项之间，只能尽量寻求平衡。

（3）样本量变大，置信区间就会变窄。如果我们希望既有较高的置信水平，又有较窄的区间，就必须取较大的样本。

第二节　总体参数的区间估计

一、总体平均数的区间估计

只要知道了样本平均数的抽样分布形态，我们便可以根据抽样分布理论和概率分布的性质，选择一定的置信水平对总体平均数 μ 作出区间估计。中心极限定理是抽样分布理论中最重要的理论。要判断平均数的抽样分布符合中心极限定理的哪种具体情形，就需要考虑三个条件：第一，总体是否为正态分布；第二，总体方差是否已知；第三，用于构造估计量的样本是大样本（通常要求 $n \geqslant 30$）还是小样本（$n < 30$）。

（一）总体正态分布且方差已知时的区间估计

数据总体为正态分布，且总体方差 σ^2 已知的条件下，总体平均数的区间估计是最简单的情况。根据中心极限定理的第一种情形，这时样本均值 $\bar{x}$ 也服从正态分布，其数学期望值为总体均值 μ，方差为 σ^2/n。样本均值经标准化后服从标准正态分布，即

$$z = \frac{\bar{x} - \mu}{\sigma / \sqrt{n}} \sim N(0, 1) \qquad \text{（式 11.1）}$$

根据式 11.1 和正态分布的性质可以得出总体均值 μ 在 $1-\alpha$ 置信水平下的置信区间为：

$$\bar{x} \pm Z_{\frac{\alpha}{2}} \frac{\sigma}{\sqrt{n}} \qquad \text{（式 11.2）}$$

式中：

$\bar{x} - Z_{\frac{\alpha}{2}} \dfrac{\sigma}{\sqrt{n}}$ 称为置信下限；

$\bar{x} + Z_{\frac{\alpha}{2}} \dfrac{\sigma}{\sqrt{n}}$ 称为置信上限；

α 是事先确定的一个概率值，是犯错误的概率，即总体均值不包括在置信区间的概率；

$1-\alpha$ 称为置信水平；

$Z_{\alpha/2}$ 是标准正态分布两侧面积各为 $\alpha/2$ 时的 Z 值；

$Z_{\frac{\alpha}{2}}\dfrac{\sigma}{\sqrt{n}}$ 是估计总体均值时的估计误差（estimate error）。

为了更好地理解置信区间的计算方法，从图 11-4 中可以看到，当我们设置犯错误的概率 α 为 5% 时，置信水平就为 95%，$Z_{0.025} = 1.96$，所以 95% 的置信区间为 $\mu \pm 1.96\sigma_{\bar{x}} = \mu \pm 1.96\dfrac{\sigma}{\sqrt{n}}$。

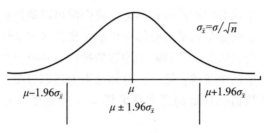

图 11-4　95% 置信区间的示意图

（二）总体正态分布但方差未知时的区间估计

数据总体为正态分布、总体方差 σ^2 未知的条件下，如果是大样本，则样本均值 $\bar{x}$ 的抽样分布近似于正态分布，用样本方差 s^2 代替 σ^2，公式为：

$$\bar{x} \pm Z_{\frac{\alpha}{2}}\frac{s}{\sqrt{n}} \tag{式 11.3}$$

如果是小样本，$\bar{x}$ 的抽样分布则是 t 分布，这时我们采用 t 分布建立总体均值的置信区间。t 分布受到自由度的影响，在计算 t 值时先要计算自由度：

$$df = n-1 \tag{式 11.4}$$

对应的 t 值为

$$t = \frac{\bar{x}-\mu}{s/\sqrt{n}} \sim t\ (n-1) \tag{式 11.5}$$

t 分布是类似正态分布的一种对称分布，通常要比正态分布平坦和分散，所以其置信区间更宽。t 分布受到自由度的影响，随着自由度的增大，t 分布也逐渐趋于正态分布。根据 t 分布建立的总体均值 μ 在 $1-\alpha$ 置信水平下的置信区间为：

$$\bar{x} \pm t_{\frac{\alpha}{2}}\frac{s}{\sqrt{n}} \tag{式 11.6}$$

上式中，$t_{\alpha/2}$ 是自由度为 $n-1$ 时，t 分布两侧面积各为 $\alpha/2$ 时的值，该值可通

过 t 分布表（见附录 3）查得。

（三）总体非正态分布时的区间估计

在总体为非正态分布的情况下，若抽取的样本量较小，则样本均值的抽样分布也不是正态分布，不知为哪种分布形式，因此无法对此进行区间估计。但随着样本量的增大，依据中心极限定理的第三种情形，无论总体方差是否已知，样本平均数的抽样分布都趋于正态分布。因此，在大样本情况下，可用正态分布进行区间估计，其公式依旧是式 11.2。

对于样本平均数的抽样分布，正态分布和 t 分布适用的条件可总结成表 11-4。

表 11-2 　　　　　　　　　　　**不同情况下总体均值的区间估计方法**

数据总体分布	样本量	σ 已知	σ 未知
正态分布	大样本（$n \geqslant 30$）	$\bar{x} \pm Z_{\frac{\alpha}{2}} \dfrac{\sigma}{\sqrt{n}}$	$\bar{x} \pm Z_{\frac{\alpha}{2}} \dfrac{s}{\sqrt{n}}$
	小样本（$n < 30$）	$\bar{x} \pm Z_{\frac{\alpha}{2}} \dfrac{\sigma}{\sqrt{n}}$	$\bar{x} \pm t_{\frac{\alpha}{2}} \dfrac{s}{\sqrt{n}}$
非正态分布	大样本（$n \geqslant 30$）	$\bar{x} \pm Z_{\frac{\alpha}{2}} \dfrac{\sigma}{\sqrt{n}}$	$\bar{x} \pm Z_{\frac{\alpha}{2}} \dfrac{s}{\sqrt{n}}$

【例 11.1】 某品牌研发出一批新型号的电脑，在上市前需要估计此型号 PC 的硬盘存储系统的性能，其中的一个指标是检测硬盘驱动器故障之间的平均时间间隔。为了估计这个值，检测员对 45 个硬盘驱动器故障的随机样本进行了记录，经计算，得到以下数值：

$$\bar{x} = 1762\text{h}, \ s = 215\text{h}$$

用 90% 的置信水平估计平均故障时间间隔的真值。[①]

解：当 $n = 45$ 时，样本为大样本，抽样分布服从正态分布。根据正态分布，当 $\alpha = 0.1$ 时，$Z_{\alpha/2} = 1.645$，根据式 11.3 可得

$$\bar{x} \pm Z_{\frac{\alpha}{2}} \frac{s}{\sqrt{n}} = 1762 \pm 1.645 \times \frac{215}{\sqrt{45}} = 1762 \pm 52.7 = 1709.3 \sim 1814.7$$

所以我们有 90% 的信心相信区间（1709.3，1814.7）包含了硬盘故障时间间隔的真值。

【例 11.2】 研究人员想了解某地区人们的环境知识水平，假设总体分数服从正

---

① 该例题参考 ［美］威廉·M. 门登霍尔，特里·L. 辛西奇 . 统计学（原书第 6 版）［M］. 关静，等，译 . 北京：机械工业出版社，2019.

态分布。在一次测验中，5位民众的环境知识得分见表11-3。试估计该样本所在地区的人们环境知识的平均水平，使用99%的置信区间。

表11-3　　　　　某地区5位被试的环境知识得分（满分为300分）

229	255	280	203	229

解：由于总体服从正态分布，方差未知，且样本量 $n=5$，根据中心极限定理，样本服从自由度为 $df=n-1=4$ 的 t 分布。由题中数据可计算得出样本均值和标准差：

$$\bar{x} = 239.2, \ s = 29.3$$

当置信水平为99%时，查 t 分布表可得 $t_{\alpha/2} = 4.604$，根据式11.6，可计算得置信区间为：

$$\bar{x} \pm t_{\frac{\alpha}{2}} \frac{s}{\sqrt{n}} = 239.2 \pm 4.604 \times \frac{29.3}{\sqrt{5}} = 239.2 \pm 60.3 = 178.9 \sim 299.5$$

因此，我们有99%的信心相信区间（178.9，299.5）包含了该地区人们的环境知识的平均水平。

二、总体比例的区间估计

由于广告调研中经常涉及比例的问题，比如某个电视台的收视率、网络的普及率等，本节将讨论大样本情况下总体比例的估计问题。由样本比例 p 的抽样分布可知，当样本量足够大时，[1] 比例 p 的抽样分布可由正态分布近似。p 的数学期望值和方差分别为：

$$E(p) = \pi$$

$$\sigma_p^2 = \frac{\pi(1-\pi)}{n}$$

而样本比例经标准化后的随机变量 Z 则服从标准正态分布，即

$$Z = \frac{p - \pi}{\sqrt{\pi(1-\pi)/n}} \sim N(0, 1) \qquad （式11.7）$$

与总体均值的区间估计类似，在样本比例 p 的基础上加减估计误差项，即得总体比例 π 在 $1-\alpha$ 置信水平下的置信区间为：

$$p \pm z_{\alpha/2} \sqrt{\frac{\pi(1-\pi)}{n}} \qquad （式11.8）$$

---

① 足够大的样本量一般符合 $np \geq 5$ 且 $n(1-p) \geq 5$，或者 $np \geq 10$ 且 $n(1-p) \geq 10$。

用上式计算总体比例的置信区间时，π 值应是已知的。但实际情况是，π 值是需要我们估计的，所以，要用样本比例 p 来代替 π。这时，总体比例的置信区间可表示为：

$$p \pm z_{\alpha/2}\sqrt{\frac{p(1-p)}{n}} \qquad\qquad (式11.9)$$

式中，α 是显著性水平；

$Z_{\alpha/2}$ 是标准正态分布右侧面积为 $\alpha/2$ 时的 z 值；

$z_{\alpha/2}\sqrt{\dfrac{p(1-p)}{n}}$ 是估计总体比例时的估计误差。

【例11.3】 研究表明，司机在驾驶机动车时使用手机会增加发生事故的风险。但是，司机们仍然在驾驶时使用手机。某地区民意调查显示，在 295 位司机中有 40%（118 位）在驾驶中仍然使用手机。在 95% 的置信水平下估计该地区司机在驾驶中使用手机的比例。

解： 已知样本比例为 $p = 40\%$，由于 $np = 118 > 10$，$n(1-p) = 295 \times (1-40\%) = 177 > 10$，属于大样本情况，抽样分布可由正态分布近似。在置信水平为 95% 时，$Z_{\alpha/2} = 1.96$，根据（式11.9）可得

$$40\% \pm 1.96 \times \sqrt{\frac{40\% \times (1-40\%)}{295}} = 40\% \pm 5.6\% = 34.4\% \sim 45.6\%$$

因此，我们有 95% 的信心认为该地区司机在驾驶中使用手机的比例为 34.4% ~ 45.6%。

三、总体方差的区间估计

当总体服从正态分布时，无论样本量大小，样本方差的抽样分布服从自由度 $df = n-1$ 的 χ^2 分布，因此可用 χ^2 分布构造总体方差的置信区间。由于 χ^2 分布是不对称分布，无法像总体均值和总体比例的区间估计一样，由点估计量 $\pm$ 估计误差得到总体方差的置信区间。

如何构造总体方差的置信区间呢？若给定显著性水平 α，用 χ^2 分布构造的总体方差 σ^2 的置信区间如图 11-5 所示。

由图 11-5 可知，建立总体方差 σ^2 的置信区间，需要找到两个临界值，使其满足 $\chi^2_{1-\alpha/2} \leq \chi^2 \leq \chi^2_{\alpha/2}$，由于 $\dfrac{(n-1)s^2}{\sigma^2} \sim \chi^2(n-1)$①，可用它代替 χ^2，于是有：

---

① 设总体分布为 $N(\mu, \sigma^2)$ 的正态分布，则其样本方差的抽样分布为：$\dfrac{(n-1)s^2}{\sigma^2} \sim \chi^2(n-1)$。

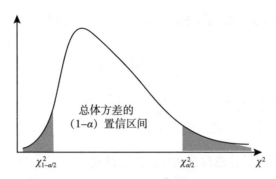

图 11-5　自由度为 $n-1$ 的 χ^2 分布

$$\chi^2_{1-\alpha/2} \leqslant \frac{(n-1)\,s^2}{\sigma^2} \leqslant \chi^2_{\alpha/2} \qquad (式\,11.10)$$

由此可以推导出总体方差 σ^2 在 $1-\alpha$ 水平下的置信区间：

$$\frac{(n-1)\,s^2}{\chi^2_{\alpha/2}} \leqslant \sigma^2 \leqslant \frac{(n-1)\,s^2}{\chi^2_{1-\alpha/2}} \qquad (式\,11.11)$$

【例 11.4】 罐头厂的质检员知道每一盒罐头的精确重量是不同的，因为总有一些不可控因素影响重量。每盒罐头的平均装入量是一个重要指标，但是装入量的方差 σ^2 同样重要。如果 σ^2 较大，那么有些罐头的装入量太少而另一些又太多。为了估计罐头装入量的方差，质检员随机抽取 10 盒罐头称出它们的重量，重量（盎司）列在表 11-4 中，试构造该罐头厂生产的罐头装入量方差为 90% 的置信区间（假定总体为正态分布）。

表 11-4　　　　　　　　　　　　　罐头装入的重量

7.98	7.90	7.96	8.01	7.97
8.02	8.04	8.02	8.03	7.96

解：

根据样本数据计算的样本方差为 $s^2 = 0.0018$，

又知显著水平 $\alpha = 0.10$ 和自由度 $df = n-1 = 10-1 = 9$，查 χ^2 分布表（见附录 4）得：

$$x^2_{\alpha/2} = x^2_{0.05}(df = 9) = 16.9190$$
$$x^2_{1-\alpha/2} = x^2_{0.95}(df = 9) = 3.3251$$

所以，根据（式 11.11）可算得总体方差 σ^2 的置信区间为：

$$\frac{9 \times 0.0018}{16.9190} \leqslant \sigma^2 \leqslant \frac{9 \times 0.0018}{3.3251}$$

即 $0.00096 \leqslant \sigma^2 \leqslant 0.00487$

相应地，总体标准差的置信区间为 $0.00096 \sim 0.00487$ 盎司。

☞ 思考题

一、复习思考题

1. 对总体均值最好的估计是什么？为什么？

2. 什么是 95% 的置信区间？

3. 不同情况下总体均值的区间估计所采用的统计量各是什么？

4. 总体比例和总体方差的区间估计所采用的统计量是什么？

5. 参数估计时，在置信水平不变的情况下，有什么方法提高精确度？

二、实训题

1. 已知五年级学生在某心理测评中的得分呈正态分布。研究者随机抽取了 64 名学生，计算得到心理测评均值为 220，标准差为 48，试在 99% 置信水平和 95% 置信水平下，估计总体均值的置信区间。

2. 在《社交媒体广告价值调查》中，试构建社交媒体广告价值的总体均值的置信区间，并估计这次调研的抽样误差。

第十二章 一个及两个总体的差异性检验

第一节 假设检验的基本原理

一、为何要假设检验

手机和网络已经开始改变小学生的学习娱乐和交往方式。一项调研显示，从不上网的小学生只有 17.6%；55.2% 的小学生利用网络查找资料，完成学习任务；25.7% 的小学生主要在网上打游戏。要不要让孩子玩手机？对此，很多家长都比较纠结：给孩子配备手机能够方便联络，但孩子拥有了手机就真的很难避免微信和网游。孩子身边的很多同学都在用手机、用微信、玩网游，强行切断这一切真的好吗？会不会让孩子失去了与小伙伴的沟通渠道和共同话题？很多家长陷入了"进退两难"的境地。

一项关于"是否同意给小学生用智能手机"的调查发现：育有子女的网民的平均得分为 2.8 分（五点李克特量表中，分数越低表示越不同意，1 分代表"非常不同意"；分数越高表示越赞同，5 分代表"非常赞同"），而无子女的网民的平均得分为 3.0 分，两组人群相差 0.2 分。现在面临一个问题：两组网民得分差异是什么原因造成的？是调查中的一些偶然因素造成的随机误差，还是某种因素造成的系统性影响？

为了回答这个问题，我们可以采用假设检验的方法。假设检验，顾名思义，必须先有假设。上例中我们提出以下假设：有子女网民与无子女网民在有关是否同意小学生用智能手机的态度上存在显著差异。

如何检验上述假设？即如何证明这两组网民的得分差异并非偶然因素造成的随机误差，而是由于有无子女这个因素影响的结果？假设检验的基本思想是"归谬"或"证伪"。通常情况下，一个假设能够被证明是错误的，而永远不能够被证明是正确的。比如说，"所有的乌鸦都是黑色的"，我们无法直接证明这个假设：因为假设中的"所有"乌鸦包括现在活着的，已经死去的，甚至还有那些没有孵出来的乌鸦，但我们无法穷尽所有的乌鸦，因而无法证明这个假设是正确的。我们只能假设所有乌鸦都是黑色的，然后去找一群乌鸦来检验这个假设，如果我们发现了一只红色的或者白色的乌鸦，那么"所有乌鸦都是黑色的"这个论断就被证明是错的。因此，通过一个反例，我们就可以证明"所有乌鸦都是黑色的"论断不正确。这就是我们假设检验的思想。

那么要检验上述假设，也要采用"证伪"方法，因为直接证明"有子女网民与无子女网民在态度上具有显著差异"跟证明"所有的乌鸦都是黑色的"一样难，我们需要穷尽所有有子女网民和无子女网民，并对其进行测量，然后对比两者之间的态度，这很难做到。因而我们采用"证伪"战术，提出相反的假设，"有子女网民与无子女网民在态度上无显著差异"，然后随机抽取一个样本，来证明这个相反假设是错误的，从而证明我们所关注的研究假设是正确的。

下面我们就来介绍一下如何采用"证伪"方法来检验我们所提出的假设。在此先介绍假设如何提出，什么是"研究假设"，什么是相反的假设——"原假设"。

二、假设的提出

在假设检验的"证伪"过程中，我们往往从对立的两个方面给出假设性说明，即所谓的"原假设"（H_0）和"研究假设"（H_1）；然后，根据样本资料的统计分析结果，对两个假设做出选择：拒绝原假设而接受研究假设，或是肯定原假设而放弃研究假设。

（一）原假设

原假设（null hypothesis）：又称为虚无假设、零假设，是研究者想收集证据予以反对的假设，用 H_0 表示。

原假设是统计推论的出发点，因为它所做出的假定性说明可以为人们提供进一步检验推导的理论基础。上例中的原假设为："有子女网民与无子女网民在同意程度上无显著差异"，分别用 μ_1 和 μ_2 表示有子女组和无子女组对子女用智能手机同意程度的平均值，那么原假设可表示成：

$$H_0: \mu_1 = \mu_2$$

（二）研究假设

研究假设又称对立假设或备择假设（alternative hypothesis），是研究者想收集证据予以支持的假设，用 H_1 或 H_a 表示。

研究假设与原假设互斥，肯定原假设，意味着放弃研究假设；否定原假设，意味着接受研究假设。比如上例中，研究假设为"有子女网民与无子女网民在同意程度上具有显著差异"，其表达式为：

$$H_1: \mu_1 \neq \mu_2$$

这种假设称为无方向（nondirectional）的假设。在无方向的假设中，我们判断均值之间存在差异，但是不能够预测均值之间谁大谁小的具体关系。相比而言，有方向（directional）的假设直接表明总体之间的关系，如 $\mu_1 > \mu_2$ 或者 $\mu_1 < \mu_2$。在上例中，我们也可以提出一个有方向的假设"有子女网民的同意程度显著低于无子女的网民"，表达式为：$\mu_1 < \mu_2$。

原假设总是有符号 =、$\geqslant$ 或 $\leqslant$，而研究假设总是有符号 $\neq$、<或>；因为我们很清楚我们的研究目的，所以提假设时，先提出较确定的研究假设，进而提出与之相斥的原假设；假设表达式中用总体均值 μ 来表述平均值，我们之所以使用总体均值，是因为要将样本所证明的假设结果推广到整个总体。

【例 12.1】 某调研机构对年轻人玩电子游戏情况进行调查，发现男生玩电子游戏的平均时间比女生的平均游戏时间显著得多。试陈述用于检验的原假设与研究假设。

解：

调研机构所希望验证的是"男生玩电子游戏的时间比女生多"，可见此题是有方向的假设，先提研究假设，后提原假设。

$\qquad\qquad$ H_0：男生玩电子游戏的平均时间不多于女生。

$\qquad\qquad$ H_1：男生比女生玩电子游戏的平均时间要多。

【例 12.2】 心理学家想探寻经历过地震的人的自信水平是高于普通人还是低于普通人，请陈述其原假设与研究假设。

解：

在本题中，要对比的两个群体是（1）经历过地震的人和（2）普通人，因为问题指定了"高于还是低于"，所以此题是无方向假设：

$\qquad\qquad$ H_0：经历过地震的人和普通人的自信水平相同。

$\qquad\qquad$ H_1：经历过地震的人和普通人的自信水平不同。

三、显著水平

虽然提假设可先提研究假设，再提原假设，但是假设检验则是从试图推翻原假设（无差异假设）开始，根据样本中观察到的差异情况，看能否推翻这一原假设。但这并不是说，样本中观察到的所有差异情况都可以证明原假设不成立或者都可以推翻原假设。因为抽样误差不可能完全避免，这意味着观察到的差异有可能是抽样误差造成的，而不是由于研究人员操纵的变量造成的真正差异。所以，在决定是否能推翻原假设时，必须确定一个允许的误差限度。这个范围用概率表示，如 5%（0.05）、1%（0.01）。如果随机误差的概率为 $p \leqslant 0.05$，就表示样本中观察到的差异由随机误差造成的概率小于或等于 5%，这也就意味着差异由研究人员操纵的变量造成的概率大于或等于 95%，于是就可以推翻原假设。如果原假设被推翻，就说明观察到的差异有显著意义，我们就可以接受研究假设。

上述这个允许的误差概率通常称为显著水平（significance level），常用 α 表示，代表了研究人员决定拒绝原假设的信心，通俗地讲，由于随机误差而造成这种极端差异的概率等于 α，而 α 足够小，是个小概率事件，因而研究人员有充分的信心拒绝原假设，进而接受存在差异的研究假设。小概率事件是指发生概率很小的事件，如买一张彩票就中大奖的概率。统计学中的"小概率"一般有这么几种取值：0.01、0.05 和 0.1，α 相应地代表着"非常显著水平""显著水平"和"临界显著水平"。

显著水平是由研究者决定的，显著水平的设定需要考虑多种因素，如研究领域、研究目的、研究对象、研究内容。一般来讲，在自然科学领域，所涉及的变量一般都可以精确地度量，而在社会科学领域，所涉及的变量往往与人有关，对他们的测量往往难以达到很高的精确度，因而前者就可以设定较为严格的显著水平，如0.01、0.001，后者一般定 0.05 就可以了，甚至可设置 0.1。此外，研究目的如果只是探索性的，显著水平就可以定得宽松些，如 0.05 或 0.1；但若是为了检验某个既定理论，就需要设置得严一些，使其不要轻易推翻原假设。在新闻传播学研究中，一般选择 0.001、0.01 或 0.05 的显著水平。

四、检验统计值与临界值

我们了解到，当设定一个显著水平时，如 $p \leqslant 0.05$，意味着如果根据样本计算的误差概率低于 0.05，就可以推翻原假设，从而认为存在显著差异。研究人员根据样本计算的一个值来判断或检验误差概率是否低于显著水平，这个值叫做检验统计值。虽然我们所涉及的只是一个样本，但是要把它看作无数个可能样本中的一个，即我们可以从总体中随机抽取无限多个样本，这样一来就可以计算出无限个检验统计值，这些统计值将服从某一抽样分布，比如正态分布、t 分布等，那么检验统计值就是 Z 值、t 值等。

因此，显著水平 α 其实就是抽样分布曲线中处于尾端部分的面积。当我们说"低于某个显著水平"时拒绝原假设，就等于说尾端的面积要小于该面积，这个面积或区域叫作"临界区域"或"拒绝区域"（如图 12-1 所示阴影部分的区域），界定该区域的值叫作临界值，也就是对应于该区域面积的 Z 值、t 值等。如图 12-1 所示，$-Z_{\alpha/2}$ 和 $Z_{\alpha/2}$ 就是临界值。

当我们对原假设进行检验时，要先依据样本计算检验统计值。如果检验统计值的绝对值小于显著水平对应的临界值，我们称检验统计值落在了接受区域，这时就要接受原假设；反之，如果检验统计值的绝对值大于临界值，我们称检验统计值落在拒绝区域，这时就要拒绝原假设。从随机误差的角度看，对于前一种情况，由随机误差造成差异的概率大于研究人员设置的最大随机误差概率，因此可认为所观察到的差异是由随机误差造成的，而不存在真正的差异，而对于后一种情况，则可认

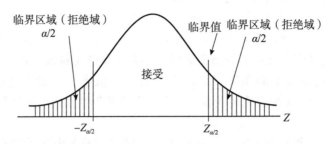

图 12-1 显著水平、临界区域、临界值以及拒绝和接受原假设的情况

为确实存在真正的差异。

图 12-1 为某个抽样分布，显示了双尾检验时的显著水平、拒绝区域、接受区域、临界值以及拒绝和接受原假设的情况。其中，曲线尾端左右两个阴影部分即为拒绝区域，其面积一共为 α；中间部分为接受区域，其面积为 $1-\alpha$。界定拒绝区域和接受区域的$-Z_{\alpha/2}$和$Z_{\alpha/2}$即为临界值。

五、单侧检验与双侧检验

如果研究假设不但指出差异，而且还指出差异的方向（如 H_1：$\mu_1 > \mu_2$ 或者 H_1：$\mu_1 < \mu_2$），这时的假设检验称为单尾检验或单侧检验（one-tailed test）。

如果研究假设仅仅强调差异的存在，而不指出差异的方向（如 H_1：$\mu_1 \neq \mu_2$），这时假设检验称为双尾检验或双侧检验（two-tailed test）。

如果研究假设是方向性的，如 H_1：$\mu > \mu_0$，这时检验只与抽样分布曲线的右侧尾巴有关，所以这样的检验叫做单侧检验。假如我们所设定的显著水平为 0.05，那么这 0.05 的面积（临界区域）全部位于分布的右端，当检验统计值大于显著水平（如 $\alpha = 0.05$）所对应的临界值（如 $Z_{0.05} = 1.65$）时，也就是落入了拒绝域之内，如图 12-2 所示。如果研究假设为非方向性的，那么 μ_1 可能大于也可能小于 μ_2，所以某种 α 水平的假设检验与分布曲线的两个尾巴都有关系，两端的拒绝域面积各占 $\alpha/2$，如图 12-1 所示。

需要注意的是，同样的显著水平下，单侧检验的临界值要小于双侧检验的临界值，因此，对于同样的检验统计值，就有可能在单侧检验时要拒绝原假设，而在双侧检验中接受原假设。如图 12-1 和图 12-2 所示，当 $\alpha = 0.05$ 时，双侧检验的统计值 $Z = 1.96$，而单侧检验的统计值 $Z = 1.65$，当 $Z = 1.80$ 时，在单侧检验中落入拒绝区域，因而拒绝原假设；而在双侧检验中则落入接受区域，要接受原假设。

六、假设检验的两类错误

在上文中，我们已接触了显著性水平 α 这个概念，它指允许随机误差发生的

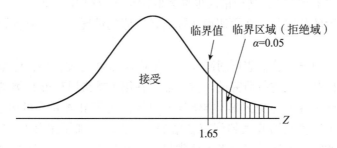

图 12-2　$\alpha = 0.05$ 的单侧检验

最大概率，在假设检验中，它意味着原假设为真时拒绝原假设所要承担的风险水平。表 12-1 显示了在假设检验时，我们面临的四种情况：

表 12-1　　　　　　　　　　　　　假设检验中的可能结果

		可能的选择	
		不拒绝原假设	拒绝原假设
原假设的真实性质	原假设为真	①对啦，原假设是真实的，即在群体之间确实没有差别的情况下，你没有拒绝原假设。发生这种情况的概率为 $1-\alpha$	②哎，你犯了第 I 类错误：在群体之间没有差异的情况下你却拒绝了原假设。这类错误称为 α 错误，即弃真错误，发生的概率就是显著性水平 α
	原假设为假	③哦，你犯了第 II 类错误：在群体之间有差异的情况下，你却没有拒绝虚假的原假设。这类错误也称为 β 错误，即取伪错误，发生的概率为 β	④很好，在群体之间存在差异的情况下你拒绝了原假设，发生的概率为 $1-\beta$（也称为把握度）

结果①表示的情况是，原假设为真实（群体之间没有差异）时，我们作出了不拒绝原假设的正确选择。

结果②表示了 α 错误。原假设实际上是真实（没有差异）时，我们却拒绝了原假设（认为存在差异）。例如，假设经历过地震的人与普通人的自信平均水平是没有差异的，但是我们得出的结论却有显著差异，这种错误也称为弃真错误或第 I 类错误。

结果③显示了 β 错误。原假设是虚假的（实际上存在差异），但我们没有拒绝原假设（认为没有差异），这种错误也称为取伪错误或第Ⅱ类错误。

结果④表示的状况是，在原假设实际上是虚假的情况下，研究者做出了拒绝的正确决定。

就理想状态而言，我们想同时减少第Ⅰ类错误和第Ⅱ类错误，但是这总是很难实现，或很难控制。在进行研究的时候，需要在第Ⅰ类错误和第Ⅱ类错误之间进行权衡。当通过减小 α 而避免犯第Ⅰ类错误的时候，犯第Ⅱ类错误的风险就会增加；同样，如果为了避免犯第Ⅱ类错误就会增加 α，也就增加了犯第Ⅰ类错误的风险。解决这一矛盾的唯一方法是仔细考虑两类错误带来的后果，进行适当的权衡。在科学研究中，重点讨论的是 α 错误，因为犯 α 错误的概率可由研究人员自主设置，而 β 错误概率则不能，它需要通过设置 α 错误大小来控制 β 错误的大小。设置 α 错误概率即是设置显著性水平。正如上文提到，在新闻传播学领域，显著水平 α 一般设置为 0.001、0.01 或 0.05，这意味着我们在研究中允许犯第Ⅰ类错误的最大概率为 0.001、0.01 或 0.05。在研究报告中，统计显著性常以 $p<0.01$ 表示，可以读作"在 0.01 的显著水平下……"。

七、假设检验的流程

（一）提出原假设和研究假设

我们可以通过下列例子理解假设检验的步骤：某家笔记本电脑生产商认为，20%以上的电脑购买者可能购买某种软件包。由此，他们随机抽取 100 名电脑的预期购买者并询问他们对此软件包是否感兴趣，其中 30 人表示打算购买此软件包。试在95%的置信水平下检验"多于 20%的消费者会购买此软件包"的假设是否成立。

在这个例子中，我们假设 π 表示所有电脑购买者中会购买此软件包的真实比率。如果我们想证明 $\pi>0.2$，原假设和研究假设可设为：

$$H_0: \pi \leqslant 0.2$$
$$H_1: \pi>0.2$$

（二）确定适当的检验统计量，并计算其数值

选择哪个统计量主要考虑统计量的抽样分布，依据中心极限定理，影响抽样分布的一些因素：总体是否为正态分布，抽取的样本是大样本还是小样本，总体标准差 σ 已知还是未知。

计算统计量时我们需要进行标准分数转化，上例中，$p=0.3$，$np=30>10$，$nq=70>10$，根据抽样分布原理，样本比例分布可由正态分布近似，所以我们采用 Z 统计量。由于 $\alpha=0.05$，$Z_{\alpha/2}=Z_{0.025}=1.96$，当样本比例 $p=0.3$，$\pi_0=0.2$ 时，

$$Z = \frac{p - \pi_0}{\sqrt{\dfrac{\pi_0(1 - \pi_0)}{n}}} = \frac{0.3 - 0.2}{\sqrt{\dfrac{0.2 \times (1 - 0.2)}{100}}} = 2.5$$

（三）决定接受何种假设

可根据检验统计量或 p 值判断。在上例中，由于检验统计量 $Z = 2.5 > 1.96$，所以处在拒绝域内，我们要拒绝原假设，接受研究假设，做此决策时所面临犯弃真错误的最大概率为 0.05。

但是，如果计算得 $Z = 3.0$，依据统计量来决策接受何种假设，则我们无法获得精确的信息，与 $Z = 2.5$ 时一样，我们也只能知道此次检验所犯错的最大概率为 0.05，无法获得实际犯错误的精确概率。如何更精确地反映决策的实际风险程度呢？p 值有效地解决了这一问题。

p 值就是当原假设为真时，所得到的样本观察结果或更极端结果出现的实际概率，即原假设实际上是真实的却被我们拒绝，也就是犯第 I 类错误的概率。用 p 值进行决策的规则很简单，如图 12-3 所示，如果实际犯第 I 类错误的概率小于研究人员设定的最大第 I 类错误概率，即 $p < \alpha$，则拒绝 H_0；如果 $p > \alpha$，则接受 H_0。

要理解 p 值的含义，还可想想考试中应答判断题的例子。一位同学声称他猜对判断题的概率有 80%（原假设），结果 30 道判断题中他只猜对了 10 题。如果他的猜对概率真的是 80%，那么几乎不太可能 30 题只猜对 10 题。也就是说，如果原假设为真的话，那么只有在很少情况下会得到这样的抽样结果。这个"很少情况"就是 p 值，p 值越小，说明这种情况发生的概率越小，我们越有理由拒绝原假设。

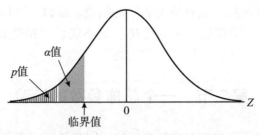

图 12-3　实际犯第 I 类错误概率 p 与设定的最大第 I 类错误概率 α 之间关系图

p 值是通过计算得到的，通过计算检验统计量（如 Z 或 t 值），然后查询分布表（如正态分布表或 t 分布表）求得累积概率 $p(Z \leqslant x)$ 就是 p 值。依据计算检验统计量的公式（见前一章式 11.1 或 11.5），p 值大小取决于三个因素：第一个是样本数据与原假设的差异，在上面例题中样本数据与原假设相差 10%；第二个是样本容量，本例为 $n=100$；第三个是被假设参数的总体分布，这决定了统计量的抽样分布形状。手工计算 p 值比较复杂，我们在接下来的一节中将会介绍如何运用 SPSS 计算 p 值。

【延展阅读】

p 值反映了观察到的实际数据与原假设之间不一致的概率值，与传统的拒绝域范围相比，p 值提供了实际犯第 I 类错误概率的具体数值。比如，根据事先确定的 α 进行决策时，只要统计量的值落在拒绝域，无论它在哪个位置，拒绝原假设的结论都是一样的，即犯第 I 类错误的最大概率为 α。但是实际上，根据实际显著性水平 p 值，我们知道统计量落在临界值附近（如 $Z=2.0$ 时，$p=0.0228$，实际犯错误的概率为 2.28%）与落在远离临界值的地方（$Z=3.0$，$p=0.0013$，实际犯错误的概率为 0.13%）是不同的，两种情况下决策可靠性具有较大差别：$Z=3.0$ 时所做的拒绝原假设的决策可靠程度高于 $Z=2.0$ 时的决策。

八、怎样表述决策结果

假设检验只提供不利于原假设的证据，因此，当拒绝原假设时，只表明根据样本提供的证据能够证明它是错误的；当没有拒绝原假设时，我们也没法证明它是正确的，因为假设检验的程序没有提供它是正确的证据。这与法庭上对被告的定罪类似，先提出原假设：被告是无罪的，如果你没有发现被告有罪的证据，你也无法得出"被告是无罪"的结论，因为即便你列举无数被告无罪的证据，只要今后找一个犯罪的证据，就可推翻"被告是无罪"的结论。所以，严格意义上来讲，当不能拒绝原假设时，我们只能说"不拒绝 H_0"而不能说"接受 H_0"，因为我们无法证明原假设是真的。

第二节 一个总体参数的检验

根据假设检验的不同内容和进行检验的不同条件，需要采用不同的检验统计量，在一个总体参数的检验中，用到的检验统计量主要有三个：z 统计量、t 统计量和 χ^2 统计量。z 统计量和 t 统计量常用于均值和比例的检验，而 χ^2 统计量则用于方差的检验。选择什么统计量进行检验需要考虑待检验的统计量的抽样分布。

一、单样本均值的显著性检验

单样本平均数的显著性检验，是检验单个样本的平均值与特定总体平均值间是否具有显著差异。如果检验结果差异显著，则表示样本平均值的抽样分布（即 $\mu_{\bar{x}}$）与总体平均值（即 μ_0）存在差异，或者说，样本平均数 $\bar{x}$ 与总体平均数 μ_0 的差异已经不能用抽样误差来解释了，这个差异是因为该样本并非来自 μ_0 这个总体，而是来自另一个总体。由于总体分布的形状以及样本容量大小等情况差异，依据中心极限定理，样本均值的抽样分布也存在差异，因而具体的检验统计量也有所不同，下文将一一加以介绍。

（一）样本均值的抽样分布为正态分布

依据中心极限定理，有两种情形样本均值的抽样分布为正态分布或可用正态分布来近似。第一，无论样本大小如何，只要总体为正态分布且方差已知；第二，无论总体为何分布，只要样本为大样本。在这两种情形下，假设检验选择 Z 分数作为检验统计量，再将其与显著水平 α 所对应的 Z 临界值进行比较，最后决定是拒绝原假设还是不拒绝原假设。这样的检验由于选用了 Z 分数作为检验统计量，因此又称为 Z 检验。

Z 检验的决策判断标准如下：

对于双侧检验，若 $|z| < |z_{\alpha/2}|$，不拒绝原假设；

若 $|z| > |z_{\alpha/2}|$，拒绝原假设。

对于单侧检验，若 $|z| < |z_{\alpha}|$，不拒绝原假设；

若 $|z| > |z_{\alpha}|$，拒绝原假设。

【例 12.3】为了研究社会调查中提问的指导语如何影响被试者的选择，某机构进行了以下测试。他们向被试者放映一部特定的电影，内容是一辆行驶的汽车和一辆静止的汽车相撞。在这之后让每位被试者填一份问卷，问题为"你认为有多大的可能是行驶的汽车的驾驶员的错？"评分范围从 0（没有错）到 10（全部责任）。假定在正常情况下分数呈正态分布，总体 $M = 5.5$，总体 $SD = 0.8$。随机选择的 16 个个体在问题措辞改变的情境下进行测验，问题不再使用中立的方式描述事件，而是使用短语"撞向"——问题变为"你认为有多大的可能是撞向静止汽车的驾驶员的错？"使用改变的指导语，16 个被试给出的错误等级评分为 5.9 分，那么，在 $\alpha = 0.01$ 的水平下，改变指导语确实明显增加了错误等级评分吗？

解：

根据题意，该研究的目的是检验样本平均值是否显著高于总体均值，因而是单侧检验。因为总体为正态分布且方差已知，所以抽样分布为正态分布，采用 Z 值为检验统计量。

（1）提出原假设和研究假设：

$$H_0: \mu \leq 5.5$$

$$H_1: \mu > 5.5$$

（2）计算检验统计量：

已知 $\mu_0 = 5.5$，$\sigma = 8$，$n = 16$，$\bar{x} = 5.9$。所以：

$$z = \frac{\bar{x} - \mu_0}{\sigma/\sqrt{n}} = \frac{5.9 - 5.5}{0.8/\sqrt{16}} = 2$$

（3）因为 $\alpha = 0.01$，由正态分布表可知 $Z_\alpha = Z_{0.01} = 2.33$，所以本题中计算的检验统计量 $Z = 2 < Z_{0.01}$。由此，不拒绝原假设，因而未支持研究假设，没有证据表明改变指导语明显增加了错误等级评分。

【**例 12.4**】在大学生的广告态度调查中，研究者声称大学生的广告总体态度小于 3.50 分，请写出假设检验的各个步骤，运用 SPSS 对《受众广告态度调查》得到的数据进行分析，并依据 SPSS 结果报告证明研究者的假设是否正确（$\alpha = 0.05$）。

例 12.4 数据

解：

根据题意，该研究的目的是检验样本平均值是否显著小于总体均值 3.50，因而是单侧检验。由于调查样本量 $n = 437$ 为大样本，抽样分布可近似看作正态分布，检验统计量为 Z 值。

（1）提出原假设和研究假设：

$$H_0: \mu \geqslant 3.50$$
$$H_1: \mu < 3.50$$

（2）计算检验统计量：

由题中数据计算可得，样本均值 $\bar{x} = 3.52$，标准差 $s = 0.628$，又已知 $n = 437$，$\mu_0 = 3.5$，故

$$z = \frac{\bar{x} - \mu_0}{s/\sqrt{n}} = \frac{3.52 - 3.5}{0.628/\sqrt{437}} = 0.666$$

（3）因为 $\alpha = 0.05$，由正态分布表可知 $Z_\alpha = Z_{0.05} = 1.645 > 0.666$，$Z$ 值落入接受域内，故不能拒绝原假设，即没有证据表明样本的广告态度与总体的广告态度有显著差异。

此外，我们还可以用 SPSS 进行假设检验。

第 1 步：点击【分析】——【比较均值】——【单样本 T 检验】，进入主对话框。

第 2 步：将"广告总态度"变量选入【检验变量】下的方框内，并将【检验值】改为总体均值"3.50"，如图 12-4 所示。

第 3 步：点击【选项】，将置信水平设为"95%"。点击【继续】，返回主对话框。点击【确定】，输出检验结果，见表 12-3。

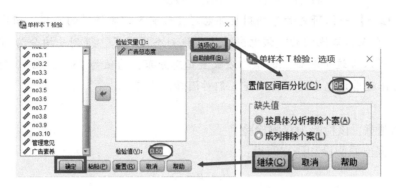

图 12-4 单样本 t 检验

表12-3
样本广告态度——输出结果
检验值=3.50

	t	自由度	*Sig.*（双尾）	平均值差值	差值95%置信区间	
					下限	上限
广告总态度	0.633	435	0.527	0.01904	−0.0401	0.0781

结果表明 $t=0.633$，与我们手工计算的 Z 值 0.666 相比，相差不大。在样本量足够大的时候，t 检验结果渐趋于 Z 检验的结果，故 SPSS 用 t 检验替代 Z 检验。值得一提的是，SPSS 输出结果还包括实际犯第 I 类错误的概率值 p，即表 12-3 中的"Sig"。因而我们可以不比查表得到临界值并与检验统计量作比较，而是直接检验是否 $p<\alpha$，进而决定要不要拒绝原假设。本例中 $p=0.527$，大于 $\alpha=0.05$，故不能拒绝原假设。

（二）样本均值的抽样分布为 t 分布

依据中心极限定理，当总体为正态分布，但总体方差未知，样本为小样本时，则样本均值的抽样分布为 t 分布。因此选择 t 分数作为检验统计量，再根据研究者所设定的显著性水平 α 和自由度 $df=n-1$，从 t 分布表中查出临界值，最后将 t 分数与临界值相比较，进而做出是否拒绝原假设的决定。这样的检验由于选用了 t 分数作为检验统计量，因此又称为 t 检验。

t 检验的决策判断标准如下，与 Z 检验相似：

对于双侧检验，若 $|t| < |t_{\alpha/2}|$，不拒绝原假设；

若 $|t| > |t_{\alpha/2}|$，拒绝原假设。

对于单侧检验，若 $|t| < |t_{\alpha}|$，不拒绝原假设；

若 $|t| > |t_\alpha|$，拒绝原假设。

【例 12.5】一位研究者想预测某部电影会改变人们对酒精的态度。研究者随机抽取了 16 个人，给他们放映该电影，然后施测态度问卷，得到平均分为 70，方差为 12。普通人在这个测试上的平均分数呈正态分布，均值为 75。试在 5% 的显著水平下，验证观看该电影是否会改变人们对酒精的态度。

解：

依据题意，该检验为双侧检验。

（1）提出原假设和研究假设：

$$H_0: \mu = 75$$

$$H_1: \mu \neq 75$$

（2）确定和计算检验统计值：

由于总体为正态分布，方差未知，且样本量 $n=16$ 为小样本，所以样本均值的抽样分布服从 $df=15$ 的 t 分布。t 值为检验统计值。已知 $\bar{x}=70$，$s=12$，$n=16$，$\mu_0=75$，得：

$$t = \frac{\bar{x} - \mu_0}{s/\sqrt{n}} = \frac{70 - 75}{12/\sqrt{16}} \approx -1.67$$

（3）当自由度 $df=16-1=15$ 时，$\alpha=0.05$ 显著水平所对应的临界值 $-t_{\frac{\alpha}{2}} = -2.13$。所以此题检验统计量 -1.67 大于临界值 -2.13，不处于拒绝域内，因此不能拒绝原假设。即没有证据表明观看该电影会显著改变人们对酒精的态度。

【延展阅读】

在操作 SPSS 过程中会发现 SPSS 的菜单中没有 Z 检验。为什么呢？这是因为当样本量为大样本时，t 检验结果趋近于 Z 检验的结果，而一般情况下只有大样本才符合样本均值的抽样分布为正态分布的要求，故 SPSS 用 t 检验替代 Z 检验。你可能会说在总体为正态分布，且总体方差已知的情况下，小样本的均值抽样分布也为正态分布，此时用 t 检验就可能产生较大偏差。这种情况下就不能借助 SPSS 了，只好采用人工计算 Z 值，并查正态分布表获得临界值，进行比对以决定是否拒绝原假设。不过庆幸的是，这种可能性小之又小，因为总体方差可知的情况实在太少。

二、单样本比例的显著性检验

在新闻传播领域，常需要检验总体比例是否等于某个假设值 π_0，比如在民意调查中，有多少比例的群众赞同新出台的政策，或在选举之前调查某位候选人的支持率有多少。以政治选举为例，候选人的支持率是非常重要的信息，预示着该候选人的竞争力。50%是个相当重要的标志，得票率超过50%将在选举中获胜，如果某候选人在一次民意调查中的支持率为48%，他最终能否如愿当选？48%与50%之间的2%差异是由于抽样的随机误差造成的，还是由于该候选人的支持率确实低于竞争对手？

如果一个事件只可能有两种结果，我们将其称为二项分布，在样本量大的情况下，若 $np>5$ 且 $n(1-p)>5$，或 $np>10$ 且 $n(1-p)>10$，则可以把二项分布近似为正态分布。所以，在总体比例的检验中，通常采用 Z 检验。一般而言，有关比例问题的调查中往往使用大样本，因为小样本的调查结果非常不稳定。例如，随机抽取10个人，如果支持者有4人，支持率为40%；如果支持者有5人，支持率则为50%，样本中一个人的态度差异导致调查结果相差10个百分点，这种不稳定性是我们不愿意看到的。

总体比例的检验程序与总体均值的检验类似，在构造检验统计量时，仍然利用样本比例 p 与总体比例 π 之间的距离等于多少个标准差 σ_p 来衡量。由于在大样本情形下统计量 p 近似服从正态分布，因此检验的统计量为：

$$z = \frac{p - \pi_0}{\sqrt{\dfrac{\pi_0(1 - \pi_0)}{n}}} \qquad (式 12.1)$$

上式中，p 为样本比例，π_0 为总体比例。

【例 12.6】 某市场研究公司为某品牌企业做的调研表明：最受消费者欢迎的广告形式是视频广告，选择最喜欢视频广告形式的受访者超过36%，其次是手机优惠券、广告推送、横幅广告、文本和音频广告。为检验这一统计结果是否可靠，该品牌企业随机抽选了400名消费者，发现其中169名消费者最喜欢视频广告。该结果是否支持最喜欢视频广告的消费者超过36%的说法（$\alpha = 0.01$）？

解：

根据题意，该研究假设是具有方向性的假设，因而是单侧检验。由于 $np = 169 > 10$，$n(1-p) = 231 > 10$，所以统计量 p 近似服从正态分布。

（1）提出原假设和研究假设：

$$H_0: \pi \leqslant 36\%$$
$$H_1: \pi > 36\%$$

（2）计算检验统计量。已知 $p = 169/400 = 42.25\%$，$\pi_0 = 36\%$。所以：

$$z = \frac{p - \pi_0}{\sqrt{\dfrac{\pi_0(1 - \pi_0)}{n}}} = \frac{0.4225 - 0.36}{\sqrt{\dfrac{0.36 \times (1 - 0.36)}{400}}} = 2.60$$

（3）做出检验判断。由于这是右单侧检验，当 $\alpha = 0.01$ 时，$Z = 2.60 > Z_\alpha = 2.33$，检验值处于拒绝域内，所以拒绝原假设，支持该品牌视频广告受欢迎度超过 36%的看法。

三、总体方差的检验

在生产和生活的许多领域，仅仅保证所观测到的样本均值维持在特定水平范围内，并不意味着整个过程就是正常的，方差的大小是否适度是需要考虑的另一个重要因素。例如，在产品质量检验中，一个产品的方差大自然意味着其质量或性能不稳定。对于相同均值的产品，方差小的自然要好些。在经济生活方面，关注方差的例子比比皆是。例如，居民的平均收入说明了收入达到的一般水平，而收入的方差则反映了收入分配差异的情况，可以用于评价分配方案的合理性。

总体服从正态分布时，不论样本量 n 的大小，样本方差的抽样分布都为 χ^2 分布，因而检验总体方差时采用以下统计量：

$$\chi^2 = \frac{(n - 1)s^2}{\sigma_0^2} \qquad (式 12.2)$$

其中，n 为样本容量，s 是样本方差，σ_0 为总体方差。

对于给定的显著性水平 α，双侧检验的拒绝域如图 12-5 所示。

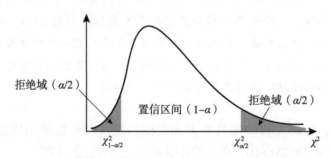

图 12-5 显著水平为 α 时双侧检验的临界值和拒绝区域

在实际应用中，右侧检验是最为常见的总体方差检验形式。一般来说，在涉及时间、含量、尺寸等测度的场合，人们总希望其变化幅度很小，也就是有较小的方差，大的方差往往不被接受。针对这种情况，通常将"总体方差大于某一最大容许值"作为研究假设，其对立面为原假设"总体方差小于等于该容许值"，再利用

χ^2检验做出是否拒绝原假设的决策。

第三节　两个总体均值之差的检验

两个总体参数的检验包括两个总体均值之差（$\mu_1-\mu_2$）的检验、两个总体比例之差（$\pi_1-\pi_2$）的检验和两个总体方差比σ_1^2/σ_2^2的检验等。以总体均值之差的检验为例，即用样本平均数之间的差异（$\bar{x}_1-\bar{x}_2$）来推断两个样本各自所代表的总体（$\mu_1-\mu_2$）是否存在显著差异。与单个样本显著性检验一样，两个总体均值之差的检验也需要依据不同条件，判断其抽样分布是何分布，从而决定采用什么检验统计量。但是由于两个总体均值之差的检验涉及两个总体，因而需要考虑的因素就更多了，其中需要考虑的一个因素就是从两个总体中抽取的样本是相关的还是独立的。

一、独立样本的显著性检验

独立样本，是指两个样本的数据之间不存在关联性。也就是说，观测或抽取两个样本中的任何一个数据时，都不会受到两个样本中其他数据的任何影响，二者之间不存在任何连带关系。两个样本的容量可以相等，也可以不相等。

与单样本平均数的显著性检验一样，不同条件下的检验计算有所不同。

（一）独立大样本的平均数之差检验

试设想，从第一个正态总体（μ_1，σ_1^2）中随机抽取容量为n_1的样本，计算出平均数，记为$\bar{x}_1$；再从第二个正态总体（μ_2，σ_2^2）中随机抽取容量为n_2的样本，计算出平均数，记为$\bar{x}_2$。在大样本情况下，两个样本平均数之差$D_{\bar{x}}=\bar{x}_1-\bar{x}_2$的抽样分布近似服从正态分布，并且经过标准化后服从标准正态分布。其平均数和标准差分别为：

$$\mu_{D\bar{x}}=\mu_1-\mu_2 \qquad (式12.3)$$

$$\sigma_{D\bar{x}}=\sqrt{\frac{\sigma_1^2}{n_1}+\frac{\sigma_2^2}{n_2}} \qquad (式12.4)$$

所以检验统计量Z可表示为：

$$z=\frac{\mu_{D\bar{x}}}{\sigma_{D\bar{x}}}=\frac{(\bar{x}_1-\bar{x}_2)-(\mu_1-\mu_2)}{\sqrt{\frac{\sigma_1^2}{n_1}+\frac{\sigma_2^2}{n_2}}} \qquad (式12.5)$$

如果两个总体方差σ_1^2和σ_2^2未知，可分别用s_1^2和s_2^2替代，此时检验统计量为：

$$z = \frac{(\bar{x}_1 - \bar{x}_2) - (\mu_1 - \mu_2)}{\sqrt{\dfrac{s_1^2}{n_1} + \dfrac{s_2^2}{n_2}}} \qquad (\text{式 } 12.6)$$

【例 12.7】 Journal of Marketing Research（2011 年 12 月）的一篇文章研究了在超市购物时，手臂弯曲时（如挎着购物篮）和手臂伸出时（如推着购物车）这两种行为是否会影响购买意愿。假设研究者招募了 72 名顾客，要求一半的顾客手臂呈弯曲状（类似于挎着购物篮），另一半顾客手臂伸直（类似于推着购物车），手臂弯曲的顾客购买意愿的平均得分是 59，标准差为 4；手臂伸直的顾客的平均得分是 43，标准差为 3。在 99% 的置信水平下，能否认为挎着购物篮比推着购物车有更强的购买意愿？

解：

设 μ_1 = 手臂弯曲时的购买意愿，μ_2 = 手臂伸直时的购买意愿。由于研究者想知道手臂弯曲时的购买意愿是否更高，因此提出有方向的原假设和研究假设：

$$H_0: \mu_1 - \mu_2 \le 0$$
$$H_1: \mu_1 - \mu_2 > 0$$

已知 $n_1 = 36$，$n_2 = 36$，$s_1 = 4$，$s_2 = 3$，$\bar{x}_1 = 59$，$\bar{x}_2 = 43$，由于是大样本，样本均值之差服从正态分布。由于总体方差未知，只知道样本方差，因此采用（式 12.6），计算结果为：

$$z = \frac{(\bar{x}_1 - \bar{x}_2) - (\mu_1 - \mu_2)}{\sqrt{\dfrac{S_1^2}{n_1} + \dfrac{S_2^2}{n_2}}} = \frac{59 - 43}{\sqrt{\dfrac{25}{36}}} = 19.2$$

当 $\alpha = 0.01$ 时，对应的临界值 $Z = 2.326$，由于 $2.326 < 19.2$，处于拒绝区域之内，故拒绝原假设。因此，有证据表明挎着购物篮比推着购物车有更强的购买意愿。

（二）独立小样本的平均数之差检验

当两个样本都是独立小样本时，此时要求两个总体都服从正态分布。检验时有以下三种情况：

（1）如果总体方差 σ_1^2 和 σ_2^2 已知，无论样本量的大小，两个样本均值之差的抽样分布都服从正态分布，这时可用（式 12.5）作为检验的统计量。

（2）如果总体方差未知但相等，即 $\sigma_1^2 = \sigma_2^2$ 时，则需要将样本方差 s_1^2 和 s_2^2 合并为 s_p^2，从而对总体方差进行估计。合并公式为：

$$s_p^2 = \frac{(n_1 - 1)s_1^2 + (n_2 - 1)s_2^2}{n_1 + n_2 - 2} \qquad (\text{式 } 12.7)$$

这时，两个样本均值之差经过标准化后服从自由度为 $(n_1 + n_2 - 2)$ 的 t 分布，采用的检验统计量为：

$$t = \frac{(\bar{x}_1 - \bar{x}_2) - (\mu_1 - \mu_2)}{S_p\sqrt{\dfrac{1}{n_1} + \dfrac{1}{n_2}}}$$　　　　　（式 12.8）

（3）两个总体的方差未知且不相等时，即 $\sigma_1^2 \neq \sigma_2^2$ 时，样本均值之差标准化后不再服从自由度为 (n_1+n_2-2) 的 t 分布，而是近似服从自由度为 v 的 t 分布。这时检验的统计量为：

$$t = \frac{(\bar{x}_1 - \bar{x}_2) - (\mu_1 - \mu_2)}{\sqrt{\dfrac{s_1^2}{n_1} + \dfrac{s_2^2}{n_2}}}$$　　　　　（式 12.9）

其统计量的自由度为 v，计算公式为：

$$v = \frac{\left(\dfrac{s_1^2}{n_1} + \dfrac{s_2^2}{n_2}\right)^2}{\dfrac{(s_1^2/n_1)^2}{n_1 - 1} + \dfrac{(s_2^2/n_2)^2}{n_2 - 1}}$$　　　　　（式 12.10）

【例 12.8】为比较哪种能源能以较低的成本获取更多的有用能量，某机构选取了 11 个使用电能的工厂和 16 个使用可燃气体的工厂作为独立随机样本，对他们的投入产出比进行调查，收集到表 12-5 所示数据。假定工厂的投入产出比近似服从正态分布。在 $\alpha = 0.05$ 的显著性水平下，检验使用电能和使用可燃气体的工厂的投入产出比是否存在显著差异：（1）已知 $\sigma_1^2 = \sigma_2^2$；（2）$\sigma_1^2 \neq \sigma_2^2$。

例 12.8 数据

表 12-5　　　　　　　　　　工厂的投入产出比

电能	204.15	0.57	62.76	89.72	0.35	85.46	0.78	0.65
	44.38	9.28	78.6					
可燃气体	0.78	16.66	74.94	0.01	0.54	23.59	88.79	0.64
	0.82	91.84	7.20	66.64	0.74	64.67	165.60	0.36

解：

设 μ_1 = 使用电能工厂的投入产出均值，μ_2 = 使用可燃气体工厂的投入产出均值。我们想进行检验：

$$H_0 : \mu_1 - \mu_2 = 0$$

$$H_1 : \mu_1 - \mu_2 \neq 0$$

为了避免繁杂的计算，我们用 SPSS 来计算检验统计量 t 值：

第 1 步：进入独立样本 T 检验窗口。点击【分析】——【比较均值】——【独立样本 T 检验】，打开如图 12-6 所示的对话框。

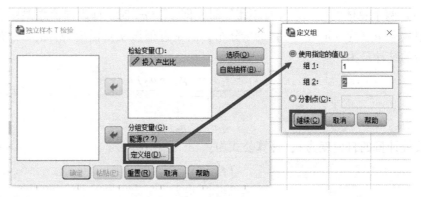

图 12-6　独立样本 t 检验过程

第 2 步：选入变量。将对话框左侧的"投入产出比"变量点选入【检验变量】下的方框，将"能源"点选入【分组变量】下的小方框中。单击【定义组】按钮，打开定义分组变量水平的对话框，如图 12-6 中的右图所示，然后定义组别为"1"和"2"。

第 3 步：输出结果。单击【继续】返回主对话框，单击【确定】，输出分析结果，见表 12-6 和表 12-7。

表12-6　　　　　　　　　　　　输出表1——独立样本T检验

	能源	个案数	平均值	标准偏差	标准误差平均值
投入产出比	电能	11	52.4273	62.42553	18.82200
	可燃气体	16	37.7388	49.04545	12.26136

表12-7　　　　　　　　　　　　输出表2——独立样本T检验

		莱文方差等同性检验		平均值等同性t检验					差值95%置信区间	
		F	显著性	t	自由度	Sig.(双尾)	平均值差值	标准误差差值	下限	上限
投入产出比	假定等方差	0.264	0.612	0.684	25	0.500	14.68852	21.46024	-29.50968	58.88672
	不假定等方差			0.654	18.114	0.521	14.68852	22.46350	-32.48433	61.86138

由上表可知，电能和可燃气体的样本平均值分别为 52.43 和 37.74，标准差分别为 62.43 和 49.05，标准误分别为 18.82 和 12.26。

在表 12-7 中结果分两行，第一行的结果满足（1）$\sigma_1^2 = \sigma_2^2$，即"假设方差相等"时，两个独立样本均值之差显著性检验的结果，本例中 $t = 0.684$，$df = 25$，$p = 0.500$，依据 $p > \alpha$ 判断标准，不拒绝原假设，所以没有证据表明使用电能和使用可燃气体的工厂的投入产出比存在显著差异。第二行的结果满足（2）$\sigma_1^2 \neq \sigma_2^2$，即"假设方差不相等"时，两个独立样本均值之差显著性检验的结果，本例中 $t = 0.654$，$df = 18.11$，$p = 0.521$，$p > \alpha$，得出的结论与第（1）小题一样。对比表 12-7 上下两行结果，无论是 t 值、自由度 df 和 p 值（$sig.$ 值）都有些微小差异。这是因为两个总体方差相等和不等的两种情境下，统计量 t 和自由度 df 的计算公式不同造成的。

我们可能会有疑问：既然总体未知，从何得知两个总体方差是相等还是不等。其实我们是通过方差齐性检验来判断两个总体方差是否相等。在 SPSS 的独立样本 T 检验中提供了方差齐性检验，即"莱文方差等同性检验"。本例中，检验统计量 $F = 0.264$，实际显著性水平 $p = 0.612 > 0.05$，因而不能拒绝"方差相等"的原假设，表明两个总体方差相等。因而，本题的正确答案应该为第一行所示结果：$t = 0.684$，$df = 25$，$p = 0.500$。

二、相关样本的平均数之差检验

相关（配对）样本是指两个样本的数据之间存在一一对应的关系。相关样本一般在两种情形下产生：一是采用配对组的实验设计；二是采用同一样本前后测设计。由于相关样本的每一个样本中，每一个数据都有另一个样本中的唯一数据与之配对，所以一般两个样本的测量数据都是成对的。因此可以求出每对数据的差值 d，如果假设两个总体均值相等，$\mu_1 = \mu_2$，那么 $\mu_d = \mu_1 - \mu_2 = 0$，于是，可以把相关样本的检验问题转化为对 d 进行的单样本显著性检验问题，检验假设为：$\mu_d = 0$ 或 $\mu_d = d_0$，d_0 为某个既定常数。

相关样本的检验需要符合三个条件：（1）假定两个总体的配对差值 d 构成的总体服从正态分布；（2）配对差值是由差值总体中随机抽取的；（3）测量数据是成对的或配对的。此时的检验统计量为：

$$t = \frac{\bar{d} - d_0}{s_d / \sqrt{n_d}} \sim t(n-1) \qquad (\text{式 12.11})$$

样本差值均值和样本差值标准差的计算公式如下：

$$\bar{d} = \frac{\sum_{i=1}^{n} d_i}{n_d} \qquad (\text{式 12.12})$$

$$s_d = \sqrt{\frac{\sum_{i=1}^{n} (d_i - \bar{d})^2}{n_d}} \qquad (\text{式 12.13})$$

【例 12.9】 研究者想了解某类社交媒体的使用是否增加了人们之间的亲密感知，他选取了 6 位参与者，测量参与者在使用前和使用后的亲密程度，测量结果见表 12-8。假定亲密程度感知呈正态分布，试分析该社交媒体是否显著提高了人们的亲密感知。

例 12.9 数据

表 12-8　　　　　　　　　　　使用前后的亲密感知得分

被试	1	2	3	4	5	6
使用前	1.62	1.83	1.40	0.75	1.71	2.33
使用后	1.75	2.12	1.53	1.10	1.70	2.42

解：

据题意，提出有方向的原假设和研究假设，并进行单侧检验。设 $\mu_1 =$ 使用前的亲密感知均值，$\mu_2 =$ 使用后的亲密感知均值：

$$H_0: \mu_1 - \mu_2 \geqslant 0$$
$$H_1: \mu_1 - \mu_2 < 0$$

为了避免繁杂的计算，我们用 SPSS 来计算检验统计量 t 值：

第 1 步：进入配对样本 T 检验对话框。单击【分析】——【比较均值】——【成对样本 T 检验】，打开配对样本 T 检验的主对话框。

第 2 步：选入配对变量。从对话框左侧的变量列表中先后选中"使用前"和"使用后"，置入右侧的【配对变量】变量框中，使变量 1 为"使用前"变量，变量 2 为"使用后"变量，形成第 1 对配对变量，如图 12-7 所示。

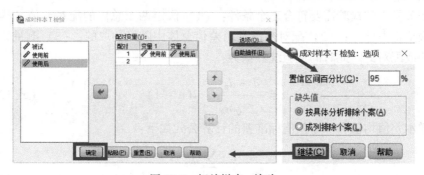

图 12-7　相关样本 t 检验

第 3 步：设置置信区间。单击【选项】，对置信区间进行设置。本题默认为 95% 的置信水平，如图 12-7 所示。点击【继续】返回主对话框。

第4步：输出结果 。点击【确定】，输出分析结果。这一分析过程输出的结果主要包括三个表格，第一个表格反映了数据样本的描述性统计分析结果，包括平均数、标准差和标准误，见表12-9。

表12-9 　　　　　　　　　　　　　**配对样本统计量**

		平均值	个案数	标准 偏差	标准 误差平均值
配对 1	使用前	1.6067	6	0.52164	0.21296
	使用后	1.7700	6	0.45974	0.18769

输出的第二个表格见表12-10，反映了配对样本数据的相关系数及其显著性。在本例中，被试在使用该社交媒体前后亲密感知的相关系数为0.971，显著性检验得到的显著水平$p = 0.001$，达到显著水平，说明使用前与使用后受众的亲密程度感知具有显著相关，证明了两个样本为相关样本。

表12-10 　　　　　　　　　　　**配对样本相关系数**

		个案数	相关性	显著性
配对1	使用前&使用后	6	0.971	0.001

输出的第三个表格是t检验的主要结果，见表12-11。使用前和使用后受众亲密感知的配对差值的平均值为-0.163，t值为-3.007，实际显著水平$p = 0.030 < 0.05$。所以拒绝原假设，也就是说，受众在使用前后亲密程度感知有了显著变化。

表12-11 　　　　　　　　　　　　**配对样本t检验**

		配对差值							
		平均值	标准偏差	标准误差平均值	差值95%置信区间		t	自由度	Sig.(双尾)
					下限	上限			
配对1	使用前-使用后	0.16333	0.13307	0.05432	−0.30298	−0.02369	−3.007	5	0.030

第四节　两个总体比例之差的检验

两个总体比例之差（$\pi_1 - \pi_2$）的检验思路与一个总体比例的检验类似，要求两个总体都服从二项分布，两个样本都是大样本。当$n_1 p_1 > 5$且$n_1 (1-p_1) > 5$，或$n_2 p_2 > 10$且$n_2 (1-p_2) > 10$时，就可以认为是大样本。两个样本比例之差的抽样分布为正态分布，因而两个总体比例之差检验的统计量为Z值：

$$z = \frac{p_1 - p_2}{\sqrt{p(1-p)\left(\dfrac{1}{n_1} + \dfrac{1}{n_2}\right)}} \qquad\qquad (式\ 12.14)$$

其中：

$$p = \frac{x_1 + x_2}{n_1 + n_2} = \frac{p_1 n_1 + p_2 n_2}{n_1 + n_2} \qquad\qquad (式\ 12.15)$$

【例 12.10】 为了鼓励绿色出行，一些城市采取措施，指定某些高速公路只能由拼车通行（即载有两人以上的汽车才可使用这些公路）。为评价该计划的效果，某一城市的收费站工作人员分别在计划实施前后随机选取了 2000 辆和 1500 辆汽车。调查结果见表 12-12，其中 x_1 和 x_2 分别代表计划实施前后样本中载有两人以上的汽车数量。这些数据能否证明计划实施后拼车的比率有所提高（$\alpha = 0.05$）。

表 12-12 **拼车研究结果**

	建立拼车道之前	建立拼车道之后
样本容量	$n_1 = 2000$	$n_2 = 1500$
拼车数	$x_1 = 652$	$x_2 = 576$

解： 根据表格数据可得 $p_1 = 0.326$，$p_2 = 0.384$

（1）设 π_1 为建立拼车道之前的拼车比例，π_2 为建立拼车道之后的拼车比例，则研究假设为

$$H_0: \pi_1 - \pi_2 \geq 0$$
$$H_1: \pi_1 - \pi_2 < 0$$

（2）根据式 12.14 和式 12.15 计算检验统计量：

$$p = \frac{x_1 + x_2}{n_1 + n_2} = \frac{652 + 576}{2000 + 1500} = 0.351$$

$$z = \frac{p_1 - p_2}{\sqrt{p(1-p)\left(\dfrac{1}{n_1} + \dfrac{1}{n_2}\right)}} = \frac{0.384 - 0.326}{\sqrt{0.351 \times 0.649 \times \left(\dfrac{1}{2000} + \dfrac{1}{1500}\right)}} = \frac{-0.058}{0.0163} = -3.56$$

（3）根据显著水平作出判断：

当 $\alpha = 0.05$ 时，$-Z_\alpha = -1.645 > -3.56$，检验的统计量落在拒绝域内，故拒绝原假设。所以，我们有证据表明建立拼车专用道后拼车的比率提高了。

有时候，我们需要检验两个样本比例之差是否高于某个固定值，如在某研究中，已知男性上网聊天的比例高于女性，我们需要检验男性比例是否比女性比例高 10%，即检验 $\pi_1 - \pi_2 = d_0$（$d_0 \neq 0$）。在这个例题中，$d_0 = 10\%$。这时，我们仍选择

Z 作为检验统计量，公式为：

$$z = \frac{(p_1 - p_2) - (\pi_1 - \pi_2)}{\sqrt{\dfrac{p_1(1 - p_1)}{n_1} + \dfrac{p_2(1 - p_2)}{n_2}}} = \frac{(p_1 - p_2) - d_0}{\sqrt{\dfrac{p_1(1 - p_1)}{n_1} + \dfrac{p_2(1 - p_2)}{n_2}}} \qquad (式 12.16)$$

第五节　两个总体方差之比的检验

在实际运用中，我们常关注两个总体方差是否相等的问题，如比较两个生产过程的稳定性，比较两种投资方案的风险等。我们在前面讨论两个总体均值之差的检验时，也需要假定两个总体的方差相等或不相等。由于在许多情况下总体方差是否相等事先往往不知道，所以在进行两个总体均值之差的检验之前，需要先进行两个总体方差是否相等的检验，即方差齐性检验。

在比较两个总体方差 σ_1^2 和 σ_2^2 时，总体方差往往是未知的，此时我们通过比较两个样本方差是否相等来推断总体方差是否相等。与两个总体均值之差的检验思路不同，我们通过检验两个样本方差之比 s_1^2/s_2^2 是否接近于 1 来达到目的，如果接近 1，说明两个总体方差 σ_1^2 和 σ_2^2 很接近，如果比值结果远离 1，说明 σ_1^2 和 σ_2^2 之间有较大差异。在两个总体正态分布的条件下，两个方差之比服从 F 分布，自由度分别为 $n_1 - 1$ 和 $n_2 - 1$。公式为

$$F = \frac{s_1^2}{s_2^2} \qquad (式 12.17)$$

在双侧检验中，拒绝域在 F 分布的两侧，两个临界点的位置分别为：$F_{\alpha/2}(n_1 - 1, n_2 - 1)$，$F_{1-\alpha/2}(n_1 - 1, n_2 - 1)$。其中：

$$F_{1-\alpha/2}(n_1 - 1, n_2 - 1) = 1/F_{\alpha/2}(n_2 - 1, n_1 - 1) \qquad (式 12.18)$$

在上式中，$F_{\alpha/2}$ 和 $F_{1-\alpha/2}$ 的分子自由度和分母自由度刚好相互调换。

【例 12.11】为评估一家新公司中检测员的能力，质量经理让 12 个新手检测员评估 200 个成品，同时也让 12 名有经验的检测员评估这 200 个成品。每个成品的质量（有缺陷或没有缺陷）只有经理知道，表 12-13 列出了每个检测员出错的频次（将有缺陷的当作无缺陷的，反之亦然）。在进行实验前，经理认为有经验的检测员比新手检测员出错的方差要低，样本数据支持他的看法吗？（$\alpha = 0.05$）。

例 12.11 数据

---

① 统计量 F 的公式原本为 $F = \dfrac{s_1^2/\sigma_1^2}{s_2^2/\sigma_2^2}$，但由于在原假设 $\sigma_1^2 = \sigma_2^2$，故公式简化为 $F = \dfrac{s_1^2}{s_2^2}$。

表 12-13 　　　　　　　新手检测员和有经验的检测员的出错频次

新手检测员	30	35	26	40
	36	20	45	31
	33	29	21	48
有经验的检测员	31	15	25	19
	28	17	19	18
	24	10	20	21

解：

将新手检测员作为样本 1，有经验的检测员作为样本 2，要分析的是新手检测员的总体方差是否大于有经验的检测员的总体方差，因而是单侧检验问题。建立的原假设和研究假设分别为：

$$H_0: \ \sigma_1^2/\sigma_2^2 \leqslant 1$$

$$H_1: \ \sigma_1^2/\sigma_2^2 > 1$$

根据题中数据可知，$n_1 = 12$，$n_2 = 12$，$s_1^2 = 74.7$，$s_2^2 = 33.0$。由此可得：

$$F = \frac{s_1^2}{s_2^2} = \frac{74.7}{33} = 2.26$$

分子自由度 $df_1 = 12-1 = 11$，分母自由度 $df_2 = 12-1 = 11$

当 $\alpha = 0.05$ 时，由 F 分布临界值表（单侧检验）可得：$F_{0.05}$（11，11）= 2.82 > 2.26，检验值处于接受区域，故不能拒绝原假设，因而没有证据表明新手检测员比有经验的检测员的出错方差高。

☞ **思考题**

一、复习思考题

1. 如何提出假设？

2. 什么是假设检验中的显著性水平？统计显著是什么意思？

3. 试解释假设检验中的 p 值。

4. 假设检验中的两类错误是什么？

二、实训题

1. 根据假设检验的各个步骤，试检验《社交媒体广告价值调查》里大学生对社交媒体广告的价值评分是否显著高于 3.0 分（$\alpha = 0.05$）。

2. 根据《社交媒体广告价值调查》这批数据，检验男生与女生在社交媒体广告价值的评分上是否有显著差异（$\alpha = 0.05$）。

3. 某大学为了解新闻系学生参与知识生产的程度，对 100 位学生进行了调查，其中有一个问题是"你曾经在百度百科中编辑过内容吗?"64 位同学回答"是"，调查结果可以支持"超过一半的学生使用过百度工具编辑内容"吗?（$\alpha=0.01$）

4. 一位研究者对 10 名被试者实验前后的数据进行了记录，结果见表 12-14。在 0.05 的显著水平上检验"实验使测试分数提升"的假设。

表 12-14　　　　　　　　　　　　　实验前后数据

被试者	前测	后测
1	10.4	10.8
2	12.6	12.1
3	11.2	12.1
4	10.9	11.4
5	14.3	13.9
6	13.2	13.5
7	9.7	10.9
8	11.5	11.5
9	10.8	10.4
10	13.1	12.5

第十三章　三个及以上总体的差异性检验

上一章介绍了检验两个总体均值是否相等即两个样本是否取自同一总体的方法，那么，当我们要比较三个或三个以上总体均值是否相等或者是否具有显著差异时，是不是也可以进行两两配对后再做两个总体均值之差的假设检验呢？答案是否定的。当总体超过两个时，我们采用另一种全然不同的方法进行检验，即方差分析（analysis of variance，ANOVA）。

方差分析检验的统计量是 F 统计量，该统计量以其建立者 Fisher 来命名，是主要用于处理实验数据的统计方法。方差分析可以分为单因素方差分析和多因素方差分析。所谓"因素"，就是实验研究所涉及的自变量或分组变量。单因素方差分析（one-way analysis of variance）是最简单的方差分析，只涉及一个自变量。例如，分析本科四个年级的学生的广告素养是否有差异，年级就是因素或分组变量，它一共有一年级、二年级、三年级和四年级四个处理（treatment）或水平（level）。

多因素方差分析是更复杂的方差分析，涉及两个及以上的自变量或分组变量。多因素方差分析不仅计算过程复杂，计算结果的解释也相应地复杂一些。一般地，由于实验设计、实验实施等方面的种种限制以及实验结果解释的困难，一般的实验只涉及两个或三个自变量，本章只介绍两个自变量的方差分析，即双因素方差分析。例如，我们想研究不同年级水平（大一到大四）和性别对广告素养造成的影响，这时实验设计是 4×2 的双因素实验设计。双因素分别为年级和性别，4 表示年级因素有四个水平（一年级、二年级、三年级和四年级），2 表示性别这个因素有两个水平（男和女），综合起来就有 8 种不同的可能性，即 8 种处理。

第一节　方差分析的基本原理

方差分析是利用方差之比的抽样分布原理——F 分布原理来检验几个总体均值之间是否具有显著差异。

一、方差分析中的误差分解

方差分析，顾名思义，是通过方差来判断不同总体的均值是否有差异。也就是说，通过对数据误差来源的分析来判断不同总体的均值是否相等，进而分析自变量对因变量是否有显著影响。因此，在进行方差分析时，需要考虑数据误差的来源。

一般地，每个测量数据与总平均值的差异由两种因素造成。一种为随机误差，它是由很多难以掌控的因素造成的；另一种为系统误差，它是由某种可确定的条件因素造成的，如上例中年级造成的广告素养得分差异。在例题中，同一水平（组）内的观测值（如本科一年级男生的广告素养得分）之间的差异是由于随机因素的影响造成的，或者说是由于抽样的随机性造成的随机误差，这种来自水平内部的由于随机因素造成的数据误差也称为组内误差。它反映了一个样本内部数据的离散程度，显然，组内误差只含有随机误差。更进一步，我们会发现不同水平之间的观测值也是存在差异的，这种差异不仅是随机因素造成的，在更大程度上是由于年级和性别等系统性因素造成的系统误差（处理误差）。这种来自不同水平之间的数据误差称为组间误差，它反映了不同样本之间数据的离散程度。

在方差分析中，数据之间的误差是用平方和来表示的。

反映全部数据误差大小的平方和称为总平方和（sum of squares for total），记为 SST，它反映了全部观测值的离散状况。

反映组内误差大小的平方和称为组内平方和（sum of squares for within），也称为误差平方和或残差平方和，记为 SSW。每个样本内部的数据平方和加在一起就是组内平方和，它反映了每个样本内各观测值的离散状况。例如，一年级男生的广告素养的误差平方和，就是组内平方和。

反映组间误差大小的平方和称为组间平方和（sum of squares for between），也称为因素平方和，记为 SSB。例如，一年级男生、一年级女生、二年级男生……八组平均值之间的误差平方和就是组间平方和，它反映了样本均值之间的差异程度。

二、方差分析的基本原理

方差代表着数据的变异或离散情况。对于同一组数据，该变异是由各个观测值之间的差异造成的。如果我们的数据是由几组数据组成的，那么这些数据之间的总误差就来自两个方面或是由两个误差源造成：一是由随机因素所造成的组内（水平内）的差异——组内误差；二是由系统因素造成的各组平均数之间的差异——组间误差。

现在，我们假设各组的观测值均来自同一个总体，或来自平均数及方差均相等的总体，这时，数据的总误差就可以看作仅由一个误差源造成的——由随机因素带来的误差。如果我们根据组内和组间这两个误差来源，分别计算出总体的方差估计值，那么代表组内误差与组间误差的方差估计值就会大体相等，因而其比值就会大约等于1。但是如果各组观测值来自平均数不同的总体，那么就会有上述两个误差来源，而且组间误差就会远远大于组内误差，两者之比也就会大于1，即两者之比越大，各组之间的差异越大程度上是由于系统因素造成的，各组平均数的差异就越明显。方差分析是通过对组间误差与组内误差比值的分析，来推断各组平均数之间无差异的假设（H_0）。方差分析所计算的 F 统计量公式为：

$$F = 组间均方（MSB）/组内均方（MSW）= 组间方差/组内方差$$

（式 13.1）

在 F 检验中，当 $F \leqslant 1$ 时，说明组间方差比组内方差小，各组之间的变异是抽样误差造成的，而不是由系统因素的不同水平（处理）造成的，此时不拒绝 H_0；当 $F > 1$ 时，说明组间方差比组内方差大，各组之间的变异是由系统因素的不同水平（处理）造成的，此时拒绝 H_0。

三、方差分析的基本假定

方差分析有以下三个假定，或者需要满足三个条件：

（1）每个总体都服从正态分布。也就是说，对于因素的每一个水平，其观测值是来自正态分布总体的简单随机样本。例如，比较广告系、新闻系和传播系学生的媒介素养，对于所有广告系学生，其媒介素养得分需要服从正态分布；同样，对于新闻系和传播系的学生，其媒介素养也都需要服从正态分布。

（2）各个总体的方差 σ^2 必须相同。也就是说，各组观测数据是从具有相同方差的正态总体中抽取的。

（3）观测值是独立的。每个样本数据与其他样本数据相互独立，互不影响。

在上述假定成立的前提下，要分析自变量对因变量是否有影响，形式上也就转化为检验自变量的各个水平（总体）的均值是否相等。例如，判断受众所在专业对媒介素养是否有显著影响，实际上也就是检验具有相同方差的 3 个正态总体的均值（媒介素养的均值）是否相等。

尽管不知道 3 个总体的均值，但可以用样本数据来推断它们是否相等。如果 3 个总体的均值相等，可以期望 3 个样本的均值也会很接近。事实上，3 个样本均值越接近，推断 3 个总体均值相等的证据也就越充分；反之，样本均值越不同，推断总体均值不同的证据就越充分。换句话说，样本均值变动越小，越支持 H_0；样本均值变动越大，越支持 H_1。如果原假设为真，则意味着每个样本都来自均值为 μ、方差为 σ^2 的同一个正态总体。由样本均值的抽样分布可知，来自正态总体的一个简单随机样本的样本均值 $\bar{x}$ 服从均值为 μ、方差为 σ^2/n 的正态分布，如图 13-1 所示。

如果原假设为假，研究假设成立，即 $H_1: \mu_i$（$i = 1, 2, 3\cdots, k$）不全相等，则意味着至少有一个总体的均值是不同的。如图 13-2 显示了样本来自均值不同的 3 个总体的抽样分布。

四、方差分析中假设的一般提法

在假设实验中，因素有 k 个水平，每个水平的均值分别用 μ_1，μ_2，μ_3，$\cdots$，μ_k

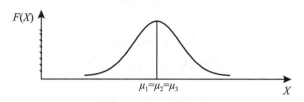

图 13-1 H_0 为真时的 $\bar{x}$ 的抽样分布

图 13-2 当 H_0 为假,即均值不全等时 $\bar{x}$ 的抽样分布

表示,要检验 k 个水平(总体)的均值是否相等,需要提出如下假设:

H_0: $\mu_1 = \mu_2 = \mu_3 = \cdots = \mu_k$ 即自变量对因变量没有显著影响

H_1: μ_1,μ_2,μ_3,$\cdots$,μ_k 不全相等   即自变量对因变量有显著影响

第二节　单因素方差分析

单因素方差分析检验两个以上的群体在某个变量上的均值差异。例如,你想知道来自四个地域(农村、县城、中小城市、省会或直辖市)的群体对新出台的医疗政策的态度,或想了解不同专业的学生群体在广告素养方面是否存在差异,就可以利用单因素方差分析。

一、什么类型的问题可运用方差分析来解决

当遇到以下情形时,我们可以考虑应用方差分析来解决问题:(1)只考虑一个分类型自变量的影响效果;(2)分组因素有两个以上的水平(处理);(3)关注不同群体在平均值上的差异。

二、单因素方差分析的步骤

符合以上条件的问题情形就可以使用单因素方差分析。一般来说,单因素方差分析可分为以下几个步骤:

首先,提出研究假设和原假设。例如,我们想对某品牌在三个地域的销售额进

行分析，想知道地域是否会影响其销售额，表 13-1 显示了近十天的销售数据。提出的原假设为：

$$H_0: \mu_1 = \mu_2 = \mu_3$$

$$H_1: \mu_1 、\mu_2 、\mu_3 不全等$$

表 13-1　　　　　　　　　　　　**某品牌近十天的销售额**

某品牌在三个地域的销售额（单位：万元）		
地域 1	地域 2	地域 3
148	513	335
76	264	643
393	433	216
520	94	536
236	535	128
134	327	723
55	214	258
166	135	380
415	280	594
153	304	465

其次，选择合适的检验统计量并加以计算。

（1） F 值是组间方差和组内方差的比值。需计算这些值，首先计算总平方和 SST、组间平方和 SSB 及组内平方和 SSW。计算公式分别如式 13.2~13.4。

$$SST = \sum_{i=1}^{k} \sum_{j=1}^{n_i} (x_{ij} - \bar{x})^2 \qquad （式 13.2）$$

$$SSW = \sum_{i=1}^{k} \sum_{j=1}^{n_i} (x_{ij} - \bar{x}_i)^2 \qquad （式 13.3）$$

$$SSB = \sum_{i=1}^{k} n_i (\bar{x}_i - \bar{x})^2 \qquad （式 13.4）$$

式中，i 表示第几组的数据，一共有 k 组（水平）数据；表 13-1 中，$k=3$；

j 表示在每个组中第几个数据，该组中一共有 n_i 个数据；表 13-1 中，$n_1 = n_2 = n_3 = 10$；

x_{ij} 表示每个观测值，如在表 13-1 的数据中，x_{32} 表明第三组第二个观测值，即地域 3 第二天的销售额，为 643 万元。

$\bar{x}_i$ 表示第 i 组的所有观测值的平均数；

$\bar{x}$ 表示所有观测值的总体平均数。

（2）由于误差平方和的大小与观测值的数量多少有关，为了消除观测值数量对误差平方和大小的影响，需要将其平均，也就是用各平方和除以它们所对应的自由度，这一结果称为均方（mean square），也称为方差。三个平方和所对应的自由度分别为：

SST 的自由度为 $n-1$，其中 n 为全部观测值的个数。在表 13-1 中，$n=30$，所以 SST 的自由度为 29。

SSB 的自由度为 $k-1$，其中 k 为因素水平或处理的个数。在表 13-1 中，SSB 的自由度为 2。

SSW 的自由度为 $n-k$。在表 13-1 中，SSW 的自由度为 27。

（3）由于要比较的是组间均方和组内均方之间的差异，所以通常只计算 SSB 的均方和 SSW 的均方。SSB 的均方也称为组间均方或组间方差，记为 MSB，SSW 的均方也称为组内均方或组内方差，记为 MSW，其计算公式为：

$$MSB = SSB/k-1 \qquad\qquad （式 13.5）$$
$$MSW = SSW/n-k \qquad\qquad （式 13.6）$$

（4）将上述 MSB 和 MSW 对比，即得到所需要的检验统计量 F。当 H_0 为真时，二者的比值服从分子自由度为 $k-1$、分母自由度为 $n-k$ 的 F 分布，即

$$F = MSB/MSW \sim F\ (k-1,\ n-k) \qquad\qquad （式 13.7）$$

最后，依据研究假设，方差分析应为单尾检验。由 F 分布的分子自由度（df_1）和分母自由度（df_2）以及所设定的显著水平，查 F 分布表（见附录 5），得出临界值。比较检验统计值和临界值，或看是否 $p<\alpha$。如果统计值大于临界值，或 $p<\alpha$，可以推翻原假设，接受研究假设，说明检验有显著意义，表明群体之间的差异不是由随机因素引起的，而是由于系统因素造成的；若统计值小于临界值，或 $p>\alpha$，则无法拒绝原假设，即没有证据表明群体之间的差异是由系统因素造成的。

分析结果可用表格的形式整理出来，见表 13-2。

表 13-2　　　　　　　　　　**方差分析表的一般形式**

差异来源	平方和 SS	自由度 df	均方 MS	F 值
组间	SSB	$k-1$	MSB	$MSB\ /\ MSW$
组内	SSW	$n-k$	MSW	
总和	SST	$n-1$		

以上表格中各统计量有以下关系：

$$SST=SSB+SSW$$

$$SST\text{ 的自由度}=SSB\text{ 的自由度}+SSW\text{ 的自由度}$$

$$MSB=SSB/SSB\text{ 的自由度}$$

$$MSW=SSW/SSW\text{ 的自由度}$$

【例 13.1】 以表 13-1 的数据为例，试分析 $\alpha=0.01$ 显著水平下，地域因素是否对此品牌的销售额具有显著影响？

例 13.1 数据

解：按照上述方差分析的步骤，我们首先提出原假设和研究假设：

（1）提出原假设和研究假设。

H_0：$\mu_1=\mu_2=\mu_3$（即各组数值所来自总体的平均值之间没有差异）

H_1：μ_1、μ_2、μ_3 不全相等

（2）选择合适的检验统计量并加以计算。

此例中有一个分类自变量（地域，包含 3 个水平）和数值型因变量（销售额），选用单因素方差分析进行检验。以下便是利用 SPSS 对上面案例的方差分析过程。

第 1 步：打开单因素方差分析的主对话框。单击【分析】——【比较均值】——【单因素 ANOVA 检验】，打开单因素方差分析的主对话框。

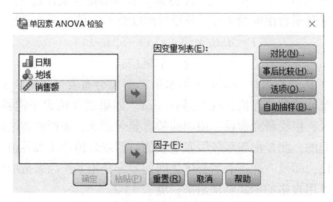

图 13-3　单因素方差分析的主对话框

第 2 步：设置自变量和因变量。在左侧方框中将"销售额"选入【因变量列表】，将"地域"选入【因子】，如图 13-4 左图所示。

第 3 步：按照方差分析要求，输出样本数据的描述统计量、方差齐性检验、均值图等图表。单击【选项】，打开子对话框，选中【描述】、【方差齐性检验】和【平均值图】，如图 13-4 右图所示，单击【继续】，返回主对话框。

第 4 步：执行程序，输出结果。单击主对话框的【确定】按钮，输出所需要

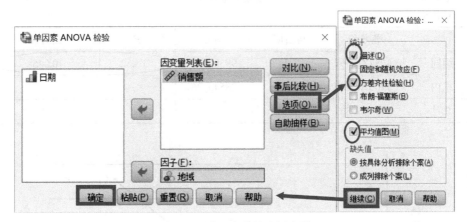

图 13-4　设置自变量和因变量

的方差分析结果。本例的输出结果主要由四个部分组成：

（1）样本数据的基本统计量。主要有各个样本数据的平均数、标准差、标准误和置信区间等。

（2）方差齐性检验，即方差同质性检验的结果。由表 13-3 可知，基于均值的方差 $F = 0.893$，$p = 0.421 > 0.05$，因为无法拒绝方差相等的原假设，说明本例中，3 组数据的方差是齐性的，即相等的。

表 13-3　　　　　　　　　方差分析中的方差齐性检验

		莱文统计	自由度 1	自由度 2	显著性
销售额	基于平均值	0.893	2	27	0.421
	基于中位数	0.775	2	27	0.471
	基于中位数并具有调整后自由度	0.775	2	24.685	0.471
	基于剪除后平均值	0.890	2	27	0.422

（3）方差分析表，见表 13-4。该表由变异源、平方和、自由度、均方、F 值和实际显著性水平组成。本例中的 $F = 3.482$，显著性水平 $p = 0.045 > 0.01$，故不能拒绝原假设。结论为：没有证据表明地域对销售额具有显著影响，即地域 1、地域 2、地域 3 的销售额之间没有显著差异。

（4）因变量与自变量之间关系的线图。输出如图 13-5 所示的线图，它反映了随着自变量水平的变化，相应的各组因变量平均数的变化情况。这是描述统计表的直观显示。

表13-4　　　　　　　　　　　　　　单因素方差分析
销售额

	平方和	自由度	均方	F	显著性
组间	198772.467	2	99386.233	3.482	0.045
组内	770670.900	27	28543.367		
总计	969443.367	29			

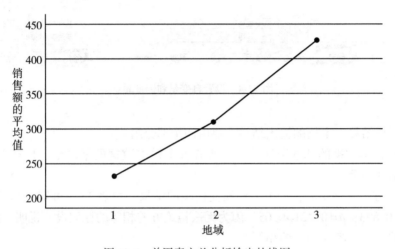

图 13-5　单因素方差分析输出的线图

三、自变量与因变量之间关系强度的测量

例 13.1 中，方差分析表明销售额在不同地域之间没有显著差异，这意味着地域（自变量）与销售额（因变量）之间的关系是不显著的。由于组间平方和度量了自变量对因变量的影响效应，实际上，只要组间平方和不等于零，就表明两个变量之间有关系，但是关系是否显著还需进一步检验。当组间平方和比组内平方和大，而且大到一定程度时，就意味着两个变量之间的关系显著，大得越多，表明它们之间的关系越强；反之，当组间平方和比组内平方和小时，就意味着两个变量的关系不显著，小得越多，表明它们之间的关系越弱。

那么，怎样度量它们之间的关系强度呢？可以用组间平方和（SSB）占总平方和（SST）的比例大小来反映，这一比例记为 R^2，即

$$R^2 = SSB/SST \qquad\qquad （式 13.8）$$

在例 13.1 中，组间平方和为 $SSB = 198772$，总平方和 $SST = 969443$（见表 13-4），所以关系强度 $R^2 = 198772/969443 = 0.205$，这表明了自变量与因变量之间的关

系强弱。

R^2的平方根 R 可以用来测量两个变量之间的关系强度。在一元线性回归一章中，R^2被定义为判定系数，其平方根定义为相关系数。我们将在下一章对此进行详细介绍。

第三节　多重比较

通过方差分析，我们知道三、四个或者更多群体之间存在差异，但是哪里存在差异我们并不清楚。试想象，你是广告公司的一名研究者，想知道颜色是否影响销售。在 0.05 的显著水平下，你对黑色、白色、25%彩色、50%彩色和100%彩色产品的销售量差异进行了方差分析。方差分析的结果显示，不同颜色的销售额之间存在显著差异。但是方差分析是综合的检验，你并不知道显著差异到底发生在哪些颜色产品之间。如果你一次选择两种颜色产品并对它们的销售量进行 t 检验，这样就需要反复进行多次 t 检验，而这样犯第 I 类错误（α 错误）的概率将被大大地提高。这种情况下，我们可采用事后多重比较（post multi-comparison），该方法将每一个群体的均值和另一个群体的均值进行比较，然后来看哪里出现差异。该方法最重要的优点是每一次比较第 I 类错误都控制在你设定的相同水平，从而避免了第 I 类错误不断增加的情况。较常用的多重比较方法是由费希尔提出的最小显著差异方法（least significant difference），缩写为 LSD。使用该方法进行检验的具体步骤为：

（1）提出假设：

$$H_0: \mu_i = \mu_j$$
$$H_1: \mu_i \neq \mu_j$$

（2）计算检验统计量：$\bar{x}_i - \bar{x}_j$。

（3）计算 LSD，其公式为：

$$LSD = t_{\alpha/2} \sqrt{MSE\left(\frac{1}{n_i} + \frac{1}{n_j}\right)} \qquad （式 13.9）$$

式中：

$t_{\alpha/2}$ 是 t 分布的临界值，通过查 t 分布表得到，t 分布的自由度为 $(n-k)$，这里的 k 是因素中水平的个数；

MSE 为组内方差；

n_i 和 n_j 分别是第 i 个样本和第 j 个样本的样本量。

（4）根据显著性水平 α 作出决策：

如果 $|\bar{x}_i - \bar{x}_j| > LSD$，则拒绝 H_0；

如果 $|\bar{x}_i - \bar{x}_j| < LSD$，则不拒绝 H_0。

【例 13.2】试对例 13.1 中三个地域的销售额均值进行多重比较。

解:

利用 SPSS 可以直接得到多重比较的结果，只需在单因素方差分析对话框中点击【两两比较】，选中【*LSD*】，所得结果见表 13-5。

表 13-5　　　　　　　　　　　　　　多重比较（**LSD**）

因变量: 销售额

LSD

(I) 地域	(J) 地域	平均值差值 (I-J)	标准 错误	显著性	95%置信区间	
					下限	上限
1	2	−80.300	75.556	0.297	−235.33	74.73
	3	−198.200*	75.556	0.014	−353.23	−43.17
2	1	80.300	75.556	0.297	−74.73	235.33
	3	−117.900	75.556	0.130	−272.93	37.13
3	1	198.200*	75.556	0.014	43.17	353.23
	2	117.900	75.556	0.130	−37.13	272.93

上表给出了两两地域销售额的均值差、均值差的标准误、检验的显著性水平以及均值差值 95%的置信区间。从显著性水平可以看出，地域 1 和地域 2 之间、地域 2 和地域 3 之间的销售额没有显著差异，而地域 1 和地域 3 之间存在显著差异。

第四节　双因素方差分析

在研究中有时仅涉及一个自变量，有时则涉及多个自变量。当涉及多个自变量时则要用到多因素方差分析。由于实验设计、实验的实施、数据的统计分析、结果的解释等方面的原因，最常见的实验研究一般只涉及两三个自变量，与之对应，就有双因素方差分析、三因素方差分析等。这里，我们仅讨论较简单的也是最常见的多因素方差分析——双因素方差分析（two-way analysis of variance）。

在双因素方差分析中，由于有两个影响因素，如果它们对因变量的影响是相互独立的，分别检验两个自变量对因变量的影响，这时的双因素方差分析称为无交互作用（interaction）的双因素方差分析，或称为无重复双因素（two-factor without replication）分析；如果除了自变量的直接影响外，两个因素的搭配还会对因变量产生一种新的影响，这时的双因素方差分析称为有交互作用的双因素方差分析，或称为可重复双因素（two-factor with replication）分析。

双因素方差分析仅是单因素方差分析的扩展，其应用条件是一样的，即:

（1）样本为独立样本；

（2）总体分布为正态；

（3）总体方差相等。

一、无交互作用的双因素方差分析

在无交互作用的双因素方差分析中，由于有两个因素，因此在获取数据时，需要将一个因素安排在"行（row）"的位置，称为行因素；另一个因素安排在"列（column）"的位置，称为列因素。设行因素有 k 个水平，行1，行2，……，行 k；列因素有 r 个水平，列1，列2，……，列 r。行因素和列因素的每一个水平都可以搭配成一组，观察它们对实验数据的影响，共抽取 kr 个观测数据，其数据结构见表13-6。

表13-6 无交互作用的双因素方差分析数据结构

行因素 (i)		列因素 (j)				平均值 $\overline{X}_i$
		列1	列2	……	列 r	
	行1	X_{11}	X_{12}	……	X_{1r}	$\overline{X}_1$
	行2	X_{21}	X_{22}	……	X_{2r}	$\overline{X}_2$
	……	……	……	……	……	……
	行 k	X_{k1}	X_{k2}	……	X_{kr}	$\overline{X}_{k\,k}$
平均值 $\overline{X}_j$		$\overline{X}_1$	$\overline{X}_2$	……	$\overline{X}_r$	$\overline{X}$

在上表中，行因素共有 k 个水平，列因素共有 r 个水平。每一个观测值 X_{ij}（$i=1, 2, \cdots, k$；$j=1, 2, \cdots, r$）看作由行因素的 k 个水平和列因素的 r 个水平所组合成的 $k \times r$ 个总体中抽取的样本量为1的独立随机样本。这 $k \times r$ 个总体中的每一个总体都服从正态分布，且有相同的方差。

双因素方差分析的一般步骤为：

首先，提出假设。由于无交互作用的双因素方差分析不用考虑自变量的交互影响，所以研究假设只需要对两个因素分别提出假设：

对行因素提出的假设为：

H_0：$\mu_1=\mu_2=\cdots=\mu_i=\cdots=\mu_k$ 行因素（自变量）对因变量没有显著影响

H_1：μ_i（$i=1, 2, \cdots, k$）不完全相等 行因素（自变量）对因变量有显著影响

式中，μ_i 为行因素（因素 A）的第 i 个水平的均值。

对列因素提出的假设为：

H_0：$\mu_1=\mu_2=\cdots=\mu_j=\cdots=\mu_r$ 列因素（自变量）对因变量没有显著影响

H_1：μ_j（$j=1$，2，…，r）不完全相等 列因素（自变量）对因变量有显著影响

式中，μ_j 为列因素（因素 B）的第 j 个水平的均值。

其次，构造检验统计量。各因素的效应用方差表示。检验上述假设时，我们按照单因素方差分析的思路，对方差进行分解，如图 13-6 所示。

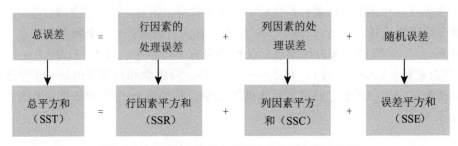

图 13-6　无交互作用的双因素方差分析的误差分解

总平方和是全部样本观察值 X_{ij}（$i=1$，2，…，k；$j=1$，2，…，r）与总的样本平均数 $\bar{X}$ 的误差平方和，记为 SST。

等式右边第一项是行因素产生的误差平方和，记为 SSR。第二项是列因素产生的误差平方和，记为 SSC。第三项是除行因素和列因素之外的剩余因素所产生的误差平方和，称为随机误差平方和，记为 SSE。在误差平方和基础上计算均方，也就是将各平方和除以相应的自由度，与各误差平方和相对应的自由度分别是：

总平方和 SST 的自由度为 $n-1$；

行因素的误差平方和 SSR 的自由度为 $k-1$；

列因素的误差平方和 SSC 的自由度为 $r-1$；

随机误差平方和 SSE 的自由度为 $n-k-r+1$。

为构造检验统计量，需要计算下列各均方：

行因素的均方，记为 MSR，即 $MSR=\dfrac{SSR}{k-1}$

列因素的均方，记为 MSC，即 $MSC=\dfrac{SSC}{r-1}$

随机误差的均方，记为 MSE，即 $MSE=\dfrac{SSE}{n-k-r+1}$

为检验行因素对因变量的影响是否显著，采用统计量 $F_R=\dfrac{MSR}{MSE} \sim F$（$k-1$，$n-k-r+1$）

为检验列因素的影响是否显著，采用统计量$F_C = \dfrac{MSC}{MSE} \sim F\ (r-1,\ n-k-r+1)$

最后，作出统计决策。

计算出检验统计量后，根据给定的显著性水平α和两个自由度，查F分布表得到相应的临界值F_α，然后将F_R和F_C与F_α进行比较。

若$F_R > F_\alpha$，则拒绝原假设H_0：$\mu_1 = \mu_2 = \cdots = \mu_i = \cdots = \mu_k$，表明$\mu_i$（$i = 1, 2, \cdots, k$）之间的差异是显著的，也就是说，所检验的行因素对观测值有显著影响。

若$F_C > F_\alpha$，则拒绝原假设H_0：$\mu_1 = \mu_2 = \cdots = \mu_j = \cdots = \mu_r$，表明$\mu_j$（$j = 1, 2, \cdots, r$）之间的差异是显著的，也就是说，所检验的列因素对观测值有显著影响。

为了使计算过程更清晰，通常将上述过程的内容列成方差分析表，其一般形式见表13-7。

表 13-7　　　　　　　　　　双因素方差分析表

误差来源	平方和（SS）	自由度（df）	均方（MS）	检验统计量（F）
行因素	SSR	$k-1$	$MSR = \dfrac{SSR}{k-1}$	$F_R = \dfrac{MSR}{MSE}$
列因素	SSC	$r-1$	$MSC = \dfrac{SSC}{r-1}$	$F_C = \dfrac{MSC}{MSE}$
误差	SSE	$n-k-r+1$	$MSE = \dfrac{SSE}{n-k-r+1}$	
总和	SST	$n-1$		

【例13.3】某公司试推出一款新型手机，并为其设计了三种外观。为了解消费者的偏好，招募了12名男性、12名女性消费者参与实验。参与者被随机分成3组，每组使用一种特定外观的手机，并根据使用体验对其进行评分。表13-8显示了实验结果。假定不考虑交互作用，试对其进行性别和外观的双因素方差分析。

例13.3数据

表 13-8　　　　**男性和女性消费者对不同外观的手机使用体验**

	外观 1	外观 2	外观 3
	94	95	96
	97	96	91
女性	96	90	82
	92	93	88

续表

	外观 1	外观 2	外观 3
	90	86	93
男性	89	97	98
	81	83	94
	84	82	81

解：

（1）提出假设：

对行因素提出的假设：

H_0：$\mu_1 = \mu_2$，即男性消费者与女性消费者的使用体验没有显著差别；

H_1：$\mu_1 \neq \mu_2$，即男性消费者与女性消费者的使用体验有显著差别。

对列因素提出的假设：

H_0：$\mu_1 = \mu_2 = \mu_3$，即三种外观对使用体验没有显著差别；

H_1：μ_1、μ_2、μ_3 不全等，即三种外观对使用体验有显著差别。

（2）计算检验统计量。由于此处手工计算较复杂，我们直接介绍如何用 SPSS 进行双因素方差分析。

第 1 步：打开主对话框。单击【分析】——【一般线性模型】——【单变量】，打开双因素方差分析的主对话框。

第 2 步：设置自变量和因变量。将"使用体验"点选入【因变量】下的方框，将"性别"和"外观"变量点选入【固定因子】下的方框，如图 13-7 所示。

第 3 步：主效应设置。单击【模型】，进入子对话框。点击【构建项】，将"性别""广告方案"点选入【模型】下的方框，更改【构建项】下的选项，选为【主效应】，如图 13-8。点击【继续】，返回主对话框。

第 4 步：描述性方差分析与方差齐性检验。单击主对话框上的【选项】打开对话框，勾选【描述统计】和【齐性检验】，如图 13-9 所示。

第 5 步：多重比较设置。自变量达到三个水平的，一般可以在方差分析中同时进行多重比较。单击对话框的【事后比较】，将要进行两两比较的自变量"外观"置入【事后检验】下面的方框中，并勾选【LSD】，单击【继续】按钮返回主对话框。如图 13-10 所示。

第 6 步：单击主对话框上【确定】按钮输出分析结果。输出结果主要有以下几个部分：

（1）描述性统计分析结果。给出了各个数据样本的平均数、标准差。

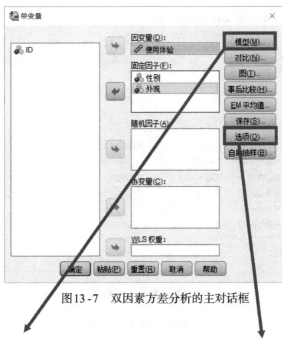

图13-7 双因素方差分析的主对话框

图13-8 模型设置对话框

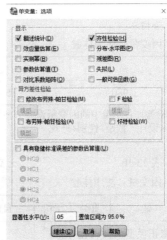

图13-9 选项对话框

（2）方差齐性检验。由表13-9可知，显著水平 $p=0.131>0.05$，接受原假设，即方差齐性假设成立。

（3）方差分析结果。输出的方差分析结果见表13-10。

图 13-10 多重比较设置

表13-9   方差齐性检验

因变量：使用体验

F	自由度1	自由度2	显著性
1.980	5	18	0.131

检验"各个组中的因变量误差方差相等"这一原假设。
a.设计：截距+性别+外观

表 13-10   无交互作用双因素方差分析表

因变量：使用体验

源	Ⅲ类平方和	自由度	均方	F	显著性
修正模型	112.750[a]	3	37.583	1.192	0.338
截距	195842.667	1	195842.667	6211.476	0.000
性别	112.667	1	112.667	3.573	0.073
外观	0.830	2	0.042	0.001	0.999
误差	630.583	20	31.529		

续表

源	Ⅲ类平方和	自由度	均方	F	显著性
总计	196586.000	24			
修正后总计	743.333	23			

a. R 方 = . 152（调整后 R 方 = . 024）

表中的"修正模型"是对所使用的方差分析模型的检验。其原假设是：模型中的所有因素（性别和外观）对因变量（使用体验）无显著影响，由于显著水平 $p = 0.338 > 0.01$，表明该模型是不显著的。

"截距"一行是模型的常数项。其检验的原假设是：$\mu = 0$，即不考虑性别和外观时，使用体验的平均值为 0。由于截距在实际分析中没有实际意义，可忽略不计。

"性别"和"外观"两行是对自变量影响效应的检验。由表中数据可知，性别变量显著性水平 $p = 0.073 > 0.05$，不具有统计上的显著性，不能拒绝原假设，也就是性别在使用体验上没有显著差异；而外观变量的显著性水平 $p = 0.999 > 0.05$，不能拒绝原假设，表明外观对使用体验没有显著影响。

在表的最下方还给出了模型的判定系数 R^2 以及调整后的判定系数，它反映了性别和外观一起对使用体验的影响程度，其平方根则是性别和外观与使用体验之间的相关系数。

（4）多重比较结果。将三种外观所具有的影响进行两两比较。

第 7 步：根据分析结果，整理双因素方差分析表，得出结论。本例只研究行因素和列因素对因变量的影响，所以可综合 SPSS 的分析编制表 13-11。

表 13-11　　　　　　　　　　　**双因素方差分析表**

变异来源	平方和	自由度	均方	F
性别	112.7	1	112.7	3.57
外观	0.083	2	0.042	0.001
误差	630.6	20	31.5	
全体	743.3	23		

（3）假设检验的结果

综上结果，性别和外观对使用体验并未呈现显著差异。

二、有交互作用的双因素方差分析

在上面的分析中,假定两个因素对因变量的影响是独立的,但如果两个因素搭配在一起会对因变量产生一种新的效应,就需要考虑交互作用对因变量的影响,这就是有交互作用的双因素方差分析。

我们需了解两个术语:主效应(main effect)和交互效应(interaction)。主效应是某因素不依赖于其他因素及交互作用因素的效应,所有的双因素方差分析都具有两个主效应:行因素的主效应和列因素的主效应。每个主效应可能是统计显著的,也可能是不显著的。因而会有四种可能的结果:(1)行因素主效应统计显著;(2)列因素主效应统计显著;(3)行因素和列因素同时统计显著;(4)行因素和列因素主效应都不显著。

交互效应是指当一个变量对因变量的效应依赖于另一个变量的存在与否或者量的大小时,这两个因素就有交互效应。例如,广告方案是否对销售量产生影响依赖于该广告投放的媒体类型,可能 A 方案投放在平面媒体如报纸上效果最好,而 B 方案则投放在电视媒体上效果最佳,这时我们就可以说广告方案和媒体类型发生交互作用,进而对销售量产生影响,或者说媒体类型调节了广告方案与销售量之间的关系。在这种情形中,每个因素可能有显著的主效应,也可能没有显著的主效应,但是当它们组合起来时,则产生显著效应。

与无交互作用的方差分析类似,有交互作用的双因素方差分析也需要提出假设、构造检验的统计量、统计决策等步骤。不过,对于有交互作用的方差分析,除了考虑行因素、列因素两个因素的主效应外,还要考虑两个因素搭配所产生的交互作用,所以要检验以下假设:

对行因素提出的假设为:

$H_0: \mu_1 = \mu_2 = \cdots = \mu_i = \cdots = \mu_k$ 行因素(自变量)对因变量没有显著影响

$H_1: \mu_i$($i = 1, 2, \cdots, k$)不完全相等

行因素(自变量)对因变量有显著影响

式中,μ_i 为行因素(因素 A)的第 i 个水平的均值。

对列因素提出的假设为:

$H_0: \mu_1 = \mu_2 = \cdots = \mu_j = \cdots = \mu_r$ 列因素(自变量)对因变量没有显著影响

$H_1: \mu_j$($j = 1, 2, \cdots, r$)不完全相等

列因素(自变量)对因变量有显著影响

式中,μ_j 为列因素(因素 B)的第 j 个水平的均值。

检验交互作用的假设:

$H_0: \mu_{11}=\mu_{21}=\cdots=\mu_{ij}=\cdots=\mu_{kr}$　　　交互项对因变量没有显著影响

$H_1: \mu_{ij}$（$j=1$，2，$\cdots$，r）不完全相等　　　交互项对因变量有显著影响

式中，μ_{ij} 为行因素的第 i 个水平和列因素的第 j 个水平组合而得的样本均值。

检验上述假设时，总误差的分解过程如图 13-11 所示。

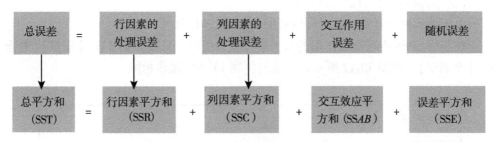

图 13-11　交互作用的误差分解

有交互作用的双因素方差分析见表 13-12。

表 13-12　　　　　　　　　有交互作用的双因素方差分析表

误差来源	平方和（SS）	自由度（df）	均方（MS）	检验统计量（F）
行因素	SSR	$k-1$	$MSR=\dfrac{SSR}{k-1}$	$F_R=\dfrac{MSR}{MSE}$
列因素	SSC	$r-1$	$MSC=\dfrac{SSC}{r-1}$	$F_C=\dfrac{MSC}{MSE}$
交互作用	$SSRC$	$(k-1)(r-1)$	$MSR=\dfrac{SSRC}{(k-1)(r-1)}$	$FRC=\dfrac{MSRC}{MSE}$
误差	SSE	$n-kr$	$MSE=\dfrac{SSE}{n-kr}$	
总和	SST	$n-1$		

【例 13.4】对例 13.3 的数据，试检验性别、手机外观的交互作用对使用体验的影响是否显著（$\alpha=0.01$）。

解：

（1）提出假设：

例 13.4 数据

检验交互作用的假设：

H_0: $\mu_{11} = \mu_{21} = \mu_{12} = \mu_{22} = \mu_{31} = \mu_{32}$

性别和手机外观之间的交互项对使用体验没有显著影响

H_1: μ_{11}, μ_{21}, μ_{12}, μ_{22}, μ_{31}, μ_{32}之间不完全相等

性别和手机外观之间的交互项对使用体验有显著影响

（2）计算各个检验的统计量：

由于计算过于复杂，此时可以使用 SPSS 来进行处理。

在利用 SPSS 进行交互作用的双因素方差分析时，只需在第 3 步【模型】中选择【全因子】，如图 13-12 所示。其余与例题 13.3 的操作相同。

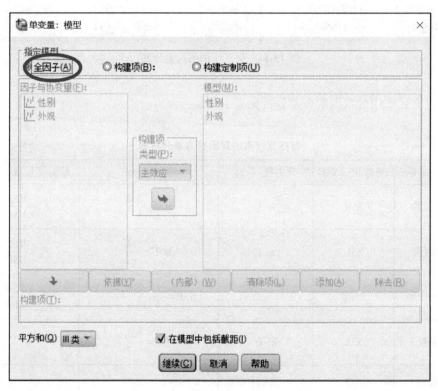

图 13-12　考虑交互效应的子对话框

因为是双因素方差分析，为了直观地表达变量之间的交互作用关系，可以设置制作交互作用图。在本例中，可以制作自变量性别和手机外观的交互作用图。在双变量方差分析的主对话框中，点击【图】，将【性别】【外观】分别置入【水平轴】和【单独的线条】下的方框中，单击【添加】按钮，将【性别 * 外观】置入

【图】下的方框中，如图 13-13 所示。然后单击【继续】，返回主对话框。

考虑交互作用的方差分析的输出结果见表 13-13，而交互作用图如图 13-14 所示。

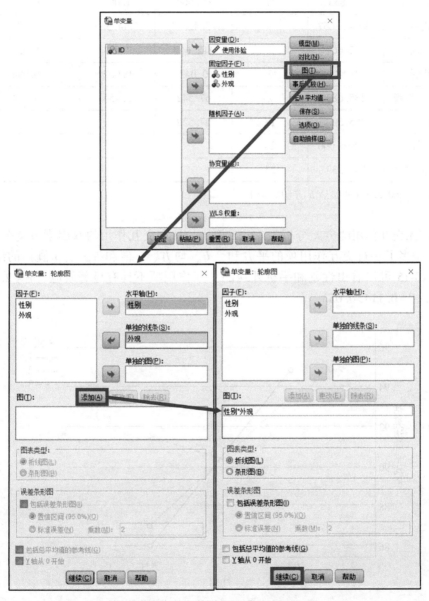

图 13-13　绘制交互作用图

表 13-13　　　　　　　　**有交互作用的双因素方差分析表**

因变量：使用体验

源	Ⅲ类平方和	自由度	均方	F	显著性
修正模型	247. 833[a]	5	49. 567	1. 081	0. 164
截距	195842. 667	1	195842. 667	7114. 365	0. 000
性别	112. 667	1	112. 667	4. 093	0. 058
外观	0. 83	2	0. 042	0. 002	0. 998
性别 * 外观	135. 083	2	67. 542	2. 454	0. 114
误差	495. 500	18	27. 528		
总计	196586. 000	24			
修正后总计	743. 333	23			

a. R 方 = 0. 333（调整后 R 方 = 0. 148）

与无交互作用的方差分析表 13-12 相比，具有交互作用的双因素方差分析表 13-15 中多了一行交互作用项的平方和、df、均方、F 值和 $Sig.$（p 值）的结果。从表 13-15 可以看出性别和手机外观的交互作用项不具有显著效应（$F=2.454$，$df=2$，$P=0.114>0.05$）。

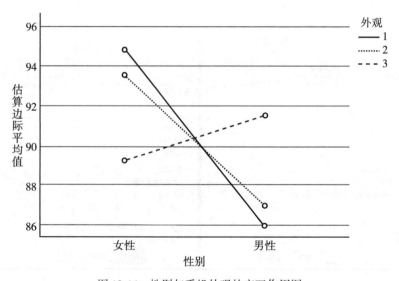

图 13-14　性别与手机外观的交互作用图

（3）假设检验的结果

综上所述，性别与手机外观之间没有产生显著的交互作用。

☞ **思考题**

一、复习思考题

1. 方差分析适用于什么情形？其基本原理是什么？

2. 方差分析中有哪些基本假定？

3. 简述单因素方差分析和双因素方差分析的误差分解过程。

4. 为什么要进行多重比较？试列举其基本步骤。

二、实训题

1. 根据《社交媒体广告价值调查》所得数据，用本章所学知识，选取合适变量，对其进行方差分析。

2. 根据《社交媒体广告价值调查》所得数据，请分别用 T 检验和方差分析两种方法来检验性别对社交媒体广告价值的评分是否具有显著影响作用，并对比两种结果的异同和两种方法的优劣。

第十四章 两个变量关系强度的描述
——相关分析

相关分析是描述两个事物或变量相伴随而变化的关系强度，它既不同于因果关系和函数关系，又不排斥因果关系。例如，中学老师会发现，学生的数学成绩好，物理成绩也好，数学成绩差，物理成绩也会跟着差。看起来，数学成绩与物理成绩之间具有某种数据上的一致性，但二者不是因果关系，只是两门课程的成绩跟学生的推理能力（努力程度）都有关联，推理能力强（努力学习），成绩好，推理能力弱（不努力学习），成绩差。在统计学上，研究两个变量或事物之间在数量上的关联强度叫做相关分析（correlation）。

第一节 相关的概念

一、相关概念的提出

"相关"概念最早来自生物统计学，其提出要归功于英国的遗传学家高尔顿（Galton）及其弟子皮尔逊（Pearson）：高尔顿提出了"相关"概念，皮尔逊完成了积差算法的建立。高尔顿和皮尔逊在进行遗传学研究的过程中，系统考察了许多家庭中父亲与儿子的身高关系。研究的样本是家庭，两个变量分别是父亲的身高和儿子的身高，通过对样本进行测量，可以得到一组天然成对的数据。在对这些数据进行分析和描述时，他们发现这对变量的取值一同起伏波动，表明两者之间具有较强的联系，从而提出了"相关"的概念，并推动了"相关"技术的发展。

相关就是考察两组观测值之间联系的强度，而这两组观测值必须来自对同一总体或同一样本的测量。比如，在学校中，对学生进行智力测验和学业成绩考试，可以发现智力水平与学业成绩具有一定程度的联系。一般来说，智力水平很低的学生，存在学业困难、成绩较差的问题；智力水平较高者，学业成绩也较好——这种关系就是相关关系。

相关关系不等同于因果关系。相关的两个变量之间可能具有因果关系，也可能不存在因果关系。具有相关关系的两个变量之间可能存在以下两种关系：一种是因果关系，即一个变量为某种现象或事件的原因，另一个变量为某种现象或事件的结果，原因发生了变化，结果自然也就随之改变。例如，智商与学业成绩之间的关系，智商是因，而学业成绩是果。另一种是共因关系，即两个变量的变化是由同一个潜在的原因引起的，该原因发生变化，这两个结果自然都随之改变，所以会表现出共同变化的关系。典型的例子就是春天出生的婴儿和春天栽种的小树，表面看起来，小树长高了，婴儿也跟着长高，其实两者都是受到时间这个潜在因素的影响，它们彼此之间并没有直接关联。在相关关系分析的过程中，不能简单地由变量间的相关推出因果关系的结论。

二、相关的性质

要描述两个变量之间的相关性，需要把握三个方面：相关的方向、相关的强度和相关的形式。

（一）相关方向：正相关、负相关和零相关

根据两个变量在变化方向上的关系，可以将相关划分为正相关、负相关和零相关。

正相关（positive correlation）是指两个变量在数值上的变化方向一致。即两列变量的数值变化方向是相同的：一个变量的数据由大而小地变化时，另一个变量的数据也随着由大而小地变化。如儿童的身高和体重，一般地讲，越高的儿童越重。虽然这并不绝对，但这种趋势还是能够观察得到的。将存在正相关的两个变量分别设为 X 和 Y，对许多个案测量得到 X 和 Y 的两列数据。以 X 作为横坐标，Y 作为纵坐标，就可以在二维坐标系中画出每一个个案的坐标点。这些点在坐标系中构成了一幅散点图，直观地反映 X 和 Y 两列数据之间的关系。如图 14-1a 反映了正相关关系，在这个坐标系中，可以看到散点的分布趋势是左边低、右边高。即当 X 比较小时，Y 可能相对比较小；X 比较大时，Y 可能相对比较大。

负相关（negative correlation）是指两个变量在数值上的变化方向相反。即两列变量的数值变化方向是相反的：一个变量的数据由大而小变化时，另一个变量的数据却是由小而大地变化。图 14-1b 反映的就是负相关关系。在这个坐标系中，可以看到散点的分布趋势是左边高，右边低。换句话说，就是当 X 变大时，Y 却可能变小；X 变小时，Y 却可能变大。

零相关（naught correlation），又称无相关，即两列变量的变化没有关联性，一个变量的变大或变小与另一个变量没有任何关系。图 14-1c 是零相关条件下的散点图。

（二）相关强度：弱相关、强相关和完全相关

从变量关联的紧密程度上，可以将相关划分为弱相关、强相关和完全相关。

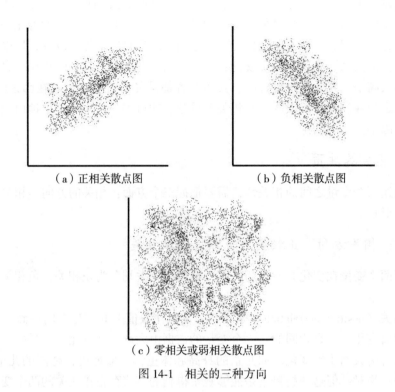

（a）正相关散点图　　　　　　　　（b）负相关散点图

（c）零相关或弱相关散点图

图 14-1　相关的三种方向

弱相关又称为低相关，是指两个变量之间虽然有一定的关系，但联系的强度较低。即一个变量变化时，与之对应的另一个变量变化的可能性较小，或者说跟随其变化的程度不太明显，如图 14-2（a）所示。例如，数学成绩和英语成绩可能是低相关的。

强相关又称高度相关。当一个变量变化时，与之对应的另一个变量随之变化的可能性较大，或者说跟随其变化的程度比较紧密。在散点图上表现为坐标点较为集中地分布在某一直线的附近，如图 14-2（b）所示。例如，身高与体重的关系、数学成绩与统计成绩的关系等，一般呈现强正相关。

完全相关是指两个变量在取值上具有一一对应或完全确定的关系，两个变量之间的关系也可以表示成一个直线方程式。在散点图上表现为各坐标点都处于某一条直线上，如图 14-2（c）所示。例如，圆半径和圆周长的关系就是这种完全相关关系。

（三）相关形式：直线相关和曲线相关

根据变量在数值上的变化关系或散点的分布形式，可以将相关划分为直线相关

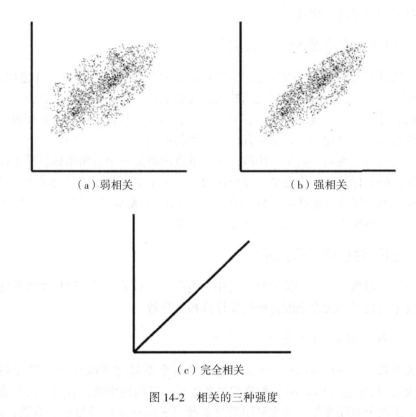

（a）弱相关　　　　　　　　　　　　　　（b）强相关

（c）完全相关

图 14-2　相关的三种强度

和曲线相关。直线相关是指两个变量中的一个变量增加或减少时，另一个变量也随之增加或减少，它们之间存在一种直线或线性相关的关系。直线相关的变量散点可以用直线拟合，呈椭圆分布，我们接下来要讨论的积差相关和等级相关都属于直线相关。

曲线相关也叫非线性相关，是指两个变量相伴随的变化未能形成直线相关。对数、指数、幂函数等均属于曲线相关关系。

需要注意的是，不是所有的相关都是用直线表明 X 值和 Y 值的关系。相关关系可能不是线性的，而且也可能不是由直线反映的。如年龄和记忆力之间的相关，在少年时期，可能是很强的正相关——儿童的年龄越大，他们的记忆力越好；到了青年和中年时期，随着年龄的增长，记忆力没有太大的变化，因为大多数青年人和中年人保持了良好的记忆力，年龄与记忆力之间表现为零相关；到了老年时期，随着年龄的增长，记忆力不断消退，记忆力和年龄是负相关的关系。这样看来，人的一生，其记忆力和年龄之间的相关更像是曲线相关，随着岁数的增加，刚开始记忆力不断增长，过了一段年月，保持在一定水平，到后期则不断下降。有时候，对类似关系最好的描述就是曲线。

三、相关的直观表示法：散点图

变量之间相关的强弱可以量化，也可以用直观的方法表示出来。在量化之前，最好先用直观的方法，看看变量之间的大体关系如何，比如相关程度是否强、是否为线性相关等。此外，我们还能很容易、很直观地发现是否有反常的数据值，这些反常值会对相关的量化——相关系数产生很大的影响。

对相关的直观表示一般是利用散点图。散点图就是一个直角坐标，横坐标代表一个变量，纵坐标代表一个变量。在坐标内用一个个点来表示相关变量的一对对观测值，这些点所形成的形状就可以体现变量之间的相关情况。如图 14-1 所示的三种情况的散点图便直观地反映了数据之间的关系。

四、相关的量化：相关系数

散点图可以判断两个变量之间有无相关关系，并对关系形态做出大致描述，但要准确度量变量间的关系强度，则需要计算相关系数。

（一）相关系数的种类

相关系数（correlation coefficient）是度量两个变量之间线性关系强度的统计量，记为 r。皮尔逊（Pearson）积差相关系数是最常用的指数，适用于两个数值型变量；对于两个顺序变量，通常采用斯皮尔曼（Spearman）等级相关系数；此外，对于多个顺序变量，则要采用肯德尔（Kendall）等级相关系数进行测量；如果想要控制第三变量或其他多个变量的影响，一般通过计算偏相关（partial correlation）系数实现。

需要注意的是，r 仅仅是 X 与 Y 之间线性关系的一个度量，它不能用于描述非线性关系。所以，$r=0$ 只表示两个变量之间不存在线性相关关系，并不表明变量之间没有任何关系，它们之间可能存在非线性相关关系，如曲线关系。

（二）相关系数的解释

相关系数不但显示了变量间的关系强度，还显示了相关性的方向。相关系数可以是正值也可以是负值，正值说明随机变量之间是正相关关系；负值说明是负相关关系；0 表明变量之间无线性相关关系。

相关系数是变量间关系的量化指标，相关系数的绝对值越大，相关关系就越强。由于 r 的取值介于 -1 至 1 之间，判断相关关系强弱时一般参考表 14-1 的解释，当然判断相关强弱时还需要建立在对相关系数的显著性检验的基础之上。

表 14-1 　　　　　　　　　　　　　**解释相关系数**

r 绝对值的大小	一般解释
0.8~1.0	高度相关
0.5~0.8	中度相关
0.3~0.5	低度相关
0.0~0.3	弱相关或不相关

相关系数 r 的平方 R^2 称为决定系数或判定系数（coefficient of determination），它表示变量 Y 的总变异（或方差）中，有多少比例可以被 X 变量所解释。比如，我们计算 100 个初三学生的智商和数学成绩的相关系数为 0.7，则决定系数便是 0.49，即数学成绩的变异中，有 49% 可以由智商来解释。这样，49% 的方差可以被解释，意味着 51% 的方差不能被解释，这叫做非决定系数（coefficient of nondetermination），代表了数学成绩变异中不能被智商解释的比例。

X 与 Y 两个变量共享的特征越多，它们就越相关，决定系数就越大。表 14-2 用两个圆的重合部分表示了 X 和 Y 变量共享方差的多少。

表 14-2 　　　　　　　　　　　**相关变量如何共享方差的示意图**

相关系数	决定系数	变量 X 与变量 Y	
$r=0$	$R^2=0$		共享 0%
$r=0.5$	$R^2=0.25$		共享 25%
$r=0.8$	$R^2=0.64$		共享 64%

五、需要注意的几点

（一）假性相关

进行相关分析时，有一些地方需要注意。一些很重要的因素会导致相关系数人为地升高或者降低，这些极端的相关性有时被称为假性相关（spurious correlations），因为它们并不代表随机变量间的真实关系，也可能是由一些容易引起混淆的因素造成。有时候一个相关系数可能很小或者接近零，但是这两个变量之间缺乏明显的相关性可以用很多原因来解释；同样很多情况可以导致两个变量之间有很强的相关性，虽然这与它们真实的关系是无关的。下列因素可能会导致假性相关的出现。

1. 随机变量之间缺乏线性关系

本章所介绍的几种相关系数仅反映了两个随机变量之间的线性关系，对于非线性的相关并不适用。在计算相关系数前，我们可以先通过散点图来检查变量间的关系是否较大地偏离于线性关系。一些小的线性偏离不会显著影响相关系数的大小，但是大的偏离却会对其产生影响。具有显著曲线型关系的数据不再适用于计算Pearson系数，所以，相关系数较小时，应检查数据是否能够计算线性相关，考虑是不是存在非线性的相关关系。

2. 样本容量

很多时候假性相关是由于样本容量太小。但是也不要认为，小的样本容量就会导致小的相关系数，或者大的样本容量会导致大的相关系数。事实上，样本容量与关系的强度是独立的。一般的准则是，样本容量的大小应能足够代表需要描述的总体。

3. 离群点

当样本容量很小时，存在一个严重问题，那就是 X 或 Y 测量值中，只要有一个非常大或非常小的值就会导致相关系数发生很大的变化。这种问题源于相关性的计算公式是基于观察值与均值之差的计算。在前面的描述统计中我们已经了解，均值对于极值是非常敏感的，特别是观测结果很少的时候。对于相关系数来说，也存在同样的问题，一对与均值有较大偏离的数值会极大地影响相关系数。

随着样本容量的增大，极值的影响会减弱，但通过观察散点图的分布来确定离群数值是非常重要的。在研究中，我们应仔细研究极端值来确定是否将它们包含在研究中。

（二）相关性是可靠性的一种测量

可靠性或信度（reliability）是社会科学研究中的一个非常重要的概念。可靠性是指一种测量方法在重复测量时能够产生相同结果，即多次测量结果的一致性。一种测试如果在标准条件下进行多次测量能够得到一致的结果，说明它是可靠的。可靠性经常用相关系数来评估。

测试可靠性的概念非常简单。如果一项测试是可靠的，那么每个个体在第一次测试中的相对位置与在第二次测试中的相对位置应该相似，例如，对一个班级的学生进行两次智力测验，如果该智力测验是可靠的，则前一次测试中名列前茅的同学在后一次测试中名次也应该排在前面，而第一次名次排在后面的同学在第二次测试中成绩也处于下游。也就是说，如果两次测试所得的相关系数数值较大，则说明测试是可靠的；如果所得的相关系数较小，则表明该测试不可靠。试想一下，某个智力测验，你第一次测试时处于前 10% 的位置，第二次测试时却处于后 10% 的位置，你会认为这个测验是可靠的吗？

（三）相关系数集：相关矩阵

如果有两个以上的变量怎么办？如何说明相关？相关矩阵是简单而有效的解决方法。下面用一个例子来展示多个随机变量彼此之间的相关系数。

【例 14.1】 当我们打开各类社交媒体时，会接触各种的社交媒体广告，并且还常常会观看、点赞、转发及评论这些广告。那么基于用户角度，社交媒体广告能给他们带来什么益处或价值呢？针对这个问题，我们开展《社交媒体广告价值调查》，修订了包括信息价值、娱乐价值、社交价值和经济价值四个维度的量表，并分析这些价值与传播广告意愿之间的关系强度。[1]

表 14-3 显示了调查结果的相关矩阵。可以看到，沿着对角线的值都是 1，这是变量之间自身相关，属于完全相关，所以都是 1。至于四种价值与传播意愿之间的相关系数为 0.262~0.441，属于低度相关；而四种价值之间的相关系数为 0.440~0.540，具有中等程度的相关。

表 14-3　　　　　　　　　　　　**相 关 矩 阵**

	信息价值	娱乐价值	社交价值	经济价值	传播意愿
信息价值	1.00	0.440**	0.528**	0.535**	0.441**
娱乐价值		1.00	0.517**	0.272**	0.262*
社交价值			1.00	0.540**	0.408**
经济价值				1.00	0.409**
传播意愿					1.00

第二节　皮尔逊积差相关系数

积差相关（Pearson Product Moment Correlation Coefficient）是 Pearson 建立起来的、应用最广泛的相关分析技术。它以相关系数的形式较为准确地反映了两个变量

---

① 陈振华，曾秀芹.游戏式广告分享机制研究：假定影响模式视角［J］.新闻与传播评论，2018（6）：69-81.

之间的线性相关程度。一般来说，用积差相关计算相关系数的数据要满足以下条件：

（1）两个变量都是由测量获得的连续型数据。

（2）两个变量的总体都呈正态分布，或接近正态分布，至少是单峰对称分布。

（3）必须是成对的数据，即两个变量应来自对同一总体或样本的测量。

（4）两个变量之间呈线性关系。

（5）大样本，$n \geqslant 30$。

一、相关系数的计算

协方差（covariance）是积差相关系数的基础。协方差表示两个随机变量在多大程度上拥有相同的方差，是两个变量的离差乘积之和除以 n 所得之商。其计算公式如下：

$$\text{cov} = \frac{\sum_{i=1}^{n}(X_i - \bar{X})(Y_i - \bar{Y})}{n} \qquad (\text{式 } 14.1)$$

当 X 与 Y 存在严格的线性关系时，数据的协方差可能达到最大值；当 X 与 Y 之间没有关系或它们的关系不能用一条直线来描述时，协方差等于 0。协方差本身没有实际的意义，将它作为一个描述性的统计量，除以两个变量的标准差，便可算得相关系数 r：

$$r = \frac{\sum_{i=1}^{n}(X_i - \bar{X})(Y_i - \bar{Y})}{nS_XS_Y} = \frac{\sum Z_XZ_Y}{n} \qquad (\text{式 } 14.2)$$

其中，S_x 是变量 X 的标准差，S_y 是变量 Y 的标准差。

从式 14.2 也可看出，r 其实就是两个随机变量的标准分数 Z 相乘后累加，最后再除以 n。这正好说明了 r 含义，一个较大的 r 值说明每一个个体或者事件在两个随机变量上获得大约相等的 Z 值，也就是 X 和 Y 变量在各自的分布中大致位于相同的位置。

二、相关系数的显著性检验

相关系数的显著性检验的目的是用样本相关系数 r 推断总体是否相关。由于相关系数 r 是根据样本数据计算出来的，它会受到样本波动的影响。能否根据样本相关系数来说明总体的相关系数 ρ 呢？这就需要考察样本相关系数的可靠性，也就是进行显著性检验。

就 Pearson 相关系数来说，它符合自由度为 $n-2$ 的 t 分布，该检验可用于小样本，也可用于大样本，检验的具体步骤如下：

第1步：提出假设：

H_0：$\rho=0$　即总体相关系数等于 0

H_1：$\rho\neq0$　即总体相关系数不等于 0

第2步：计算检验的统计量：

$$t = \frac{r\sqrt{n-2}}{\sqrt{1-r^2}} \sim t(n-2) \qquad\qquad （式 14.3）$$

第3步：进行决策。

求出统计量的 p 值，如果 $p<\alpha$，则拒绝 H_0，表明总体的两个变量之间存在显著的线性关系。

例 14.1 中的相关矩阵是如何计算得到呢？下面我们逐步介绍 SPSS 的操作过程。《社交媒体广告价值调查》所得数据均为连续型数据，且是针对同一批样本所得数据，样本量为 94，远大于 30。经事先检验，发现四种广告价值和传播意愿各变量都是正态分布，所以可以计算这五个变量之间的 Pearson 积差相关系数。

在 SPSS 中，操作步骤如下：

第1步：运行相关分析程序。单击【分析】——【相关】——【双变量】，打开相关分析对话框，如图 14-3 左图所示。

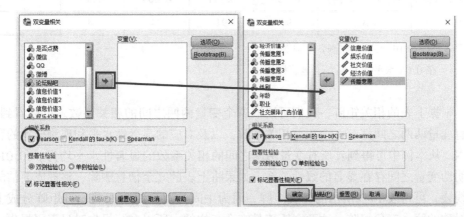

图 14-3　Pearson 相关分析对话框

第2步：计算积差相关。从对话框左边变量列表中选择五个连续变化的变量，点击选中置入右侧的变量框。在相关系数一栏选择【Pearson】项，在不确定是正相关还是负相关时，选择【双侧检验】（一般为默认选项）。如图 14-3 右图所示。

第3步：输出计算结果。单击【确定】，输出分析表格 14-4。

表 14-4   **相关分析输出表格**

		信息价值	娱乐价值	社交价值	经济价值	传播意愿
信息价值	Pearson 相关性	1	0.440^{**}	0.528^{**}	0.535^{**}	0.441^{**}
	显著性（双侧）		0.000	0.000	0.000	0.000
	N	94	94	94	94	94
娱乐价值	Pearson 相关性	0.440^{**}	1	0.517^{**}	0.272^{**}	0.262^{*}
	显著性（双侧）	0.000		0.000	0.008	0.011
	N	94	94	94	94	94
社交价值	Pearson 相关性	0.528^{**}	0.517^{**}	1	0.540^{**}	0.408^{**}
	显著性（双侧）	0.000	0.000		0.000	0.000
	N	94	94	94	94	94
经济价值	Pearson 相关性	0.535^{**}	0.272^{**}	0.540^{**}	1	0.409^{**}
	显著性（双侧）	0.000	0.008	0.000		0.000
	N	94	94	94	94	94
传播意愿	Pearson 相关性	0.441^{**}	0.262^{*}	0.408^{**}	0.409^{**}	1
	显著性（双侧）	0.000	0.011	0.000	0.000	
	N	94	94	94	94	94

**. 在 0.01 水平（双侧）上显著相关。

*. 在 0.05 水平（双侧）上显著相关。

　　根据上表的相关矩阵，我们可读取五个变量两两之间的相关系数。可以看到，所有变量两两之间都有一个积差相关系数，以及对应的显著性水平和观测样本的容量 N。从本例中可得到：所有变量两两之间的相关系数的显著性水平均为 $p<0.01$，表明两变量之间存在显著的线性关系。如果将上表的冗余信息删除，整理成简洁的三线表，可得表 14-3 所示的相关矩阵。因为中间的对角线将相关四方矩阵分成上下对称的两个三角矩阵，这两个矩阵是完全一样的，所以在写报告时只需要报告一个三角矩阵就可以。

第三节　等级相关分析

　　在研究中，有时会出现以下两种情况：一是搜集到的数据不是连续型数据，而是具有等级或顺序的间断数据；二是搜集到的数据是顺序数据，但不能确定是否来自正态总体，且为小样本。此时，如果计算两列或两列以上变量的相关，就不能再计算积差相关了，而是要用到等级相关。因为等级相关对变量的总体分布不做要求，故又称为非参数的相关方法。本节所讨论的等级相关，同样是针对线性关系的相关分析方法。

本节主要介绍适用于计算两列变量等级相关的斯皮尔曼相关方法，以及适合于计算多列变量相关的肯德尔和谐系数。

一、斯皮尔曼等级相关

斯皮尔曼等级相关系数（rank correlation coefficient），也叫做 Spearman r 系数，对顺序数据的情况非常适合。即使数据偏度较大，Spearman r 也能度量变量之间的相关程度。可见，斯皮尔曼相关系数对数据的整体分布状态和样本容量不做要求。不管数据是否正态分布、大样本，都可以用等级相关计算相关系数。因此，等级相关的适用范围比积差相关大，这是它的优点。但是等级相关也有缺点，它的精确度不如积差相关：一组能计算积差相关的数据若改用等级相关计算，就会损失一部分信息，导致精确度降低。因此，凡是符合积差相关计算条件的数据，不要用等级相关系数计算。

Spearman r 与 Pearson r 本质的不同是它们处理数据的方法不同。Pearson r 是将数据转换为 z 值，因此，结果所得的数据表示各观察值与均值之间的离差。相应地，Spearman r 将数据转换为等级数据，因此，变形后的数据表示从低到高的等级顺序。其计算公式为：

$$r_s = 1 - \frac{6 \sum_{i=1}^{n} D_i^2}{n(n^2 - 1)} \qquad (\text{式 14.4})$$

式中，D 表示各对数据在等级上的差异量，n 表示观测样本的容量。

有时候，我们在将原始数据转换为等级数据时，会发现两个或更多的并列的数值。在这种情况下，通常将并列的等级数值的均值赋予每个并列数值。在并列等级后面的数值将被正常地赋予等级序数。因此，数据 18，12，5，5，5，3，2 七个数据等级排序的结果应为 1，2，4，4，4，6，7，其中顺序值 4 是由公式（3+4+5）/3=4 得来。而数据 3，7，12，12，15，19 六个数据等级排序的结果应为 1，2，3.5，3.5，5，6，其中顺序值 3.5 由公式（3+4）/2=3.5 得来。

斯皮尔曼相关计算的步骤为：

步骤 1：数据转换，即将两列数据按由小到大或由大到小的顺序排列，以便将其转换为等级变量 R_X 与 R_Y；

步骤 2：计算等级差数，即计算每一成对数据的等级差 $D=R_X-R_Y$，并计算 $\sum D^2$；

步骤3：将数据代入式14.4，得到等级相关系数；

步骤4：进行显著性检验，方法与积差相关显著性检验相同。

【例14.2】某城市公安消防支队在各个社区建立了微型消防站，为了在市民中广泛宣传微型消防站，支队向市民征集微型消防站吉祥物的设计方案。经过线上投票，选出10个人气最旺的设计方案。最后由两名评委对10个设计方案按创意好坏程度进行评价，最好的为第1名，最差的为第10名，见表14-5。那么两位评委对这10个方案的排位是否有一致性？

例14.2数据

表14-5 　　　　　　　　　　　　设计方案创意排名

设计方案编号	R_X	R_Y	$D = R_X - R_Y$	D^2
1	7	5	2	4
2	5	6	−1	1
3	2	3	−1	1
4	8	7	1	1
5	1	2	−1	1
6	10	8	2	4
7	9	10	−1	1
8	4	4	0	0
9	6	9	−3	9
10	3	1	2	4
合计				26

解：

两列数据为等级数据，样本数 $n = 10$，采用斯皮尔曼等级相关系数来评估。

将以上数据代入式14.4，可得相关系数为

$$r_S = 1 - \frac{6 \sum_{i=1}^{n} D_i^2}{n(n^2 - 1)} = 1 - \frac{6 \times 26}{10 \times (100 - 1)} = 0.842$$

由显著性检验计算式14.3可得：

$$t = \frac{r\sqrt{n-2}}{\sqrt{1-r^2}} = \frac{0.84 \times \sqrt{10-2}}{\sqrt{1-0.84^2}} = 4.40$$

查 t 分布表可知，$df=n-2=10-2=8$ 时，0.01 显著水平对应的 t 的临界值为 2.90，$t=4.40>2.90$，因而拒绝原假设，接受备择假设，表明两位评委对 10 个方案的评价具有强相关性。

此外，我们也可以通过 SPSS 进行分析。

第 1 步：运行等级相关分析程序。点击【分析】——【相关】——【双变量】，打开等级相关分析主对话框，如图 14-4 左图所示。

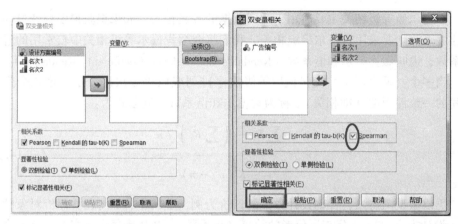

图 14-4　等级相关分析主对话框

第 2 步：计算等级相关。将对话框左侧的【名次 1】和【名次 2】点中，选入右侧的【变量】对话框。在相关系数一栏，选择【Spearman】项，默认为【双侧检验】，如图 14-4 右图所示。

第 3 步：输出计算结果。表 14-6 显示了等级间的等级相关系数。

表 14-6　　　　　　　　　　　**等级相关系数输出表格**

			名次 1	名次 2
Spearman的rho	名次1	相关系数	1.000	.857**
		Sig.(双侧)		.002
		N	10	10
	名次2	相关系数	.857**	1.000
		Sig.(双侧)	.002	
		N	10	10

**. 在置信度（双侧）为 0.01 时，相关性是显著的。

由表中数据可发现，两位评委对设计方案作出的排位存在强相关关系（$r=0.857$，$p<0.01$），与手工计算的结果相接近。那么 SPSS 生成的等级相关系数与手工计算的等级相关系数为何不完全一致呢？这与计算过程中小数点保留的位数有关。

上例是由两位评委进行评价，那么，如果是三位或更多评委呢？这时应如何分析相关关系？接下来我们来介绍肯德尔和谐系数。

二、肯德尔和谐系数

斯皮尔曼等级相关主要适用于两列数据的等级相关，如果想获得多列变量间等级相关系数则要采用肯德尔等级相关。我们将介绍肯德尔等级相关中较常用的肯德尔系数，也叫做肯德尔和谐系数（Kendall's Concordance Coefficient，Kendall'W）。

当多个（两个以上）变量值以等级次序排列或以等级次序表示，这几个变量之间的一致性程度（即相关），称为肯德尔和谐系数。其公式为：

$$r_w = \frac{\sum_{i=1}^{n} R_i^2 - \left(\sum_{i=1}^{n} R_i \right)^2 / n}{\frac{1}{12}K^2(n^3 - n)} \qquad (\text{式 14.5})$$

仍以微型消防站吉祥物设计方案的评价为例，上式中，n 代表被评价对象的数目（设计方案数）；k 代表评价者的数目（评委数）；R_i 代表每个方案在所有 k 个评价者中获得的评级之和。

【例14.3】表 14-7 显示了 5 位评委对 10 个方案的名次排列，最喜欢的排名为 1，最不喜欢的排名为 10。请分析这 5 位评委评分的一致性。

例 14.3 数据

表 14-7   **5 位评委对 10 个方案的评定**

	评委 1	评委 2	评委 3	评委 4	评委 5	R	R^2
方案 1	3	5	3	4	2	17	289
方案 2	6	6	6	5	7	30	900
方案 3	5	4	7	6	4	26	676
方案 4	1	1	2	2	1	7	49
方案 5	4	3	4	3	6	20	400
方案 6	2	2	1	1	3	9	81
方案 7	8	7	9	7	5	36	1296
方案 8	7	8	5	10	8	38	1444

续表

	评委1	评委2	评委3	评委4	评委5	R	R^2
方案9	10	10	8	9	9	47	2116
方案10	9	9	10	8	10	46	2116
合计						275	9367

解：

此类多列顺序型数据可采用 Kendall'W 系数进行评估。

将上列数据代入肯德尔和谐系数式14.5，可得

$$r_w = \frac{\sum_{i=1}^{n} R_i^2 - \left(\sum_{i=1}^{n} R_i\right)^2 / n}{\frac{1}{12}K^2(n^3 - n)} = \frac{12 \times (9367 - 275 \times 275 \div 10)}{5 \times 5(10 \times 10 \times 10 - 10)} = 0.875$$

从所得相关系数值来看，5位评委对10个方案的评价具有较高的一致性。

同样，此题也可通过 SPSS 进行分析。

第1步：打开 Kendall'W 主对话框。单击【分析】——【非参数检验】——【k 个相关样本】，进入 Kendall'W 相关分析主对话框，如图14-5 左图所示。

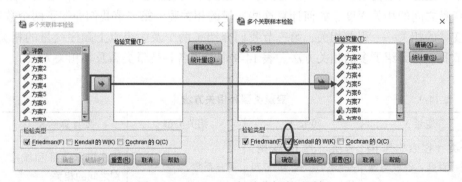

图 14-5　Kendall'W 相关分析主对话框

第2步：计算相关系数。将对话框左侧的【方案1】到【方案10】选入右侧的【检验变量】方框，同时将【检验类型】下的选项改为【Kendall 的 W（K）】，如图14-5 右图所示。

第3步：输出结果。单击【确定】，读取肯德尔和谐系数。该结果显示比较简单，就本例来说，其输出的结果见表14-8。由表可知，5位评委评分的一致性肯德尔和谐系数为 $W = 0.875$，其显著性水平 $p = 0.000 < 0.01$，达到了非常显著的水平，

说明评委评分具有很高的一致性。

表 14-8　　　　　　　　　　**Kendall 的 W 的相关检验结果**

n	5
Kendall' W [a]	0.875
卡方	39.371
df	9
渐近显著性	0.000

a. Kendall 协同系数

第四节　其他重要的相关系数

评价变量的方式很多。例如，有些是分类变量，如性别和地域；也有些是顺序型的变量，如比赛名次和评价等级；而有些则是数值型变量，如智商和学业成绩等。分类变量和顺序变量是间断型变量，而数值型变量分布在具有相等间距的连续体上，是连续型变量。我们在研究时，会遇到不同类型变量，如果我们想要了解这些变量之间的相关程度，如何计算这些变量的相关呢？第二节我们介绍了两个数值型变量的相关——积差相关，第三节我们介绍了两个及两个以上顺序变量的相关，这节我们将介绍更多的相关方法。表 14-9 汇总了各种变量类型及其相关方法。

表 14-9　　　　　　　　　　**变量类型和相关方法**

变量 X	变量 Y	相关类型	要计算的相关
分类（搜索引擎偏好：百度、谷歌与搜狗）	分类（城市级别：一线、二线与三四线）	卡方系数	搜索引擎偏好和城市级别之间的相关
二分变量（性别：男性与女性）	顺序（舆论立场：支持、中立与反对）	等级二列相关	性别和舆论立场之间的相关
二分变量（家庭结构：双亲与单亲）	数值（在校成绩）	点二列相关	家庭结构和学习成绩之间的相关
分类（地区：东部、中部和西部）	数值（互联网素养）	多列相关	地域和互联网素养之间的相关

续表

变量 X	变量 Y	相关类型	要计算的相关
顺序（文化水平：高中及以下、大学本科、研究生及以上）	顺序（网络问政次数：0 次，1～2 次，3～4 次，5 次及以上）	斯皮尔曼等级相关	文化水平和网络问政次数之间的相关
数值（儿童年龄）	数值（对暴力卡通片的反应）	皮尔逊相关（积差相关）	儿童年龄和对暴力卡通片的反应之间的相关

在例 14.1 的《社交媒体广告》调查数据中，有一个变量为用户是否对社交媒体广告进行点赞，是一个二分变量（1 为"点赞"，2 为"无点赞"），而社交媒体广告价值为信息价值、娱乐价值、社交价值和经济价值总和的平均值。请问是否点赞与社交媒体广告价值之间是否有关联？

解：此题数据中是否点赞为分类变量，且为只有两个类别的二分变量，而社交媒体广告价值为数值型变量，所以应计算点二列相关系数。

在处理此类问题时，为了便于应用现有软件及比较，常近似地用一般的 Pearson 相关系数 r 来代替上述的点二列相关 r_b，通常误差很小。在 X 变量中令点赞=1，无点赞=2，那么此题的点二列相关系数就是 X 与 Y 的积差相关系数。

计算点二列相关系数：

按照例题 14.1 的步骤，运行【分析】——【相关】——【双变量】，将【性别】和【反应】选入【变量】下的方框，在【相关系数】中选择【Pearson】，如图 14-6 所示。设置完成后点击【确定】，生成相关系数表格，见表 14-10。

表 14-10　　　　　　　　　　相关系数输出表格

		是否点赞	社交媒体广告价值
是否点赞	Pearson相关性	1	−0.286**
	显著性（双侧）		0.005
	N	94	94
社交媒体广告价值	Pearson相关性	−0.286**	1
	显著性（双侧）	0.005	
	N	94	94

**.在0.01水平（双侧）上显著相关。

图 14-6 SPSS 中计算点二列相关系数

由表中数据可知，是否点赞与社交媒体广告价值之间的关系是显著的，并且二者存在很低的相关，但是在统计上具有显著意义（$r = -0.286$，$p < 0.01$）。是否点赞与社交媒体广告价值之间存在很弱的相关，由于 $x_1 = 1$ 表示点赞，$x_2 = 2$ 表示无点赞，可见有点赞的用户对社交媒体广告价值评价比较高。

☞ **思考题**

一、复习思考题

1. 相关关系与因果关系之间的区别与联系？

2. 相关系数的大小与方向分别表示什么含义？

3. 相关分析主要是解决什么样的问题？

4. 积差相关和等级相关分别适用于哪些变量？

5. Spearman 秩相关系数与 Kendall 秩相关系数分析应用在哪些场景？

二、实训题

1.《网络意见领袖人格特质调查》数据是个关于网络意见领袖（博主/楼主/UP 主，简称 KOL）人格特质的研究数据，其中人格特质量表包括 6 个维度，题项与维度之间的隶属关系见表 14-11，具体调查问卷请参见《网络意见领袖人格特质调查》问卷（本书中出现的《网络意见领袖人格特质调查》问卷和数据均出自本页二维码）。

《网络意见领袖人格特质调查》问卷　　《网络意见领袖人格特质调查》数据

表 14-11　　　　　**KOL 人格特质量表各题项与各个因子之间的隶属关系**

维度名称	测量题项编号
智力	No. 1. 1– No. 1. 4
新能力	No. 2. 1– No. 2. 4
善解人意	No. 3. 1– No. 3. 4
奉献	No. 4. 1– No. 4. 3
道德品质	No. 5. 1– No. 5. 3
专制	No. 6. 1– No. 6. 4

（1）计算六个维度的平均得分，以分别获得智力、新能力、善解人意、奉献、道德品质和专制维度得分。然后计算这六个维度之间的相关系数，制作相关矩阵的三线表。

（2）性别分别与人格特质的六个维度之间的关联程度。

（3）依据这个调查数据的变量类型，依据表 14-9 汇总的各种变量类型及其相应的相关方法，练习各类相关方法。

2. 练习 14.2 中三个评委的数据是三位评委对 46 则新闻进行优、良、中、合格和差的评定。

（1）请评估三个评委两两之间的评价一致性程度。

（2）请评估三个评委之间的评价一致性程度。

练习 14.2 中三个评委的数据

第十五章　两个数值型变量精确关系的
解析——回归分析

上一章介绍过，两个相关的变量，变量之间的关系包括共变关系和因果关系。本章我们要探讨两个变量之间的因果关系，采用回归分析方法建立精确的数学预测模型，所以涉及的自变量和因变量都必须是数值型变量。

回归分析的最大价值与功能：透过一些已知信息，我们可以预测另一件未知的事情。例如，炒股票的人会依据每只股票以前的价格走势来预测股票价格今后涨跌；通过数据挖掘洞察消费者本质就是通过分析消费者过往的消费数据，来预测他们将来的消费行为。本章将介绍具有预测功能的统计分析方法——回归分析。

第一节　一元线性回归的估计和检验

回归分析（regression analysis）重点考察一个特定的变量（因变量），而把其他变量（自变量）看作影响这一变量的因素，并通过适当的数学模型将变量间的关系表达出来，进而通过一个或几个自变量的取值来预测因变量的取值。

我们举一个极端的例子，两个变量是完全相关的变量，大学生月生活费用与年总生活费之间完全相关。在回归分析理论中，我们需要先确定自变量和因变量。如果一个变量在时间上先于另一个变量发生，那么先发生的变量称为自变量，用 x 轴表示，后发生的变量为因变量，用 y 轴表示。月生活费用（x）和年总生活费用（y）之间的关系可以表示为：

$$y = 12x$$

我们可以把任意的 x 取值代入方程来直接计算 y 值。例如，如果一个大学生每月的生活费为 2000 元，那么其年总生活费用应该是：

$$y = 12 \times 2000 = 24000 \ 元$$

如果我们考虑将额外费用，如购买笔记本电脑的费用 8000 元加入方程，那么此时方程变为：

$$y = 12x + 8000$$

回想我们学过的数学知识，上式实际上是直线方程的一个特例：

$$y = a + bx \tag{式 15.1}$$

在式 15.1 的方程中，x 和 y 是一一对应的变量，a 和 b 在特定的数据背景下是常数。b 是线性方程的斜率（slope），在上面的例子中，直线斜率为 12，意味着 x 变化一个单位会引起 y 变化 12 个单位；字母 a 表示的是当 $x=0$ 时 y 的值，我们把它叫做截距（intercept），截距是回归方程与 y 轴相交的点。理解了直线方程，我们便开始学习回归直线的概念。

一、一元线性回归模型

一元线性回归是最简单的回归模型（regression model），它所揭示的是一个自变量与一个因变量之间的线性关系，可大致表示成如下形式：

$$y = \alpha + \beta x + \varepsilon \qquad \text{（式 15.2）}$$

在回归模型中，y 是 x 的线性函数（$\alpha + \beta x$ 部分）加上误差项 ε。$\alpha + \beta x$ 反映了由于 x 的变化而引起的 y 的线性变化；ε 是被称为误差项的随机变量，反映了除 x 和 y 之间的线性关系之外的随机因素对 y 的影响，是不能由 x 和 y 之间的线性关系所解释的变异。式中 α 和 β 称为模型的参数。

式 15.2 称为理论回归模型，对这一模型，有以下几个主要假定：

（1）因变量 y 与自变量 x 之间具有线性关系。当确定某一个 x_i 时，相应的就有 y_i 值与之对应。y_i 是一个随机变量，这些 y_i 构成一个在 x 取值为 x_i 条件下的抽样分布，该分布被假设为服从正态分布。

（2）在重复抽样中，自变量 x 的取值是固定的，即假定 x 是非随机的。它没有测量误差，尽管在实际观测中可能产生观测误差，但假设其误差可以忽略不计。

（3）误差项 ε 具有方差齐性。对于所有的 x 值，ε 的方差 σ^2 和均值都相同。

（4）误差项 ε 是一个期望值为 0，服从正态分布的随机变量，且误差项 ε 间相互独立。即对于一个特定的 x_i 值，它所对应的 ε_i 与其他 x_j 值所对应的 ε_j 不相关。

简单来说，线性回归的四个基本条件或假定就是："线性""正态""独立"和"方差齐性"。

二、一元线性回归方程

根据回归模型中的假定，ε 的期望值等于 0，因此 y 的期望值 $E(y) = \alpha + \beta x$，也就是说，y 的期望值是 x 的线性函数。描述因变量 y 的期望值如何依赖自变量 x 的方程称为回归方程（regression equation），一元线性回归方程的形式为：

$$E(y) = \alpha + \beta x \qquad \text{（式 15.3）}$$

由于总体回归参数 α 和 β 是未知的，必须利用样本数据去估计它们。用样本统计量 $\hat{\alpha}$ 和 $\hat{\beta}$ 代替回归方程中的未知参数 α 和 β，这时就得到了估计的回归方程（estimated regression equation）。它是根据样本数据求出的回归方程的估计。对于一元线性回归，估计的回归方程形式为：

$$\hat{y} = \hat{\alpha} + \hat{\beta}x \qquad\qquad (式15.4)$$

这个方程被称为 y 对 x 的一元线性回归方程,换句话说, y 将依据 x 被估计。这里,请注意一个新的符号: $\hat{y}$,读作" y 尖"或" y 帽",通常它被称为 y 的预测值或 y 的估计值。这个符号通常用来表示该值为预测值或者估计值而不是真实值。 $\hat{\alpha}$ 表示截距,是估计的回归直线在 y 轴上的截距; $\hat{\beta}$ 是直线的斜率,也称为回归系数,它表示 x 每变动一个单位时, y 的平均变动量。

三、回归直线

我们在进行研究时,很少有能够真正呈现线性分布的数据。由于很多数据点不很精确地在同一直线上散布着(这就是为什么称为散点图),所以通常我们需要找到一条最适合描述这些数据点的直线,并用这条直线去做较为精确的预测。这条直线称为最优拟合直线(line of best fit),也就是上面我们所说的回归直线(regression line),如图15-1所示。

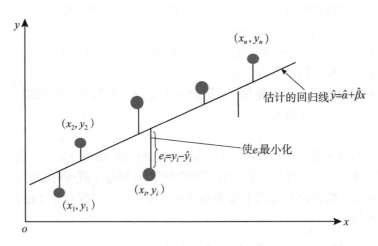

图15-1 最小二乘法示意图

回归直线是对数据的最优拟合,因为这条线将每个数据点与回归线的距离最小化。回归线是距离各观测点最近的那条直线,用它来代表 x 与 y 之间的关系,所产生的与实际数据的误差比其他任何直线都小。德国科学家 Karl Gauss 提出了最小平方法(method of least squares),也称最小二乘法来确定回归直线,它是使因变量的观测值与估计值之间的离差平方和达到最小来估计 α 和 β ,因此也称最小二乘估计,其思想是让因变量的观测值与估计值之间的离差平方和最小,如式15.5。

$$\sum (y_i - \hat{y}_i)^2 = \sum (y_i - \hat{\alpha} - \hat{\beta} x_i)^2 = \min \qquad (式15.5)$$

现在回忆一下，我们在讨论均值和标准差的时候定义均值为分布中使得偏差平方和最小的那个值。我们之所以把它叫做最小偏差平方和是因为每个点到均值 $\bar{x}$ 的距离的平方和 $\sum (x - \bar{x})^2$ 是最小的。在回归分析中，我们也试图做类似的事情。如果 y 表示真实值，$\hat{y}$ 表示预测值，那么我们希望所作的直线会使 y 与 $\hat{y}$ 的偏差平方和最小。所以，当我们使用最小二乘法进行回归处理时，所定义的最优拟合直线就是使 $\sum (y - \hat{y})^2$ 最小的直线，$\sum (y - \hat{y})^2$ 在本质上也是一种偏差平方和。

【延展阅读】

回归分析中的"回归"一词，最早由英国统计学家高尔顿在 19 世纪末期研究孩子和他们父母身高关系时提出。这个研究发现一个趋势：孩子的身高总是趋于他们父母身高的平均值。身材较高的父母，他们的孩子也较高，但平均起来不像他们的父母那样高。身材矮的情况也类似，即比身材矮的父母要高，比身材高的父母要矮，这种趋于中间值的趋势称作回归效应，而他提出的研究两个数值型变量关系的方法称作回归分析。

【例 15.1】 在上一章的例 14.1 中，介绍了从用户角度感知社交媒体广告的价值包括信息价值、娱乐价值、社交价值和经济价值，并计算了这四种价值与传播广告意愿之间的皮尔逊相关系数，发现信息价值与传播意愿之间的相关系数最大，为 0.441。现在我们想建立一元线性方程，用信息价值来预测用户传播广告的意愿，以解析两个变量之间的精确关系。

解：

一元线性回归分析涉及一个自变量、一个因变量，其数据文件（《社交媒体广告价值调查》数据）至少包括这两列变量的数据。信息价值记为自变量，传播意愿记为因变量。我们运用 SPSS 软件来建立回归方程。

第 1 步：运行一元线性回归程序。单击【分析】——【回归】——【线性】，打开如图 15-2 所示对话框。

第 2 步：设置对话框。将对话框左边变量列表中的【传播意愿】置入【因变量】下的方框中，将【信息价值】置入【自变量】下的方框中，在【方法】框中，默认选择【进入】选项，表示所选自变量全部进入回归方程。如图 15-3 所示。

第 3 步：回归方程显著性检验。单击主对话框上的【统计量】按钮，进入【线性回归：统计量】对话框，如图 15-4 所示。根据需要，勾选对话框上的【估计】和【模型拟合度】两个选项（一般也是默认选项，所以这一步操作其实是可以省略的）。单击【继续】，返回主对话框。

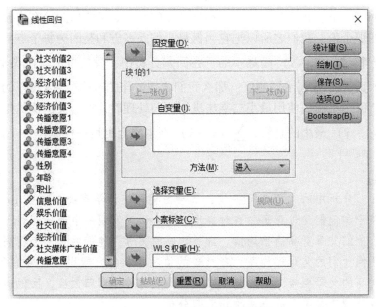

图 15-2　一元线性回归主对话框

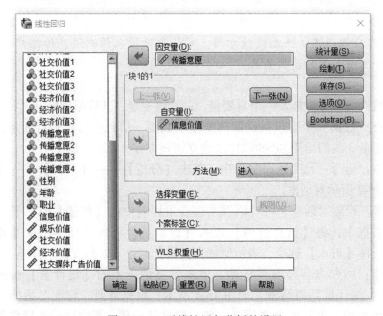

图 15-3　一元线性回归分析的设置

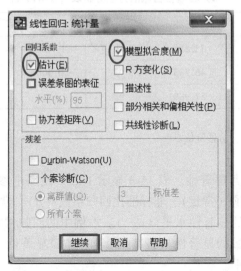

图 15-4　一元线性回归方程有效性检验对话框

第 4 步：输出分析结果。完成设置后，点击主对话框的【确定】，输出分析结果。系统输出的分析结果主要包括三个部分：

（1）方程的拟合优度。表 15-1 给出了回归分析中的一些主要统计量，包括相关系数（R）、判定系数（R 方）、调整的判定系数（调整 R 方）、估计标准误差等。此例中，一元线性回归方程拟合优度检验的判定系数 $R^2 = 0.194$。在实践中，用户传播意愿的影响因素众多，广告的信息价值就是其中一个影响因素。判定系数 0.194，表明用户传播意愿变化中有 19.2% 是广告的信息价值影响造成的。

表 15-1　　　　　　　　　　　方程的拟合优度报表

模型	R	R 方	调整 R 方	标准估计的误差
1	0.441[a]	0.194	0.185	0.71272

a. 预测变量：（常量），信息价值。

（2）回归分析的方差分析。由表 15-2 可知，回归分析的方差分析表包括回归平方和、残差平方和、总平方和及相应的自由度、回归均方和残差均方、检验统计量（F）、F 检验的显著性水平（$sig.$）。方差分析表主要用于对回归模型的线性关系进行显著性检验。此例中，回归方程达到了很显著的水平（$F = 22.159$，$df = 1$，$p = 0.000 < 0.01$），说明自变量与因变量之间具有非常显著的线性相关关系。

311

表 15-2 回归方程线性检验的方差分析表（ANOVA）

模型		平方和	df	均方	F	Sig.
1	回归	11.256	1	11.256	22.159	0.000[b]
	残差	46.733	92	0.508		
	总计	57.989	93			

a. 因变量: 传播意愿

b. 预测变量: (常量), 信息价值。

（3）回归系数及其显著性。表 15-3 显示了回归模型中参数估计的有关内容，包括回归方程的常数项（常量）、非标准化回归系数（B）、常数项和回归系数检验的统计量（t）、检验的显著性水平（$sig.$）。本例中的回归常数 $\alpha = 1.804$，回归系数 $\beta = 0.433$。回归系数的显著性检验结果 $t = 4.707$，显著性水平 $p = 0.000 < 0.01$，达到了非常显著的水平。

表 15-3 回归系数及其显著性检验

模型		非标准化系数		标准系数	t	Sig.
		B	标准误差	试用版		
1	（常量）	1.804	0.314		5.754	0.000
	信息价值	0.433	0.092	0.441	4.707	0.000

a. 因变量: 传播意愿

因此，由表 15-3 可知，信息价值与传播意愿的估计方程为 $\hat{y} = 1.804 + 0.433x$。回归系数 $\hat{\beta} = 0.433$ 表示信息价值每变动（增加或减少）1 分，传播意愿将平均变动（增加或减少）0.433 分。在回归分析中，对截距 α 通常不作实际意义上的解释（除非 $x = 0$ 时有意义）。在本例中，当 $x = 0$ 时，y 是有意义的，所以截距 $\alpha = 1.804$ 可解释为：当信息价值为 0 时，传播意愿将得 1.804 分。

对于一元线性回归分析中所呈现的三个表格，我们将在下一节进行更为详细的介绍。

【延展阅读】

大家有没有发现相关分析和回归分析有许多相似之处？事实的确如此，二者都是研究和衡量两个或两个以上变量之间关系的统计方法。广义地说，相关分析包括回归分析。但两者又有所差别，它们的区别在于：回归分析是以数学方式表示变量间的关系，而相关分析则是检验或度量这些关系的密切程度，两者相辅相成。如果通过相关分析显示出变量间的关系非常密切，则通过所求得的回归模型可获得相当准确的推算值；此外，两者的侧重点不一样，相关分析是分析变量之间关系的密切程度，回归分析是分析变量之间数量关系的可能形式（数学模型），以便通过已知数据（变量）来预测未知数据（变量）。

第二节　回归直线的拟合优度

回归直线在一定程度上描述了变量 x 与 y 之间的关系，根据回归方程，可用自变量 x 的取值来预测因变量 y 的取值。但预测的信效度将取决于回归直线对观测数据的拟合程度。可以想象，如果各观测数据的散点都落在这一直线上，那么这条直线就是对这批数据的完全拟合，直线充分代表了各个点，此时用 x 来估计 y 是没有误差的。各观测点越是紧密围绕直线，说明直线对观测数据的拟合程度越好，反之则越差。回归直线与各观测点的接近程度称为回归直线对数据的拟合优度（goodness of fit）。评价拟合优度的一个重要统计量就是判定系数（coefficient of determination）。

一、判定系数

判定系数是对估计的回归方程拟合优度的度量。为说明它的含义，需要考察因变量 y 取值的误差。

因变量 y 的取值是不同的，y 取值的波动称为变异（方差分析中称为"方差"）。变异的产生来自两个方面：一是由于自变量 x 的取值不同造成的；二是由 x 以外的其他随机因素造成的。对一个具体的观测值来说，变异的大小可以用实际观测值 y 与其均值 $\bar{y}$ 之差（$y-\bar{y}$）表示，如图 15-5 所示。而 n 次观测值的总变异可由这些离差的平方和来表示，称为总平方和（total sum of squares），记为 SST，即 $SST = \sum (y_i - \bar{y})^2$。从图 15-5 可以看出，每个观测点的离差都可以分解为 $y - \bar{y} = (y - \hat{y}) + (\hat{y} - \bar{y})$，两边平方并对所有 n 个点求和，有：

$$\underbrace{\sum_{i=1}^{n} (y_i - \bar{y})^2}_{\substack{\text{总平方和}\\(SST)}} = \underbrace{\sum_{i=1}^{n} (\hat{y}_i - \bar{y})^2}_{\substack{\text{回归平方和}\\(SSR)}} + \underbrace{\sum_{i=1}^{n} (y_i - \hat{y})^2}_{\substack{\text{残差平方和}\\(SSE)}} \qquad (式 15.6)$$

式左边称为总平方和 SST，它被分解为两部分：

$\sum (\hat{y}_i - \bar{y})^2$ 是回归值与均值离差的平方和，称为回归平方和（regression sum

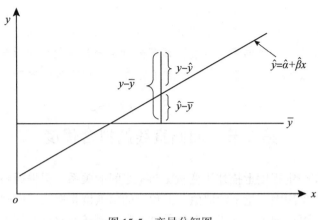

图 15-5 变异分解图

of squares），记为 SSR。回归平方和反映由于自变量 x 的变化引起的 y 的变化，它是可以由回归直线来解释的 y_i 的变异部分。

$\sum (y_i - \hat{y}_i)^2$ 是实际观测点与回归值的离差平方和，称为残差平方和（residual sum of squares），记为 SSE。它是除了 x 对 y 的线性影响之外的其他随机因素对 y 的影响，是不能由回归直线来解释的 y_i 的变异部分。

由图 15-5 可以直观地看出，回归直线拟合的好坏取决于回归平方和 SSR 占总平方和 SST 的比例大小，即 $\dfrac{SSR}{SST}$ 的大小。各观测点越是靠近直线，$\dfrac{SSR}{SST}$ 则越大，直线拟合得就越好。回归平方和占总平方和的比例称为判定系数或决定系数，记为 R^2。其计算公式为：

$$R^2 = \frac{SSR}{SST} = \frac{\sum (\hat{y}_i - \bar{y})^2}{\sum (y_i - \bar{y})^2} \tag{式 15.7}$$

判定系数 R^2 测度了回归直线对观测数据的拟合程度。若所有观测点都落在直线上，残差平方和 $SSE = 0$，$R^2 = 1$，拟合是完全的；如果 y 的变化与 x 无关，此时 $\hat{y} = \bar{y}$，则 $R^2 = 0$。可见 R^2 的取值范围是 [0, 1]。R^2 越接近 1，回归直线的拟合程度就越好；R^2 越接近 0，回归直线的拟合程度就越差。

在一元线性回归中，相关系数 r 是判定系数的平方根，它可以帮助我们进一步理解相关系数的含义。实际上，相关系数 r 也从另一个角度说明了回归直线的拟合优度。$|r|$ 越接近 1，表明回归直线对观测数据的拟合程度就越高。但用 r 说明回归直线的拟合优度需要慎重，因为 r 的值总是大于 R^2 的值，除非 $r = 0$ 或 $|r| = 1$。比如，当 $r = 0.5$ 时，表面上看似乎有一半的相关了，但 $R^2 = 0.25$，表明自变量 x 只

能解释因变量 y 的总变异的 25%。当 $r=0.7$ 时才能解释近一半的变异，而 $r<0.3$ 时意味着只有很少一部分变异可由回归直线来解释。

【例 15.2】 根据例 15.1，试计算传播意愿对信息价值的判定系数，并解释其意义。

解：

例 15.1 SPSS 生成的报表中，表 15-1 的方程拟合优度报表提供了 $R^2=0.194=19.4\%$。同时从表 15-2 方差分析表提供的信息也能计算 R^2。

$$R^2 = \frac{11.256}{57.989} = 0.194 = 19.4\%$$

此案例中，判定系数的实际意义是：在传播意愿取值的变异中，有 19.4% 的变异可以由信息价值与传播意愿之间的线性关系来解释，或者说，在传播意愿的变动中，有 19.4% 是由信息价值决定的。

二、估计标准误差

估计标准误差（standard error of estimate）是残差平方和的均方根，用 S_e 来表示。它反映了实际观测值 y_i 与回归估计值 $\hat{y}_i$ 之间的差异程度，可以看作在排除了 x 对 y 的线性影响后，y 随机波动大小的一个估计量。其计算公式为：

$$S_e = \sqrt{\frac{\sum (y_i - \hat{y}_i)^2}{n-2}} = \sqrt{\frac{SSE}{n-2}} \qquad （式 15.8）$$

从实际意义看，S_e 反映了用估计的回归方程预测因变量 y 时预测误差的大小。各观测点越靠近直线，回归直线对各观测点的代表性就越好，S_e 就会越小。若各观测点全部落在直线上，则 S_e 等于 0，此时用自变量来预测因变量是没有误差的。可见 S_e 也从另一个角度说明了回归直线的拟合优度。

【例 15.3】 根据例 15.1 的有关结果，计算传播愿意对信息价值的估计标准误差，并解释其意义。

解：

例 15.1 SPSS 生成的报表 15-2 中，得出残差平方和 $SSE=46.733$，根据式 15.8 算得其估计标准误差：

$$S_e = \sqrt{\frac{SSE}{n-2}} = \sqrt{\frac{46.733}{94-2}} = 0.713$$

其实，在方程的拟合优度报表 15-2 中，SPSS 已经直接给出了估计标准误差，其值与我们计算所得值相等。

这意味着，根据信息价值来估计传播意愿时，平均的估计误差为 0.713 分。

第三节 回归分析中的显著性检验

在建立回归模型之前，已经假定 x 与 y 之间是线性关系，但这种假定是否成立，需要检验后才能证实。回归分析中的显著性检验主要包括线性关系检验和回归系数检验两个方面。

一、线性关系检验

线性关系检验简称为 F 检验，它用于检验自变量 x 和因变量 y 之间的线性关系是否显著，或者说它们之间能否用一个线性模型 $y = \alpha + \beta x + \varepsilon$ 来表示。检验统计量的构造是以回归平方和 SSR 以及残差平方和 SSE 为基础的。将 SSR 除以其相应的自由度（即自变量的个数 k，在一元线性回归中，SSR 的自由度是 1），得到回归均方（mean square），记为 MSR；将 SSE 除以相应的自由度（即 $n-k-1$，在一元线性回归中，SSE 的自由度是 $n-2$），得到残差均方，记为 MSE。线性关系的检验主要是通过计算 F 值来完成：

$$F = \frac{MSR}{MSE} \sim F(1, \ n-2) \qquad \qquad \text{（式 15.9）}$$

运用 F 检验，判断 MSR 是否显著大于 MSE，如果大于 MSE，即 $\dfrac{MSR}{MSE}$ 的值大于 1，则说明总变异中回归的贡献显著，回归方程在整体上成立，进一步检验了变量 x 与 y 之间是否存在线性关系。线性关系检验的具体步骤如下：

第 1 步：提出假设。

H_0：$F \leqslant 1$（两个变量之间的线性关系不显著）

H_1：$F > 1$（两个变量之间的线性关系显著）

第 2 步：计算检验统计量 F。

第 3 步：做出决策。确定显著性水平 α，并根据分子自由度和分母自由度求出临界值 F。若 $F > F_\alpha$，则拒绝 H_0，表明两个变量之间的线性关系是显著的；如果 $F < F_\alpha$，则不拒绝 H_0，意味着没有证据表明两个变量之间的线性关系显著。或者，根据检验统计量的 p 值进行决策，若 $p < \alpha$，则拒绝 H_0，表明两个变量之间的线性关系显著。

回顾例 15.1 中的显著性检验表格（见表 15-2），报表给出了各个平方和、均方以及检验的统计量 F。由于实际显著水平 $p = 0.000 < 0.01$，故拒绝原假设，表明信息价值与传播意愿的线性关系显著。

二、回归系数的检验和判断

回归系数检验简称为 t 检验，它用于检验自变量对因变量的影响是否显著。在一元线性回归中，由于只有一个自变量，因此回归系数检验与线性关系检验是等价的（在多元线性回归中，这两种检验不再等价）。如果回归系数 $\beta=0$，则回归线是一条水平线，表明因变量 y 的取值不依赖于自变量 x，即两个变量之间没有线性关系；如果回归系数 $\beta \neq 0$，不能就说自变量对因变量产生了影响，而要看这种关系是否具有统计意义上的显著性。回归系数的显著性检验就是检验回归系数 β 是否等于0。为检验原假设 $H_0: \beta=0$ 是否成立，需要构造用于检验的统计量。为此，需要研究回归系数 β 的抽样分布，研究表明回归系数 β 的抽样分布为自由度为 $n-2$ 的 t 分布。回归系数的检验步骤为：

第1步：提出假设。

$H_0: \beta=0$（自变量对因变量的影响不显著）；

$H_1: \beta \neq 0$（自变量对因变量的影响显著）。

第2步：计算检验的统计量 t。

$$t = \frac{\hat{\beta}}{S_{\hat{\beta}}} \sim t(n-2) \tag{式 15.10}$$

式中，$\hat{\beta}$ 表示估计的回归系数；$S_{\hat{\beta}}$ 表示 $\hat{\beta}$ 估计的标准差。

第3步：做出决策。确定显著性水平 α，并根据自由度 $df=n-2$ 查 t 分布表，找到相应的临界值 $t_{\alpha/2}$。若 $|t|>t_{\alpha/2}$，则拒绝 H_0，如果拒绝"回归系数为0的原假设 H_0"，犯错误的概率 $p<\alpha$，表明自变量 x 对因变量 y 的影响是显著的，换言之，两个变量之间存在显著的线性关系；若 $|t|<t_{\alpha/2}$，则不拒绝 H_0，没有证据表明 x 对 y 的影响显著，或者说，二者之间尚不存在显著的线性关系。同样地，我们也可以根据检验的 p 值做出决策：如果 $p<\alpha$，则拒绝 H_0，表明自变量是影响因变量的一个显著因素。

【例 15.4】 根据例 15.1 的有关结果，检验回归系数的显著性（$\alpha=0.05$）。

解：

第1步：提出假设。

$$H_0: \beta=0; \ H_1: \beta \neq 0$$

第2步：计算检验的统计量 t。

从回归系数检验表 15-3 已知，$\hat{\beta}=0.433$，$S_{\hat{\beta}}=0.092$，

$$t = \frac{\hat{\beta}}{S_{\hat{\beta}}} = \frac{0.433}{0.092} = 4.707$$

第3步：做出决策。根据给定的显著水平 $\alpha=0.05$，自由度 $df=n-2=94-2=$

92。查 t 分布表，得 $t_{\alpha/2}=t_{0.025}=2.28$。由于 $t=4.707>t_{0.025}=2.28$，故拒绝原假设，这意味着信息价值是影响传播意愿的一个显著性因素。

实际上，表 15-3 已经给出了检验统计量 $t=4.707$（与我们公式计算的 t 值相符），以及实际显著水平 $p=0.000<0.05$，故依据这些结果，我们同样可拒绝原假设。

三、回归分析结果的评价

前面讨论了建立一元线性回归模型的方法。现在的问题是：已经建立的模型是否合适？或者说，这个拟合的模型有多好？要回答这个问题，可以从以下几个方面入手。

（1）所估计的回归系数 $\hat{\beta}$ 的符号是否与理论或事先预期相一致。在例 15.1 中，在传播意愿对信息价值的回归中，信息价值越高，传播意愿就可能越高，也就是说，回归系数 $\hat{\beta}$ 的值应该是正的。

（2）如果理论上认为 y 与 x 之间的关系不仅是正的，而且在统计上显著，那么所建立的回归方程也应该如此。在例 15.1 中，理论上信息价值对传播意愿具有正向的预测作用，在实际回归分析中，二者之间为正的线性关系，而且对回归系数 $\hat{\beta}$ 的 t 检验结果表明，二者之间的线性关系在统计上是显著的。回归分析结果验证了理论假设。

（3）回归模型在多大程度上解释了因变量 y 取值的差异？我们可以用判定系数 R^2 来回答这一问题。例 15.1 中，在信息价值与传播意愿的回归中，得到的 $R^2=19.4\%$，表明信息价值可以解释大约 1/5 的传播意愿，在实践案例中，解释比重还算是挺大，说明拟合的效果不错。

（4）考察关于误差项 ε 的正态性假定是否成立。在对线性关系进行 F 检验和对回归系数进行 t 检验时，都要求误差项 ε 服从正态分布，否则，所用的检验程序将是无效的。检验 ε 正态性的简单方法是画出残差的直方图或正态概率图。SPSS 的回归程序中有提供这两种图形。

第四节 利用回归方程进行预测

回归模型经过各种检验并表明符合预定的要求后，就可以利用它来预测因变量了。所谓预测（predict）是指通过自变量 x 的取值来预测因变量 y 的取值，例如，根据例 15.1 建立的估计回归方程，在给出一个用户评估的广告信息价值时，就可以预测他对该则广告的传播意愿。

一、点估计

利用估计的回归方程，对于 x 的一个特定值 x_0，求出 y 的一个估计值就是点估计。点估计可分为两种：一是平均值的点估计，二是个别值的点估计。

平均值的点估计是利用估计的回归方程，对于 x 的一个特定值 x_0，求出 y 的平均值的一个估计值 $E(y_0)$。例如，我们在例 15.1 中得到的估计的回归方程为 $\hat{y} =$ 1. 804+0. 433x。如果要估计信息价值为 4 分的所有用户的传播意愿的平均值，根据回归方程，得到估计的传播意愿的平均值为：

$$E(y_0) = 1.804 + 0.433 \times 4 = 3.536(\text{分})①$$

个别值的点估计是利用估计的回归方程，对于 x 的一个特定值 x_0，求出 y 的一个个别值的估计值 $\hat{y}_0$。例如，如果只想知道信息价值为 3.75 分的某位用户的传播意愿是多少，则属于个别值的点估计。根据估计的回归方程，得

$$\hat{y} = 1.804+0.433 \times 3.75 = 3.428 \text{（分）}$$

这就是说，信息价值为 3.75 分的那位同学的传播意愿为 3.428 分。

在点估计的条件下，对于同一个 x_0，平均值的点估计和个别值的点估计的结果是一样的，但在区间估计中则有所不同。

二、区间估计

利用估计的回归方程，对于 x 的一个特定值 x_0，求出 y 的一个估计值的区间就是区间估计。区间估计也有两种类型：一是置信区间估计，它是对 x 的一个给定值 x_0，求出 y 的平均值的估计区间，这一区间称为置信区间（confidence interval）；二是预测估计区间，它是对 x 的一个给定值 x_0，求出 y 的一个个别值的估计区间，这一区间称为预测区间（prediction interval）。

1. y 的平均值的置信区间估计

置信区间估计（confidence interval estimate）是对 x 的一个给定值 x_0，求出 y 的平均值的区间估计。

设 x_0 为自变量 x 的一个特定值或给定值，$E(y_0)$ 为给定 x_0 时因变量 y 的平均值或期望值。当 $x = x_0$ 时，$E(y_0)$ 的估计值为：

$$\hat{y}_0 = \hat{\alpha} + \hat{\beta}x_0$$

一般来说，不能期望估计值 $\hat{y}_0$ 精确地等于 $E(y_0)$。因此，要想用 $\hat{y}_0$ 推断 $E(y_0)$，必须考虑根据估计的回归方程得到的 $\hat{y}_0$ 的方差。对于给定的 x_0，统计学家给出了估计 $\hat{y}_0$ 标准差的公式，用 $S_{\hat{y}_0}$ 表示 $\hat{y}_0$ 标准差的估计量，其计算公式为：

$$S_{\hat{y}_0} = S_e \sqrt{\frac{1}{n} + \frac{(x_0 - \bar{x})^2}{\sum\limits_{i=1}^{n}(x_i - \bar{x})^2}} \qquad (\text{式 15.11})$$

---

① 信息价值和传播意愿都是采用李克特五点量表，所以这两个变量的得分范围为 1 - 5 分。

有了 $\hat{y}_0$ 的标准差之后，对于给定的 x_0，$E(y_0)$ 在 $1-\alpha$ 置信水平下的置信区间为：

$$\hat{y}_0 \pm t_{\alpha/2}(n-2)S_e\sqrt{\frac{1}{n}+\frac{(x_0-\bar{x})^2}{\sum\limits_{i=1}^{n}(x_i-\bar{x})^2}} \qquad (式15.12)$$

2. y 的个别值的预测区间估计

预测区间估计（prediction interval estimate）是对 x 的一个给定值 x_0，求出 y 的一个个别值的区间估计。即我们不是估计信息价值为 4 分的所有用户的传播意愿均值，而是希望估计信息价值为 3.75 分的某一位用户的传播意愿的区间是多少，这个区间称为预测区间。

为求出预测区间，必须先知道用于估计的标准差。统计学家已给出了 y 的一个个别估计值 y_0 的标准差的估计量，用 S_{ind} 表示，其计算公式为：

$$S_{ind}=S_e\sqrt{1+\frac{1}{n}+\frac{(x_0-\bar{x})^2}{\sum\limits_{i=1}^{n}(x_i-\bar{x})^2}} \qquad (式15.13)$$

因此，对于给定的 x_0，y 的一个个别值 y_0 在 $1-\alpha$ 置信水平下的预测区间为：

$$\hat{y}_0 \pm t_{\alpha/2}(n-2)S_e\sqrt{1+\frac{1}{n}+\frac{(x_0-\bar{x})^2}{\sum\limits_{i=1}^{n}(x_i-\bar{x})^2}} \qquad (式15.14)$$

与式 15.11 相比，式 15.13 的根号内多了一个 1。因此，即使是对同一个 x_0，这两个区间的宽度也是不一样的，预测区间要比置信区间宽一些。二者的关系如图 15-6 所示。

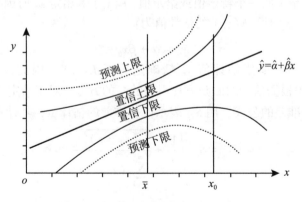

图 15-6 置信区间与预测区间的关系

【**例 15.5**】根据例 15.1 的数据，取 $x_0 = 3.75$ 时，建立传播意愿 95% 的置信区间和预测区间。

解：在实际研究中，我们可通过 SPSS 完成置信区间和预测区间的设置。

第 1 步：运行一元线性回归分析程序。与例 15.1 的操作相同，单击【分析】——【回归】——【线性】，打开主对话框，设置自变量和因变量。

第 2 步：设置置信区间和预测区间。单击【保存】，进入【线性回归：保存】对话框，如图 15-7 所示。在【预测值】下选中【未标准化】，从而输出点预测值；在【预测区间】下选中【均值】和【单值】，从而输出置信区间和预测区间；在【置信区间】中设置题中所要求的置信水平（默认值为 95%，一般不需要改变）。设置完成后，点击继续，返回主对话框。

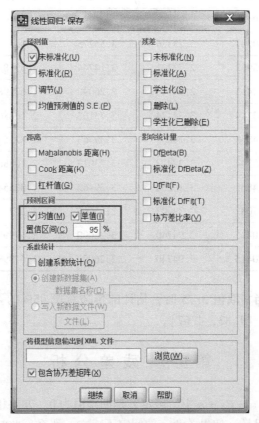

图 15-7　置信区间和预测区间的设置

步骤 3：点击【确定】，输出预测结果。SPSS 给出的 95% 的置信区间和预测区间见表 15-4。其中，【PRE_1】是点估计值；【LMCI_1】和【UMCI_1】分别表示平均值的置信区间的下限和上限；【LICI_1】和【UICI_1】分别表示个别值的预测区间的下限和上限。从结果可以看出，预测区间要比置信区间宽一些。

表15-4　　　　　　　　　置信区间与预测区间输出表

传播意愿	PRE_1	LMCI_1	UMCI_1	LICI_1	UICI_1
3.75	3.24858	3.10253	3.39463	1.82554	4.67162
3.50	3.53744	3.34474	3.73103	2.10886	4.96602
3.25	2.81529		3.04622		4.24953
2.75	2.81529	2.58437	3.04622	1.38106	4.24953
4.00	3.39301	3.23326	3.55275	1.96850	4.81752
1.75	3.10415	2.94 26090		1.67998	4.52833
4.25	3.39301	3.23326	3.55275	1.96850	4.81752
3.00	2.95972	2.77201	3.14744	1.53181	4.38764
3.25	3.10415	2.94740	3.26090	1.67998	4.52833
3.00	3.53744	3.34474	3.73103	2.10886	4.96602
4.00	3.24858	3.10253	3.39463	1.82554	4.67162
3.00	3.53744	3.34474	3.73013	2.10886	4.96602
3.25	3.24858	3.10253	3.39463	1.82554	4.67162
3.00	2.67087	2.39007	2.95166	1.22776	4.11397
3.00	3.10415	2.94740	3.26090	1.67998	4.52833
3.00	3.10415	2.94740	3.26090	1.67998	4.52833

由上表可知，当 x 取值 3.75 时，估计的传播意愿 95% 的置信区间为 [3.10, 3.39]，预测区间为 [1.83, 4.67]。

第五节　残　差　分　析

在回归模型 $y = \alpha + \beta x + \varepsilon$ 中，假定 ε 是期望值为 0、方差相等且服从正态分布的一个随机变量。但是，如果关于 ε 的假定不成立，那么，此时所做的检验以及估计和预测是站不住脚的。确定有关 ε 的假定是否成立的方法之一就是进行残差分析（residual analysis）。

一、残差与残差图

残差（residual）是因变量的观测值 y_i 与根据估计的回归方程求出的预测值 $\hat{y}_i$ 之差，用 e 表示。它反映了用估计的回归方程去预测 y_i 而引起的误差。第 i 个观测值的残差可以写为：

$$e_i = y_i - \hat{y}_i \qquad (式 15.15)$$

检验误差项 ε 的假定是否成立，可以通过残差图的分析来完成。常用的残差图有关于 x 的残差图、标准化残差图等。关于 x 的残差图是用横轴表示自变量 x_i 的值，纵轴表示对应的残差 e_i，每个 x_i 的值对应的残差 e_i 用图中的一个点来表示。图 15-8 给出了几种不同形态的残差图。

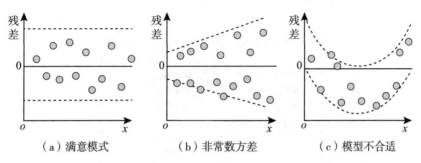

| （a）满意模式 | （b）非常数方差 | （c）模型不合适 |

图 15-8　不同形态的残差图

如果对所有的 x 值，ε 的方差都相同，而且假定描述变量 x 和 y 之间关系的回归模型是合理的，那么残差图中的所有点都应落在一条水平带中间，如图15-8（a）所示。但如果对所有的值，ε 的方差是不同的，例如，对于较大的 x 值，相应的残差也较大，如图 15-8（b）所示，这就意味着违背了 ε 的方差相等的假设。如果残差图如图 15-8（c）所示，表明所选择的回归模型不合理，这时应考虑曲线回归或多元回归模型。

二、标准化残差

对 ε 正态性假定的检验，也可以通过对标准化残差的分析来完成。标准化残差（standardized residual）是残差除以它的标准差后得到的数值，也称为 Pearson 残差或半学生化残差（semi-studentized residuals），用 z_e 表示。第 i 个观察值的标准化残差可以表示为：

$$z_{e_i} = \frac{e_i}{s_e} = \frac{y_i - \hat{y}_i}{s_e} \qquad (式 15.16)$$

式中，s_e 是残差的标准差的估计。

如果误差项 ε 服从正态分布这一假定成立，那么标准化残差的分布也应服从正态分布。因此，在标准化残差图中，大约有 95% 的标准化残差在 $-2 \sim +2$ 之间。

【例 15.6】 根据例 15.1 的数据，求 10 名同学传播意愿回归的残差和标准化残差，判断所建立的一元线性回归模型中关于 ε 等方差和正态分布的假定是否成立。

解： 我们可利用 SPSS 进行残差分析，过程如下：

第 1 步：运行一元线性回归分析程序。与前例相同，单击【分析】——【回归】——【线性】，选定自变量和因变量。

第 2 步：残差设置。单击【保存】，进入【线性回归：保存】子对话框。在【残差】下选中【未标准化】，输出残差；选中【标准化】，输出标准化残差，如图 15-9 所示。点击【继续】，返回主对话框。

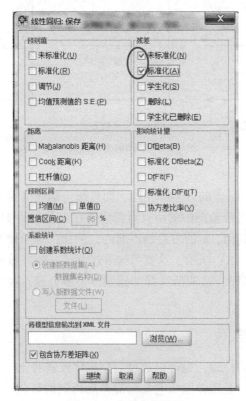

图 15-9　残差分析设置

第 3 步：残差图绘制。点击【绘制】，进入【线性回归：图】对话框。在【标准化残差图】下选中【直方图】【正态概率图】，如图 15-10 所示。如有需要，也可绘制线性回归的散点图。左侧的源变量窗口中列出了可选择的 7 个变量：

图 15-10　标准化残差图的设置

DEPENDNT 是因变量；

ZPRED 是标准化估计值；

ZRESID 是标准化残差；

DRESID 是剔除残差；

ADJPRED 是调整的预测值；

SRESID 是学生化残差；

SDRESID 是学生化剔除残差。

设置完成后点击【继续】，返回主对话框。

第 4 步：输出图表。点击【确定】，输出残差分析表，见表 15-5。

表 15-5　　　　　　　　　　　　　　　**残差分析表**

传播意愿	RES_1	ZRE_1	变量
0	.46256	.64901	
0	.75142	1.05430	
3.50	-.07630	.55541	
3.75	-.07630	-.10705	
3.00	.76242	1.06973	
3.00	-.24858	-.34878	
5.00	1.02928	1.44415	
4.50	.96256	1.35065	
3.50	-.03744	-.05253	
3.75	.64585	.90617	
3.75	.35699	.50089	
3.25	-.28744	-.40330	

表中,【RES_1】一列表示残差,【ZRE_1】一列表示标准化残差。我们可根据表中数据绘制残差和标准化残差的散点图,如图 15-11 所示。

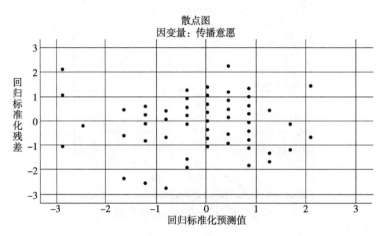

图 15-11 信息价值与传播意愿的残差分析图

从图 15-11 可以看到,除个别极端值外,多数的标准化残差都落在 −2 ~ +2 之间,这表明关于 ε 服从正态分布的假定成立。通过传播意愿与信息价值的标准化残差的直方图和正态概率图也可以检验残差的正态性假定。由图 15-12 和图 15-13 可以看出,ε 服从正态分布的假定是成立的。

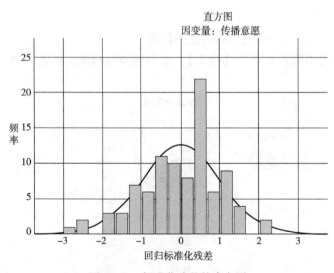

图 15-12 标准化残差的直方图

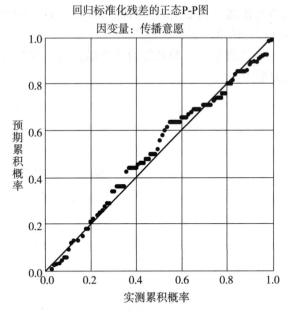

图 15-13　标准化残差的正态概率图

☞ 思考题

一、复习思考题

1. 一元线性回归模型中有哪些基本的假定？

2. 简述最小二乘估计的基本原理。

3. 解释回归模型、回归方程、估计的回归方程的含义。

4. 解释总平方和、回归平方和、残差平方和的含义，并说明它们之间的相互关系。

5. 在回归分析中，F 检验和 t 检验各有什么作用？

6. 简述判定系数的含义和作用。

7. 什么是置信区间估计和预测区间估计？二者有何区别？

8. 残差分析在回归分析中有何作用？

二、实训题

1. 用 SPSS 打开《网络意见领袖人格特质调查》数据，将智力、新能力、善解人意、奉献、道德品质和专制维度六个维度得分累加，获得网络意见领袖人格特质总得分。

（1）以人格特质总得分为自变量，以周点赞次数为因变量，进行回归分析，依据统计结果，检验网络意见领袖人格特质是否对周点赞次数具有显著的预测作用，写出假设检验的过程。

（2）建立起周点赞次数（因变量）对新能力（自变量）的回归方程，并通过残差分析来检验线性回归的基本假设是否符合。

（3）分别计算人格特质总得分和新能力这个维度为自变量时判定系数，判断哪个自变量的预测力更大。

第十六章　两个分类型变量的关联度分析
——卡方检验

本章将介绍如何分析两个类别变量之间的关系。看下面这个例子：1912 年 4 月 15 日，豪华巨轮泰坦尼克号与冰山相撞而沉没。据记载，当时船上有 1316 名乘客和 892 名船员，共 2208 人，事故发生后幸存 718 人，约 2/3 的人在海难中丧生。有学者做了以下统计：

表 16-1　　　　　　　　　　泰坦尼克号沉船事故幸存者数据

	性别		年龄		所在舱位			
	男	女	成年人	儿童	一等舱	二等舱	三等舱	船员舱
乘坐人数	1738	470	2099	109	325	285	706	892
幸存人数	374	344	661	57	203	118	178	219

以上都是分类数据。数据是枯燥的，但讲述的问题却是鲜活的。死亡与性别是否有关？与年龄是否有关？与所在舱位是否有关？如何解释这些关系？与当时人们的价值观和对待死亡的态度有什么联系？通过本章的学习，我们来了解如何对分类数据进行分析。

第一节　分类数据与 χ^2 统计量

一、分类数据

在社会科学研究中，除了借助等距、等比量表获得一些数值型数据外，还常常会借助分类量表或等级量表获得一些计数资料。例如，在民意调查中，将公众的意见分为"赞成""反对""不确定"三类，然后可以得到三类选择的人数及所占比例；在研究青少年家庭情况与行为之间的关系时，青少年家庭状况是一个分类数据，可以分为"完整家庭"和"离异家庭"，青少年的行为也可以分为"犯罪"和"未犯罪"两类，这些都是分类数据。在前面泰坦尼克号的例子中，所统计的也都是分类变量，并以频数的方式来表现。

另外，根据研究的需要，一些连续变化的数据资料也可以转换为计数资料，比如按照一定的分数线将学生的考试成绩划分为"优""良""及格"和"不及格"四个类别，这样就将计量资料转换成了计数资料。

下面，我们通过几个例子来具体了解一下研究中的分类变量，以及这类数据所面临的统计分析问题。

【延展阅读】

（一） 品牌与产品偏好调研

【例 16. 1】 某广告公司为一种商品设计了 A、B、C 和 D 四种不同类型的外包装。为了解哪一种设计效果更能够引起消费者的购买欲，公司将相同的产品采用这四种包装，并排陈列在超市的货架上，一段时间后，统计到一共有 200 位顾客购买了该种产品，不同包装的选择人数见表 16-2，能否借此推断顾客对四种包装设计的喜好度确实存在差异？

表 16-2　　　　　　　　四种不同包装的同一种产品的购买人数

包装类型	A	B	C	D	合计
购买人数	42	59	48	51	200

此例研究的是产品选择问题，可以是对同一品牌不同包装设计的选择，也可以是对同一种产品的不同品牌的选择，总而言之，是通过消费者对不同产品购买的发生频率来分析何种营销策略更为有效，或者研究消费者的心理活动规律，这种方法是市场调研中最为常用的手段。这个例子只涉及一个分类维度，是单变量的研究。资料分析的统计任务就是通过样本频数的分布对样本所在总体的分布做出推断。

（二） 态度取向评估

【例 16. 2】 为了解受众对儿童节目中广告管理的态度，某机构随机访问了 100 名电视受众，其中男性 40 人，女性 60 人。调研的问题是：

您认为在儿童节目中，电视广告是否应该被禁止？请从下列三个备选选项中选择一项最符合您想法的选项：

A. 赞成　　　B. 反对　　　C. 无所谓

调研结果汇总见表 16-3。那么电视受众对儿童节目广告管理的态度存在性别差异吗？

表 16-3 　　　　　　　　　　　 **男性、女性对儿童节目广告的态度**

	赞成	反对	无所谓	合计
男	21	13	6	40
女	29	17	14	60
合计	50	30	20	100

　　这一问题涉及社会民意调查中最常见的资料类型，即态度偏好。这里的态度类别具有等级性质，它统计的数据反映的是受调查者人数在各态度等级上的分布。这类调查还往往涉及两个分类或等级变量：一个是态度偏好，另一个是人群特征，本例中为性别。这种情况下我们的任务主要有两个：一是分析调查对象总体的主要态度偏向；二是比较不同被试群体的态度偏向是否存在差异。

（三）成绩等级评定

　　【例 16.3】 在高校教学管理中，往往采用学生评价教师的方法促进教学。比如，某一学期末，有三个班的学生对同一位英语教师进行了评价，结果见表 16-4。那么这三个班级的学生对这位教师的评价是否存在明显差异呢？

表 16-4 　　　　　　　　　　 **三个班的学生对某位教师的评估结果**

		很好	一般	较差	合计
班级	1	22	12	15	49
	2	30	10	6	46
	3	35	12	3	50
合计		87	34	24	145

　　这一问题涉及对人、事、物的评价问题，也是我们在研究中常见的问题。像表 16-4 中的数据资料，也往往涉及两个分类或等级变量：一个是态度偏好，另一个是人群特征。我们的任务主要也是两个：一是分析各个等级的人数分布及其差异性问题；二是分析不同的被试评价取向的差异性问题。

　　上述例子中的数据资料都是计数资料，一般是借助于分类量表或顺序量表获得，不是数值型数据，不能采用前面介绍的 T 检验、方差分析和回归分析等各种参数检验方法来处理，只能采用非参数检验方法之一——卡方检验来进行分析和推断。

　　上面提到参数检验与非参数检验两种概念，那什么是非参数检验，与参数检验之间有何区别呢？参数检验是在总体分布已知的情况下对未知的参数进行估计和推断，如前面介绍过 T 检验、方差分析和回归分析就是参数检验。当总体分布未知，不满足参数检验的条件时，可以使用非参数检验方法来处理。非参数检验与参数检验相比，应用范围更广泛（任何数据类型都可以，尤其适用于偏态分布、数据分布情况不明确、数据一端或者两端无固定数值、等级数据），计算更简便，但是由于不能充分利用资料所提供的所有信息，所以检验效能低一些。

二、χ^2 统计量

我们在第十章已经简单介绍了卡方分布，它是一种正偏态分布，其自由度不同时，分布曲线的偏斜程度也会不同，自由度越大，越接近正态分布。卡方分布的统计量用希腊字母χ^2表示。

这里，结合本章研究的问题，我们将讨论χ^2统计量的应用。χ^2可以用于测定两个分类变量之间的相关程度。若用f_o表示观察值频数（observed frequency），用f_e表示期望值频数（expected frequency），则χ^2统计量可以写为：

$$\chi^2 = \sum \frac{(f_o - f_e)^2}{f_e} \qquad (式 16.1)$$

χ^2统计量服从自由度为 $k-1$ 的χ^2分布，k 为类别个数。χ^2统计量有如下特征：

（1）$\chi^2 \geq 0$，因为它是对平方结果的汇总。

（2）χ^2统计量的分布与自由度有关：自由度越小，分布越偏向左倾斜；自由度越大，分布形态越趋于对称；其极限分布为正态分布，即当自由度趋于无穷时，卡方分布为正态分布，如图 16-1 所示。

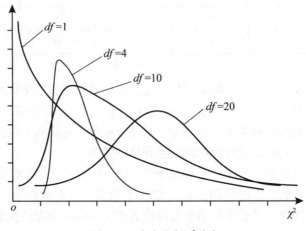

图 16-1　自由度与χ^2分布

χ^2统计量描述了观察值与期望值的接近程度。两者越接近，即$f_o - f_e$的绝对值越小，计算出的χ^2值就越小；反之，$f_o - f_e$的绝对值越大，计算出的χ^2值就越大。χ^2检验正是通过对χ^2的计算结果与χ^2分布中的临界值进行比较，做出是否拒绝原假设的统计决策。

卡方检验的主要用途有两个：一是用于一个变量多项分类的数据，检验各类别的观察频数与期望值是否吻合，即拟合优度检验，如例16.1所示的例子；二是用于两个或两个以上变量，每个变量又有多项分类，检验这两个或两个以上变量之间是否独立，即独立性检验，如例16.2和16.3。

第二节　拟合优度检验

当只研究一个分类变量时，可利用χ^2统计量来判断各类别的观察频数与某一期望频数是否一致，从而达到对分类变量进行分析的目的。如不同地区的离婚率是否有显著差异和不同包装的产品销售额是否有显著差异等，这就是χ^2拟合优度检验（goodness of fit test）。在泰坦尼克号的例子中，我们关注在这次海难中，幸存者的性别是否有显著差异。当时船上共有2208人，其中男性1738人，女性470人。海难发生后，幸存者共718人，其中男性374人，女性344人。也就是说，海难后存活比率为718/2208＝0.325。如果是否存活下来与性别没有关系，按照这个比率，在1738位男性中应该存活1738×0.325＝565人，女性应该存活470×0.325＝153人。565和153就是期望频数，而实际存活结果就是观察频数。通过期望频数和观察频数的比较，就能够从统计角度做出存活与性别是否有关的判断。

一、期望频数相等

为更好地理解拟合优度检验，我们先看例16.1。包装类型就是分类变量，共有A、B、C、D四个类别，每个类别的偏好人数称为观察频数（observed frequency），即分类变量各取值的实际频数。如果消费者对不同的包装类型没有明显偏好，则各观察频数应该是相等或近似相等的，也就是4类包装的购买人数都是50人（200/4），这就是各类别的期望频数（expected frequency）。如果调查者想分析消费者对不同包装的偏好是否有显著差异，实际上也就是检验观察频数和期望频数是否一致，因此，拟合优度检验也称为一致性检验（test of homogeneity），这种检验所使用的就是χ^2分布。

根据χ^2统计量公式（式16.1），如果统计量χ^2等于0，表明观察频数与期望频数完全一致；如果显著不等于0，则表明观察频数与期望频数之间存在显著差异，χ^2值越大，差异就越显著。

下面我们来检验消费者对不同包装的偏好是否有显著差异（$\alpha = 0.05$）。具体步骤如下：

第 1 步：提出假设。

H_0：观察频数与期望频数无显著差异（无明显偏好）

H_1：观察频数与期望频数有显著差异（有明显偏好）

第 2 步：计算检验统计量 χ^2。如果消费者对不同的包装没有明显偏好，意味着各期望频数相等，即不同包装的期望频数均为 50。统计量 χ^2 的计算过程见表 16-5。

表 16-5　　　　　　　　　　　　　　　例 16.1 的 χ^2 统计量计算

包装设计	观察频数 f_o	期望频数 f_e	$(f_o - f_e)^2 / f_e$
A	42	50	1.28
B	59	50	1.62
C	48	50	0.08
D	51	50	0.02
合计	200	200	3.00

第 3 步：做出决策。由于自由度 $df = 4 - 1 = 3$，查 χ^2 分布表可知，当 $df = 3$ 时，$\chi^2_{0.025} = 7.81$，实际值 3.00 小于临界值，故不拒绝原假设，即顾客对四种包装设计不存在特别偏爱，对各种包装设计的选择无显著差异。

另外，我们也可以通过 SPSS 完成拟合优度的检验。

第 1 步：建立数据文件并作加权处理。本例包含两个变量、四个个案行，每一行代表了一个包装设计类别。

由于本例中"人数"是汇总后数据，要对其进行加权处理。加权处理的方式是：单击【数据】——【加权个案】，打开对话框。勾选【加权个案】，激活对应的【频率变量】方框，将左侧方框内的变量【人数】选中置入【频率变量】方框，如图 16-2 所示。单击【确定】完成对加权变量的设置。

第 2 步：打开卡方分析对话框。单击【分析】——【非参数检验】——【卡方】，打开卡方分析主对话框，如图 16-3 左图所示。

第 3 步：进行变量设置。从对话框左边的变量列表中选中分类变量名【类别】置入【检验变量列表】下面的对话框，勾选【所有类别相等】选项（此选项也是系统的默认项），如图 16-3 右图所示。单击【确定】即可输出结果。

第 4 步：读取并解释结果。此形式的卡方检验，主要有两个输出表格。第一个表格输出的是实际观察频数分布、期望频数分布，以及二者的差异量（残差），见表 16-6。

图 16-2　加权变量

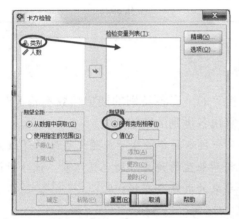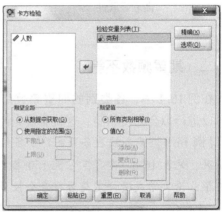

图 16-3　拟合优度卡方检验主对话框

表 16-6　　　　　　　　　　　　　　频数分布表

类别

	观察数	期望数	残差
1	42	50.0	−8.0
2	59	50.0	9.0
3	48	50.0	−2.0
4	51	50.0	1.0
总数	200		

第二个表格输出的是卡方检验的结果，包括卡方值（X^2）、自由度（df）和实际显著性水平（$sig.$）见表16-7。结合两个表格显示的结果，可见本例中的人数分布虽然存在一些差异，但是这种差异并未达到显著性水平（$X^2 = 3.00$，$df = 3$，$p = 0.392 > 0.05$），所以可以认为顾客对四种包装设计产品的选择并未表现出特别的偏好。

表 16-7   **卡方检验结果**

检验统计量

	类别
卡方	3.000[a]
df	3
渐近显著性	0.392

二、期望频数不等

在例 16.1 中，各类别的期望频数是相等的。当各类别的期望频数不相等时，也可以进行拟合优度检验，这就需要先计算出各类别的期望频数。

【例 16.4】某高校教务处统计了多年来全校本科毕业生毕业论文成绩的等级分布情况，见表 16-8。今年某学院 150 名本科毕业生的论文成绩也见该表，试分析该学院毕业论文的成绩评定是否符合全校多年来的成绩分布模式？

表 16-8   **毕业论文成绩等级分布**

	成绩评定等级				合计
	优	良	及格	不及格	
全校成绩分布比例（%）	10%	76%	10%	4%	100
某学院学生在各等级分布人数	20	100	27	3	150

解：

由于各等级人数所占比例不同，所以此题各类别的期望频数并不相等，分析步骤如下：

第 1 步：提出假设。

H_0：该学院学生毕业论文成绩等级分布符合全校的分布模式

H_1：该学院学生毕业论文成绩等级分布不符合全校的分布模式

第2步：计算期望频数和检验统计量。

由于全校的成绩分布比例是已知的，但期望频数需要计算。如果该学院的成绩分布与全校一样的话，那么，在150名毕业生中，他们所得成绩的观察频数所占比例与全校的期望比例应该一致。因此，用期望比例乘以总的观察频数（即样本量）即得期望频数。计算结果见表16-9。有了期望频数，我们就可以计算检验的χ^2统计量了。

表 16-9　　　　　　　　　　某学院学生毕业成绩的期望频数

成绩等级	观察频数 f_o	期望比例（%）	期望频数 f_e	$(f_o-f_e)^2/f_e$
优	20	10	15	1.67
良	100	76	114	1.72
及格	27	10	15	9.6
不及格	3	4	6	1.5
合计	150	100	150	$\chi^2=14.49$

第3步：做出决策。由于自由度为$4-1=3$，查χ^2分布表可得，当$\alpha=0.05$时，$\chi^2=7.81$，实际值14.49大于临界值，故拒绝原假设，即该学院学生毕业论文成绩等级分布不符合全校的分布模式。

同样，我们也可以通过SPSS进行卡方检验。

第1步：建立数据文件并作加权处理。根据已知信息，该数据文件包含两个变量：成绩等级和观察分布。由于【观察分布】是汇总后的次数，所以要作加权处理，方法与例16.3相同。单击【数据】——【加权个案】，将【观察分布】选入【加权个案】下的【频率变量】，点击【确认】完成加权变量的设置。

第2步：打开卡方分析对话框。单击【分析】——【非参数检验】——【卡方】，进入卡方分析主对话框。此步骤与上例相同。

第3步：进行变量设置。从对话框左边的变量列表中选择分类变量名【成绩等级】，并将其置入【检验变量列表】下的方框。设置期望值的次数分布模式：勾选【期望值】下的【值】项，激活其后边的方框，将各等级的期望值填入方框。依次输入【15】、【114】、【15】和【6】，点击【添加】，如图16-4所示。点击【确认】输出结果。

第4步：读取并解释结果。此形式的卡方检验主要输出两个数据表格。第一

图 16-4　拟合优度卡方检验的变量设置

个表格输出的是实际观察频数分布、期望次数分布以及二者的差异量，见表 16-10。

表 16-10　　　　　　　　　　**频次分布表**

成绩等级

	观察数	期望数	残差
优	20	15.0	5.0
良	100	114.0	−14.0
及格	27	15.0	12.0
不及格	3	6.0	−3.0
总数	150		

第二个表格显示了卡方检验的结果，呈现了卡方值、自由度和显著性值，见表 16-11。结合两个表格数据，可见该学院学生的毕业成绩等级分布与全校的成绩等级分布存在显著性差异（$X^2 = 7.81$，$df = 3$，$p = 0.002 < 0.05$），故拒绝原假设。检验结果与上面的计算结果一致。

表 16-11 χ^2 检验的结果

检验统计量

	成绩等级
卡方	14.486[a]
df	3
渐近显著性	0.002

第三节　列联分析：独立性检验

拟合优度检验是对一个分类变量的检验，有时我们会遇到两个分类变量的问题，看这两个分类变量是否存在联系。例如，男性与女性对手机有不同的依赖程度，性别和手机依赖度就是两个分类变量。我们关心这两者是否有关联，是不是女性比男性更加依赖手机。对于两个分类变量的推断，称为 χ^2 独立性检验（χ^2 test of independence），分析过程可以通过列联表的方式呈现，故有人把这种分析称为列联分析。

一、列联表

列联表（contingency table）是由两个以上的变量进行交叉分类的频数分布表。例如，欲分析在广告态度方面是否存在性别差异，就可通过本章开篇中表 16-3 的形式展现出来。

表中的行（row）是性别变量，这里划分为两类：男性和女性。表中的列（column）是态度变量，这里划分为三类：赞成、反对和无所谓。因此，表 16-3 是一个 2×3 列联表，表中的每个数据都反映了性别和态度两个方面的信息。由于列联表中的每个变量都可以有两个或两个以上的类别，列联表会有多种形式。将横向变量（行）的划分类别视为 R，将纵向变量（列）的划分类别视为 C，则可以把每一个具体的列联表称为 R×C 列联表。

二、独立性检验

独立性检验就是分析列联表中行变量和列变量是否相互独立，在表 16-3 中，也就是检验性别和态度之间是否存在相关关系。我们继续以 16.2 为例，分析性别与对待儿童节目广告的态度是否相互独立。

解：

第 1 步：提出假设。

H_0：性别与态度之间是独立的（不存在依赖关系）

H_1：性别与态度之间不独立（存在依赖关系）

第2步：计算检验统计量。

这里分析的关键是获得期望值。在第一行，男性的样本量合计为40，用40/100作为男性比例的估计值。在第一列，持赞成态度的合计为50，用50/100作为赞成态度比例的估计值。如果性别与态度之间是独立的，则可以用下面的公式估计第一个单元格（男性中持赞成态度）的期望比例：

$$P = P(AB) = P(A)P(B) \qquad (式16.2)$$

$$P_{中立} = P(A)P(B) = \frac{40}{100} \times \frac{50}{100} = 0.2$$

0.2是第一个单元中的期望比例，其相应的频数期望值为：$0.2 \times 100 = 20$

一般地，可以采用下式计算任何一个单元中频数的期望值：

$$f_e = \frac{RT}{n} \times \frac{CT}{n} \times n = \frac{RT \times CT}{n} \qquad (式16.3)$$

式中，f_e 为给定单元中的频数期望值；RT 为给定单元所在行的合计；CT 为给定单元所在列的合计；n 为观察值的总个数，即样本量。

由表16-3和式16.3，可得以下计算结果：

表16-12   2×3列联表期望值及 χ^2 计算结果

行	列	观察频数 f_o	期望频数 f_e	$(f_o-f_e)^2/f_e$
男	赞同	21	20	0.05
男	反对	13	12	0.08
男	中立	6	8	0.5
女	赞同	29	30	0.03
女	反对	17	18	0.06
女	中立	14	12	0.33
合计		100	100	$\chi^2 = 1.05$

第3步：做出判断。由于 χ^2 的自由度 $df = (R-1)(C-1) = 2$，当 $\alpha = 0.05$ 时，临界值 $\chi^2 = 5.99$。可见统计值1.05<临界值5.99，故不拒绝原假设。即性别与态度之间是相互独立的，也就是说，男性和女性对待儿童节目插播广告的态度是相同的。

同样，我们也可以在SPSS中完成两个分类变量独立性的检验。

第1步：建立数据文件并作加权处理。根据表 16-3 中的已知信息，该数据文件包含三个变量：受众性别、态度取向和汇总的人次数，建立 SPSS 数据如图 16-5 所示。由于"人数"是汇总后次数，需要进行加权处理。单击【数据】——【加权个案】，将【人数】置入【加权个案】下的【频率变量】中，点击【确认】完成加权变量的设置。

	性别	态度	人数
1	1	1	21
2	1	2	13
3	1	3	6
4	2	1	29
5	2	2	17
6	2	3	14

图 16-5　独立性卡方检验的数据文件示意图

第2步：打开独立性检验对话框。单击【分析】——【描述统计】——【交叉表】，打开列联表主对话框，如图 16-6 所示。

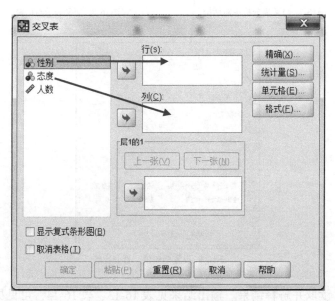

图 16-6　交叉表分析主对话框

第3步：设置变量。从对话框左侧的变量列表中选择分类【性别】置入【行】

下面的变量框，选择【态度】置入【列】下面的变量框。如图 16-7 所示。

单击【统计量】，进入【交叉表：统计量】子对话框，选择【卡方】项，如图 16-8 所示。设置完成后，单击【继续】返回主对话框。

若需要系统输出观察值、期望值、百分比等，单击【单元格】，选择所需统计量，如图 16-9 所示。

完成设置后，单击【确定】，输出分析结果。

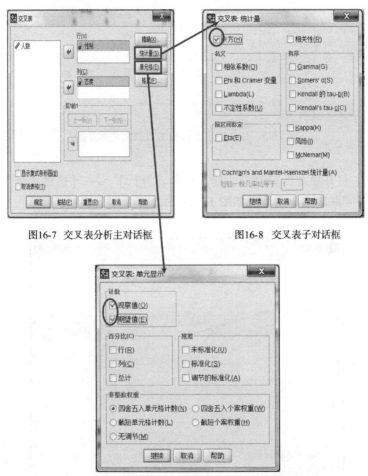

图16-7 交叉表分析主对话框   图16-8 交叉表子对话框

图16-9 设置期望值、百分比等

第 4 步：读取并解释结果。输出结果见表 16-13、表 16-14，可见男性受众与女性受众对儿童节目插播广告的态度未达到显著的性别差异（$X^2 = 1.056$，$df = 2$，$p = 0.590 > 0.05$），与前面的计算结果相同。

表 16-13   性别与态度的列联表

			态度			合计
			赞成	反对	无所谓	
性别	男	计数	21	13	6	40
		期望的计数	20.0	12.0	8.0	40.0
	女	计数	29	17	14	60
		期望的计数	30.0	18.0	12.0	60.0
合计		计数	50	30	20	100
		期望的计数	50.0	30.0	20.0	100.0

表 16-14   性别与广告态度的独立性卡方检验

	值	df	渐进 $Sig.$（双侧）
Pearson 卡方	1.056[a]	2	0.590
似然比	1.085	2	0.581
线性和线性组合	0.609	1	0.435
有效案例中的 N	100		

a. 0 单元格（0%）的期望计数小于 5。最小期望计数为 8.00。

在应用 χ^2 检验时，要求样本量应足够大，特别是每个单元格的期望频数不能太小，否则应用 χ^2 检验可能会得出错误的结论。从 χ^2 统计量的公式可以看出，期望频数 f_e 在公式的分母上，如果某个单元格的期望频数过小，χ^2 统计量的值就会变大，从而导致拒绝原假设。因此，应用 χ^2 检验时对单元格的期望频数有以下要求：

（1）如果只有 2 个单元格，则所有期望值 ≥5；

（2）如果有 2 个单元格以上，则期望值 ≤5 的单元格不能超过 20%。

第四节   列联表中的相关测量

如果 χ^2 独立性检验拒绝了原假设，则表明两个变量不独立，这意味着它们之间存在一定的相关。接下来的问题是，如果变量之间存在联系，它们之间的相关程度有多大？这一节主要讨论这个问题。

对两个变量之间相关程度的测定，主要用相关系数表示。正如前面所言，列联表中的变量通常是分类变量，它们所展现的是研究对象的不同品质类别。所以，可以把这种分类数据之间的相关称为品质相关。经常用到的品质相关系数主要有 φ 系数（φ coefficient）、Cramer's v 系数（Cramer's v coefficient）、列联系数 c（contingency coefficient）等。

一、φ 相关系数

φ 相关系数是描述 2×2 列联表数据相关程度最常用的一种相关系数。它的计算公式为：

$$\varphi = \sqrt{\chi^2/n}$$

（式 16.4）

式中，χ^2 是按式 16.1 计算出的 χ^2 值；n 为列联表中的总频数，也即样本量。说 φ 系数适合 2×2 列联表，是因为对于 2×2 列联表中的数据，计算出的 φ 系数可以控制在 0~1 这个范围内。φ 相关系数与 Pearson 相关系数 r 的作用相同，它用来测量通过 χ^2 检验后的两个相关变量之间的关联程度。φ 的绝对值越接近于 1，表明两个变量之间的关系越强，越接近 0 表明关系越弱。但是，当列联表的行数或列数大于 2 时，φ 系数会随着行数或列数增加而变大，而且没有上限。这时，φ 系数的含义就不容易解释。

二、列联系数

列联相关系数又称列联系数（coefficient of contingency），简称 c 系数，主要用于大于 2×2 列联表的情况。c 系数的计算公式为：

$$c = \sqrt{\frac{\chi^2}{\chi^2 + n}}$$

（式 16.5）

当列联表中的两个变量相互独立时，系数 $c = 0$。c 系数的特点是，其可能的最大值依赖于列表的行数和列数，且随着 R 和 C 的增大而增大；但是，列联系数不可能大于 1，这从公式中也能看出，即使两个变量完全相关，列联系数也不可能等于 1。

此外，根据不同的行数和列数所计算的列联系数不便于比较，除非两个列联表中行数和列数一致，这是列联系数的局限性。但由于其计算简便，且对总体的分布没有任何要求，所以列联系数仍是一个适应性较广的测度值。

三、Cramer's v 系数

鉴于 φ 系数无上限，c 系数小于 1 的情况，Cramer 提出了 v 相关系数。其计算公式为：

$$v = \sqrt{\frac{\chi^2}{n \times \min[(R-1), (C-1)]}}$$

（式 16.6）

它的计算也是以χ^2为基础的，式中的 min［$(R-1)$，$(C-1)$］表示取$(R-1)$和$(C-1)$中较小的一个。当两个变量相互独立时，$v=0$；当两个变量完全相关时，$v=1$。所以v的取值为$0\sim1$。如果列联表中有一个维度只有 2 个分类，即 min［$(R-1)$，$(C-1)$］$=1$，则v值就等于φ值。

【**例 16.5**】利用例 16.2 的数据，试计算性别与态度的φ系数、Cramer's v系数、列联系数c。

解：我们可以通过 SPSS 计算分类数据的相关系数，在对数据进行加权处理后，我们可进行如下操作：

点击【分析】——【描述】——【交叉表】，进入列联表主对话框。点击【统计量】，在【名义】下选中【相依系数】和【Phi 和 Cramer 变量】，点击【继续】，如图 16-10 所示。点击【确定】，输出分析结果。

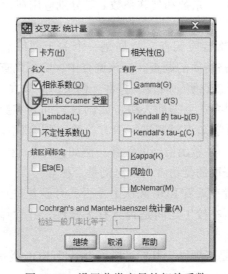

图 16-10　设置分类变量的相关系数

此例题的输出表格见表 16-15。

表 16-15

相关测量的系数

		值	近似值 *Sig.*
按标量标定	φ	0.103	0.590
	Cramer 的 V	0.103	0.590
	相依系数	0.102	0.590
有效案例中的 N		100	

首先看相关系数的显著性检验结果均不显著，表明性别与广告态度两个变量独立，它们之间不存在相关性。当显著性检验结果显著时，对于 φ 系数，若是测量两个相关变量之间的关联关系，φ 值越接近于 1，表明两个变量之间的关系越强，越接近 0 表明关系越弱；若 R>2 或 C>2，φ 系数则有可能大于 1。对于 v 系数和列联系数 c 而言，越接近于 1 表明两个变量越相关。

☞ **思考题**

一、复习思考题

1. χ^2 拟合优度检验和独立性检验各适用于什么场合？

2. 简述列联表的构造与列联表的分布。

3. 测量两个分类变量相关性的统计量有哪些？它们各自有什么特点？

4. φ 系数、Cramer's v 系数和列联系数 c 等分别应用在什么条件下？

二、实训题

《网络意见领袖人格特质调查》数据是一个关于网络意见领袖（博主/楼主/UP 主，简称 KOL）人格特质的调查。在该调查中，除了调查 KOL 的人格特质，也收集了受访者每周观看、点赞、转发、打赏、购买产品频次以及受访者的人口统计学特征，具体参见《网络意见领袖人格特质调查》问卷和数据。请找出问卷中的分类变量，运用本章所学知识对其进行卡方检验（拟合优度检验、独立性检验以及对相关程度的测量），并做出恰当的解释。例如：

1. 检验不同教育程度的受访者人数比例是否相等？

2. 检验男女受访者在观看 KOL 频次上是否具有显著差异？

3. 检验性别与是否在校生之间是否具有关联性？并计算性别与是否在校生之间的相依系数 φ。

4. 检验 KOL 类别是否独立于其粉丝数？并计算 KOL 类别与粉丝数的列联系数 c。

5. 计算 KOL 类别与其粉丝数之间的 v 系数，以及 KOL 粉丝数与每周观察频次之间的 v 系数，并比较 KOL 类别与哪个变量的关系更密切？

第十七章　量表的信效度检验

本书第七章详细介绍了各种类型量表，以及为了评估量表的信度和效度，可以收集哪些信度和效度的指标，并详细介绍再测信度、内在一致性信度和编码者信度（评分者信度）、内容效度、效标关联效度以及建构效度等概念。本章则重点介绍如何运用 SPSS 统计软件，来计算内在一致性信度、编码者信度、建构效度和效标关联效度。

第一节　信　度　检　验

一、内在一致性信度

内在一致性信度是指量表或分量表所有项目是否都测量同一个概念或心理特质，一般采用折半法或题项分析法。一般来讲，估计内部一致性系数，采用克朗巴赫 a 系数题项分析法，即计算每一个项目的得分与量表总得分之间的相关系数。这种统计方法优于折半法。首先，a 系数适用面更加广泛；其次，无论量表（测验）的题项数有多少个，同一量表都有很多种分半的方式，所以同一批测量数据，用不同的分半方式求得的信度也有差异，但克朗巴赫 a 系数只有一个；最后，所有分半信度的平均值就等于克朗巴赫 a 系数。因而本节重点介绍克朗巴赫 a 系数的统计分析方法。

（1）内在一致性信度的统计分析方法

【例 17.1】我们在使用微信、QQ、微博等社交媒体过程中，会接触各类社交媒体广告，那么基于受众角度，他们认为社交媒体广告能给自己和其他受众带来什么益处或价值呢？为此，我们基于定性访谈，总结出有 13 种价值，并编制《社交媒体广告价值调查》问卷。具体分析各种题项，发现可将这 13 种价值归为信息价值、娱乐价值、社交价值和经济价值四个维度，[①] 各题项与各维度对应关系如下：

---

① 陈振华，曾秀芹. 游戏式广告分享机制研究：假定影响模式视角 [J]. 新闻与传播评论，2018（6）：69-81.

"信息价值"：信息价值1、信息价值2、信息价值3

"娱乐价值"：娱乐价值1、娱乐价值2、娱乐价值3、娱乐价值4

"社交价值"：社交价值1、社交价值2、社交价值3

"经济价值"：经济价值1、经济价值2、经济价值3

解：以《社交媒体广告价值调查》量表的信度检验为例，现说明SPSS25.0的操作过程：

第1步：运行信度分析。打开《社交媒体广告价值调查》数据，点击【分析】——【标度】——【可靠性分析】，进入信度分析主对话框。

第2步：选入变量。将要分析的变量选入右侧的【项目】方框下。然后选择检验方式。在主对话框的【模式】中，可选择【Alpha】选项（克朗巴赫a系数）（也为默认选项），也可选择【半分】（分半信度）来作为内在一致性信度的指标。本例选择【Alpha】选项，如图17-1所示。

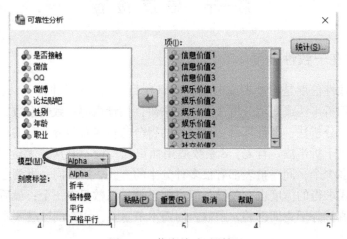

图17-1　信度检验对话框

第3步：点击【统计量】，进入【可靠性分析：统计】子对话框，勾选【删除项后的标度】，如图17-2所示。勾选这个选项后，SPSS将输出每个题项删除后的相关统计量的变化，包括每个题项删除后的平均数、方差、修正的题项总相关、每个题项删除后的克朗巴赫a系数。

第4步：设置完【统计量】子菜单后，点击【继续】进入主菜单。点击【确定】，输出检验结果。输出结果主要包括观察值处理汇总（见表17-1）、可靠性统计量（见表17-2）和项总计统计量（见表17-3）。

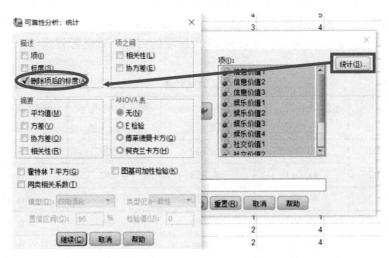

图 17-2　信度检验–统计量设置

表 17-1　　　　　　　　　　　　　　　　个案处理汇总

		N	%
案例	有效	94	100. 0
	已排除[a]	0	0. 0
	总计	94	100. 0

可靠性统计量为总量表 13 个题项的内部一致性 a 系数。由表 17-2 可知，$a =$ 0. 890，表示此量表的内部一致性非常理想。

表 17-2　　　　　　　　　　　　　　　　可靠性统计量

克隆巴赫 Alpha	项数
0. 890	13

表 17-3 显示了项目总体统计量情况及删除题项后的 a 值，即表示该题删除后，其余题项变量构成的量表的内部一致性 a 系数的改变情况。以变量"信息全面"为例，未删除此题时，总量表的 a 值 = 0. 890，而删除该题后，其余 12 题的 a 系数值 = 0. 881，整体系数值降低。一般而言，题项越多，内部一致性 a 系数会越高，若是题项的内部一致性较高，则删除某个题项后的新 a 系数会比原来的低。如果刚好相反，a 系数不降反而大幅度地提升，说明该题项与其余题项的内部一致性较

差，是质量比较差的题项，可以考虑修改或删除。纵观表中数据，除了"娱乐价值 1"删除后的 a 值（0.891）略微大于完整量表的 a 值，其余项目的 a 值小于或等于完整量表的 a 值，说明本量表的 13 个题项的内部一致性皆较高。

表 17-3　　　　　　　　　　　　　　项总计统计量

	删除项后的标度平均值	删除项后的标度方差	修正后的项与总计相关性	删除项后的克隆巴赫 Alpha
信息价值 1	40.766	62.740	0.609	0.881
信息价值 2	41.011	63.968	0.532	0.885
信息价值 3	40.638	62.040	0.624	0.880
娱乐价值 1	39.957	67.482	0.365	0.891
娱乐价值 2	40.202	62.378	0.593	0.882
娱乐价值 3	40.149	64.343	0.490	0.887
娱乐价值 4	40.202	63.840	0.565	0.883
社交价值 1	40.617	61.314	0.683	0.878
社交价值 2	41.043	60.256	0.677	0.878
社交价值 3	40.926	60.371	0.669	0.878
经济价值 1	41.170	60.186	0.696	0.877
经济价值 2	41.117	61.395	0.619	0.881
经济价值 3	41.606	63.123	0.454	0.890

　　分量表的信度检验过程与总量表相同，例如，需要计算"信息价值"维度的 a 值，则可以把"信息价值 1""信息价值 2"和"信息价值 3"三个题项拉入项目框进行统计即可。除此之外，也可以在【模式】下选择【半分】，计算量表的分半信度.

（二）内在一致性信度的判别标准

　　由于在社会科学研究领域，每份量表包含多个维度或层面（facet），可由多个分量表来测量各个维度。因而使用者除提供总量表的信度系数外，也应提供各分量表的信度系数。对于一般的研究而言，总量表的信度系数最好在 0.80 以上，如果在 0.70 至 0.80 之间，也算是可以接受的范围。如果是分量表，其信度系数最好在 0.70 以上，如果是在 0.60 至 0.70 之间，也可以接受；如果分量表的内部一致性在 0.60 以下或是总量表的信度系数在 0.70 以下，应考虑重新修订量表或增删题项。综合多位学者的看法，内部一致性信度系数指标判断原则见表 17-4。

表 17-4　　　　　　　　　　内部一致性信度系数评判标准

内部一致性信度系数值	分量表	整个量表
a 系数<0.50	不理想，舍弃不用	非常不理想，舍弃不用
0.50≤a 系数<0.60	可以接受，增删题项或修改语句	不理想，重新编制或修订
0.60≤a 系数<0.70	尚佳	勉强接受，最好增删题项或修改语句
0.70≤a 系数<0.80	佳（信度高）	可以接受
0.80≤a 系数<0.90	理想（甚佳，信度很高）	佳（信度高）
a 系数≥0.90	非常理想（信度非常好）	非常理想（甚佳，信度很高）

二、内容分析中的编码者信度

从抽样到分析数据，内容分析也会面临一系列的信度问题，主要就是编码员间信度（inter-coder reliability），即不同编码员之间一致性的程度。如果编码员对同一个研究样本的编码高度一致，这意味着编码是可重复的，内容分析结果的信度就高；反之，如果不同编码员的编码差异太大，就认为其信度低，研究者需要重新调整编码类目和培训编码员，否则结果是无用的。计算编码者信度系数的方法主要有以下三种：

（一）Holsti 公式

Holsti 公式是最简单的信度计算方法，其公式如下：

$$信度系数 = \frac{2M}{N_1 + N_2}$$

（式 13.4）

式中，M 代表编码员彼此之间看法一致的次数，N_1 代表第一个编码员编码的次数，N_2 代表第二个编码员编码的次数。例如，两位编码员对同一指标各编码了 50 个研究样本，两人编码一致的有 40 个，那么，

$$信度系数 = \frac{2 \times 40}{50 + 50} = 0.80$$

Holsti 公式计算简单，但是它的缺陷在于没有考虑分类系统的数量对编码结果准确性的影响。分类系统所含类别的数量越少，计算出的编码员间信度可能越高。一般情况下，Holsti 公式得出的结果大于 0.9 时，我们才相信内容分析结果具有可接受的信度。

（二）Scott 指数

针对 Holsti 公式的缺陷，Scott 提出了 Pi 指数，公式如下：

$$\pi = \frac{\pi_0 - \pi_e}{1 - \pi_e} \qquad （式 13.5）$$

式中，π_0 表示观察到的一致性或实际一致性的百分比，π_e 是纯粹由于偶然性而造成的一致性或期望一致性的百分比，也就是在两位编码员达成一致的项目中，每一类别出现的百分比的平方和，即

$$\pi_e = \sum_{i=1}^{k} \pi_i^2 \qquad （式 13.6）$$

式中，k 是互斥类目的数量，π_i 为第 i 个分类项目出现的百分比。我们可通过下面例题了解 Scott 公式的运用。

【例 17.2】有研究者从受众角度深入剖析女性主义广告折射出的文化价值观。前期在对微博受众的评论进行定性研究的基础上，将女性主义广告折射出的文化价值观分为平等权利、反规范性、现代美和主体性觉醒四种类别，然后，采用内容分析法探索受众对四类文化价值观的接受度与认知度。这四类文化价值观认知度的定义和编码框如下：

表 17-5   内容分析的编码表

编码类目	类目定义	编码
平等性认知	对性别不平等现象的批评性言论，如"遭遇过性别歧视问题、支持打破性别偏见、反抗男权"等	记作"1"
反规范性认知	言论中提及其他社会角色对自身造成的压力或评判准则，如"婚恋、择业、年龄规范"等方面的社会压力	记作"2"
现代美认知	对广告中"美"的呈现的赞同性言论，支持美的自主性、多样性和去标准化	记作"3"
主体性认知	有关自我激励、女性价值认同的言论，如"活出自己""勇敢逐梦"等	记作"4"

在正式编码之前，两位编码员对 10 条微博进行试编码，结果如下。试计算 Scott 指数。

表 17-6　　　　　　　　　　　编 码 结 果

样本编号	01	02	03	04	05	06	07	08	09	10
编码员甲	2	1	2	1	1	2	1	2	3	4
编码员乙	2	2	2	1	1	1	1	2	3	4

解：根据题意，10 个样本中有 8 个编码一致，所以 $\pi_0 = 80\%$。在达成一致的八个样本中，两个编码员都选择 1 这个分类项目的情况有 3 次，所占的百分比为 37.5%（3/8）；都选择 2 的情况有 3 次，所占的百分比也是 37.5%（3/8）；都选择 3 和 4 的情况各有 1 次，所占的百分比各为 12.5%（1/8）。由此可得 $k=4$，$\pi_1 = 37.5\%$，$\pi_2 = 37.5\%$，$\pi_3 = 12.5\%$，$\pi_4 = 12.5\%$。所以

$$\pi_e = \sum_{i=1}^{k} \pi_i^2 = 0.375^2 + 0.375^2 + 0.125^2 + 0.125^2 = 0.3125$$

代入（式 13.4）可得：

$$\pi = \frac{\pi_0 - \pi_e}{1 - \pi_e} = \frac{0.8 - 0.3125}{1 - 0.3125} = 0.7091$$

即 Scott 指数为 0.7091。

（三）Krippendorf 的 α 系数

Scott 指数的缺陷在于只能应用于两名编码员的情况，如果编码员多于两人则不适用了，这时，一般采用 Krippendorf 的 α 系数计算：

$$\alpha = 1 - \frac{D_0}{D_e} \tag{式 13.7}$$

式中，D_0 为编码员之间观察到的不一致的分类的百分比，在上例中 $D_0 = 0.2$（2/10）；D_e 为编码员之间期望的不一致的百分比，计算公式为：

$$D_e = 1 - \frac{1}{n(n-1)} \sum n_i(n_i - 1) \tag{式 13.8}$$

其中，n 为所有编码员共做了多少次分类，一般为编码的样本数量乘以编码员的数量，上例中每位编码员都做了 10 次分类（有 10 个样本），所以 $n = 2 \times 10 = 20$；n_i 为第 i 个分类项目被选择的次数，上例中 1 这个分类项目共出现了 8 次，2 总共被选择了 8 次，3 和 4 分别被选择了 2 次，所以

$$D_e = 1 - \frac{1}{n(n-1)} \sum n_i(n_i - 1) = 1 - \frac{1}{20 \times 19} \times (8 \times 7 + 8 \times 7 + 2 \times 1 + 2 \times 1) = 1 - \frac{116}{380} = 0.6947$$

进而根据公式 13.7 可计算得出 α 系数：

$$\alpha = 1 - \frac{D_0}{D_e} = 1 - \frac{0.2}{0.6947} = 0.712$$

由于纠正了编码员随机编码所引起的误差，所以 Scott 系数和 Krippendorf 的 α 系数可能会低于 Holsti 公式计算的结果，当它们大于 0.75 时，内容分析的结果就可以接受了；当结果在 0.6 至 0.75 之间时，结果勉强接受；低于 0.6 则不接受，这时需要修正编码表。

以上介绍了内部一致性信度和编码者信度的统计分析方法。至于再测信度，其统计方法请参照第十四章有关章节，只需要计算量表前测结果（变量）与后测结果（变量）之间的相关系数则可。

第二节 效 度 检 验

一、建构效度的统计分析方法——因素分析

建构效度（construct validity）是最有趣也是最难建立的效度，因为建构效度体现着基于测试或测量工具背后的基本结构或概念。由于建构效度以理论的逻辑分析为基础，同时又根据实际所得的资料来检验理论的正确性，因此是一种相当严谨的效度检验方法。建构效度检验步骤通常包括：（1）根据文献探讨、前人研究结果、实际经验等建立假设性理论建构；（2）根据建构的假设性理论编制适切的测验工具；（3）选取适当的受试者进行测量；（4）通过统计检验的实证方法去检验此份测验工具是否可以有效解释预建构的心理特质。统计学中，检验建构效度最常用的方法是因素分析，研究者用因素分析去检验工具的效度，通过有效地抽取公共因子，并将公共因子与理论架构进行对比，若抽取的公共因子与理论架构甚为接近，则可说此测验工具或量表具有建构效度。

（一）因素分析的基本原理

在社会科学研究中，研究变量的减缩（reduction）与量表的编制常用主成分分析法（principal component analysis，简称为 PCA）和公共因子分析（common factor analysis）两种方法抽取成分或因素。在本书中主要介绍因素分析方法在量表编制中的应用。

1. 因素分析的基本目的和基本思想

因素分析是伴随心理学的研究而发展起来，最初应用于智力结构和人格特质的研究，后来广泛应用到社会学、经济学、医学、物理学及分类学等领域。它是基于相关关系而进行的数据分析技术，是一种建立在众多观测数据基础上的降维处理方法，其最主要目的是探索隐藏在大量观测数据背后的某种潜在结构，寻求一组变量

变化的"公共因子"。因素分析作为检验建构效度的主要方法，它可通过探索量表或测量所得观测数据背后所隐藏的潜在心理特质，并根据出现的公共因子而确定该量表或测验的结构成分，进而知悉测验或量表有效测量的特质或态度是什么。

因素分析的基本思想：在众多的可观测变量中，根据相关性大小将变量进行分组，使同组内的变量间的相关性较高，不同组的变量间的相关性较低，从而使每组变量能够代表一种基本结构。每一种基本结构表示为一种公共因子，即"因子"。因此，因素分析的目的在于用少量的"因子"概括大量的观测"变量"，从而建立起简洁的、更具有一般意义的概念系统。在量表的建构效度检验中，就是要检验因素分析中所抽取的因子（基本结构）是否接近量表所测概念的理论架构。

2. 因素分析的基本模型

因素分析是一种潜在结构分析法，在模型理论中，假定每个指标（题项、观察值、问卷问题）均由两个部分所构成，一为公共因子（common factor），二为独特因素（unique factor）。公共因子的数目会比指标数（原始观察变量数）少，而每个指标或原始观察变量皆有一个独特因子，即如果一份量表共有 n 个项目，则也会有 n 个独特因子，而公共因子的数目通常少于变量的数目。因素分析最常用的理论模型如下：

$$Z_j = a_{j1} F_1 + a_{j2} F_2 + a_{j3} F_3 + \cdots + a_{jm} F_m + U_j \qquad (式 13.1)$$

式中，

Z_j 表示第 j 个变量的标准化分数；

F_i 为公共因子；

m 为所有变量公共因子的数目；

U_j 为变量 Z_j 的独特因子；

α_{ij} 为因素载荷，表示第 i 个公共因子对第 j 个变量的变异量贡献。

因素载荷（factor loadings），指原始变量与因素分析时抽取出的公共因子之间的相关系数。因素分析的理想情况是，个别因素载荷 α_{ij} 不是很大就是很小，这样每个变量才能与较少的公共因子产生密切关联，如果想要以最少的公共因子来解释变量间的关系程度，则 U_j 彼此间以及与公共因子间就不能存在关联。

在因素分析中，有两个重要指标：一为共同度（communality），二为特征值（eigenvalue）。为便于说明，以三个变量抽取两个公共因子为例，三个变量的线性组合分别为：

$$Z_1 = a_{11} F_1 + a_{12} F_2 + U_1$$
$$Z_2 = a_{21} F_1 + a_{22} F_2 + U_2$$
$$Z_3 = a_{31} F_1 + a_{32} F_2 + U_3 \qquad (式 13.2)$$

转化成因素矩阵见表17-7：

表 17-7 **因素分析矩阵**

变量	F_1（公共因子一）	F_2（公共因子二）	共同度 h_j^2	独特因子 d_j^2
X_1	α_{11}	α_{12}	$a_{11}^2 + a_{12}^2$	$1 - h_1^2$
X_2	α_{21}	α_{22}	$a_{21}^2 + a_{22}^2$	$1 - h_2^2$
X_3	α_{31}	α_{32}	$a_{31}^2 + a_{32}^2$	$1 - h_3^2$
特征值	$a_{11}^2 + a_{21}^2 + a_{31}^2$	$a_{12}^2 + a_{22}^2 + a_{32}^2$	—	—
解释总变异量	$(a_{11}^2 + a_{21}^2 + a_{31}^2)/3$	$(a_{12}^2 + a_{22}^2 + a_{32}^2)/3$	—	—

所谓共同度，就是每个变量在每个公共因子上的载荷的平方总和（表 17-7 中，每行所有因素载荷的平方和），也就是每个变量可以被公共因子所解释的变异量的百分比，共同度 h_j^2 代表的是所有公共因子对 j 个变量的变异量所能解释的部分。h_j^2 的值越大，说明提取出的公共因素对原始变量的解释能力就越强。而各变量的独特因子大小就是 1 减去该变量的共同度的值。

特征值是每个变量在某一公共因子的因素载荷的平方总和（表 17-7 中，每列所有因素载荷的平方和）。在因素分析的公共因子抽取中，特征值最大的公共因子会最先被抽取，其次是次大者，最后抽取的公共因子的特征值最小，通常会接近 0。将每个公共因子的特征值除以因子总体数为此公共因子可以解释的变异量。因素分析的目的，在于将因素结构简单化，希望以最少的公共因子对总变异量做最大的解释，因而抽取的因素应越少越好，并且抽取因素的累积解释的变异量越大越好。

因此，因素分析具有简化数据变量的功能，以较少的维度或层面（facet）来表示原来的数据结构，它根据变量间彼此的相关，找出变量间潜在的关系结构，变量间简单的结构关系称为成分（components）或因素（factors）。

接下来用一个案例来介绍如何采用探索性因素分析来验证一个量表的建构效度。

（二）因素分析的主要步骤

1. 因素分析的适合度检验

适合度检验用于判断手头的数据是否适合做因素分析。因素分析的目的是要把原始变量降维，如果原始变量都是独立的，意味着每个变量的作用都是不可替代的，也就根本无法降维。因此，用于因子分析的变量必须是相关的。

检验变量之间是否足够相关，可以计算各变量之间的相关系数矩阵，并观察各相关系数。一般来说，若相关矩阵中的大部分相关系数小于 0.3，就不适合做因子分析。

此外，还可以用 Kaiser-Meyer-Olkin 检验（简称 KMO 检验）和 Bartlett 球度检验（Bartlett's test of sphericity）来判断（SPSS 将这两种检验称为 KMO and Bartlett's test of sphericity）。

Bartlett 球度检验是以变量的相关系数矩阵为基础，提出原假设 H_0："相关系数矩阵是一个单位阵"，即相关系数矩阵对角线上的所有元素都为 1，非对角线上的元素均为 0。其检验统计量是根据相关系数矩阵的行列式计算得到，并且近似地服从卡方分布。如果检验统计量较大，且其对应的概率 p 值小于给定的显著性水平，则应拒绝原假设 H_0，认为原有变量的相关系数矩阵不是单位阵，变量间存在显著的相关关系，可以进行因素分析。反之，则接受原假设 H_0，认为变量的相关矩阵是单位阵，变量之间的相关度很低或没有相关，不适合做因素分析。

KMO 检验用于检验变量间的偏相关性，用 KMO 统计量来衡量，取值为 0~1，如果统计量取值接近 1，变量间的偏相关性越强，因子分析的效果就越好。一般来说，KMO 统计量在 0.7 以上时因子分析效果较好，在 0.5 以下时因子分析效果就很差了。

从样本量来看，因子分析要求样本的个数要足够多。一般要求样本的个数至少是变量个数的 5 倍。同时，样本的总数据量也不能太小，理论要求应该在 100 个以上。

接下来本书就以案例来讲解如何操作上述步骤。

例 17.1 中，《社交媒体广告价值调查》量表包括 13 个题项，现在我们要通过因素分析看这些题项是不是按照作者预设那样，分别归入信息价值、娱乐价值、社交价值和经济价值四个维度，以此评估该量表的建构效度。

先来检验这 13 个观测变量是否适合采用因素分析方法进行建构效度检验。

我们可直接在 SPSS 中检验数据，过程如下：

第 1 步：打开因子分析对话框。单击【分析】——【降维】——【因子分析】，进入因子分析对话框。

第 2 步：选入分析变量。将所要分析的原始变量点选入【变量】下的方框，均为数值型变量，共 13 个原始变量，如图 17-3 所示。

第 3 步：进行 KMO 和 Bartlett 球形检验。单击【描述】，进入【因子分析：描述统计】对话框，点击【相关矩阵】下的【KMO 和 Bartlett 的球形度检验】选项，如图 17-4 所示。单击【继续】，返回主对话框，点击【确认】即可得到检验结果。

此例的检验结果见表 17-8。KMO = 0.835 > 0.70，表明变量间有公共因子存在，变量适合进行因素分析；Bartlett 球形检验的卡方值为 660.076（$df = 78$），$p = 0.000 < 0.05$，应拒绝原假设，即总体的相关矩阵间有公共因子存在，各变量并非

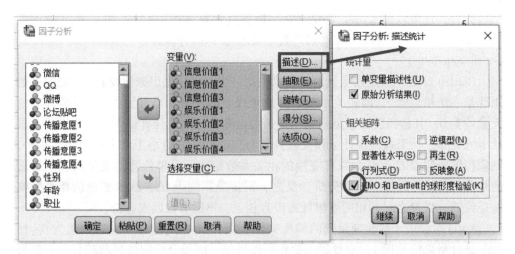

图17-3 因子分析对话框   图17-4 KMO和Bartlett的球形度检验

相互独立，适合进行因素分析。

表 17-8   **KMO 和 Bartlett 的检验**

Kaiser-Meyer-Olkin 度量		0.835
Bartlett 的球形度检验	近似卡方	660.076
	df	78
	Sig.	0.000

2. 因子提取和因子数的确定

因子提取（extraction）是根据原始变量提取出少数几个因子，使得少数几个因子能够反映原始变量的绝大部分信息，从而达到变量降维的目的。因子的提取方法有主成分分析法、主轴法、不加权最小平方法、加权最小平方法、最大似然法等。研究者最常使用的为主成分分析法和主轴法，其中，又以主成分分析法的使用最为普遍，这也是 SPSS 的默认选项。

主成分法（principal components）是以线性方程式将所有变量加以合并，计算所有变量共同解释的变异量，该线性组合称为主要成分。第一次线性组合所解释的变异量最大，分离此变异量后剩余的变异量经第二个方程式的线性组合，可以抽离出第二个主成分，其所包含的变异量即属于第二个主成分的变异量，以此类推，每一成分的解释变异量依次递减。主成分分析适用于单纯简化变量成分，以及作为因素分析的先前预备过程。以主成分分析法来进行因素分析时，变量共同度起始估计值设为 1, 假设要提取全部的公共因子, 最后的共同度估计值则依据所提取的公共因子数目而定。

因子数量的确定可以根据因子方差的贡献率来选择。一般情况下, 累积贡献率达到 80% 以上的前几个因子可以作为最后的公共因子。从特征值角度看, 一般要求因子对应的特征根大于 1, 因为特征根小于 1 说明该共同因子的解释力度太弱, 还不如使用原始变量的解释力度大。实际应用中, 因子的提取要结合具体问题而定, 在某种程度上, 取决于研究者自身的知识和经验。

接下来我们继续以例 17.1 为例, 介绍用 SPSS 进行因子提取的操作步骤。

进入因子分析主对话框后。单击【抽取】, 进入【因子分析: 抽取】子对话框, 如图 17-5 所示, 在【方法】中选择【主成分】(也是默认选项)。

图 17-5　抽取因子对话框

【分析】选项方框:

(1) 相关矩阵: 以相关矩阵 (correlation matrix) 来抽取因素, 选择此选项才能输出标准化后的特征值, 此为 SPSS 的默认选项。一般在执行因素分析程序时, 均使用原始数据文件而非变量间协方差矩阵, 因而【分析】方框中直接选用内定的【相关矩阵】即可。

(2) 协方差矩阵: 以共变量矩阵【covariance matrix】来抽取因素。协方差矩阵的对角线为变量的方差, 而相关矩阵的对角线为变量与变量自身的相关系数, 其数值为 1.00。

【输出】选项方框:

(1) 未旋转的因子解: 输出未旋转时的因素载荷、特征值及共同度, 此为 SPSS 预设选项。【未旋转的因子解】可以与【旋转后的因子解】的结果作比较, 一般在研究论文中只需要呈现旋转后的结果数据, 此选项也可以不用勾选。

（2）碎石图：碎石图也可以作为确定公共因子数目的依据。

【提取】选项方框：

（1）特征值：后面的空格默认为 1，表示因子抽取时，只抽取特征值大于 1 者。使用者可随意输入 0 至变量总数之间的值，在因素分析时此数值通常不要随意更改，此为 SPSS 预设选项。使用者若要抽取特征值大于某一数值，此特征值数值的界定必须要有相关的理论或文献支持，或要经验法则支持。

（2）要提取的因子个数：选取此项时，后面的空格内输入特定的因子个数。例如，研究者在编制问卷时依照四个维度编制，希望因素分析时也能抽取四个因素，那在【因子个数】后面的数字就应填入 4，表示强迫计算机进行因素分析时抽取四个因素。

【最大收敛性迭代次数】一栏是抽取公共因子时，收敛最大的迭代次数（运算程序最大的次数），内定为 25。一般在进行因素分析时，此数值通常不用更改。

完成设置后，点击【继续】，返回因子分析窗口。点击【确定】，可输出因素抽取的结果，包括三个表格（表 17-9、表 17-10 和表 17-11）和一个碎石图（如图 17-6 所示）：

表 17-9　　　　　　　　　　**因子抽取输出表–共同度**

	初始	提取
信息价值 1	1.000	0.808
信息价值 2	1.000	0.777
信息价值 3	1.000	0.681
娱乐价值 1	1.000	0.573
娱乐价值 2	1.000	0.708
娱乐价值 3	1.000	0.814
娱乐价值 4	1.000	0.747
社交价值 1	1.000	0.735
社交价值 2	1.000	0.798
社交价值 3	1.000	0.785
经济价值 1	1.000	0.747
经济价值 2	1.000	0.813
经济价值 3	1.000	0.789

提取方法：主成分分析。

表 17-10 解释的总方差

成分	初始特征值			提取平方和载入			旋转平方和载入		
	合计	方差的%	累积%	合计	方差的%	累积%	合计	方差的%	累积%
1	5.695	43.809	43.809	5.695	43.809	43.809	2.664	20.49	20.49
2	1.962	15.096	58.905	1.962	15.096	58.905	2.521	19.395	39.885
3	1.080	8.305	67.210	1.080	8.305	67.210	2.353	18.103	57.988
4	1.038	7.985	75.195	1.038	7.985	75.195	2.237	17.207	75.195
5	0.674	5.183	80.378						
6	0.522	4.013	84.391						
7	0.432	3.321	87.712						
8	0.38	2.921	90.633						
9	0.317	2.436	93.069						
10	0.283	2.178	95.247						
11	0.249	1.915	97.161						
12	0.199	1.534	98.696						
13	0.170	1.304	100.000						

提取方法：主成分分析。

表 17-11 未旋转的成分矩阵

	成 分			
	1	2	3	4
信息价值 1	0.682	−0.183	0.554	−0.040
信息价值 2	0.607	−0.368	0.448	−0.268
信息价值 3	0.704	0.125	0.344	−0.228
娱乐价值 1	0.446	0.576	−0.06	−0.197
娱乐价值 2	0.672	0.439	0.154	0.199
娱乐价值 3	0.569	0.473	0.002	0.517
娱乐价值 4	0.638	0.534	0.016	0.234
社交价值 1	0.753	0.121	−0.295	−0.256

续表

	成　　分			
	1	2	3	4
社交价值 2	0.746	−0.086	−0.42	−0.239
社交价值 3	0.744	0.002	−0.325	−0.354
经济价值 1	0.756	−0.41	−0.019	0.085
经济价值 2	0.675	−0.462	−0.121	0.358
经济价值 3	0.527	−0.584	−0.203	0.358

提取方法：主成分。

a. 已提取了 4 个成分。

　　表 17-9 为每个变量的初始（initial）共同度以及主成分分析法抽取主成分后的共同度（最后的共同度）。共同度越低，表示该变量越不适合进入主成分分析中；共同度越高，表示该变量与其他变量可测量的共同特质越多，亦即该变量越有影响力。共同度估计值的高低也是项目分析时筛选题项是否合适的指标之一，若是题项的共同度低于 0.2，可以考虑将该题项删除。本例中共同度最高的是"娱乐价值 3"这个测量变量（$h^2 = 0.814$），而共同度最低的是"娱乐价值 1"（$h^2 = 0.573$），说明"娱乐价值 3"这个项目的影响力最大，而"娱乐价值 1"的影响力最小。不过总体看来，该量表的 15 项题目的共同度都还比较高，适合进入主成分分析中。

　　表 17-10 为主成分分析法抽取主成分的结果。表格中有三大列，第一部分为"成分"，第二部分为"初始特征值"，第三部分为"提取平方和载入"。"初始特征值"中的"合计"列的数字为每一主成分的特征值，特征值越大，表示该主成分在解释原始变量时越重要；第二列"方差的%"为每一个抽取因素可解释所有变量变异的比例；第三列"累积%"是几个因子可解释变异量的累积百分比。

　　因 SPSS 内设值是以特征值大于 1 以上作为主成分保留的标准，表 17-10 中特征值大于 1 的共有 4 个，这也是因素分析时所抽出的公共因子个数。由于特征值是由大到小排列，所以第一个公共因子的解释变异量通常最大，其次是第二个，随后是第三个……4 个公共因子共可解释 75.195% 的变异量。可见本例抽取的 4 个因子在解释所有变量变异时还是比较理想的。

　　SPSS 将内设特征值大于 1 以上的因子作为最后的公共因子，实际上有其局限性。因为在决定抽取多少个公共因子时，除考虑每个因子所能解释的变异量外，还需要考虑很多其他因素，如每个因子所包含的题项是否与研究者原先编制的差不多，因子所包含的题项与所要测量的心理或行为特质是否同质，因子是否可以命名，因子所包含的题项数是否在三个题项以上等。因而单单把特征值大于 1 作为选择因子的唯一标准是不够严谨的，研究者还须参考碎石图来综合判断因子是否该保留。其中一个重要的判断依据是同一因子所包含题项的同质性，即这些项目所要测量的特质是否同一个，只有这样，因子的命名才有实质意义。

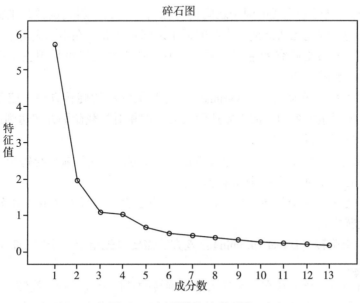

图 17-6　因子抽取的碎石图

图 17-6 为碎石图检验的结果，碎石图检验可以帮助使用者确定因素的数目。碎石图是将每一主成分的特征值由高至低排序所绘制而成的一条坡线，越向右边的特征值越小，图中的横坐标是因子数目、纵坐标是特征值。碎石图检验的判断标准是取坡线突然上升的因子，删除坡线平坦的因子。从图中可以看到，在第四个因子以后，坡度线甚为平坦，表示无特殊因素值得抽取。从碎石图中可以看出第四个公共因子以后的因子可以删除。因此依据碎石图可取 4 个因子，而这一结果与依据特征值大小所取因子数量是一样的。

表 17-11 显示了 13 个原始变量在 4 个公共因子上的因素载荷，因素载荷类似于回归分析中的回归系数，因素载荷数值越大，表示题项变量与公共因子间的关联越大。由此，矩阵可以计算每一变量的共同度（即每个变量在各主成分上的载荷的平方和）、每个因素（主成分）的特征值（所有变量在该因子上的载荷的平方和）及再制相关矩阵。

3. 决定因子旋转的方法

如果直接提取因子，有时会出现原始变量在每个因素上的载荷都差不多，各因子的意义不是很明显，这时便无法对因子进行有效的解释。为了使因子载荷矩阵中的系数更加显著，可对初始因子载荷矩阵进行旋转，根据题项与因子结构关系的密切程度，调整各因子载荷的大小，使因子和原始变量间的关系进行重新分配，相关系数从 0-1 分化，从而使因子更加容易被解释。

因子旋转的方法有正交旋转和斜交旋转两种。正交旋转是指坐标轴始终保持垂直 90 度旋转，这样新生成的因子之间仍可保持不相关；斜交旋转时坐标轴的夹角可以是任意的，因此无法保证新生成的因子之间不相关。在实际应用中，由于斜交旋转的结果太容易受研究者主观意愿的左右，所以建议尽量采用正交旋转。SPSS 中提供了 5 种旋转方法：

（1）方差最大正交旋转（Varimax）：这是最常用的旋转方法。使各因子保持正交状态，但尽量使各因子的方差达到最大，即相对的载荷平方和达到最大，从而方便对因子进行解释。

（2）四次方最大正交旋转（Quartimax）：该方法倾向于减少与每个变量有关的因子数，从而简化对原始变量的解释。

（3）平方最大正交旋转（Equamax）：该方法介于方差最大正交旋转和四次方最大正交旋转之间。

（4）斜交旋转（Direct Oblimin）：该方法需要事先指定一个因子映像的自相关范围。

（5）Promax：该方法在方差最大正交旋转的基础上进行斜交旋转。

接下来我们继续以【例 17.1】为例，介绍 SPSS 如何进行因子提取的操作步骤。

进入因子分析主对话框后。点击【旋转】，进入【因子分析：旋转】子对话框。点击选择【最大方差法】，如图 17-7 所示。点击【继续】，完成对因子旋转的设置，回到因子分析主对话框。

为了让我们更容易发现各变量与因子之间的对应关系，我们可在因素分析中设置因子载荷矩阵输出格式。在因子分析的主对话框中，单击【选项】，打开如图 17-8 所示的对话框，在该对话框设置因子载荷矩阵的排列。勾选【按大小排序】，尽量使载荷按由大到小的顺序自上而下地排列；勾选【取消小系数】可以设置载荷的显示下限，即要求系统不要显示低于某一值的载荷。本例设置的显示下限为 0.30。

完成设置后，点击【继续】，返回主对话框。点击【确定】，可输出因子旋转前和旋转后的解释总方差，见表 17-12。由表可见，每一因子的特征值和所解释的总方差在因子旋转前后发生了较大的变化。因子旋转前四个成分（因子）的特征值和可解释总体方差的比例分配非常不均，第一个成分（因子）的特征根高达 5.965，可解释总体方差占了近一半，为 43.809%，后面三个成分的特征根和所解释的总方差的比例明显减小，到最后一个成分，特征根递减为 1.038，所解释的总

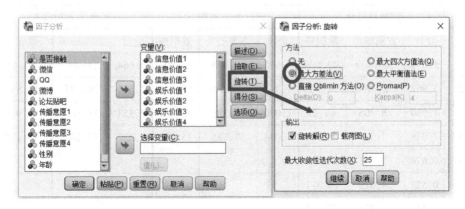

图 17-7 因子旋转

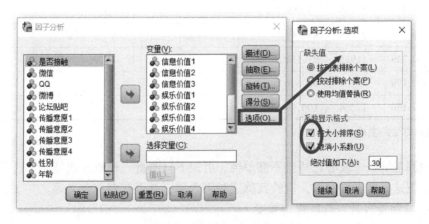

图 17-8 因子载荷矩阵输出格式

方差为 7.985%；而旋转后的特征根和所解释的总方差比例在四个成分之间分配较均匀，第一个成分的特征值 2.664，所解释的总方差为 20.490%，最后一个成分的特征值为 2.237，所解释的总方差为 17.207%，各个成分之间相差不大。

　　表 17-13 显示了旋转后的成分矩阵，相比于旋转前的成分矩阵（见表 17-11），载荷大小进一步分化，变量与因子的对应关系更加清晰，可以很容易地标识出各个因子所影响的主要题项。本例中，13 个题项分别归入预先设想的因子，总体上看，建构效度良好。具体分析各个题项的载荷，在 0.530~0.872，都大于 0.5 的标准，也是很理想的。但是有个别题项出现交叉负载的现象，如"娱乐价值 1"在娱乐价值因子上的载荷为 0.530，在社交价值因子上也有较高的载荷，为 0.451；"经济价值 1"和"信息价值 3"在三个因子上都有大于 0.30 的载荷。这种情况表明，这

表17-12 因子旋转前后解释的总方差对比

成分	初始特征值			提取平方和载入			旋转平方和载入		
	合计	方差的%	累积%	合计	方差的%	累积%	合计	方差的%	累积%
1	5.695	43.809	43.809	5.695	43.809	43.809	2.664	20.49	20.49
2	1.962	15.096	58.905	1.962	15.096	58.905	2.521	19.395	39.885
3	1.080	8.305	67.21	1.080	8.305	67.21	2.353	18.103	57.988
4	1.038	7.985	75.195	1.038	7.985	75.195	2.237	17.207	75.195
5	0.674	5.183	80.738						
6	0.522	4.013	84.391						
7	0.432	3.321	87.712						
8	0.380	2.921	90.633						
9	0.317	2.436	93.069						
10	0.283	2.178	95.247						
11	0.249	1.915	97.161						
12	0.199	1.534	98.696						
13	0.170	1.304	100.00						

提取方法：主成分分析。

些题项测量的概念或心理特质不够单纯，可能不只测量一种概念或特质，这提醒我们需要把这些题项调出来，检验其陈述是否含糊、是否有多重含义等。

4. 检验量表是否具备建构效度

从因素分析得到的成分矩阵来看，变量与因子的对应关系都符合原来的假设（见表17-13中标注所示），测量四种广告价值的题项都聚合到相应的因子中，唯一不足的是有些题项存在交叉负载的现象，如娱乐价值1这个题项除在娱乐价值因子上有高负载以外，还在社交价值因子上具有较高的负载，其他如社交价值2、社交价值3、经济价值1和信息价值3等题项都存在交叉负载现象，说明题项质量还可以进一步改进。在实际操作中，因素分析的结果不可能完全与量表的理论框架一模一样，本例的结果较理想，说明本例的量表具有较理想的建构效度。

二、效标关联效度

效标关联效度（criterion-related validity），是以经验性的方法来研究测验分数与外在效标之间的关系。第七章介绍过，效标关联效度包括预测效度和同时效度，两

表17-13　　　　　　　　　　　　　旋转后的成分矩阵

	成　分			
	1	2	3	4
娱乐价值 3	.872			
娱乐价值 4	娱乐价值			
娱乐价值 2	.759			
娱乐价值 1	.530	.651		
社交价值 3	社交价值		.813	
社交价值 2			.793	.355
社交价值 1	.309	.754		
经济价值 3			经济价值 867	
经济价值 2			832	
经济价值 1		.348	.657	.422
信息价值 1			信息价值	.820
信息价值 2				.817
信息价值 3	.362	.341		.659

提取方法：主成分。

旋转法：具有 Kaiser 标准化的正交旋转法。

a. 旋转在 6 次迭代后收敛。

种效度的本质都是测验分数与效标之间的相关程度。在计算测验分数和效标之间关联程度时需要考虑效标的数据类型——是连续数据还是间断数据。

1. 效标为连续变量时效标关联效度的计算方法

两个变量之间的相关分析在本书第 14 章有过具体介绍，如果两个变量都是连续变量，总体都呈正态分布或接近正态分布，且是成对的数据，两者之间具有线性关系，并且是大样本时，则通过计算皮尔逊相关系数显示两个变量的相关程度。因为我们所修订量表的得分一般是连续变量，所以当效标为连续变量时，则通过计算皮尔逊相关系数来获得效标关联效度。在例 17.1 中，理论上而言，如果受众认为某则社交媒体广告具有价值，会更乐于传播这则广告，因而可将广告的传播意愿作为效标。由于传播意愿是连续变量，所以计算社交媒体广告价值量表各分量表得分及总分与传播意愿之间的皮尔逊相关系数来获得效标关联效度。

运行 SPSS 软件相关分析程序：打开《社交媒体广告价值调查》数据，单击【分析】——【相关】——【双变量】，得到社交媒体广告价值分量表、总量表及传播意愿的相关矩阵，具体见表 17-14。其中最后一列就是社交媒体广告价值各分量表和总量表的效标关联效度。可以看出总量表效度最高（0.493），而四个分量表的效度则在 0.262 至 0.441 之间，其中信息价值分量表的效度最高，而娱乐价值分量表的效度最低。

表17-14　　　　　　社交媒体广告价值量表的效标关系效度列表

		信息价值	娱乐价值	社交价值	经济价值	社交媒体广告价值	传播意愿
信息价值	Pearson相关性	1	.440**	.528**	.535**	.797**	.441**
	显著性(双侧)		.000	.000	.000	.000	.000
	N	94	94	94	94	94	94
娱乐价值	Pearson相关性	.440**	1	.517**	.272**	.684*	.262*
	显著性(双侧)	.000		.000	.008	.000	.011
	N	94	94	94	94	94	94
社交价值	Pearson相关性	.528**	.517**	1	.540**	.842**	.408**
	显著性(双侧)	.000	.000		.000	.000	.000
	N	94	94	94	94	94	94
经济价值	Pearson相关性	.535**	.272**	.540**	1	.782**	.409**
	显著性(双侧)	.000	.008	.000		.000	.000
	N	94	94	94	94	94	94
社交媒体广告价值	Pearson相关性	.797**	.684*	.842**	.782**	1	.493**
	显著性(双侧)	.000	.000	.000	.000		.000
	N	94	94	94	94	94	94
传播意愿	Pearson相关性	.441**	.262*	.408**	.409**	.493**	1
	显著性	.000	.011	.000	.000	.000	
	N	94	94	94	94	94	94

2. 效标为间断变量时效标关联效度的计算方法

当效标为间断变量，即分类型变量或顺序型变量时，如果要考察量表的效标关联效度，则不能再计算皮尔逊相关系数，因为不符合其前提条件。这种情况下，由于效标是分类型或顺序型变量，会将样本分割成几个群体，如果要计算效标关联效度，比较恰当的方法是采用独立样本 T 检验（分割成两个群体时）或方差分析方法（分割成三个及以上的群体），以分析几个群体之间的量表得分是否具有显著差异。

例 17.1 中，从理论上而言，如果受众认为某则社交媒体广告是有价值的，会更倾向于点赞该广告，因而是否点赞广告的实际行为可作为社交媒体广告价值量表的效标。由于是否点赞广告这个变量是个分类变量，有两个类别，即点赞和没有点赞，则是否点赞这个变量将受众分割成点赞群体和没有点赞的群体。因而可通过独立样本 T 检验的统计方法来分析两个群体之间是否具有显著差异。

运行 SPSS 中的独立样本 T 检验：点击【分析】——【比较均值】——【独

立样本 T 检验】，得到表 17-15 和表 17-16 两个报表。

表17-15　　　　　　　　**两个群体在社交媒体广告价值量表得分对比表**

	是否点赞	N	均值	标准差	均值的标准误
信息价值	点赞	65	3.4872	.64301	.07976
	没有点赞	29	2.9195	.98261	.18247
娱乐价值	点赞	65	4.1346	.59634	.07397
	没有点赞	29	3.6638	.89959	.16705
社交价值	点赞	65	3.3231	.87791	.10889
	没有点赞	29	3.1034	1.03166	.19157
经济价值	点赞	65	2.9385	.87379	.10838
	没有点赞	29	2.5517	1.09572	.20347
社交媒体广告价值	点赞	65	3.4708	.55060	.06829
	没有点赞	29	3.0596	.81674	.15166

从表 17-15 中可以看出，点赞组在各分量表和总量表上的得分普遍高于没有点赞组的得分，在描述统计层面表明广告价值量表具有效标关联效度。

表17-16　　　　　　**社交媒体广告价值量表得分的独立样本T检验结果（节选）**

		方差方程的Levene检验		均值		
		F	Sig.	t	df	Sig.(双侧)
信息价值	假设方差相等	4.574	.305	3.333	92	.001
	假设方差不相等			2.851	39.097	.007
娱乐价值	假设方差相等	9.700	.002	3.001	92	.003
	假设方差不相等			2.577	39.393	.014
社交价值	假设方差相等	.346	.558	1.061	92	.292
	假设方差不相等			.997	46.875	.324
经济价值	假设方差相等	2.850	.095	1.829	92	.071
	假设方差不相等			1.678	44.573	.100
社交媒体广告价值	假设方差相等	6.425	.013	2.862	92	.005
	假设方差不相等			2.472	39.790	.018

从表 17-16 的独立样本 T 检验结果来看，除社交价值和经济价值两个分量表外，其他两个分量表和总量表在点赞组和无点赞组上都有显著差异，说明社交价值分量表和经济价值分量表效标关联效度没有得到证实，但信息价值分量表、娱乐价值分量表和总量表的效标关联效度得到证实。

☞ **思考题**

一、复习思考题

1. 什么是测量的信度？它包括哪几个方面？各用什么方法检验？

2. 什么是测量的效度？它包括哪几个方面？各用什么方法检验？

3. 如何检验量表的内在一致性？

4. 编码者信度有几类，各自的优缺点是什么？

5. 如何检验量表的建构效度？可分为几个步骤？

6. 检验量表效标关联效度的方法有哪些？分别适用于哪种数据类型？

二、实训题

《网络意见领袖人格特质》调查数据是一个关于网络意见领袖（博主/楼主/UP 主，简称 KOL）人格特质的调查数据，研究者通过文献综述和深度访谈，得到 22 个题项的量表，具体题项如下。研究者还将量表设想为包括 6 个因子（维度）的结构模型，题项与因子（维度）之间的隶属关系见表 17-17。调查数据最后一个题项是测量受众每周收看网络意见领袖发布内容的频次，是个数值型变量。现在需要做 3 个练习。

表 17-17　　　　**KOL 人格特质量表各题项与各个因子之间的隶属关系**

设想因子的名称	测量题项编号
智力	No. 1. 1—No. 1. 4
新能力	No. 2. 1—No. 2. 4
善解人意	No. 3. 1—No. 3. 4
奉献	No. 4. 1—No. 4. 3
道德品质	No. 5. 1—No. 5. 3
专制	No. 6. 1—No. 6. 4

1. 检验 KOL 人格量表的总量表和 6 个分量表的内在一致性信度，看是否符合相应的标准，并通过 SPSS 提供的【删除项后的标度】功能，评价每个测量题项的质量。

2. 试采用因素分析方法检验《KOL 人格特质调查》量表的建构效度，并通过因素载荷、共同度等指标分析哪些题项具有较好的质量，哪些题项存在问题，分析具体问题，并提出修改意见。

3. 以受众观看 KOL 发布内容频次为效标，检查 KOL 人格量表的总量表和 6 个分量表是否具备效标关联效度？

网络意见领袖人格特质量表

1-1　我喜欢或关注的博主/楼主/UP 主在某一领域有专业知识。

1-2　我关注的博主在某一领域有着丰富的经验。

1-3　我关注的博主是一个表达有条理和逻辑的人。

1-4　我认为他是理智的，而不是一个情绪化的人。

2-1　我关注的博主是一个潮流的引领者。

2-2　他讲的内容形式新颖，有创新意识。

2-3　他是一个喜欢体验新鲜事物的人，曾经尝试跨界合作。

2-4　他不满足于现状，一直在探索进步。

3-1　我关注的博主是能够理解粉丝的需求的。

3-2　他讲的内容能够引起我的共鸣，贴近生活体验。

3-3　他分享的内容贴近我的生活体验。

3-4　他分享的内容正好是我想了解的。

4-1　他是高质量或者高产量的博主。

4-2　他是一个积极和粉丝互动的博主。

4-3　我关注的博主精心地准备他的内容，付出努力用心工作。

5-1　我认为我关注的博主为人诚实，不弄虚作假。

5-2　我认为他勇于担当，从不推卸责任。

5-3　他是一个有原则的人。

6-1　我关注的博主很乐于分享，常常给别人建议。

6-2　他的情绪很容易感染我。

6-3　他给粉丝带来的分享内容是有目的性的。

6-4　他经常试图说服别人。

参 考 文 献

[1] 邬家瑛，黄宇驰．市场研究技术［M］．杭州：浙江大学出版社，2018.

[2] 黄合水，陈素白．广告调研技巧（第五版）［M］．厦门：厦门大学出版社，2016.

[3] 黄京华．广告调查［M］．北京：高等教育出版社，2015.

[4] 黄合水，曾秀芹．广告心理学［M］．北京：高等教育出版社，2020.

[5] 陈俊良．传播媒体策略［M］．北京：北京大学出版社，2010.

[6] 陈振华，曾秀芹．游戏式广告分享机制研究：假定影响模式视角［J］．新闻与传播评论，2018（6）：69-81.

[7] 袁方，王汉生．社会研究方法教程［M］．北京：北京大学出版社，1997.

[8] ［美］乔尔·J. 戴维斯．广告调查：理论与实务（第2版）［M］．杨雪睿，田卉，等，译．北京：中国人民大学出版社，2016.

[9] 蒋萍．市场调查［M］．上海：上海人民出版社，2007.

[10] 周建波．营销管理［M］．济南：山东人民出版社，2002.

[11] 黄京华．广告调查理论与实务［M］．北京：中央广播电视大学，2009.

[12] 吕小宇，梁抒．市场调查与预测实训教程［M］．成都：西南财经大学出版社，2017.

[13] 何梦．作为文化的发声——微博评论语境下的女性主义广告效果研究［D］．厦门：厦门大学，2020.

[14] 黄升民，黄京华，王冰．广告调查：广告战略的实证基础（第二版）［M］．北京：中国物价出版社，2002.

[15] ［美］A. 帕拉苏拉曼，德鲁弗·格留沃，R. 克里希南．市场调研（第二版）［M］．王佳芥，应斌，译．北京：中国市场出版社，2009.

[16] 中国互联网络信息中心（CNNIC）．第48次中国互联网络发展状况统计报告［R/OL］．（2021-08-27）［2021-08-27］．http：//www.cnnic.net.cn/gywm/xwzx/rdxw/20172017_7084/202108/t20210827_71525.htm.

[17] Stewart D W, Shamdasani P. Online Focus Groups［J］. Journal of Advertising, 2016, 46（1）：1-13.

[18] 刘德寰，沈浩．现代市场研究［M］．北京：高等教育出版社，2008.

[19] 屈援，陈佳齐，李安，等．市场研究［M］．北京：人民邮电出版社，2013．

[20] 朱悦琳．奇观/展演范式下虚拟阅读社区的用户研究——以"豆瓣读书"为例［D］．武汉：华中科技大学，2016．

[21] ［美］卡尔·迈克丹尼尔，罗杰·盖兹．市场调研精要（第八版）［M］．范秀成，杜建刚，译．北京：电子工业出版社，2015．

[22] 杨盛菁．CATI 技术的应用前景［J］．中国统计，2012（5）：28-30．

[23] 张木子，李君轶，张高军．孰优孰劣：旅游在线调查与田野调查对比分析［J］．旅游学刊，2015，30（4）：95-104．

[24] 黄光，符力思．市场调查公司提高网络调查可信性的策略［J］．统计与决策，2014（21）：64-67．

[25] 谷征．美国图书阅读调查主要机构及其调查方法［J］．出版发行研究，2019（2）：85-91．

[26] 百度知道匿名答者．腾讯问卷增加逻辑可视化图形编辑方式［EB/OL］．（2018-11-23）［2021-08-25］．https://jingyan.baidu.com/article/597a064307e4ca312a52437f.html．

[27] 曾秀芹，何梦，申梦莉，等．音乐推荐系统主观评价指标研究——以网易云音乐为例［J］．新闻与传播评论，2019（6）：94-107．

[28] 张金海，周丽玲．广告素养的概念框架与影响因素［J］．新闻与传播研究，2008（4）：59-66．

[29] ［美］查尔斯·惠伦．赤裸裸的统计学［M］．曹槟，译．北京：中信出版社，2013．

[30] 陈阳．大众传播学研究方法导论［M］．北京：中国人民大学出版社，2010．

[31] 程正昌．行为及社会科学统计学——统计软体应用（第三版）［M］．台北：巨流图书公司，2004．

[32] 戴海崎，张锋，陈雪枫．心理与教育测量［M］．广州：暨南大学出版社，2004．

[33] 邓铸，朱晓红．心理统计学与 SPSS 应用［M］．上海：华东师范大学出版社，2009．

[34] ［美］费雷德里克·威廉姆斯，彼特·蒙日．传播统计法［M］．苏林森，译．北京：清华大学出版社，2011．

[35] 顾荣炎，才佳宁．实用统计学［M］．上海：上海教育出版社，2004．

[36] 贾俊平，何晓群，金勇进．统计学（第五版）［M］．北京：中国人民大学出版社，2012．

[37] 柯惠新，沈浩．调查研究中的统计分析法［M］．北京：中国传媒大学出版社，2005．

［38］柯惠新，祝建华，孙江华．传播统计学［M］．北京：北京广播学院出版社，2003.

［39］理查德·P. 鲁尼恩，凯·A·科尔曼，戴维·J. 皮滕杰．行为统计学基础
（第9版）［M］．王星，译．北京：中国人民大学出版社，2007.

［40］李绍山．语言研究中的统计学［M］．西安：西安交通大学出版社，2001.

［41］［美］马里奥·F·特里奥拉．初级统计学［M］．刘新立，译．北京：清华
大学出版社，2004.

［42］［美］尼尔·J. 萨尔金德．爱上统计学［M］．史玲玲，译．重庆：重庆大学
出版社，2011.

［43］吴明隆．问卷统计分析实务——SPSS 操作与应用［M］．重庆：重庆大学出
版社，2013.

［44］［日］西内启．看穿一切数字的统计学［M］．朱悦玮，译．北京：中信出版
社，2013.

［45］张文彤. SPSS 统计分析高级教程［M］．北京：高等教育出版社，2004.

［46］曾秀芹，张楠．新闻传播统计学基础（第二版）［M］．厦门：厦门大学出版
社，2019.

［47］柴庆春，陈宏威，宋琛．市场调查与预测［M］．北京：中国人民大学出版社，
2014.

［48］王公达．市场调查［M］．上海：复旦大学出版社，2009.

［49］袁方，王汉生．社会研究方法教程［M］．北京：北京大学出版社，1997.

其他电子资源

　　人民网 http：//www.people.com.cn/.

　　问卷星 https：//www.wjx.cn/.

附　录

附录 1　随机数字表（节选）

	1	2	3	4	5	6	7	8	9	10
1	43213	32819	76636	34037	33917	92700	58575	23943	71967	85075
2	50051	25703	63213	24026	60847	20639	59332	31138	17816	57977
3	10595	21170	90653	99750	67237	38542	92161	87374	62843	40695
4	63265	85280	48209	82510	22795	37779	44131	65235	77372	20503
5	72031	13079	87191	48315	69056	47749	45804	53834	34075	75407
6	84625	92533	61732	99497	42094	44231	20834	68970	14256	57353
7	73478	20730	55877	93544	49200	78089	27531	84646	36071	37151
8	45649	10480	18423	46534	71328	26336	90092	18241	87428	48344
9	51101	40500	82119	27148	77339	18741	56888	32842	37365	71820
10	24293	54921	64357	47994	99024	20419	46375	67609	99884	91415
11	63005	89388	93003	80808	51483	40104	45679	52732	87293	67348
12	26463	19259	88309	84096	60868	77882	30008	70345	28541	60434
13	45751	19946	42424	32395	94026	18081	15300	14508	33193	34222
14	68030	44824	69727	68393	52971	85837	61178	87442	16692	64893
15	78833	40651	28456	71919	54238	42726	80833	91022	92999	55489
16	73844	96116	76187	76381	93071	55526	37102	62235	66043	53798
17	39957	55913	99451	56567	53061	44993	65789	79108	24378	58125
18	36178	24051	56682	31021	87616	72044	91315	49038	78731	31772
19	43054	56875	89030	18710	97138	75260	80816	69854	72997	98286
20	79720	58515	25565	84903	81009	29592	31984	79156	58504	34024

	1	2	3	4	5	6	7	8	9	10
21	22344	67964	89852	16272	37735	51166	59939	11448	22747	52310
22	27670	30635	24564	29329	58414	14496	57144	32660	69722	17376
23	54079	69644	27308	99378	68543	25914	20190	22084	62630	98224
24	90758	42510	34984	72067	54719	68359	80856	78546	61291	58884
25	10234	12225	78667	83777	59080	63882	25397	88390	61116	91239
26	13901	21111	22441	28400	82087	65085	60036	41451	19262	66572
27	30299	25540	59450	98462	38311	45126	72578	16578	95998	73202
28	89663	13430	79310	24435	70370	61608	84130	87545	51044	35892
29	74450	79630	68013	65265	66629	86379	19708	78949	23928	33478
30	64437	45103	18995	93356	43567	75800	62235	16055	43794	59693

附录 2　标准正态分布表

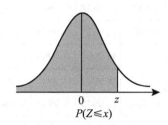

$P(Z \leqslant x)$

x	0.00	0.01	0.02	0.03	0.04	0.05	0.06	0.07	0.08	0.09
0.0	0.5000	0.5040	0.5080	0.5120	0.5160	0.5199	0.5239	0.5279	0.5319	0.5359
0.1	0.5398	0.5438	0.5478	0.5517	0.5557	0.5596	0.5636	0.5675	0.5714	0.5753
0.2	0.5793	0.5832	0.5871	0.5910	0.5948	0.5987	0.6026	0.6064	0.6103	0.6141
0.3	0.6179	0.6217	0.6255	0.6293	0.6331	0.6368	0.6406	0.6443	0.6480	0.6517
0.4	0.6554	0.6591	0.6628	0.6664	0.6700	0.6736	0.6772	0.6808	0.6844	0.6879
0.5	0.6915	0.6950	0.6985	0.7019	0.7054	0.7088	0.7123	0.7157	0.7190	0.7224
0.6	0.7257	0.7291	0.7324	0.7357	0.7389	0.7422	0.7454	0.7486	0.7517	0.7549
0.7	0.7580	0.7611	0.7642	0.7673	0.7703	0.7734	0.7764	0.7794	0.7823	0.7852
0.8	0.7881	0.7910	0.7939	0.7967	0.7995	0.8023	0.8051	0.8078	0.8106	0.8133
0.9	0.8159	0.8186	0.8212	0.8238	0.8264	0.8289	0.8315	0.8340	0.8365	0.8389
1.0	0.8413	0.8438	0.8461	0.8485	0.8508	0.8531	0.8554	0.8577	0.8599	0.8621
1.1	0.8643	0.8665	0.8686	0.8708	0.8729	0.8749	0.8770	0.8790	0.8810	0.8830
1.2	0.8849	0.8869	0.8888	0.8907	0.8925	0.8944	0.8962	0.8980	0.8997	0.9015
1.3	0.9032	0.9049	0.9066	0.9082	0.9099	0.9115	0.9131	0.9147	0.9163	0.9177
1.4	0.9192	0.9207	0.9222	0.9236	0.9251	0.9265	0.9279	0.9292	0.9306	0.9319
1.5	0.9332	0.9345	0.9357	0.9370	0.9382	0.9394	0.9406	0.9418	0.9429	0.9441
1.6	0.9452	0.9463	0.9474	0.9484	0.9495	0.9505	0.9515	0.9525	0.9535	0.9545
1.7	0.9554	0.9564	0.9573	0.9582	0.9591	0.9599	0.9608	0.9616	0.9625	0.9633
1.8	0.9641	0.9649	0.9656	0.9664	0.9671	0.9678	0.9686	0.9693	0.9699	0.9706
1.9	0.9713	0.9719	0.9726	0.9732	0.9738	0.9744	0.9750	0.9756	0.9761	0.9767

x	0.00	0.01	0.02	0.03	0.04	0.05	0.06	0.07	0.08	0.09
2.0	0.9772	0.9778	0.9783	0.9788	0.9793	0.9798	0.9803	0.9808	0.9812	0.9817
2.1	0.9821	0.9826	0.9830	0.9834	0.9838	0.9842	0.9846	0.9850	0.9854	0.9857
2.2	0.9861	0.9864	0.9868	0.9871	0.9875	0.9878	0.9881	0.9884	0.9887	0.9890
2.3	0.9893	0.9896	0.9898	0.9901	0.9904	0.9906	0.9909	0.9911	0.9913	0.9916
2.4	0.9918	0.9920	0.9922	0.9925	0.9927	0.9929	0.9931	0.9932	0.9934	0.9936
2.5	0.9938	0.9940	0.9941	0.9943	0.9945	0.9946	0.9948	0.9949	0.9951	0.9952
2.6	0.9953	0.9955	0.9956	0.9957	0.9959	0.9960	0.9961	0.9962	0.9963	0.9964
2.7	0.9965	0.9966	0.9967	0.9968	0.9969	0.9970	0.9971	0.9972	0.9973	0.9974
2.8	0.9974	0.9975	0.9976	0.9977	0.9977	0.9978	0.9979	0.9979	0.9980	0.9981
2.9	0.9981	0.9982	0.9982	0.9983	0.9984	0.9984	0.9985	0.9985	0.9986	0.9986
3.0	0.987	0.9987	0.9987	0.9988	0.9988	0.9989	0.9989	0.9989	0.9990	0.9990

附录 3　t 分布临界值表

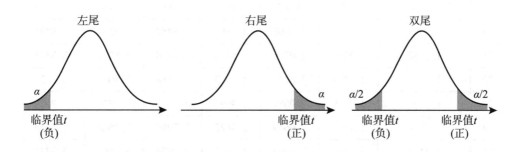

df/a	（双尾）0.200	0.100	0.050	0.020	0.010	0.002	0.001
	（单尾）0.100	0.050	0.025	0.010	0.005	0.001	0.0005
1	3.0777	6.3138	12.7062	31.8205	63.6567	318.3088	636.6192
2	1.8856	2.9200	4.3027	6.9646	9.9248	22.3271	31.5991
3	1.6377	2.3534	3.1824	4.5407	5.8409	10.2145	12.9240
4	1.5332	2.1318	2.7764	3.7469	4.6041	7.1732	8.6103
5	1.4759	2.0150	2.5706	3.3649	4.0321	5.8934	6.8688
6	1.4398	1.9432	2.4469	3.1427	3.7074	5.2076	5.9588
7	1.4149	1.8946	2.3646	2.9980	3.4995	4.7853	5.4079
8	1.3968	1.8595	2.3060	2.8965	3.3554	4.5008	5.0413
9	1.3830	1.8331	2.2622	2.8214	3.2498	4.2968	4.7809
10	1.3722	1.8125	2.2281	2.7638	3.1693	4.1437	4.5869
11	1.3634	1.7959	2.2010	2.7181	3.1058	4.0247	4.4370
12	1.3562	1.7823	2.1788	2.6810	3.0545	3.9296	4.3178
13	1.3502	1.7709	2.1604	2.6503	3.0123	3.8520	4.2208
14	1.3450	1.7613	2.1448	2.6245	2.9768	3.7874	4.1405
15	1.3406	1.7531	2.1314	2.6025	2.9467	3.7328	4.0728
16	1.3368	1.7459	2.1199	2.5835	2.9208	3.6862	4.0150
17	1.3334	1.7396	2.1098	2.5669	2.8982	3.6458	3.9651
18	1.3304	1.7341	2.1009	2.5524	2.8784	3.6105	3.9216
19	1.3277	1.7291	2.0930	2.5395	2.8609	3.5794	3.8834

| df/a | （双尾）0.200 | 0.100 | 0.050 | 0.020 | 0.010 | 0.002 | 0.001 |
	（单尾）0.100	0.050	0.025	0.010	0.005	0.001	0.0005
20	1.3253	1.7247	2.0860	2.5280	2.8453	3.5518	3.8495
21	1.3232	1.7207	2.0796	2.5176	2.8314	3.5272	3.8193
22	1.3212	1.7171	2.0739	2.5083	2.8188	3.5050	3.7921
23	1.3195	1.7139	2.0687	2.4999	2.8073	3.4850	3.7676
24	1.3178	1.7109	2.0639	2.4922	2.7969	3.4668	3.7454
25	1.3163	1.7081	2.0595	2.4851	2.7874	3.4502	3.7251
26	1.3150	1.7056	2.0555	2.4786	2.7787	3.4350	3.7066
27	1.3137	1.7033	2.0518	2.4727	2.7707	3.4210	3.6896
28	1.3125	1.7011	2.0484	2.4671	2.7633	3.4082	3.6739
29	1.3114	1.6991	2.0452	2.4620	2.7564	3.3962	3.6594
30	1.3104	1.6973	2.0423	2.4573	2.7500	3.3852	3.6460

附录 4　卡方（χ^2）分布临界值表

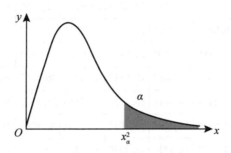

df/a	0.995	0.990	0.975	0.950	0.900	0.100	0.050	0.025	0.010	0.005
1	0.0000	0.0002	0.0010	0.0039	0.0158	2.7055	3.8415	5.0239	6.6349	7.8794
2	0.0100	0.0201	0.0506	0.1026	0.2107	4.6052	5.9915	7.3778	9.2103	10.5966
3	0.0717	0.1148	0.2158	0.3518	0.5844	6.2514	7.8147	9.3484	11.3449	12.8382
4	0.2070	0.2971	0.4844	0.7107	1.0636	7.7794	9.4877	11.1433	13.2767	14.8603
5	0.4117	0.5543	0.8312	1.1455	1.6103	9.2364	11.0705	12.8325	15.0863	16.7496
6	0.6757	0.8721	1.2373	1.6354	2.2041	10.6446	12.5916	14.4494	16.8119	18.5476
7	0.9893	1.2390	1.6899	2.1673	2.8331	12.0170	14.0671	16.0128	18.4753	20.2777
8	1.3444	1.6465	2.1797	2.7326	3.4895	13.3616	15.5073	17.5345	20.0902	21.9550
9	1.7349	2.0879	2.7004	3.3251	4.1682	14.6837	16.9190	19.0228	21.6660	23.5894
10	2.1559	2.5582	3.2470	3.9403	4.8652	15.9872	18.3070	20.4832	23.2093	25.1882
11	2.6032	3.0535	3.8157	4.5748	5.5778	17.2750	19.6751	21.9200	24.7250	26.7568
12	3.0738	3.5706	4.4038	5.2260	6.3038	18.5493	21.0261	23.3367	26.2170	28.2995
13	3.5650	4.1069	5.0088	5.8919	7.0415	19.8119	22.3620	24.7356	27.6882	29.8195
14	4.0747	4.6604	5.6287	6.5706	7.7895	21.0641	23.6848	26.1189	29.1412	31.3193
15	4.6009	5.2293	6.2621	7.2609	8.5468	22.3071	24.9958	27.4884	30.5779	32.8013
16	5.1422	5.8122	6.9077	7.9616	9.3122	23.5418	26.2962	28.8454	31.9999	34.2672
17	5.6972	6.4078	7.5642	8.6718	10.0852	24.7690	27.5871	30.1910	33.4087	35.7185
18	6.2648	7.0149	8.2307	9.3905	10.8649	25.9894	28.8693	31.5264	34.8053	37.1565
19	6.8440	7.6327	8.9065	10.1170	11.6509	27.2036	30.1435	32.8523	36.1909	38.5823

续表

df/a	0.995	0.990	0.975	0.950	0.900	0.100	0.050	0.025	0.010	0.005
20	7.4338	8.2604	9.5908	10.8508	12.4426	28.4120	31.4104	34.1696	37.5662	39.9968
21	8.0337	8.8972	10.2829	11.5913	13.2396	29.6151	32.6706	35.4789	38.9322	41.4011
22	8.6427	9.5425	10.9823	12.3380	14.0415	30.8133	33.9244	36.7807	40.2894	42.7957
23	9.2604	10.1957	11.6886	13.0905	14.8480	32.0069	35.1725	38.0756	41.6384	44.1813
24	9.8862	10.8564	12.4012	13.8484	15.6587	33.1962	36.4150	39.3641	42.9798	45.5585
25	10.5197	11.5240	13.1197	14.6114	16.4734	34.3816	37.6525	40.6465	44.3141	46.9279
26	11.1602	12.1981	13.8439	15.3792	17.2919	35.5632	38.8851	41.9232	45.6417	48.2899
27	11.8076	12.8785	14.5734	16.1514	18.1139	36.7412	40.1133	43.1945	46.9629	49.6449
28	12.4613	13.5647	15.3079	16.9279	18.9392	37.9159	41.3371	44.4608	48.2782	50.9934
29	13.1211	14.2565	16.0471	17.7084	19.7677	39.0875	42.5570	45.7223	49.5879	52.3356
30	13.7867	14.9535	16.7908	18.4927	20.5992	40.2560	43.7730	46.9792	50.8922	53.6720
40	20.7065	22.1643	24.4330	26.5093	29.0505	51.8051	55.7585	59.3417	63.6907	66.7660
50	27.9907	29.7067	32.3574	34.7643	37.6886	63.1671	67.5048	71.4202	76.1539	79.4900
60	35.5345	37.4849	40.4817	43.1880	46.4589	74.3970	79.0819	83.2977	88.3794	91.9517
70	43.2752	45.4417	48.7576	51.7393	55.3289	85.5270	90.5312	95.0232	100.4252	104.2149
80	51.1719	53.5401	57.1532	60.3915	64.2778	96.5782	101.8795	106.6286	112.3288	116.3211
90	59.1963	61.7541	65.6466	69.1260	73.2911	107.5650	113.1453	118.1359	124.1163	128.2989
100	67.3276	70.0649	74.2219	77.9295	82.3581	118.4980	124.3421	129.5612	135.8067	140.1695

附录 5　F 分布临界值表

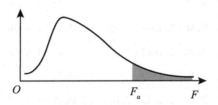

$\alpha = 0.1$

df2/df1	1	2	3	4	5	6	7	8	9	10
1	39.8635	49.5000	53.5932	55.8330	57.2401	58.2044	58.9060	59.4390	59.8576	60.1950
2	8.5263	9.0000	9.1618	9.2434	9.2926	9.3255	9.3491	9.3668	9.3805	9.3916
3	5.5383	5.4624	5.3908	5.3426	5.3092	5.2847	5.2662	5.2517	5.2400	5.2304
4	4.5448	4.3246	4.1909	4.1072	4.0506	4.0097	3.9790	3.9549	3.9357	3.9199
5	4.0604	3.7797	3.6195	3.5202	3.4530	3.4045	3.3679	3.3393	3.3163	3.2974
6	3.7759	3.4633	3.2888	3.1808	3.1075	3.0546	3.0145	2.9830	2.9577	2.9369
7	3.5894	3.2574	3.0741	2.9605	2.8833	2.8274	2.7849	2.7516	2.7247	2.7025
8	3.4579	3.1131	2.9238	2.8064	2.7264	2.6683	2.6241	2.5893	2.5612	2.5380
9	3.3603	3.0065	2.8129	2.6927	2.6106	2.5509	2.5053	2.4694	2.4403	2.4163
10	3.2850	2.9245	2.7277	2.6053	2.5216	2.4606	2.4140	2.3772	2.3473	2.3226
11	3.2252	2.8595	2.6602	2.5362	2.4512	2.3891	2.3416	2.3040	2.2735	2.2482
12	3.1765	2.8068	2.6055	2.4801	2.3940	2.3310	2.2828	2.2446	2.2135	2.1878
13	3.1362	2.7632	2.5603	2.4337	2.3467	2.2830	2.2341	2.1953	2.1638	2.1376
14	3.1022	2.7265	2.5222	2.3947	2.3069	2.2426	2.1931	2.1539	2.1220	2.0954
15	3.0732	2.6952	2.4898	2.3614	2.2730	2.2081	2.1582	2.1185	2.0862	2.0593
16	3.0481	2.6682	2.4618	2.3327	2.2438	2.1783	2.1280	2.0880	2.0553	2.0281
17	3.0262	2.6446	2.4374	2.3077	2.2183	2.1524	2.1017	2.0613	2.0284	2.0009
18	3.0070	2.6239	2.4160	2.2858	2.1958	2.1296	2.0785	2.0379	2.0047	1.9770
19	2.9899	2.6056	2.3970	2.2663	2.1760	2.1094	2.0580	2.0171	1.9836	1.9557
20	2.9747	2.5893	2.3801	2.2489	2.1582	2.0913	2.0397	1.9985	1.9649	1.9367
21	2.9610	2.5746	2.3649	2.2333	2.1423	2.0751	2.0233	1.9819	1.9480	1.9197

df2/df1	1	2	3	4	5	6	7	8	9	10
22	2.9486	2.5613	2.3512	2.2193	2.1279	2.0605	2.0084	1.9668	1.9327	1.9043
23	2.9374	2.5493	2.3387	2.2065	2.1149	2.0472	1.9949	1.9531	1.9189	1.8903
24	2.9271	2.5383	2.3274	2.1949	2.1030	2.0351	1.9826	1.9407	1.9063	1.8775
25	2.9177	2.5283	2.3170	2.1842	2.0922	2.0241	1.9714	1.9292	1.8947	1.8658
26	2.9091	2.5191	2.3075	2.1745	2.0822	2.0139	1.9610	1.9188	1.8841	1.8550
27	2.9012	2.5106	2.2987	2.1655	2.0730	2.0045	1.9515	1.9091	1.8743	1.8451
28	2.8938	2.5028	2.2906	2.1571	2.0645	1.9959	1.9427	1.9001	1.8652	1.8359
29	2.8870	2.4955	2.2831	2.1494	2.0566	1.9878	1.9345	1.8918	1.8568	1.8274
30	2.8807	2.4887	2.2761	2.1422	2.0492	1.9803	1.9269	1.8841	1.8490	1.8195
40	2.8354	2.4404	2.2261	2.0909	1.9968	1.9269	1.8725	1.8289	1.7929	1.7627

$\alpha = 0.05$

df2/df1	1	2	3	4	5	6	7	8	9	10
1	161.4476	199.5000	215.7073	224.5832	230.1619	233.9860	236.7684	238.8827	240.5433	241.8817
2	18.5128	19.0000	19.1643	19.2468	19.2964	19.3295	19.3532	19.3710	19.3848	19.3959
3	10.1280	9.5521	9.2766	9.1172	9.0135	8.9406	8.8867	8.8452	8.8123	8.7855
4	7.7086	6.9443	6.5914	6.3882	6.2561	6.1631	6.0942	6.0410	5.9988	5.9644
5	6.6079	5.7861	5.4095	5.1922	5.0503	4.9503	4.8759	4.8183	4.7725	4.7351
6	5.9874	5.1433	4.7571	4.5337	4.3874	4.2839	4.2067	4.1468	4.0990	4.0600
7	5.5914	4.7374	4.3468	4.1203	3.9715	3.8660	3.7870	3.7257	3.6767	3.6365
8	5.3177	4.4590	4.0662	3.8379	3.6875	3.5806	3.5005	3.4381	3.3881	3.3472
9	5.1174	4.2565	3.8625	3.6331	3.4817	3.3738	3.2927	3.2296	3.1789	3.1373
10	4.9646	4.1028	3.7083	3.4780	3.3258	3.2172	3.1355	3.0717	3.0204	2.9782
11	4.8443	3.9823	3.5874	3.3567	3.2039	3.0946	3.0123	2.9480	2.8962	2.8536
12	4.7472	3.8853	3.4903	3.2592	3.1059	2.9961	2.9134	2.8486	2.7964	2.7534
13	4.6672	3.8056	3.4105	3.1791	3.0254	2.9153	2.8321	2.7669	2.7144	2.6710
14	4.6001	3.7389	3.3439	3.1122	2.9582	2.8477	2.7642	2.6987	2.6458	2.6022
15	4.5431	3.6823	3.2874	3.0556	2.9013	2.7905	2.7066	2.6408	2.5876	2.5437

续表

df2/df1	1	2	3	4	5	6	7	8	9	10
16	4.4940	3.6337	3.2389	3.0069	2.8524	2.7413	2.6572	2.5911	2.5377	2.4935
17	4.4513	3.5915	3.1968	2.9647	2.8100	2.6987	2.6143	2.5480	2.4943	2.4499
18	4.4139	3.5546	3.1599	2.9277	2.7729	2.6613	2.5767	2.5102	2.4563	2.4117
19	4.3807	3.5219	3.1274	2.8951	2.7401	2.6283	2.5435	2.4768	2.4227	2.3779
20	4.3512	3.4928	3.0984	2.8661	2.7109	2.5990	2.5140	2.4471	2.3928	2.3479
21	4.3248	3.4668	3.0725	2.8401	2.6848	2.5727	2.4876	2.4205	2.3660	2.3210
22	4.3009	3.4434	3.0491	2.8167	2.6613	2.5491	2.4638	2.3965	2.3419	2.2967
23	4.2793	3.4221	3.0280	2.7955	2.6400	2.5277	2.4422	2.3748	2.3201	2.2747
24	4.2597	3.4028	3.0088	2.7763	2.6207	2.5082	2.4226	2.3551	2.3002	2.2547
25	4.2417	3.3852	2.9912	2.7587	2.6030	2.4904	2.4047	2.3371	2.2821	2.2365
26	4.2252	3.3690	2.9752	2.7426	2.5868	2.4741	2.3883	2.3205	2.2655	2.2197
27	4.2100	3.3541	2.9604	2.7278	2.5719	2.4591	2.3732	2.3053	2.2501	2.2043
28	4.1960	3.3404	2.9467	2.7141	2.5581	2.4453	2.3593	2.2913	2.2360	2.1900
29	4.1830	3.3277	2.9340	2.7014	2.5454	2.4324	2.3463	2.2783	2.2229	2.1768
30	4.1709	3.3158	2.9223	2.6896	2.5336	2.4205	2.3343	2.2662	2.2107	2.1646
40	4.0847	3.2317	2.8387	2.6060	2.4495	2.3359	2.2490	2.1802	2.1240	2.0772
50	4.0343	3.1826	2.7900	2.5572	2.4004	2.2864	2.1992	2.1299	2.0734	2.0261
60	4.0012	3.1504	2.7581	2.5252	2.3683	2.2541	2.1665	2.0970	2.0401	1.9926
70	3.9778	3.1277	2.7355	2.5027	2.3456	2.2312	2.1435	2.0737	2.0166	1.9689
80	3.9604	3.1108	2.7188	2.4859	2.3287	2.2142	2.1263	2.0564	1.9991	1.9512
90	3.9469	3.0977	2.7058	2.4729	2.3157	2.2011	2.1131	2.0430	1.9856	1.9376
100	3.9361	3.0873	2.6955	2.4626	2.3053	2.1906	2.1025	2.0323	1.9748	1.9267
110	3.9274	3.0788	2.6871	2.4542	2.2969	2.1821	2.0939	2.0236	1.9661	1.9178
120	3.9201	3.0718	2.6802	2.4472	2.2899	2.1750	2.0868	2.0164	1.9588	1.9105

$\alpha = 0.01$

df2/df1	1	2	3	4	5	6	7	8	9	10
1	4052.1807	4999.5000	5403.3520	5624.5833	5763.6496	5858.9861	5928.3557	5981.0703	6022.4732	6055.8467
2	98.5025	99.0000	99.1662	99.2494	99.2993	99.3326	99.3564	99.3742	99.3881	99.3992

$df2/df1$	1	2	3	4	5	6	7	8	9	10
3	34.1162	30.8165	29.4567	28.7099	28.2371	27.9107	27.6717	27.4892	27.3452	27.2287
4	21.1977	18.0000	16.6944	15.9770	15.5219	15.2069	14.9758	14.7989	14.6591	14.5459
5	16.2582	13.2739	12.0600	11.3919	10.9670	10.6723	10.4555	10.2893	10.1578	10.0510
6	13.7450	10.9248	9.7795	9.1483	8.7459	8.4661	8.2600	8.1017	7.9761	7.8741
7	12.2464	9.5466	8.4513	7.8466	7.4604	7.1914	6.9928	6.8400	6.7188	6.6201
8	11.2586	8.6491	7.5910	7.0061	6.6318	6.3707	6.1776	6.0289	5.9106	5.8143
9	10.5614	8.0215	6.9919	6.4221	6.0569	5.8018	5.6129	5.4671	5.3511	5.2565
10	10.0443	7.5594	6.5523	5.9943	5.6363	5.3858	5.2001	5.0567	4.9424	4.8491
11	9.6460	7.2057	6.2167	5.6683	5.3160	5.0692	4.8861	4.7445	4.6315	4.5393
12	9.3302	6.9266	5.9525	5.4120	5.0643	4.8206	4.6395	4.4994	4.3875	4.2961
13	9.0738	6.7010	5.7394	5.2053	4.8616	4.6204	4.4410	4.3021	4.1911	4.1003
14	8.8616	6.5149	5.5639	5.0354	4.6950	4.4558	4.2779	4.1399	4.0297	3.9394
15	8.6831	6.3589	5.4170	4.8932	4.5556	4.3183	4.1415	4.0045	3.8948	3.8049
16	8.5310	6.2262	5.2922	4.7726	4.4374	4.2016	4.0259	3.8896	3.7804	3.6909
17	8.3997	6.1121	5.1850	4.6690	4.3359	4.1015	3.9267	3.7910	3.6822	3.5931
18	8.2854	6.0129	5.0919	4.5790	4.2479	4.0146	3.8406	3.7054	3.5971	3.5082
19	8.1849	5.9259	5.0103	4.5003	4.1708	3.9386	3.7653	3.6305	3.5225	3.4338
20	8.0960	5.8489	4.9382	4.4307	4.1027	3.8714	3.6987	3.5644	3.4567	3.3682
21	8.0166	5.7804	4.8740	4.3688	4.0421	3.8117	3.6396	3.5056	3.3981	3.3098
22	7.9454	5.7190	4.8166	4.3134	3.9880	3.7583	3.5867	3.4530	3.3458	3.2576
23	7.8811	5.6637	4.7649	4.2636	3.9392	3.7102	3.5390	3.4057	3.2986	3.2106
24	7.8229	5.6136	4.7181	4.2184	3.8951	3.6667	3.4959	3.3629	3.2560	3.1681
25	7.7698	5.5680	4.6755	4.1774	3.8550	3.6272	3.4568	3.3239	3.2172	3.1294
26	7.7213	5.5263	4.6366	4.1400	3.8183	3.5911	3.4210	3.2884	3.1818	3.0941
27	7.6767	5.4881	4.6009	4.1056	3.7848	3.5580	3.3882	3.2558	3.1494	3.0618
28	7.6356	5.4529	4.5681	4.0740	3.7539	3.5276	3.3581	3.2259	3.1195	3.0320
29	7.5977	5.4204	4.5378	4.0449	3.7254	3.4995	3.3303	3.1982	3.0920	3.0045
30	7.5625	5.3903	4.5097	4.0179	3.6990	3.4735	3.3045	3.1726	3.0665	2.9791

续表

df2/df1	1	2	3	4	5	6	7	8	9	10
40	7. 3141	5. 1785	4. 3126	3. 8283	3. 5138	3. 2910	3. 1238	2. 9930	2. 8876	2. 8005
50	7. 1706	5. 0566	4. 1993	3. 7195	3. 4077	3. 1864	3. 0202	2. 8900	2. 7850	2. 6981
60	7. 0771	4. 9774	4. 1259	3. 6490	3. 3389	3. 1187	2. 9530	2. 8233	2. 7185	2. 6318
70	7. 0114	4. 9219	4. 0744	3. 5996	3. 2907	3. 0712	2. 9060	2. 7765	2. 6719	2. 5852
80	6. 9627	4. 8807	4. 0363	3. 5631	3. 2550	3. 0361	2. 8713	2. 7420	2. 6374	2. 5508
90	6. 9251	4. 8491	4. 0070	3. 5350	3. 2276	3. 0091	2. 8445	2. 7154	2. 6109	2. 5243
100	6. 8953	4. 8239	3. 9837	3. 5127	3. 2059	2. 9877	2. 8233	2. 6943	2. 5898	2. 5033
110	6. 8710	4. 8035	3. 9648	3. 4946	3. 1882	2. 9703	2. 8061	2. 6771	2. 5727	2. 4862
120	6. 8509	4. 7865	3. 9491	3. 4795	3. 1735	2. 9559	2. 7918	2. 6629	2. 5586	2. 4721

$\alpha = 0.005$

df2/df1	1	2	3	4	5	6	7	8	9	10
1	16210. 7227	19999. 5000	21614. 7414	22499. 5833	23055. 7982	23437. 1111	23714. 5658	23925. 4062	24091. 0041	24224. 4868
2	198. 5013	199. 0000	199. 1664	199. 2497	199. 2996	199. 3330	199. 3568	199. 3746	199. 3885	199. 3996
3	55. 5520	49. 7993	47. 4672	46. 1946	45. 3916	44. 8385	44. 4341	44. 1256	43. 8824	43. 6858
4	31. 3328	26. 2843	24. 2591	23. 1545	22. 4564	21. 9746	21. 6217	21. 3520	21. 1391	20. 9667
5	22. 7848	18. 3138	16. 5298	15. 5561	14. 9396	14. 5133	14. 2004	13. 9610	13. 7716	13. 6182
6	18. 6350	14. 5441	12. 9166	12. 0275	11. 4637	11. 0730	10. 7859	10. 5658	10. 3915	10. 2500
7	16. 2356	12. 4040	10. 8824	10. 0505	9. 5221	9. 1553	8. 8854	8. 6781	8. 5138	8. 3803
8	14. 6882	11. 0424	9. 5965	8. 8051	8. 3018	7. 9520	7. 6941	7. 4959	7. 3386	7. 2106
9	13. 6136	10. 1067	8. 7171	7. 9559	7. 4712	7. 1339	6. 8849	6. 6933	6. 5411	6. 4172
10	12. 8265	9. 4270	8. 0807	7. 3428	6. 8724	6. 5446	6. 3025	6. 1159	5. 9676	5. 8467
11	12. 2263	8. 9122	7. 6004	6. 8809	6. 4217	6. 1016	5. 8648	5. 6821	5. 5368	5. 4183
12	11. 7542	8. 5096	7. 2258	6. 5211	6. 0711	5. 7570	5. 5245	5. 3451	5. 2021	5. 0855
13	11. 3735	8. 1865	6. 9258	6. 2335	5. 7910	5. 4819	5. 2529	5. 0761	4. 9351	4. 8199
14	11. 0603	7. 9216	6. 6804	5. 9984	5. 5623	5. 2574	5. 0313	4. 8566	4. 7173	4. 6034
15	10. 7980	7. 7008	6. 4760	5. 8029	5. 3721	5. 0708	4. 8473	4. 6744	4. 5364	4. 4235
16	10. 5755	7. 5138	6. 3034	5. 6378	5. 2117	4. 9134	4. 6920	4. 5207	4. 3838	4. 2719

df2/df1	1	2	3	4	5	6	7	8	9	10
17	10.3842	7.3536	6.1556	5.4967	5.0746	4.7789	4.5594	4.3894	4.2535	4.1424
18	10.2181	7.2148	6.0278	5.3746	4.9560	4.6627	4.4448	4.2759	4.1410	4.0305
19	10.0725	7.0935	5.9161	5.2681	4.8526	4.5614	4.3448	4.1770	4.0428	3.9329
20	9.9439	6.9865	5.8177	5.1743	4.7616	4.4721	4.2569	4.0900	3.9564	3.8470
21	9.8295	6.8914	5.7304	5.0911	4.6809	4.3931	4.1789	4.0128	3.8799	3.7709
22	9.7271	6.8064	5.6524	5.0168	4.6088	4.3225	4.1094	3.9440	3.8116	3.7030
23	9.6348	6.7300	5.5823	4.9500	4.5441	4.2591	4.0469	3.8822	3.7502	3.6420
24	9.5513	6.6609	5.5190	4.8898	4.4857	4.2019	3.9905	3.8264	3.6949	3.5870
25	9.4753	6.5982	5.4615	4.8351	4.4327	4.1500	3.9394	3.7758	3.6447	3.5370
26	9.4059	6.5409	5.4091	4.7852	4.3844	4.1027	3.8928	3.7297	3.5989	3.4916
27	9.3423	6.4885	5.3611	4.7396	4.3402	4.0594	3.8501	3.6875	3.5571	3.4499
28	9.2838	6.4403	5.3170	4.6977	4.2996	4.0197	3.8110	3.6487	3.5186	3.4117
29	9.2297	6.3958	5.2764	4.6591	4.2622	3.9831	3.7749	3.6131	3.4832	3.3765
30	9.1797	6.3547	5.2388	4.6234	4.2276	3.9492	3.7416	3.5801	3.4505	3.3440
40	8.8279	6.0664	4.9758	4.3738	3.9860	3.7129	3.5088	3.3498	3.2220	3.1167
50	8.6258	5.9016	4.8259	4.2316	3.8486	3.5785	3.3765	3.2189	3.0920	2.9875
60	8.4946	5.7950	4.7290	4.1399	3.7599	3.4918	3.2911	3.1344	3.0083	2.9042
70	8.4027	5.7204	4.6613	4.0758	3.6980	3.4313	3.2315	3.0755	2.9498	2.8460
80	8.3346	5.6652	4.6113	4.0285	3.6524	3.3867	3.1876	3.0320	2.9066	2.8031
90	8.2822	5.6228	4.5728	3.9922	3.6173	3.3524	3.1538	2.9986	2.8735	2.7701
100	8.2406	5.5892	4.5424	3.9634	3.5895	3.3252	3.1271	2.9722	2.8472	2.7440
110	8.2068	5.5619	4.5177	3.9400	3.5669	3.3032	3.1054	2.9507	2.8259	2.7228
120	8.1788	5.5393	4.4972	3.9207	3.5482	3.2849	3.0874	2.9330	2.8083	2.7052

$\alpha = 0.001$

df2/df1	1	2	3	4	5	6	7	8	9	10
1	405284.0679	499999.5000	540379.2016	562499.5833	576404.5558	585937.1111	592873.2879	598144.1562	602283.9916	605620.9712
2	998.5003	999.0000	999.1666	999.2499	999.2999	999.3333	999.3571	999.3749	999.3888	999.3999

续表

df2/df1	1	2	3	4	5	6	7	8	9	10
3	167. 0292	148. 5000	141. 1085	137. 1004	134. 5800	132. 8475	131. 5829	130. 6190	129. 8600	129. 2467
4	74. 1373	61. 2456	56. 1772	53. 4358	51. 7116	50. 5250	49. 6579	48. 9962	48. 4745	48. 0526
5	47. 1808	37. 1223	33. 2025	31. 0850	29. 7524	28. 8344	28. 1626	27. 6495	27. 2445	26. 9166
6	35. 5075	27. 0000	23. 7033	21. 9235	20. 8027	20. 0297	19. 4634	19. 0303	18. 6882	18. 4109
7	29. 2452	21. 6890	18. 7723	17. 1980	16. 2058	15. 5208	15. 0186	14. 6340	14. 3299	14. 0833
8	25. 4148	18. 4937	15. 8295	14. 3916	13. 4847	12. 8580	12. 3980	12. 0455	11. 7665	11. 5401
9	22. 8571	16. 3871	13. 9018	12. 5603	11. 7137	11. 1281	10. 6979	10. 3680	10. 1066	9. 8943
10	21. 0396	14. 9054	12. 5527	11. 2828	10. 4807	9. 9256	9. 5175	9. 2041	8. 9558	8. 7539
11	19. 6868	13. 8116	11. 5611	10. 3461	9. 5784	9. 0466	8. 6553	8. 3548	8. 1163	7. 9224
12	18. 6433	12. 9737	10. 8042	9. 6327	8. 8921	8. 3788	8. 0009	7. 7104	7. 4797	7. 2920
13	17. 8154	12. 3127	10. 2089	9. 0727	8. 3541	7. 8557	7. 4886	7. 2061	6. 9818	6. 7992
14	17. 1434	11. 7789	9. 7294	8. 6223	7. 9218	7. 4358	7. 0775	6. 8017	6. 5826	6. 4041
15	16. 5874	11. 3391	9. 3353	8. 2527	7. 5674	7. 0917	6. 7408	6. 4707	6. 2559	6. 0808
16	16. 1202	10. 9710	9. 0059	7. 9442	7. 2719	6. 8049	6. 4604	6. 1950	5. 9839	5. 8117
17	15. 7222	10. 6584	8. 7269	7. 6831	7. 0219	6. 5625	6. 2234	5. 9620	5. 7541	5. 5844
18	15. 3793	10. 3899	8. 4875	7. 4593	6. 8078	6. 3550	6. 0206	5. 7628	5. 5575	5. 3900
19	15. 0808	10. 1568	8. 2799	7. 2655	6. 6225	6. 1754	5. 8452	5. 5904	5. 3876	5. 2219
20	14. 8188	9. 9526	8. 0984	7. 0960	6. 4606	6. 0186	5. 6920	5. 4400	5. 2392	5. 0752
21	14. 5869	9. 7723	7. 9383	6. 9467	6. 3179	5. 8805	5. 5571	5. 3076	5. 1087	4. 9462
22	14. 3803	9. 6120	7. 7960	6. 8142	6. 1914	5. 7580	5. 4376	5. 1901	4. 9929	4. 8317
23	14. 1950	9. 4685	7. 6688	6. 6957	6. 0783	5. 6486	5. 3308	5. 0853	4. 8896	4. 7296
24	14. 0280	9. 3394	7. 5545	6. 5892	5. 9768	5. 5504	5. 2349	4. 9912	4. 7968	4. 6379
25	13. 8767	9. 2225	7. 4511	6. 4931	5. 8851	5. 4617	5. 1484	4. 9063	4. 7131	4. 5551
26	13. 7390	9. 1163	7. 3572	6. 4057	5. 8018	5. 3812	5. 0698	4. 8292	4. 6372	4. 4801
27	13. 6131	9. 0194	7. 2715	6. 3261	5. 7259	5. 3078	4. 9983	4. 7590	4. 5680	4. 4117
28	13. 4976	8. 9305	7. 1931	6. 2532	5. 6565	5. 2407	4. 9328	4. 6947	4. 5047	4. 3491
29	13. 3912	8. 8488	7. 1210	6. 1863	5. 5927	5. 1791	4. 8727	4. 6358	4. 4466	4. 2917
30	13. 2930	8. 7734	7. 0545	6. 1245	5. 5339	5. 1223	4. 8173	4. 5814	4. 3930	4. 2388

$df2/df1$	1	2	3	4	5	6	7	8	9	10
40	12.6094	8.2508	6.5945	5.6981	5.1283	4.7306	4.4355	4.2070	4.0243	3.8744
50	12.2221	7.9564	6.3364	5.4593	4.9013	4.5117	4.2224	3.9980	3.8185	3.6711
60	11.9730	7.7678	6.1712	5.3067	4.7565	4.3721	4.0864	3.8648	3.6873	3.5415
70	11.7993	7.6366	6.0566	5.2008	4.6561	4.2753	3.9922	3.7725	3.5964	3.4517
80	11.6714	7.5401	5.9723	5.1231	4.5824	4.2043	3.9232	3.7049	3.5298	3.3859
90	11.5732	7.4661	5.9078	5.0636	4.5260	4.1500	3.8703	3.6531	3.4789	3.3356
100	11.4954	7.4077	5.8568	5.0167	4.4815	4.1071	3.8286	3.6123	3.4387	3.2959
120	11.3802	7.3211	5.7814	4.9472	4.4157	4.0437	3.7670	3.5519	3.3792	3.2372

附录6 样本量查询表

估计总体平均值时所需样本量

$\alpha = 0.05$

σ/Δ	0.0	0.1	0.2	0.3	0.4	0.5	0.6	0.7	0.8	0.9
1	7	8	9	9	11	12	13	14	15	17
2	19	20	22	23	25	27	29	31	33	35
3	38	40	42	45	47	50	53	56	58	61
4	64	68	71	74	77	81	84	88	91	95
5	99	103	107	111	115	119	123	128	132	137
6	141	146	151	156	160	165	170	176	181	186
7	191	196	202	207	213	219	225	231	237	243
8	249	255	261	268	274	281	288	294	301	308
9	315	322	329	336	343	351	358	366	373	381
10	389	396	404	412	420	428	437	445	453	462
11	470	478	487	496	505	514	523	532	541	550
12	559	569	578	588	597	607	617	626	636	646
13	656	667	677	687	697	708	718	729	740	750
14	761	772	783	794	805	816	828	839	851	862
15	874	885	897	909	921	933	945	957	969	982
16	994	1006	1019	1032	1044	1057	1070	1083	1096	1109
17	1122	1135	1149	1162	1175	1189	1203	1216	1230	1244
18	1258	1272	1286	1300	1311	1329	1343	1358	1372	1387
19	1402	1416	1431	1446	1461	1476	1491	1507	1522	1537
20	1553	1568	1583	1600	1616	1631	1647	1663	1680	1696

估计总体平均值时所需样本量

$\alpha = 0.01$

σ/Δ	0.0	0.1	0.2	0.3	0.4	0.5	0.6	0.7	0.8	0.9
1	11	12	14	15	17	19	21	23	26	28
2	31	34	36	39	43	46	49	53	56	60

续表

σ/Δ	0.0	0.1	0.2	0.3	0.4	0.5	0.6	0.7	0.8	0.9
3	64	68	72	77	81	86	90	95	100	105
4	110	116	121	127	133	139	145	151	157	164
5	170	177	184	191	198	205	213	220	228	235
6	243	251	260	268	277	285	294	303	312	321
7	331	340	350	360	370	380	390	400	411	421
8	432	443	454	465	476	487	499	511	522	534
9	546	559	571	583	596	609	622	635	648	661
10	674	688	702	715	729	743	758	772	787	801
11	816	831	846	861	876	892	907	923	939	955
12	971	987	1004	1020	1037	1054	1070	1087	1105	1122
13	1139	1157	1175	1193	1211	1229	1247	1265	1284	1303
14	1321	1340	1359	1379	1398	1417	1437	1457	1477	1497
15	1517	1537	1558	1578	1599	1620	1641	1662	1683	1704
16	1726	1747	1769	1791	1813	1835	1858	1880	1903	1925
17	1948	1971	1994	2017	2041	2064	2088	2112	2136	2160
18	2184	2208	2232	2257	2282	2307	2332	2357	2382	2408
19	2433	2459	2485	2551	2537	2563	2589	2616	2643	2669
20	2696	2723	2750	2778	2805	2833	2860	2888	2916	2943

估计总体比例时所需样本量

$\alpha = 0.05$

Δ ＼ P	0.50	0.45	0.40	0.35	0.30	0.25	0.20	0.15	0.10	0.05
0.200	24	24	23	22	20	18	15			
0.180	30	29	28	27	25	22	19			
0.160	38	37	36	34	32	28	24			
0.140	49	49	47	45	41	37	31	25		
0.120	67	66	64	61	56	50	43	34		
0.100	96	95	92	87	81	72	61	49		

Δ \ P	0.50	0.45	0.40	0.35	0.30	0.25	0.20	0.15	0.10	0.05
0.090	119	117	114	108	100	89	76	60	43	
0.080	150	149	144	137	126	113	96	77	54	
0.070	196	194	188	178	165	147	125	100	71	
0.060	267	264	256	243	224	200	171	136	96	
0.050	384	380	369	350	323	288	246	196	138	73
0.045	474	470	455	432	398	356	304	242	171	90
0.040	600	594	576	546	504	450	384	306	216	114
0.035	784	776	753	713	659	588	502	400	282	149
0.030	1067	1056	1024	971	896	800	683	544	384	203
0.025	1537	1521	1475	1398	1291	1152	983	784	553	292
0.020	2401	2377	2305	2185	2017	1801	1537	1225	864	450
0.015	4268	4226	4098	3884	3585	3201	2732	2177	1537	811
0.010	9604	9508	9220	8740	8067	7203	6147	4898	3457	1825
0.005	38416	38032	36879	34959	32269	28812	24586	19592	13830	7299

估计总体比例时所需样本量

$\alpha = 0.01$

Δ \ P	0.50	0.45	0.40	0.35	0.30	0.25	0.20	0.15	0.10	0.05
0.200	41	41	40	38	35	31	27			
0.180	51	51	49	47	43	38	33			
0.160	65	65	62	59	54	49	41			
0.140	85	85	81	77	71	63	54	43		
0.120	115	114	111	105	97	86	74	59		
0.100	166	164	159	151	139	124	106	85		
0.090	205	203	197	186	172	154	131	104	74	
0.080	259	257	249	236	218	194	166	132	93	
0.070	339	335	325	308	284	254	217	173	122	

Δ \ P	0.50	0.45	0.40	0.35	0.30	0.25	0.20	0.15	0.10	0.05
0.060	461	456	442	419	387	346	295	235	166	
0.050	664	657	637	604	557	498	425	338	239	125
0.045	819	811	786	746	688	614	524	418	295	156
0.040	1037	1026	995	944	871	778	664	529	373	197
0.035	1354	1341	1300	1232	1138	1016	867	691	488	257
0.030	1843	1825	1770	1677	1548	1382	1180	940	664	350
0.025	2654	2628	2548	2415	2230	1991	1699	1354	956	504
0.020	4147	4106	3981	3774	3484	3111	2654	2115	1493	788
0.015	7373	7299	7078	6710	6193	5530	4719	3760	2654	1401
0.010	16589	16424	15926	15096	13935	12442	10617	8461	5972	3152
0.005	66358	65694	63703	60386	55740	49768	42469	33842	23889	12608

附录7

符号说明

N：总体容量，或总体规模。

N_h：分层抽样中，第 h 层个体数量。

n：样本量，或样本容量；在整群抽样中表示样本群数；多级抽样中的一级样本量。

n_h：分层抽样中，第 h 层样本量。

L：分层抽样中的层数。

W_h：分层抽样中，第 h 层在总体中的权重，或层权。

f：抽样比。

f_h：分层抽样中，第 h 层抽样比。

$1-f$：总体单元未入样率。

$1-f_h$：分层抽样中，第 h 层单元未入样率。

$\sum$：总和符号，或总和。

X：总体总值。

$\hat{X}$：总体总值估计量。

$\overline{X}$：总体平均值。

$\hat{\overline{X}}$：总体平均值的估计值。

$\hat{X}_{st}$：分层抽样中，总体总值的估计量。

$\hat{\overline{X}}_{st}$：分层抽样中，总体平均值的估计量。

$\hat{X}_h$：分层抽样中，第 h 层总值的估计量。

x_i：第 i 个样本值。

$\bar{x}$：样本平均值。

$\bar{\bar{x}}$：多级抽样中，二级单元的样本平均值。

$\bar{x}_h$：分层抽样中，第 h 层总体平均值。

σ^2：总体方差。

$\hat{\sigma}^2$：总体方差估计量。

σ_e^2：整群抽样中，各群总量的方差。

$\hat{\sigma}_{st}^2$：分层抽样中，总体方差估计量。

σ：总体标准差。

$\hat{\sigma}$：　总体标准差估计量。

σ_1：　多级抽样中，初级单元间总体标准差。

σ_2：　多级抽样中，二级单元间总体标准差。

s^2：　样本方差。

s_h^2：　第 h 层样本方差。

s_b^2：　整群抽样中，群间样本方差。

s：　样本标准差。

$s_{\bar{x}}$：　标准误。

s_p：　抽样误差。

Δ：　误差限，又称误差最大限度、绝对误差限。

$\Delta^2(\bar{x})$：　多级抽样中，二级单元误差限。

$\hat{\theta}$：　样本特征值估计量。

θ：　总体特征值。

α：　是没估中的概率，也称犯错误的概率。

$1-\alpha$：　置信度。

$z_{\alpha/2}$：　置信度为 $1-\alpha$ 时的 z 值，可在正态分布双侧分位数表中（见附录1）查到。

$t_{\alpha/2}$：　置信度为 $1-\alpha$ 时的 t 值，可在 t 分布的双侧分位数表中（见附录2）查到。

C_h：　分层抽样中，h 层调查费用。

$\overline{M}$：　整群抽样中，各群平均容量。

D：　整群抽样总费用。

D_1：　整群抽样中，每个单元平均调查费用。

D_2：　整群抽样中，群间平均旅途费用。

M：　整群抽样中，群内单元数。

k：　系统抽样中的抽样间隔。

m：　多级抽样中的二级样本量。

C：　调查总费用。

C_1：　多级抽样中，每个初级单元的平均调查费用。

C_2：　多级抽样中，每个二级单元的平均调查费用。

$\hat{P}$：　分层抽样中，总体比例的估计值。

p：　分层抽样中，样本比例。

p_h：　分层抽样中，第 h 层样本比例。